天下·文化
BELIEVE IN READING

高希均　林祖嘉————著

2017 ^年 全新
增修版

經濟學的世界 下

富國安民的
總體經濟學

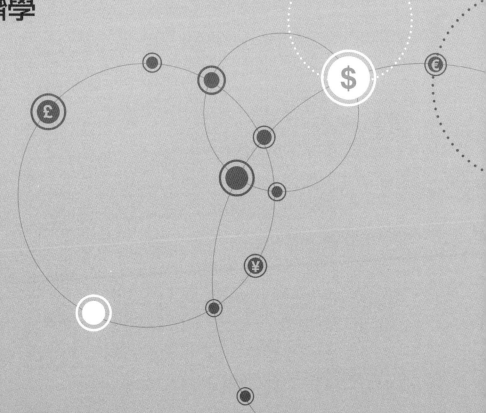

目錄

序言

　　《經濟學的世界（下）》主要在介紹總體經濟理論的部分。全冊共分成十五章，茲將各章內容扼要說明如下：

　　第一章在說明何謂總體經濟，以及總體經濟中的主要變數有哪些，其中包括所得、物價、就業、貨幣、利率等等。第二章則是仔細說明總體經濟中最主要的變數（即國民所得）該如何定義，以及以國民所得代表經濟福利水準的主要理由為何，同時可能會產生哪些問題。

　　第三、四、五章是總體經濟理論架構的基礎。我們依據凱因斯的理論模型，來說明一個經濟體系中均衡的國民所得是如何決定的。根據凱因斯的說法，經濟體系中的總合需求可分成四項，即民間消費、投資、政府支出，以及進口與出口，一個經濟體系的均衡所得水準，係由總合需求等於產出所決定。不過，為簡化分析起見，在這三章中，我們先假設總合需求只包含消費與投資；另一方面，當產出成為人們的所得以後，人們在支用這些所得時，也可以簡化分成消費與儲蓄。因此，總合需求等於產出的條件，可以簡化成投資等於儲蓄，我們同樣可以用此一條件來決定均衡的所得水準。

　　第六章說明物價與貨幣的關係。通貨膨脹是大家都非常關心的

議題，依傅利曼教授的說法，通貨膨脹是一種貨幣現象。因此，要明瞭通貨膨脹，我們必須先明白貨幣如何在經濟體系中運作。本章先說明貨幣的定義為何；其次則進一步說明人們的貨幣需求如何決定；接著再說明經濟體系中信用創造與貨幣供給的過程。最後，在了解貨幣運作的過程之後，我們再說明物價與通貨膨脹之間的關係。

　　第七、八、九章是總體經濟分析的核心，第七章先簡介總合需求與總合供給，以及總合供需的均衡分析。接著，第八章仔細說明如何推導總合需求曲線（AD）。我們先推導出代表商品市場均衡的IS曲線，以及代表貨幣市場均衡的LM曲線。其次，利用IS-LM的模型架構，我們可以說明市場上的均衡利率和均衡所得是如何決定的。然後，再利用總合需求面的均衡，我們可以推導出代表需求面均衡的所有物價與所得之間的組合，此即總合需求曲線（AD）。同樣的，在總合供給方面，我們以勞動市場的均衡和全社會的生產函數，來說明代表供給面均衡的所有物價與所得之間的組合，此即總合供給曲線（AS）。最後，再利用總合需求與總合供給的相交點，我們就可以得到經濟體系在一般均衡下的所得與物價水準。當然，其他重要的總體經濟變數也會同時達到均衡，包括利率、就業與工資水準等等。我們要特別指出的是，第八章與第九章兩章內容較繁雜，讀者在第一次閱讀時，先略過這兩章，並不會影響閱讀後面數章的內容，但是讀者若要能掌握總體經濟的完整架構，則第八、九兩章是非常重要，且必須加以熟讀的。

　　第十章與第十一章分析比較總體經濟政策的效果，其中分別討論財政政策與貨幣政策。財政政策包含租稅政策與政府支出政策，而貨幣政策則主要由中央銀行供給貨幣數量的大小所決定。我們在

這兩章中不但要討論兩種政策的優缺點之外，同時也仔細比較不同學派對於這兩種政策的不同觀點。

　　總體經濟理論與個體經濟理論在發展過程中，有一個很大的不同之處，就是前者有很多的派別之分，而且這些不同學派之間的興起與潮落又與經濟發展的變化有密切關係。我們在第十二章中，會仔細的說明總體經濟領域中，不同學派之間的內容差異，以及其興盛和衰退的過程。對總體經濟有興趣的讀者，本章內容不容錯過，需加以精讀。

　　第十三章討論經濟成長與經濟發展的內容。經濟成長主要在探討一個國家的所得為什麼會不斷成長，其成長的主要理由何在。這是近代總體經濟理論的探討中心所在。然而，經濟體系的進步不完全是所得增加而已，伴隨經濟成長而來的必然是教育水準提升、人口結構老化、產業結構改變等等。我們在本章中會仔細說明這些變化與經濟發展之間有何密切的關係。

　　第十四與十五兩章在說明國際經濟對國內經濟體系的影響，尤其以台灣的小型開放經濟體系而言，國際貿易可說是帶動經濟發展的引擎。在第十四章中，我們先說明國際貿易如何形成，以及其帶來的經濟福利有多大，同時會評估不同貿易政策的效果。最後，在第十五章中，我們先說明何謂外匯，及外匯匯率是如何決定的，其次，我們再分別說明固定匯率制度與浮動匯率制度，並比較其異同。

　　另外，特別一提的是，本書提供了國內外總體經濟數據，以便讀者能了解全球經濟發展的情況。此外，我們也加入一些重要的經濟事件（例如全球金融海嘯）和經濟政策（例如消費券和前瞻基礎建設計畫），供讀者參考。

　　本書修訂過程中，要特別感謝政大經濟系研究助理陳湘菱小姐的幫忙，她努力收集最新資料與案例，使得本書內容豐富許多。另外，我們也要感謝天下文化同事們發揮了一貫有效率的編輯工作，尤其是許玉意小姐的細心編輯，才使得本書能夠完整的呈現出來。

　　　　　　　　　　　　　　　　　　　高希均、林祖嘉
　　　　　　　　　　　　　　　　　　　二〇一七年八月於台北

第一章

國民所得

一、總體經濟與國民所得

（一）總體經濟與個體經濟

在《經濟學的世界（上）》裡，我們以個別消費者和個別廠商為對象，分別討論消費者面對不同商品及價格時的消費行為，以及生產者在面對生產要素價格及產品價格時的生產行為，然後再由消費者的需求與生產者的供給來決定市場的均衡價格與數量。在上述分析中，我們討論的是個人的行為、個別生產者的決策，以及個別市場的均衡。由於這些討論對象是以經濟個體為主，故我們稱其為個體經濟學（Microeconomics）。

當我們每天翻開報紙的經濟版時，經常看到的新聞是「主計總處公布今年第一季的經濟成長率是6.2%」，或者是「為控制通貨膨脹，央行決定採取鬆中帶緊的貨幣政策」。這些內容討論的是全國人民所得的變化、全國商品的價格問題，以及全國流通貨幣的多少等等。這些是屬於整個全國經濟體系內的問題，而不只是個別消費者、個別生產者，或是個別市場的問題。當以全經濟體系為分析對象時，我們將其內容歸納於總體經濟學（Macroeconomics）。

大致上來說，個體經濟行為的加總就是總體經濟，比方說，全體經濟體系中個人所得的加總就是全國的國民所得；全經濟體系內所有商品價格平均就是全國的物價指數；當各種商品價格都上升，就會造成通貨膨脹。所以，若我們要分析全國總體經濟的變化時，我們當然必須要先明瞭每個個體行為的基礎。

但我們也必須強調的是，雖然總體經濟是個體經濟行為的總和，其兩者之間並不是單純的加總關係而已。事實上，很多時候若

只將個體行為以簡單加總的方式來計算總體經濟，就會出現一些嚴重的錯誤。比方說，在國民所得帳中，我們最常強調的問題之一就是重複計算（doublecounting）的問題。譬如南港輪胎把輪胎賣給裕隆汽車時，它就會先計算過一次輪胎的價格，而裕隆汽車在出售汽車後，計算汽車的價值時，也把輪胎的價值計算在內。因此如果我們簡單的把南港輪胎與裕隆汽車的產值加總來計算全國的產值時，輪胎的價值就被重複計算了。再舉例來說，當政府支付退休公務人員每月退休俸時，這些退休人員每月都有所得。但從全體經濟的角度來看，這只是政府對個人的移轉支付，不能計算在全國的國民所得之中。

除了個體經濟變數加總成為總體經濟變數會有一些問題值得注意以外，另外有些觀念在個體經濟可能是很正確的，但在總體經濟中卻不一定是對的。比方說，在個體經濟行為中，我們經常強調個人應該多節儉、多儲蓄，以期增加未來的財富。但從總體經濟的角度來看，當社會上大多數的人都不願意消費時，全社會廠商生產的商品要賣到哪裡去？沒有消費者的消費來刺激經濟，整個產業可能很快就會陷入蕭條的階段。此處就顯示出個體行為與總體經濟之間的矛盾。

此外，個體經濟強調的變數是價格、選擇、分配與市場，故也有人將個體經濟理論稱為價格理論（price theory），而總體經濟強調的則是所得、物價、就業、利率、貨幣等變數。所以，個體經濟與總體經濟之間的差異不但在於分析對象的不同，而且討論的內容也截然不同。以下我們就針對一些重要的總體經濟變數先略加說明。

（二）國民所得

　　國民所得（national income）代表一個國家國民的所得水準高低，說它是總體經濟中最重要的變數也不為過。國民所得的高低代表一個國家的經濟發展程度，也可以代表一個國家富裕與國力強盛。有不少人對於如何計算國民所得仍有很多不同的看法，但一般來說，大多數人都認同國民所得所代表的重要意義。

　　就今天來看，我們可以在聯合國或世界銀行的統計資料中，很快的找到世界上絕大多數國家的國民所得高低，所以我們也很快的就可以在這些國家之中做一些比較。比方說，我們可以知道哪些國家屬於已開發國家（developed country），哪些屬於開發中國家（developing country）。但是，其實早在二十世紀之初，全世界都還沒有任何一個人或學者有辦法去詳細計算任何一個國家的財富及人民所得的高低。事實上，對於一些面積較大的國家，如美國、俄羅斯或巴西等國，想要全面了解該國的國力或國民收入大小誠然是很不容易的，但即使對於只有數百萬人的小國而言，想要全面了解該國國民收入的總和也同樣是不容易的事。

　　直到一九三〇年代，美國政府為了解全國經濟體系到底有多大，跟其他國家相比，到底美國處在什麼樣的地位，於是美國政府就委託經濟學家顧志耐（Simon Smith Kuznets）去估計美國的國民所得大小。在政府授命之下，顧志耐教授於1934年提出了全球第一套的國民所得帳，其中仔細分析當時全美國的國民所得大小。此種估計方式後來被世界各國所沿用，藉以估計各國的國民所得大小。顧志耐教授也因為創設國民所得帳，被人尊稱為國民所得之父，且於1971年獲得諾貝爾經濟學獎。

（三）消費與投資

當我們把每一個人的支出加總，就可以得到整個經濟體系的消費。消費是總體經濟中非常重要的一環，它一方面取決於個人所得的高低，一方面消費能刺激廠商的生產。如果沒有消費的刺激，整個經濟體系可能很難運轉。

對廠商而言，投資包括購買土地、機器設備、興建廠房，我們也可以把投資看成廠商的消費。投資是廠商在花錢，所以是消費的一種。但另一方面，投資的目的則是在提供廠商更佳的生產能力與生產技術。事實上，廠商的投資可說是經濟成長的主要來源之一。

投資的報酬來自於生產力的增加與利潤大小的程度，投資的成本則來自於利息與風險。投資固然可以使廠商生產力增加、產出擴大，但這並不表示廠商一定能把這些東西賣出去。萬一市場不能接受這些商品，廠商就會面臨虧損，這就是風險。另一方面，廠商投資必須使用資金，不論是自有資金或是向銀行借貸，這些資金都會有成本，一般而言，我們可以把銀行放款利率看成是廠商投資的機會成本。

（四）物價與就業

我們把所有商品的個別價格加權平均，就可以得到全國的物價水準。當物價水準不斷上升時，我們就稱通貨膨脹（inflation）。由於全體經濟體系中的商品種類非常多，我們再把商品大致分成兩大類，一種是專供一般消費大眾消費的商品，如飲食、計程車費、電影票、房租、家電等等，我們把這些商品價格做加權平均，得到的平均價格就稱為消費者物價指數（consumer price index, CPI）。

　　另外還有很多商品一般消費者不會直接採購，而是供廠商與廠商之間批發交易用，如水泥、輪胎、大豆等等，我們把這些商品批發價格加權平均，得到的平均價格就是躉售物價指數（wholesale price index, WPI）。

　　不論是消費者物價指數也好，或是躉售物價指數也好，這些價格都與社會大眾息息相關。當這些價格指數上升導致通貨膨脹出現時，幾乎所有的消費者都會受到影響。由於社會上絕大多數消費者本身都是受薪階級，在每個月的薪水固定下，當物價水準上升，或通貨膨脹出現時，他們的購買力（purchasing power）就會下降，因為同樣的收入，現在可以購買的東西變少了。由於通貨膨脹幾乎對全社會的人都有直接的影響，所以每一個國家的政府都會十分謹慎的應付通貨膨脹。

　　為維持日常生活所需的支出，每一個人都需要有工作以換取所得。從全國的觀點來看，全國有工作的人數除以勞動人口，就是就業水準，沒有工作的人就是失業（unemployment）。不過，在經濟學上指的失業人口是指有工作能力，且又在積極找工作，但沒有找到工作的人。比方說大學生是有工作能力的人，但他們不算就業人口，因為他們沒有去找工作，也根本還不想工作。再比方說，有些人高中畢業，在當兵之前賦閒在家，只要身體情況良好，他們都屬於有工作能力的人，如果其中有一部分在努力的找工作，但可能因缺乏經驗而找不到工作，則我們可以把這一部分人歸類於失業人口；但如果其中有一部分人根本無心找工作，只想在家準備考大學或等著去當兵，則他們不能算是失業人口。

　　增加就業人口與減少失業率，是每一個政府都在努力的目標。失業人士一方面因沒有收入而面臨生活上的困境，一方面也容易因

此而產生許多社會問題，造成全社會的負擔。失業率的高低是一個政府經濟政策正確與否的重要指標之一。

另一方面，從個體經濟的角度來看，勞動是一種重要的生產資源，失業會造成無法使用此種資源，這是一種資源的浪費，而且這些資源的浪費即使在未來失業人口找到工作以後，也無法彌補。所以失業率的提高對任何一個國家而言，都是非常不利的。

（五）貨幣與利率

為應付日常交易所需，人們手中都必須保有一定數量的貨幣，作為交易的媒介（medium of exchange）。有了貨幣以後人們的交易才會十分方便，因為所有的商品都有價格，人們再依價格支付貨幣完成交易，十分簡單。試想在一個沒有貨幣的以物易物市場中，交易的形成就會十分困難。比方說，一頭牛該換幾隻羊？幾隻雞？幾個雞蛋？又，此種交換比率與牛的大小是否有關？諸如此類的問題在貨幣出現以後，都可以避免。一個商品只要其本身的價格確定以後，其與任何其他商品之間的交易比率即可依彼此的價格來決定。

貨幣在經濟體系中扮演的角色，就好像人體中的血液一般，它是經常流動不停的，而且它流動到哪裡，就帶養分到哪裡。因為貨幣不只可以當成交易媒介，也同時具有價值儲藏（store of value）的功能，也就是有財富的功能在內。

由於貨幣具有很重要的功用，因此人們自然會希望多持有一些貨幣在身上，以隨時應付不時之需。然而，把鈔票放在身上雖然是很愉快的事，但也必須損失把這筆錢放在銀行定期存款所能產生的利息收入。換句話說，銀行利息就是持有貨幣的機會成本。一般而

言，人們持有貨幣數量的多寡會與利率高低呈相反關係，即當銀行利率較高時，人們會把比較多的錢存在銀行裡，而少持有貨幣；反之，則會多持有貨幣。

利率是使用資金的成本，其高低由市場上資金需求與供給的大小來決定。當人們對資金的需求很大，而全社會體系中資金供給不足時，利率就會上升；反之，利率就會下降。其中市場資金的需求一方面來自人們持有貨幣的需求，另一方面則來自投資的需求。由於利率是使用資金的成本，所以人們對資金的需求與利率呈反向關係。而資金的供給則主要來自社會大眾的存款，當利率愈高，人們會愈有意願把錢存到銀行中，銀行也會有愈多的資金貸放給需求者，所以資金供給與利率呈正向關係，見圖1.1。

（六）外匯與匯率

外匯（foreign exchange）就是外國貨幣，例如美元、日幣、歐元、英鎊等等都是外匯。匯率（exchange rate）則是本國貨幣與外

圖1.1：資金供給與資金需求

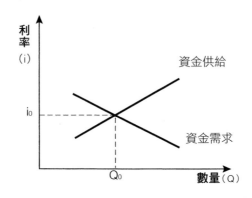

國貨幣的交換比率，比方說新台幣32元可以交換1美元，所以新台
幣對美元匯率為32：1；再譬如新台幣1元可以交換3.5日圓，所以
新台幣對日圓匯率為1：3.5。

　　我們也可以把外匯看成是一種商品，則匯率就是外匯的價格。
比方說1美元的價格是32元新台幣。匯率既然是外匯價格，匯率的
高低就由外匯的供給與需求來決定。外匯的供給來自於國內廠商的
出口及外國廠商對國內的投資，當出口增加賺取外匯，就形成外匯
市場上的供給；當外人來國內投資，帶進國內很多外匯，也形成外
匯的供給。一般而言，外匯的供給與匯率呈正比，即匯率上升時，
外匯供給量會增加，見圖1.2。

　　外匯的需求則來自於廠商的進口與廠商到國外的投資，當國
內的廠商向外國購買商品時，必須先在外匯市場上購買外匯，再
用外匯向國外購買商品，所以形成對外匯市場的需求。同樣的，
廠商到國外投資必須攜帶外匯，於是也形成對外匯的需求。利用
外匯的供給與外匯的需求，就可以決定均衡的匯率（e_0）與交易

圖1.2：外匯供給與外匯需求

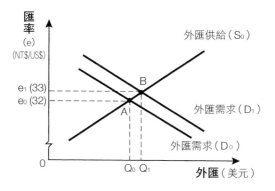

數量（Q_0），見圖1.2的A點。當外匯價格上升，我們就稱其升值（appreciation），相對的新台幣就貶值（depreciation）。

在圖1.2中，若外匯需求增加，外匯需求國民所得曲線由D_0移到D_1，則由於對外匯（美元）需求增加，造成外匯（美元）價格由e_0（32）上升到e_1（33），此即表示美元對新台幣升值，而新台幣對美元貶值。

二、國民生產毛額

（一）國民生產毛額與國內生產毛額的定義

一個國家全年財貨與勞務的總生產，常被公認為該國經濟發展程度的最佳指標。國民所得帳中一項最基本的指標——國民生產毛額（gross national product，簡稱GNP），就是指「在全年中一國全體國民所生產出最終財貨與勞務的市場價值的總和」。

由於在全球化的潮流下，很多國家都有不少國民到海外去工作，他們生產的產值應該要計算在內，比方說，我國旅美棒球好手陳偉殷的收入就應該計入到我國的GNP當中；相反的，現在也有很多的外勞在台灣工作，這些人的工作收入則不應該計算到我國的GNP當中。

然而，通常我們在比較一個國家或地區的經濟表現時，我們通常希望是以該地區所有工作人員的經濟產出為準，而不是以該國國民的產出為準。也就是說，雖然陳偉殷打棒球賺了很多錢，但是這些收入是在美國發生的，因此應該計在美國的產出才對，而不應該計算在台灣的產出。同理，這些外勞在台灣工作，其工作的產出

主要發生在台灣，應該把這些產出計算在台灣才對。因此，我們可以依所得發生地來定義國民所得，稱之為國內生產毛額（gross domestic product, GDP），也就是說，這是依地區來定義的國內生產，而不是依國民來定義的產出。現在國際上絕大多數國家都是依GDP來定義國民所得，因此，本章以後除非另外說明，否則我們都用GDP的概念來說明國民所得，亦即國內生產毛額其明確的定義為：「在全年中一個國家或地區之內所有人民所生產最終財貨與勞務的市場價值的總和。」

其中「全年」、「生產」、「最終產品」和「市價」等名詞都有嚴謹的含意，下面再將這個簡明的定義由三方面加以說明：

1. GDP 以市價表示

為了讓各類不同的財貨與勞務能夠加總起來，並便於比較各年度不同產品組合的相對價值，GDP所測度的乃是該年度總產出（財貨與勞務）的「市價」（market value）。

例如，如果第一年生產的是三個橘子和兩個蘋果，而第二年是兩個橘子和三個蘋果，則哪一年較受消費者的歡迎？這時就必須藉兩項產品的價格，來代表消費者對其相對價值的評價。如果一個橘子為10元，而一個蘋果為15元，則第二年的產出總值是65元，就高於第一年的產品總值60元，因為消費者對於第二年的產出評價較高，願意付出較多的錢買該年的產品。

所謂以市價計算的另外一個重要含意是，該項商品或勞務必須經過市場交易才得以計算為GDP之中，否則不予以列入。比方說，張三家的院子裡每年都會生產一些葡萄，張三都會把這些葡萄作成幾罈葡萄酒自己享用或送給朋友。這些葡萄酒的生產與消費沒

有經過市場交易，故不能列入 GDP 之中。

再比方說，靜香為專職家庭主婦，每天非常辛苦的整理家務，其提供的勞務沒有經過市場交易，故不列入 GDP 之中。但若某一天靜香決定出去工作，而請了一位佣人來家裡工作，每個月支薪 2 萬元，則此佣人的薪水就應計入 GDP 之中。

2. 不可重複計算

為了精確地測度總產出，某一年度所生產的財貨與勞務，都只能計入一次。由於大多數的產品在上市之前，都經過一連串的生產過程，所以其中某些部分可能歷經多次的買賣，為了避免重複計算，GDP 僅包括最終產品（final goods）的市價，而不包括中間產品（intermediate goods）的交易。

我們可以用毛衣的銷售，說明中間產品在生產流程中價值累加的情形。如表 1.1 所示，牧場出售價值 50 元的羊毛給羊毛加工廠，以收到的 50 元支付工資、租金、利息，剩餘的為利潤。羊毛加工後，再以 75 元售給製衣廠，這時羊毛加工廠所收到的 75 元，除了 50 元是付給牧場外，剩下 25 元用來支付工資、租金、利息，如尚有剩餘就變成利潤。如此繼續下去，直到最終使用者以 200 元的代

表 1.1：生產過程中五個階段之附加價值

生產階段	產品之銷售值	附加價值
牧場	50	50
羊毛加工廠	75	25
製衣廠	100	25
成衣批發商	140	40
服飾店	200	60

不包括「中間產品」

所謂「最終產品」，係指不再用於轉售、加工或製造，而供最終使用的產品。而「中間產品」則係供進一步加工、製造或轉售的產品。

因為中間產品的交易都已包括於最終產品的價值之中，所以GDP包括最終產品的銷售，卻不包括中間產品的銷售。否則就犯了重複計算，徒增虛值的錯誤。

價，自服飾店將該產品買走。

在每一階段，廠商購入價格與出售價格之差額，就是附加價值（value-added）。它用來支付生產時所使用資源的工資、租金、利息，剩下來的變成利潤。

那麼我們在計算這件衣服的生產時，到底該有多少應包括在GDP之中？答案是200元，因為這個數字已包含了最終銷售前所有的中間交易，它是最終產品的出售價格。如果我們將生產過程中的五次交易的銷售總值565元計入GDP之中，那麼就犯了嚴重的重複計算的錯誤。

另外一個計算的方法係為「附加價值法」，就是將生產過程中每一階段的「附加價值」累加起來，如表1.1中第三欄所示，其數值總和是200元，等於最終產品的價格。比較起來，在計算GDP時，以「最終產品」計算的方式，要比「附加價值法」來的簡易。

在這個例子中，附加價值200元，相當於銷售總值565元的35%，當我們強調產業升級時，就表示提高產品生產過程中的附加

價值。附加價值愈高，表示國內工資、租金、利息，以及利潤在銷售總值中分配到的比例也可能愈高。

3. 剔除非生產性交易

GDP所要測度的，既然是當年度的生產，所以非生產性的交易自應剔除。非生產性交易通常分為兩大類：一是純財務交易，二是二手銷售。

財務交易（financial transactions）：這些交易行為都牽涉到資金的流通，但與生產行為並無直接關聯，因此都不計入GDP中。

財務交易可以分為三類：公共移轉支付（public transfer payment）、私人移轉支付，以及證券的買賣。在西方國家，公共移轉支付包括政府的社會保險給付、福利給付、退役金給付等，其基本的特性在於受領人並未對「當期」生產有對等的貢獻。因此，若將這些給付算入GDP中，將會高估當年的生產值。

私人移轉支付則如大學生每月由父母提供的生活費、富裕親戚贈送的禮物等，這是資金由一個人移轉到另一個人而已，並不牽涉到生產行為。

證券交易則包括股票與債券的買賣，但是我們應注意某些證券交易會把資金自儲蓄者的手中移至生產者的手中，這種移轉有助於生產的增加。

二手銷售（second hand sales）：這種銷售不能用來反映「當期」生產，如果計算在本期的GDP中，也會犯了重複計算的錯誤。例如將一輛幾年前出廠的舊車賣給別人，這一項交易即不能計入GDP中，否則將幾年前生產的產品再包括進來，會使本年的GDP值虛增。同樣的，如果將幾星期前買的一輛新車賣給別人，

則轉售值亦不包括於當期GDP中，因為在原先購車時，其值已經算入GDP之中了。

（二）國民生產毛額的衡量

對於GDP的定義有了概略了解之後，我們要進一步問：應該如何來測量某一項產出或所有產品的總值？

經濟學家用兩種方法來計算GDP。一是將最終使用者的消費（究竟花費了多少錢、購買了多少種不同的產品與勞務？）的總值累加起來就等於GDP。另一種方法是將生產過程中所衍生的工資、租金、利息、利潤等所得累加起來，其累加值就等於GDP。

消費者對於某項產品的支出（如以900元買了一件毛衣），就是對生產有貢獻者獲得的所得（900元）。由於「利潤」做為會計帳上的平衡項，所以雙方的金額一定會相等。利潤（或虧損）乃是生產者在支付工資、租金與利息後，剩餘（或不足）的所得金額。

再以上例來說明：例如一件毛衣售價為900元，如果廠商所支付的工資、租金與利息為800元，則差額100元就是廠商的利潤。反之，若廠商支付的總額多於900元，變成了1,000元，則廠商就產生了100元的虧損。

上面所討論的，儘管只是一項產品，但是其原理適用於整個經濟的總產出。

引申來說，GDP也有兩種解釋方式：一是將GDP視為對市場總產出的支出總額，這稱為產出法（output approach）或支出法（expenditure approach）；一是將GDP視為生產過程中所創造的所得，這稱之為所得法（income approach）或配置法（allocation approach）。下列的等式可表示計算GDP的兩種方法：

「本年總產出」的支出總額＝生產「本年總產出」所得到的貨幣總所得。

上式是一個恆等式，因為買賣正是同一項交易的兩面。消費者對某項產品的支出，也就是該產品生產者的所得。

對經濟整體而言，上面的恆等式可以細分為表1.2。

由表1.2可知，「最終產品」的購買者分別來自三個國內部門 —— 家計部門（household）、政府（government）、企業（business），以及國外部門；而企業出售產品時的所得收入，則分別以工資、租金、利息、利潤等所得型態，分配給不同的「資源供應者」（resource suppliers），另外「非所得配置」係指公司所得稅與未分配盈餘（undistributed corporate profit）。

（三）計算GDP的支出法

以支出法來計算GDP時，必須將用於「最終產品」的各類支出加總起來，所以我們首先應對不同支出的意義有所了解。

表1.2：GDP的「支出法」與「所得法」

支出法或產出法		所得法或配置法
家計單位消費支出		工資
+		
政府購買財貨		租金
與勞務的支出	= GDP =	利息
+		
企業的投資支出		利潤
+		
外國人對本國產品的支出		非所得配置（non-income allocations）

1. 個人消費支出（C）

包括了家計部門對耐久財（汽車、冰箱等）與非耐久財（蔬菜、香菸、牙膏等）的支出，以及對勞務（律師、醫生、理髮師等提供的服務）的消費支出。對於這類支出的總額通常以消費（consumption）的第一個字母C來代表。

2. 政府購買的財貨與勞務（G）

包括各級政府對企業製品的支出及直接購買資源（尤其是勞力）的支出，但不包括政府的移轉支付，因為前面已提到，這類支出並不能反映生產，而只是將政府的收入移轉出去。對於政府所購買的財貨與勞務，通常以政府支出（government expenditure）的第一個字母G來代表。

3. 國內私人投資毛額（I_g）

企業投資支出基本上可分為三類：所購買的機器、設備與工具（如廠房、倉庫、住宅）；各項建築；以及存貨的變動。

上述第一項的意義很清楚，不需再加解釋，至於第二項「各項建築」，如果是廠房、倉庫等，自然為一種投資，但是住宅建築（residential construction）為什麼也算是投資而非消費？因為有些住宅用以出租，和廠房、倉庫一樣是「生財資產」（income earning asset），應視為投資財。即使自用住宅不出租時，理論上也可以估算房租，所以「住宅建築」均計入投資項下。

此外，住宅建築也是投資，因為住宅使用年限通常都在四、五十年以上，而且購買房屋除了居住以外，通常也有很重要的「置

產」意義在內。

　　至於將第三項存貨變動視為投資，是因為存貨的增加，為一種「尚未消費的產出」，這正符合投資的意義，又因為GDP是測度當期的產出，所以該年已生產而未售出的產品，自然也應包括在內。如果企業在年底的存貨大於年初的存貨，就表示該年經濟所生產的超過了所消費的，這種存貨的增加應該計入GDP之中，否則將會低估了該年的總產額。如果存貨減少，就表示出售的產品超過當期的生產，那麼社會所消費的，有部分係屬以往年度的產出。既然GDP所要測度的是「當期」的產出，所以這一部分自然必須扣除。

　　在計算企業投資支出時，非投資交易（non-investment transactions），如證券資產或二手有形資產的移轉並不包括在內。購買股票與債券只是代表既存資產的轉手，並不符合經濟學中對投資的定義，與現有資產的轉售一樣。而像營建或製造新資本財，能夠創造工作機會與所得，才算是投資。

　　對於投資的定義有了基本的認識後，我們還要介紹三個相關的名詞：「投資毛額」（gross investment）、「私人」（private）投資，以及「國內」（domestic）投資。後二者分別是指「非政府部門的私人企業投資」及「國內廠商的投資」，不再解釋。

　　至於「投資毛額」，則需再加以說明。「國內私人投資毛額」包括了所有投資財的生產——除了機器、設備與建築物的汰舊更新外，還加上資本存量的淨增加。也就是說，投資毛額包括了更新與新增的投資。至於國內私人投資「淨額」（net），則僅包括當年所新增的投資。例如1980年美國國內私人投資毛額為3,950億美元，但是在生產該年GDP的過程中，耗損了2,870億美元的機器與設備

等固定資產，因此該年私人「淨投資」僅為1,080億美元。

投資毛額（3,950億）與投資淨額（1,080億）的差額（亦即2,870億），即為「固定資本消耗準備」，又稱為折舊（depreciation）。簡單的說，投資毛額減去折舊，就等於當年的投資淨額。

以後我們將以I代表投資，I_g代表投資毛額，I_n代表淨投資。

4. 淨輸出（netexport）

外國人對本國產品的支出，也反映出本國財貨與勞務的產出，所以用「支出法」計算GDP時，應將對外出口值包括在內。另一方面，假如消費者與政府的購買有一部分來自進口，則該進口額應予扣除，以免高估了國內的生產總值。

5. GDP 方程式

國民所得帳中通常並不將輸出與輸入分別處理，而是僅考慮兩者之差，因此「淨輸出」就是指「外國購買本國財貨與勞務之支出」減去「本國對外國財貨與勞務支出」後之餘額。例如某年的輸出值為900億元，輸入值為700億元，則淨輸出為200億元，但如果輸出值少於輸入值，則淨輸出變為負值。

我們將以X_n代表淨輸出。綜合上面對國民所得帳中四大要素：C、I_g、G及X_n的討論，我們可以把GDP寫成：

$$GDP = C + I_g + G + X_n$$

方程式中的四項支出包括個人消費支出（C）、政府購買財貨與勞務支出（G）、國內私人投資毛額（I_g）及淨輸出（X_n），已經

涵蓋了所有的支出總類。把這四項數字相加，即為當年一國經濟總產出的市價，亦即國民生產毛額GNP。表1.3上方所列，即為經由「支出法」所得到的2015年台灣的GDP。

表1.3：台灣國內生產毛額GDP估算方式，2015

單位：新台幣億元

支出法		金額	比重
民間消費（C）		87,607	(52.3%)
政府消費（G）		23,418	(14.0%)
投資支出（I）		35,081	(20.9%)
固定資本形成	34,928		
存貨變動	153		
淨輸出（X-M）		21,484	(12.8%)
國內生產毛額GDP		167,590	
＋國外要素所得收入淨額		5,589	
國民所得毛額GNI		173,179	
要素所得法		金額	比重
受雇人員報酬（工資）		73,260	(43.7%)
營業盈餘（利息、租金、利潤）		58,449	(34.9%)
固定資本耗損（折舊）		25,889	(15.4%)
生產及進口稅淨額（間接稅淨額）[a]		9,001	(5.4%)
減：補助金		10,490	
加：統計差異		991	
國內生產毛額GDP		167,590	
＋國外要素所得收入淨額		5,589	
國民所得毛額GNI		173,179	

註：[a] 生產及進口稅淨額指廠商對政府非自願性的給付，廠商將其視為生產成本，
　　包括因生產、銷售、購入或使用之商品及服務而課徵之稅捐。
資料來源：主計總處，國民所得統計年報。

淨投資與經濟成長

　　從一國經濟是否成長的觀點來看，投資毛額與折舊（更新投資）的關係十分重要。它可以用來說明一國經濟是否在擴張、靜止，或是衰落，如圖1.3所示。

　　假定投資毛額超過折舊，投資淨額增加，如圖1.3中之（1）所示，則經濟的生產能力增加（以資本財的存量來衡量），一國經

圖1.3：擴張、靜止與衰落的經濟

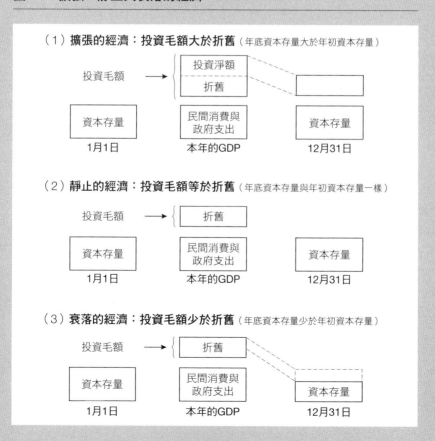

（1）**擴張的經濟：投資毛額大於折舊**（年底資本存量大於年初資本存量）

投資毛額 → { 投資淨額 / 折舊 }

資本存量　　　民間消費與政府支出　　　資本存量
1月1日　　　　本年的GDP　　　　12月31日

（2）**靜止的經濟：投資毛額等於折舊**（年底資本存量與年初資本存量一樣）

投資毛額 → { 折舊 }

資本存量　　　民間消費與政府支出　　　資本存量
1月1日　　　　本年的GDP　　　　12月31日

（3）**衰落的經濟：投資毛額少於折舊**（年底資本存量少於年初資本存量）

投資毛額 → { 折舊 }

資本存量　　　民間消費與政府支出　　　資本存量
1月1日　　　　本年的GDP　　　　12月31日

濟成長就處於上升的狀態。

　　假定投資毛額與折舊相等，則所生產的資本財能更新該年度因生產而消耗的資本財，投資淨額等於零。美國在1942年時，政府為生產戰略物資，將投資毛額限定在與折舊額大致相等的幅度上，因此該年年初與年底的資本存量約略相等，而投資淨額則接近零，經濟成長就處於靜止狀態。

　　假定投資毛額少於折舊，表示經濟在該年度所消耗的資本超過所生產出的資本，投資淨額為負值。這種情形常在經濟不景氣時發生。在這種情形下，廠商沒有興趣更新原有設備，更不可能增加現有的資本存量。

　　從上面三種情況的討論中可以了解到，為什麼「投資意願」強烈對一國經濟成長很重要。當投資淨額增加時，經濟成長才容易產生。

（四）計算GDP的所得法

　　在上述的總支出值中，如何以「所得」的形式加以分配呢？簡單地回答是：它分別以工資、租金、利息及利潤的形式流入家計部門。在表1.3的上方共列有四個項目，這四個項目的總和就是以「所得法」來計算GDP的另一種方法，用這種方法計算出來的收據稱為國民所得毛額（Gross National Income, GNI），其總額應該會等於用支出法計算得到的GDP。在這四個項目中，有兩個非所得項目，即折舊和企業的間接稅。現逐一說明：

1. 折舊

　　資本設備的使用期限通常都會超出購買的年度甚長，所以企業在估計資本財的使用年限時，常將購置成本平均地分攤於這些年限，避免低估了購置年度的所得，而高估了以後各年的所得。這項每年估計用於生產的資本設備抵值，即稱為「折舊」。會計中之所以設定折舊這個科目，就是為了對公司的所得有較精確的估計。同樣地，如果要精確地估計經濟整體的總所得，也必須由企業部門的總收入中扣除折舊。在生產當年 GDP 過程中所「消耗」的資本財就是折舊，有時亦稱折舊為「資本消耗準備」（capital consumption allowance），前述國內私人投資毛額（I_g）與國內私人投資淨額（I_n）之差即為此項。

　　資本消耗準備抵消了企業部門的一部分收入，使資源提供者的所得減少。由實質的觀點來看，資本消耗準備則表示有部分的 GNP 需用於更新耗損的機器與設備。

2. 企業的間接稅

　　第二個非所得項目與政府有關，是指政府課徵的「企業間接稅」（indirect business taxes），如銷售稅、企業的財產稅、牌照稅、關稅等等，這些稅均被企業視為生產成本，反映於售價之中。

　　例如某廠商的產品，原預計賣 100 元，但是政府對該產品課徵 3% 的銷售稅，為了將稅負移轉給客戶負擔，售價就可能調整為 103 元。但是其中有 3 元需先繳給政府，變成企業所繳的間接稅，因此在計算生產因素所賺取的總所得時，必須予以扣除，而不視為「所得」的一部分，剩餘的 100 元才能用於支付工資、利息、房租

或變成利潤。

3. 受雇人員報酬（compensation of employees）

這是最大的所得項目，主要係指企業與政府付給受雇者的工資或薪資，俗稱「薪津收入」或「薪資階級收入」。同時也包括工資與薪資的輔助項目，如負擔受雇人員部分的社會保險支出及對私人年金、健康、福利等基金的支出，這些都是公家機關及私人企業為獲得員工所付出的成本，所以亦視為總薪資支出的一部分。

4. 租金（rents）

租金是指財產擁有者收到的所得。

5. 利息（interest）

利息是指私人企業支付給資本提供者的貨幣金額，但是政府所支付的利息，並不計入利息所得中。

6. 經營者所得（proprietors' income）

在國民所得帳中，所謂「利潤」，可區分為兩類：一為「經營者所得」（或稱非公司型態之企業所得），係指獨資、合夥或合作社的淨所得；另一則為「公司利潤」（corporate profits），由於公司利潤可以有幾種方式予以分配，所以較為複雜。

公司利潤的分配通常有三種途徑：一是支付政府的「公司所得稅」，一是支付股東的「股利」，另一就是保留下來的「未分配公司盈餘」（undistributed corporate profits），或是稱為保留盈餘（retained earnings）。在我國的國民所得帳中，主計總處把利息、租

金和經營者所得（即利潤）的部分加總在營業利潤當中，見表1.3。

▌三、國民所得帳

（一）國民所得帳

　　美國著名的經濟學者鮑定（Kenneth Boulding）曾經寫過：「國民生產毛額是二十世紀最偉大的發明之一，雖不如電視那樣影響深遠，但可能像汽車一樣地重要。」

　　國民所得帳（national income accounting）是用錢財來衡量經濟整體表現的主要工具，它對於整個經濟的功能，正如私人帳目對企業或家庭的功能一樣。

　　就個別廠商而言，為了要評估它當年的營業狀況，必須要測度其所得與費用的流動情形。透過這些資料的分析，才容易判斷廠商為什麼會賺錢或虧損；把各年的會計資料綜合起來，便可以觀測這個廠商成長或衰退的趨勢。因此，這種資料在主管決策時就不可或缺。

　　國民會計帳對於經濟整體也有類似的功能。它反映出一國經濟脈搏跳動的強弱，其中的各項細目可以衡量某段時期經濟的生產水準，並解釋其原因；如果把歷年國民所得帳加以縱的比較，即可顯示經濟成長的長期趨勢。因此，國民所得帳的資料有助於公共政策的制訂與實施。如果沒有詳盡的國民所得帳，經濟政策就只能建立在猜測之上。

　　由於國民所得的觀念來自西方社會，下面的敘述也將以英文教科書中對這一概念的闡述為主。我國國民所得帳以1953年聯合國

所訂定的國民經濟會計制度（簡稱1953SNA）為藍本，請參閱主
計總處每年出版的《國民所得統計年報》。

（二）國民所得帳的細目

　　我們前述的討論，均集中在GDP上，現在再討論其他幾個所
得項目，它們與GDP幾乎同樣重要，並且可由GDP導出。

1. 國內生產淨額（net domestic product，簡稱 NDP）

　　如果以GDP來計算一國的總產出，就會有一個重大的缺點，
因為它高估了該年的生產。為什麼？因為GDP中的一部分必須用
來更新及補償當年生產中所消耗掉的資本財。

　　舉例來說，如果年初的資本財存量為1,000億元，而該年為了
生產8,000億的GDP，消耗了價值800億的機器與設備，因此到了
年底，資本財只剩下200億。為了更新這些機器與設備，GDP中必
須扣除800億，使其淨值成為7,200億，這樣才能更精確地衡量當
年的生產。

　　因此在國民所得帳中，將GDP減去「資本消耗準備」，即可得
到「國內生產淨額」。也就是在不損及未來生產能力下，經濟整體
所能消費的總產出。

　　由GDP求出NDP十分簡單。在所得方面，只需刪除「資本消
耗準備」即可；而在支出方面，則要將國內私人投資「毛額」改算
為國內私人投資「淨額」，也就是減去「資本消耗準備」，或稱為
折舊。

2. 國民所得（national income，簡稱 NI）

「國民所得」所要衡量的，乃是「資源提供者」提供的土地、勞力、資本，以及其企業家貢獻的能力所「賺得」的所得（earned income）。換個角度來看，也就是企業為淨產出而花費的經濟資源。在 NDP 中，唯一無法反映經濟資源對當期生產的貢獻者，就是企業的間接稅，因為相對於間接稅收入，政府並未對生產提供直接的貢獻。因此在計算由年度產出所賺得的所得時，必須由 NDP 中減去企業的間接稅，由此得到的數字即為「國民所得」。

由企業的觀點，國民所得乃是衡量生產因素或資源的成本；而由資源供給者的觀點，則是對生產的貢獻而賺得的所得。

利用「所得法」計算國民所得，與前述計算 GDP 的方式相同，只是要減除資本消耗準備與企業間接稅兩個非所得項目。

3. 個人所得（personal income，簡稱 PI）

由於賺得的所得（國民所得）與收到的所得（個人所得）會有差距，因為某些賺得的所得（附繳的社會安全保險費與公司所得稅及未分配公司盈餘）實際上均未為家計部門收到；而某些收到的所得，如各項移轉支付（失業保險、社會福利金）則並非當期所賺得的。

要由國民所得求出個人所得，必須減去上述賺得但未收到的所得，再加上收到而非當期所賺得的所得。

4. 可支配所得（disposable income，簡稱 DI）

「可支配所得」係將個人所得減除個人稅負，個人稅包括個人

所得稅、個人財產稅、遺產稅等等。當家庭或是個人擁有「可支配所得」時，就可隨心所欲地來支配它。簡單的說，只有兩種支配方式：不是消費，就是儲蓄。

（三）各類所得帳的關係

上面由GDP所導出的國民所得帳概念，計有國民生產淨額、國民所得、個人所得、可支配所得，其關係如表1.4及圖1.4所示。

國民所得流程圖是對上述各種所得帳的綜合摘要，也是一個相當符合實際狀況的經濟循環周流模型，值得仔細研究。流程圖的下方為GDP的「支出面」，包括了家計部門、政府與企業。為簡化起見，我們假定淨輸出為零；流程圖的上方則為GDP「所得面」，包括九個項目，然後逐一導出NDP、NI及PI。

在一國經濟的三個主要部門中，家計部門的「可支配所得」，係個人所得扣除個人稅負，可分別用於個人儲蓄與消費支出。

在政府部門，其收入為四類稅收：企業間接稅、公司所得稅、社會安全稅及個人所得稅。支出方面，則有購買財貨、勞務的支出與移轉支付。為簡化起見，我們假定政府部門預算平衡，沒有赤字。

表1.4：GDP、NDP、NI、PI及DI間之關係

國內生產毛額（GDP）－資本消耗準備＝國內生產淨額（NDP）
國內生產淨額（NDP）－企業間接稅＝國民所得（NI）
國民所得（NI）－（社會安全保險費＋公司所得稅＋未分配公司盈餘）
＋移轉支付＝個人所得（PI）
個人所得（PI）－個人稅負＝可支配所得（DI）

圖1.4：國民產出與支出及所得之流程

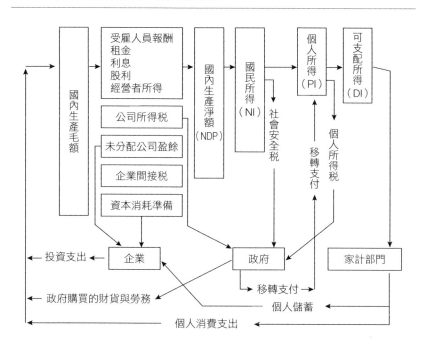

　　在企業部門，其左側為投資支出，其右側則為三項主要投資資
金來源：資本消耗準備、未分配公司盈餘及個人儲蓄。

（四）台灣的國民所得帳

　　現在讓我們以國內實際的例子來說明國民所得帳的詳細內容，
一方面加深讀者對於國民所得帳結構的印象，一方面也能對國內所
得帳的情況有所了解。我們在表1.5中分別把1985年與2014年的國
民所得帳列出，其中主要包含國內生產毛額、國民生產淨額、國民
所得、個人所得，以及可支配所得。

　　我們以2014年資料來舉例說明。表1.5顯示2014年我國的

表1.5：台灣國民所得帳

單位：十億元、%

	1985		2014	
	金額 （10億元）	比重 （%）	金額 （10億元）	比重 （%）
國內生產毛額（GDP） 或國民所得毛額（GNI）	2,515	100.0	16,567	100.0
減：固定資本消耗	233	9.3	2,565	15.5
生產及進口稅淨額	286	11.4	980	5.9
加：補貼	10	0.4	103	0.6
減：統計差異	–	–	101	0.6
國民所得（NI）	2,006	79.8	13,024	78.6
減：企業未分配盈餘	259	10.3	1,507	9.1
加：其他	40	1.6	842	5.1
個人所得（PI）	1,788	71.1	12,359	74.6
減：移轉支付	46	1.8	2,003	12.1
個人所得稅	70	2.8	511	3.1
可支配所得（DI）	1,671	66.4	9,844	59.4
減：消費	1,262	50.2	8,581	51.8
儲蓄（S）	410	16.3	1,263	7.6

資料來源：國發會《Taiwan Statistic Data Book, 2016》。

GNP總值為16.6兆元新台幣。其中固定資產折舊為2.6兆億，占GNP的15.5%。間接稅為9,800億元，其中包含營業稅、貨物稅及關稅等等。國民生產毛額扣除固定資本消耗與間接稅，再加上政府對企業的補助，得到的就是國民所得（national income, NI）。

　　2014年我國的國民所得為13.0兆，是GDP的78.6%。國民所得事實上可看成是以生產要素計算的國民收入，包含工資、地租、資本利息，以及企業利潤。要從國民所得再計算出個人所得，亦即家庭可獲得的部分，我們就必須把企業所得稅以及企業保留盈餘的

部分扣除，然後再加上其他項目。所以，在國民所得的13.0兆，我們要減去企業保留盈餘（1.5兆），再加上其他收入（8,420億），得到個人所得（PI）為12.4兆。

個人所得12.4兆占GDP的74.6%，但這還不能都由家計單位所享用，必須扣除國人對外國的移轉支付淨額（2.0兆）及個人所得稅（5,110億），其中國人對外國的移轉支付，包含國人赴美念書所攜帶的錢，或國人匯款給國外親友等。

扣除個人所得稅及對外國的移轉支付以後，就可以得到家計單位的可支配所得（disposable income, DI），2014年的金額為9.8兆，占GNP的59.4%。其中8.5兆為消費所使用，占51.8%，而剩下來的儲蓄為1.3兆元，占GDP的7.6%。

最後我們可以把1985年與2010年的國民所得帳略加比較。首先，1985年的GDP總額為2.5兆，到了2014年則增加為16.6兆，三十年之間上漲6.6倍，成長速度驚人。其次，可支配所得占GDP的比例也由66.5%下降到59.4%，這其中有二個最大的部分，一部分是資本折耗占GDP中的15.5%；另一部分則是移轉支出增加到12.1%，也就是有許多所得是由外資所創造，最終匯出到國外，這對於國內的經濟與消費也是不利的。第三，消費支出占GDP的比例由1985年的50.2%略上升到2014年的51.8%；相對的，淨儲蓄GNP的比例則由16.3%大幅下降到7.6%。此種現象顯示，隨著經濟成長，國內經濟體系已逐漸走入成熟的階段，因此社會大眾的消費支出比例上升，而儲蓄則逐漸減少。

經濟名詞

個體經濟學	匯率	所得法
總體經濟學	升值	配置法
價格理論	貶值	未分配公司盈餘
國民所得	失業	折舊
通貨膨脹	國民生產毛額	投資毛額
消費者物價指數	最終產品	資本消耗準備
躉售物價指數	中間產品	企業間接稅
購買力	附加價值	國民所得帳
交易媒介	公共移轉支付	國民生產淨額
價值儲藏	產出法	個人所得
外匯	支出法	可支配所得

討論問題

1. 試說明國民所得帳的意義及功能。

2. 試說明國民生產毛額與國內生產毛額的意義。

3. 國內生產毛額是否應包含中間產品的價格？為什麼？

4. 請說明每人所得與每人產出的意義。

5. 很多農家在稻米收成後，習慣上都會留下一小部分供自己家裡消費，請問此部分的稻米收入是否應計算在GDP之中？為什麼？

6. 大雄三年前花50萬元買了一部新車，三年後的今天找二手車商以20萬把這部二手車出售，同時支付2萬元的佣金。請問大雄此舉使全國的GDP增加多少？

7. 何謂可支配所得？其重要含意為何？

8. 2016年甲國全年的出口順差為100億元，政府支出為60億元，民間投資為60億元，國內生產淨額為400億元，折舊為20億元，請問其國內生產毛額與民間消費分別是多少？

9. 何謂公共移轉支付？請舉二例說明之。又為什麼公共移轉支付不應計入國內生產毛額之中？

10. 何謂消費者物價指數？何謂躉售物價指數？請分別舉出三種應該包括在內計算的商品價格。

第二章

國民所得與經濟福利

本章重點

一、國內生產毛額與實質所得

二、國民所得與經濟福利

三、世界各國國民所得的比較

一、國內生產毛額與實質所得

（一）國民生產毛額與國內生產毛額

國民生產毛額（gross national product, GNP）係指一個國家的國民在一年之內，所生產所有最終商品與勞務的市場價值總和。其中有幾個重要概念讓我們再說明更清楚一些。

首先，國民生產毛額的高低與時間長短有關，我們一般指的是每年國民生產毛額的大小。由於生產毛額與時間長短有關，所以它是一個流量（flow）的觀念，也就是說每個月、每一季與每一年的生產毛額大小都會不同。就好像我們說週薪、月薪和年薪的大小都不同，因為薪水的高低當然會與工作時間的長短有關。

其次，國民生產毛額必須與生產有關，所謂生產就是必須有產品或勞務被生產出來。更明確的說法是必須有附加價值產生，這才能計入國民生產毛額之中。比方說，政府支付失業救濟金，雖然對領失業救濟金的人來說這是一筆所得，但從全社會的觀點來看並沒有產品或勞務被生產出來，這只是一項單純由政府對人民的移轉支付，其過程中並沒有任何附加價值的增加，故不應計入國民生產毛額中。

第三，國民生產毛額以最終商品計算的主要目的在避免重複計算。其實國民生產毛額的基本觀念應該是把所有生產過程中，淨附加價值全部加總，就可以得到國民生產毛額。但是另一方面，由於附加價值有時並不容易澄清，且所有產品的附加價值都要加總也比較不容易。事實上，當一個產品最終被生產出來供市場做最終消費時，其價格就一定等於各生產過程中附加價值的加總，所以我們直

接以最終產品的價格來計算會比用附加價值的總和簡單很多。

第四，國民生產毛額指的是市場交易價格，所以該項產品必須經過市場交易才能被計算到國民生產毛額之中。我們強調市場交易的主要目的也是在避免把很多非交易性的移轉支付計算在內，而造成高估的結果。當然此種規定也有很多缺失，因為有很多有生產性的活動其實並沒有透過市場交易，但他們的確提高人們的收入，此種現象在愈落後的經濟體系中會愈明顯。

第五，最後我們必須說明的是國民生產毛額與國內生產毛額（gross domestic product, GDP）的不同，由於這兩種定義都經常被使用，所以我們必須仔細的加以釐清。所謂國民生產毛額是指一國的國民全年生產最終產品與勞務的市場價值的總和，此處國民指的是一國的公民，因此只要是一國的國民，其產出都應列入計算，不論這個國民所提供的勞務是在國內或國外，比方說，外交部派駐在國外的人員其薪資應該列入我國的GNP之中，相反的，由於GNP是以國民為計算標準，所以非國民的收入就不應列入，比方說，美國花旗銀行派有數名高階主管駐在台北，負責台灣地區的業務，這些人的所得是計在美國的GNP中，而不是計在我國的GNP中，即使這些人員的薪水可能是由我國所支付的。

以國民身分計算生產毛額的方式固然十分清楚，但也有一些缺點，因為它顯示的是一個國家的生產毛額，但卻不一定表示該國家所在地區的實際經濟活動高低，因為可能有些活動不在該地區發生，卻可以計入生產（如駐外人員）；而有些生產活動在當地發生，卻不能計入（如駐台的美國高階主管）。由於在地球村概念日漸發達的今日，人員在國際之間流動非常頻繁，因此用地區來計算生產毛額，可能比用國民生產毛額來計算更能正確的反映出一個地

區的經濟活動狀況。所以，有人提出國內生產毛額的概念，其指的是一個國家地區內的人民在一年內生產產品或勞務市場價值的總值。GDP係以地區為計算標準，所以駐外人員的薪水不應列入，國人在國外的其他收入也不應列入；相反的，任何外國人在我國國內提供勞務，其所賺得的薪水則應列入我國的GDP之中。

（二）每人平均所得

　　把國內生產毛額除以全國人口數目，就可以得到平均每人國內生產毛額（per capita GDP）。國民生產毛額固然可以表現一個國家的國力與經濟體系的大小，但真正表示該國國民所得高低與經濟發展程度的指標，仍應以每人平均所得為準。比方說有許多國家其全國的GDP很高，但事實上由於國內人口數目很多，所以其平均每人所得卻是很低的。

　　在討論一個國家的所得成長時，我們尤其必須先把GDP與每人平均所得加以區分。當一個國家的GDP增加時，其來源有二，第一是因為該國人口增加，所以即使是每人平均所得不變，但因人口增加，所以GDP上升。此時GDP的增加固然可以表現該國國力增加，但卻並不表示該國人民的所得增加，所以也不表示該國人民的福祉提高。第二個使GDP上升的來源是每人平均所得增加，即使人口數目不變，全國的GDP也會增加。此時GDP的增加不但表示國力增加，也代表每人經濟福祉增加，因為每人的所得都提高了。

　　在本書以後的分析中，除非特別提及，否則我們提到所得增加或經濟成長時，我們指的是每人平均所得的增加，因為這才是經濟成長與發展的最終目的。

（三）名目所得與實質所得

　　GDP是指當年所生產的財貨與勞務的「貨幣價值」或「市價」，為了要將各類不同的產出加總得到一個有意義的總數，必須以貨幣價值為共通的單位。我們將以當年貨幣價值計算的國內生產毛額稱為名目國內生產毛額（nominal GDP）。但是如果貨幣本身的價值因物價的漲跌而變動時，則不同年度的GDP即難以比較。

　　GDP是由價格乘上生產數量所得到的數字。國民所得帳的原始資料，就是企業廠商的總銷售數字，而這些數字包含了產出的數量與價格水準兩個要素，因此實質產出的變動，或是價格水準的變動，都會影響到GDP的大小。然而對於一般家庭生活水準有實質影響的，是生產與分配到的產出，而不是這些產品的標價。例如同樣的麵包，十年前賣10元，現在則賣20元，但給消費者帶來的滿足卻沒有差別。因此我們對於價格乘上數量所得到的數字，應該有一種調整的方法，才能精確地反映產出的實際變動。

　　在編製國民所得帳時，對於GDP加以平減（deflate），以消除物價變動的影響，就可以求得實質GDP（real GDP）。換句話說，以當年物價平減過後的國民生產毛額，我們就稱之為實質國民生產毛額。當我們以各年度實質GDP來比較時，就可以克服物價與幣值變動的困擾。

　　我們可以用表2.1來說明平減GDP的方法。假設只生產一種產品A，其中（1）為產量，（2）為價格，（4）名目GDP係由（1）與（2）相乘而求得，比較第二、三年名目GDP的變動情形，可以發現名目GDP的大幅提高，主要是由於物價的上升，如果不經調整，就會高估了實質產出的增加。

表2.1：名目GDP之平減

項目 年度	(1) 產出 數量	(2) 產品A 的價格	(3) 物價指數 （第1年＝100）	(4) 名目GDP (1)×(2)	(5) 實質GDP 〔(4)÷(3)〕×100
一	5	10	100	50	50
二	7	20	200	140	70
三	8	25	250	200	80

利用物價指數調整

對於負責編製國民所得帳的人而言，他們並沒有表中（1）、（2）各種產品的產量與價格的詳細資料，而只有（4）的資料，因此只能用估計整體物價變動的「物價指數」來對GDP加以調整。

「物價指數」（price index）有一基準點，稱為「基期」（base year），比較基期與前後各期的物價水準，我們可以了解物價「相對於基期究竟有多少變動」。

以表2.1而言，由於只有一種產品A，所以物價水準就完全受該產品價格的影響。如果以第一年為基期，則可透過下列公式而求得第二、第三年的物價指數：

（1）　　　$物價指數 = \dfrac{某一年度的價格}{基期的價格} \times 100$

我們之所以要在價格比之後乘上100，乃是為了便於將物價指數以百分比表示。利用上式，可求得第二年的物價指數：

$$\frac{\$20}{\$10} \times 100 = 200\ (\%)$$

　　如果以第一年為基期，則其物價指數必定等於100，這是因為
公式中「某一年度」與「基期」是相同的：

$$\frac{\$10}{\$10} \times 100 = 100\ (\%)$$

　　利用物價指數，即可調整表中（4）的名目GDP，以求得實質
GDP：

（2）　　　　$$\frac{名目GDP}{物價指數} \times 100 = 實質GDP$$

　　表中（5）所示的實質GDP值，就相當於如果產品A的價格一
直維持不變時，每年總產出以市價表示之值。以衡量各年經濟的生
產實績而言，實質GDP就優於名目GDP；簡言之，名目GDP的數
字同時反映出與物價的雙重變動，而實質GDP的數字是因為剔除
了物價變動，所以才能真實反映各年實質產出的變動。

　　值得說明的是，此處所指的物價指數是專門為平減名目國內
生產毛額之用，故我們稱此指數為國內生產毛額平減指數（GDP
deflator）。我們在第一章中曾提及消費者物價指數與躉售物價指
數，這兩者中，前者代表消費者通常面對的消費商品的平均價格，
而後者則代表廠商面對批發商品的價格。由於GDP平減指數係以
所有最終商品的價格為代表，所以GDP平減指數應該更能代表全
國商品價格的變動狀況。

（四）台灣地區名目、實質與每人平均國民生產毛額

　　為使讀者了解國民生產毛額、國內生產毛額、每人平均所得、

名目、實質及GDP平減指數之間的關係，我們把台灣地區過去六十年來的資料摘要式的列入表2.2中，也藉此讓讀者對台灣的經濟發展有些了解。

　　表2.2中有些重要訊息值得我們略加說明：第一，GNI與GDP之間差異並不大，所以GNI或GDP兩者交互使用並不會產生太大問題。第二，我們是以2000年為基期，故當年度的GDP平減指數為100。2000年之後，我們看到GDP平減指數出現下跌的情況，主要原因之一在於出口商品價格下跌所導致。如果我們再去看GNI的平減指數，在2000年之後仍然呈現上漲的趨勢。

表2.2：我國名目、實質與每人平均國民生產毛額

單位：十億元新台幣、%

基期：2000年＝100

年份	國民所得毛額 GNI		國內生產毛額 GDP		每人GDP（新台幣元）		每人實質GDP成長率	GDP平減指數 (2000=100)
	名目	實質	名目	實質	名目	實質		
1952	17.3	158.5	17.3	184.1	2,147	22,885	8.07	9.38
1955	30.2	203.0	30.2	238.1	3,364	26,554	3.88	12.67
1960	63.4	290.8	63.4	342.2	5,943	32,083	3.39	18.52
1965	114.6	489.8	114.8	557.0	9,173	44,516	8.54	20.61
1970	231.0	858.0	231.4	909.9	15,870	62,397	7.60	25.43
1975	598.5	1,340.9	601.8	1,445.4	37,438	89,915	4.27	41.64
1980	1,520.5	2,267.4	1,522.6	2,457.1	86,002	138,783	6.01	61.97
1985	2,583.2	3,216.0	2,536.0	3,469.0	132,142	180,758	3.39	73.10
1990	4,597.6	5,428.0	4,480.3	5,410.7	220,933	266,812	4.48	82.80
1995	7,507.6	7,697.2	7,396.7	7,763.2	347,789	365,025	5.60	95.28
2000	10,490.8	10,490.8	10,351.3	10,351.3	466,598	466,598	5.58	**100.00**
2005	12,383.1	12,036.3	12,092.3	12,614.1	532,001	554,960	5.03	95.86
2010	14,548.9	13,381.7	14,119.2	15,564.2	610,140	672,584	10.33	90.72
2015	17,317.9	15,726.6	16,759.0	17,655.2	714,277	752,474	0.46	94.92

資料來源：主計總處。

　　此處我們必須說明的是，物價指數純粹是一個相對的觀念，所以只要我們採用的基期更改，則所有指數都會同時發生變動。但重要的是，不論基期如何選擇，不論指數如何調整，任何兩年之間的相對比率應該都是維持固定不變的。

用購買力平價計算的每人國內生產毛額

　　直接以市場價格計算的GDP稱為名目GDP，然而由於市價往往受到物價水準的影響，所以我們必須再用GDP平減指數去平減，以便得到實質的GDP。此外，為便於國際之間的比較，經濟學家通常都會把各國的實質GDP再轉換成相同的某一國貨幣來表示，大多數時候我們都會換算成以美元表示的GDP。然而當GDP以美元表示時，又容易受到匯率的影響，因為在目前大多數國家都採用浮動匯率下，兩國之間的匯率往往會在短期內有很大幅度的變動。比方說，某一國的實質GDP在某一年可能沒有任何變化，但其對美元的匯率卻在當年內大幅上升，則該國以美元表示的國民所得也會大幅增加。所以，當我們以美元來計算各國的GDP時，也必須要注意匯率的變化。

　　在使用名目GDP與以美元計算的GDP時，人們已經十分習慣的注意其物價與匯率的問題。而另外還有一個在計算GDP時重要的因素在最近這些年才開始逐漸受到注意，即是以購買力平價（purchasing power parity, PPP）計算的GDP。PPP主要是考慮到一國貨幣在國內的購買力，這不但與該國的物價上漲有關，而且也與一國貨幣的購買力有關。購買力平價是指一國貨幣的購買力大

小，此購買力不但與該國貨幣與外國（美國）的相對匯率有關，而且還與外國（美國）的相對物價水準有關。比方說，野村在日本年收入為600萬日幣，以日幣對美元的匯率100：1來計算，野村年收入為6萬美元，高於傑克遜在美國年收入的4萬美元。但再假設日本國內的東西都比美國貴兩倍（換算成美元以後），比方說日本牛肉一公斤賣20美元，在美國只賣10美元；日本一輛喜美汽車要賣2萬美元，在美國只要1萬美元等等。由於日本的物價水準為美國的兩倍，所以野村6萬美元能買到的東西，傑克遜在美國只要花3萬美元就可以買到。換句話說，日幣在日本的購買力只有美元在美國購買力的一半，因此雖然「名目上」野村的收入（6萬美元）高於傑克遜的收入（4萬美元），但野村的「實質」收入（3萬美元）卻比傑克遜（4萬美元）為低。

我們把OECD中10個先進國家於2015年的以美元計算的每人名目GDP列於表2.3的第1欄中，其中以瑞士的$80,603最高，美國的$56,084次之，遠高於其他國家。但若再以其貨幣在國內的購買力平減以後，瑞士的每人GDP大幅下降到$58,641，雖然還是很高，但卻與其他國家相去不遠。

由於我們是以美國國內的購買力為標準，所以美國的GDP在調整前後都相同，都為$56,084。但由於美元在國內的購買力相對的高於瑞士，也就是說美國國內物價低於瑞士，因此以購買力平價計算下，美國平均個人的GDP變得最高。事實上，從第（5）欄中可以看到，瑞士法郎在國內的購買力只有美國的七成左右而已，也就是說，雖然瑞士人在國內的收入很高，但卻不如等值的美元在美國好用。

表2.3：購買力平價（PPP）衡量下每人GDP，2015年

單位：美元

	每人 GDP （1）	排名 （2）	每人 GDP-PPP （3）	排名 （4）	每人 GDP-PPP 每人 GDP （5）
瑞士	80,603	1	58,647	1	72.8
美國	56,084	2	56,084	2	100.0
澳大利亞	51,181	3	47,644	4	93.1
瑞典	50,050	4	48,199	3	96.3
英國	43,902	5	41,499	8	94.5
加拿大	43,280	6	45,602	7	105.4
德國	40,952	7	46,974	5	114.7
法國	37,653	8	41,476	9	110.2
日本	32,479	9	38,142	10	117.4
義大利	29,867	10	35,781	11	119.8
中華民國	22,263	11	46,833	6	210.4

資料來源：WorldEconomicOutlookDatabase, October2016.

最後，我們再以排名來看，第（4）欄以PPP計算的每人實質GDP與第（2）欄的每人名目GDP兩者之間的排名有相當大幅度的變化。由於購買力平價可以正確的反映出一國國民收入所能購買到商品的數量，故似乎比名目GDP更能正確顯示該國國民的經濟福利，同時經購買力平減後的GDP也的確會有相當大幅度的變化，因此一般人在使用GDP時更是必須格外小心。

特別值得一提的是，由於台灣早期以來物價都很便宜，因此，雖然台灣每人GDP為$22,263，低於其他先進國家，但考慮物價之後，台灣用PPP計算的每人GDP達到$46,833，排名上升到第6名。

　　第三，根據前面計算實質GDP的公式可知，若當年GDP平減指數大於基期時（即大於100），實質GDP會小於名目GDP；相反的，當GDP平減指數小於基期時（即小於100），實質GDP會大於名目GDP。

　　第四，由於與基期年代差距愈大，物價指數差異愈大，名目所得的代表性就會愈失真，我們就應仔細考慮以實質所得來計算。比方說，1952年的每人名目GDP只有新台幣2,147元，以現在全年收入來看似乎低得不可想像，但要知道當年GDP平減指數與2000年相比只有9.4，我們可以說在2000年賣100元的東西，在1952年時只賣9.4元。在調整物價後，1952年每人實質GDP為22,854元，遠高於名目GDP的2,000元。

　　第五，最後值得一提的是，既然有這麼多種不同計算GDP的方式，我們該如何正確表示一國的平均經濟水準，及其每年經濟的成長狀況呢？答案很簡單，若要看全國的國力大小，則可用實質GNI或實質GDP；若要看全國人民的生活水準或收入高低，則應參考每人實質GDP的大小。最後，若要說明一個國家的經濟成長速度，則應以每人實質GDP的成長率為代表，此即表2.2中倒數第二欄。因為每人實質GDP成長率表示前後兩年每人實質GDP的變化狀況，其中排除了物價變動產生的影響，同時也排除了全國人口變動的效果，所以才能顯示出經濟成長對每一個人的真正貢獻。

▌二、國民所得與經濟福利

（一）國民生產毛額指標的缺失

　　就衡量一國經濟成就而言，GDP是一個相當概括而且有用的指標，但就衡量社會的福利水準而言，GDP卻不那麼理想。

　　一方面，當實質GDP沒有增加時，社會福利也可能提高，如工作機會增加、所得分配平均、低收入人口減少等等；另一方面，實質GDP增加時，社會福利也可能減少，如污染增加、交通秩序惡化、生態遭受破壞等。但是大多數人認為實質GDP與社會福利之間，具有很高的正相關，當總生產增加時，社會大眾比較容易有更好的生活。

　　以GDP當成福利水準的指標時，主要的缺失可分為兩方面：一是GDP可能會高估或低估實質產出；一是更多的物質財貨不一定會為社會上每一份子帶來更多的幸福。下面分成幾點來說明：

1. 非市場交易（non-markettransactions）

　　有些生產性交易並未出現在市場上，因此GDP就無法將這些交易納入。其中最典型的例子包括家庭主婦所操持的家務、木匠替自己的房子裝修、教授所寫的無酬學術論文等等。這些交易都未列入企業的損益表之中，因此也就無從為國民所得帳的編製人員測知，造成了GDP的低估。此外，某些重要的非市場交易，如農家自行消費的農產品，很多國家都未將它估入國民所得帳中。

2. 休閒

近數十年來，由於工作時間縮短，休閒的時間增加，顯著地提升了人民的福祉，即對自己的時間能有較多的支配。但是目前的國民所得帳並未考慮此一因素，產生了低估的情形。另外，國民所得帳也無法反應由工作所獲得的滿足感，所謂「精神的所得」（psychic income）。

3. 產品品質的改善

GDP是一種「量」而非「質」的測度，所以無法精確地反應產品品質的改善，然而品質的改善對於經濟福祉的影響，不一定會少於產品數量的變動。如果產品品質不斷地在改善，如手機的功能、藥品有效性的增加，則GDP會低估了這一類的進步。

4. 產出的組成與分配

一國總產量的組成及其分配，可以明顯地影響經濟福利。但是GDP只反映產出的多寡，至於這些產出對該社會是否「適合」，卻無法顯示出來。就如一張古典音樂唱片與一柄利刃，售價同樣為200元，在GDP中就被同樣的看待。

另外一個例子，當A、B兩國的人口與GDP都是一樣的，如果A國生產了較多武器、較少的消費品（如圖2.1中的A點），B國生產了較少武器、較多的消費品（如圖2.1中的B點），那麼從社會福利觀點看，由於B國人民的生活水準較高，可能較為快樂，A國人民的消費品較少，可能較不快樂，但這種差異並不能在GDP數額上反映出來。

圖2.1：相同的GDP，不同的分配

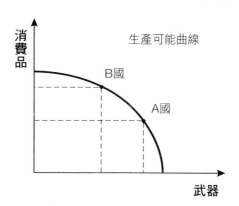

另一方面，有些經濟學家認為：總產出的分配愈平均，經濟福祉就愈高。如果這種看法正確，則未來GDP的分配若有愈來愈平均的趨勢，社會的經濟福祉將可提升；若所得分配愈來愈不平均，則會有相反的後果。

5. GDP 與環境

隨著GDP的成長，一些不受歡迎的「副產品」也接踵而來，如空氣污染、交通擁擠、噪音及其他種種的環境污染，對生活素質造成的外溢成本（spill-over costs）並未由GDP中減除，以致高估了一國的經濟福利。美國經濟學家鮑定曾諷刺過：「經濟生活最終的實質產品就是垃圾。」

事實上，依現行國民所得帳的計算方法，當生產者污染了河川，政府加以清理時，清理費用列入GDP之中，而污染卻沒有被列為負項。

再比方說，國內交通事故很多，於是許多車子都會加裝行車紀

錄器，對生產行車紀錄器的廠商來說他們的收入增加了，也計算在
國民所得的增加當中，但明顯的人們的社會福利是減少而不是增加
的。

6. 地下經濟

GDP的資料中，並不包括不合法的經濟活動，如賭博、高利
貸、販賣毒品、私娼等。使地下經濟（the underground economy）
活躍的因素有二：一是物價膨脹使實質所得減少，貨幣所得增加
時，使用的所得稅級距提高，因此民眾設法以規避稅負的形式來保
障自己的所得。二是政府的禁令增加，企業的申報負擔較重，有時
會使某些企業從事毋需申報所得的經濟活動。

雖然地下經濟的規模與成長情形難以正確估計，但是地下經濟
的存在卻是毋庸置疑的。所以，GDP必然會相當地低估了一國的
經濟活動，也就不易為決策者提供正確的資料。

由於國人傳統以來就習慣以現金交易，使得許多交易不容易查
到證據，因此這部分交易一直無法記載在GDP中，以致使國內地
下經濟的比例相當高，大約占GDP的20%至30%之間。

大家可以想像在台北的士林夜市、公館夜市、饒河街夜市、高
雄的六合夜市或國內任何一個城市內的夜市，我們幾乎每天都可
以看到夜市中車水馬龍的景象，人潮即錢潮，無疑的這些夜市中
大多數的攤販生意都不錯，收入也很好，但是他們大都不必繳納營
業稅。因此，他們的交易與收入沒有記錄在GDP中，在此種情況
下，大家也可以想像我國國內GDP被低估的情況會有多麼嚴重。

為增加政府稅收，也為確實掌握國內各項交易的實際情況，政
府於民國82年曾針對17項系統服務業與零售業要求所有交易都需

開立統一發票，其中包含理髮、美容、零售業等等。

7. 每人產出或每人所得

　　從許多角度來看，測度經濟福祉的較佳指標為「每人產出」（per capita output），而非GDP。因為GDP所衡量的，乃是總產出的大小，無法正確地表達個別家計單位生活水準的變動情形。例如，在一個開發中國家，即使GDP所得增加，但如果人口成長率高，則每人平均生活水準可能還會下降。

　　正如薩孟遜教授指出的：「人不能僅靠麵包過活，正如社會不能只顧及國民生產毛額。」在我國邁進已開發國家的途中，一方面仍要加速經濟成長，使國民生產毛額（或每人所得）不斷上升，另一方面要全力注意生活素質，減少經濟成長帶來的副作用。

（二）經濟福利淨值

　　如前所述，國民生產毛額衡量一國每年所生產的全部貨品與勞務的市場價值總和。它注重量，有人就譴責經濟學家忽略了「品質」。在美國的一位新左翼人士曾發出尖刻的批評：「別和我說什麼國內生產毛額（GDP）。對我而言，GDP代表的是「一國污染毛額」（gross domestic pollution）。」

　　也有許多人認為：GDP中的P，不僅是代表「生產」（product），也應當代表「快樂」（pleasure）。因此，國內生產毛額增加時，他們高興，下降時則失望，因為GDP高低的確有助於決定就業人數、人民的收入和國家的財力，但是GDP絕對不是測量快樂或國民福祉的最佳工具。

　　衡量國家經濟進步最傳統的方式是國內生產毛額，但是大家也

了解，GDP的增加，同時也就代表了更多的交通阻塞、更多的空氣雨水污染、對土地更進一步的破壞。簡言之，財富累積過程中如果生活素質惡化，那就變成了我們為獲取更多的商品和勞務所必須付出的代價。國內生產毛額這樣方式的增加，就可能會對今天的社會及後代的子孫造成嚴重的影響。

1. 衡量國民福利淨額

基於對上述問題的關切，一些經濟學家則致力於測度國民福利淨額（net national welfare, NNW），有些人也稱之為淨經濟福利（net economic welfare, NEW）。由於經濟活動的目標是消費而非生產，所以NNW要設法衡量家計單位的經濟福祉，反之，GDP則是要衡量社會的經濟生產。因此，NNW可說是「修正」的GDP，對傳統的計算方式增加或扣除了某些項目。例如：

■由GDP中扣除的項目：

1. 「保護」的支出——增進國家或個人安全，但卻無法直接增加家計單位經濟福利的支出。例如政府或私人在國防、外交、警政、預防醫療方面的支出。

2. 副作用——生產有效用的商品時，所造成的成本或不滿。例如空氣與水污染、土地破壞、交通擁擠與噪音等。

■加入GDP的項目：

1. 閒暇——志願減少工作時數對家計單位的價值。加入的理由：如果受雇者志願減少工作，但因而可以有更多閒暇，雖然GDP降低，社會的福利卻可能提高。

2. 非市場活動——GDP中所不包括的生產性勞務的價值。例如對
　消費者耐久財與政府財產所提供的勞務、家庭主婦的無償勞務、
　透過教育與保健方面的服務所做的「人力資本」投資產生進步、
　健全的國民、對社會的利益等。

2. NNW 低於 GDP

　　GDP經過了增刪後，產生了一項對社會福祉的測度——NNW。
據耶魯大學兩位經濟學家諾得豪斯（William Nordhaus）與諾貝爾
獎得主杜賓（James Tobin）所做的一項研究，數十年來，NNW
的年平均成長率為GDP的75%。因此，雖然歷年來美國的生活水
準，不論就總額或個人平均之觀點，均不斷在提高，但是社會「福
利」增加的幅度，卻遠低於財貨與勞務產出增加的幅度。

　　如果他們的結論能被以後的實證研究所支持，則任何工業化的
社會就會面臨一項棘手的新挑戰：將一國經濟資源重新配置，以確
保NNW增加的速度至少能與GDP相等。如果能做到這點，則GDP
中的P，就可能同時代表了快樂與生產。那麼「國內生產毛額」也
就等於「國民快樂總量」了！

三、世界各國國民所得的比較

　　雖然以國民所得當成一個國家富強與進步的指標有其缺點，但
到目前為止，經濟學家們仍然難以找到比國民所得更能直接反映一
國經濟發展狀況的指標，所以，大多數人仍然繼續使用國民所得來
衡量一個國家國民的福利水準。只是我們在使用國民所得作為指標
時，必須時時注意其背後可能有的一些問題。

我們需要第二本帳

　　在現代社會中，自己應當要有一本「個人收支帳」──詳細記述各項收入與支出。透過這一本「個人收支帳」，可以反映小我在經濟活動中的參與。另一本帳不是逃稅的假帳，而是一本「社會收支帳」，它記載個人、企業、政黨、宗教團體等對社會所產生的正面貢獻與負面效果。

取少給多，自我落實

　　台灣是一個進步中的社會，儘管有一些人在他們的社會收支帳上有可怕的赤字，但是有更多的人在台前、在幕後；在都市、在鄉村；在工作上、在下班後；在出錢、在出力等等的方式下，把他們的社會收支帳的右邊資產（貢獻）加大，把左邊的負債（傷害）減少。這些人對消費者權益、生態保育、社區環境、書香社會、藝文活動等，都在熱心地提倡與參與。走到人生盡端的時候，這些對社會付出心力的人，在個人收支帳上也許很少儲蓄，但他們的社會收支帳上，則會是一片盈餘。

公利為先，大帳為重

　　人，如果為小我而活，他所看到的只是一本個人收支的小帳，斤斤計較帳上的收支。所求者是一時，所爭者是私利。人，如果與大我一起發展，所看到的就會是一本社會收支的大帳，時時所盤算的是這本大帳上的盈虧。所求者是千秋，所爭者是公利。

　　個人收支帳的赤字，損及者是個人。社會收支帳的赤字，損及者是社會大眾及下代子孫。虛報個人收支，應當得到國家法律的制裁；漠視社會收支的平衡，則有自己良心的制裁。

　　本節主要目的就是利用國民所得指標，來說明世界上一些主要國家的經濟發展狀況。由於目前世界上國家與地區的數目很多，我們不可能也不需要一一的加以說明，故我們大略的把世界上的國家依所得高低分成三類，一類是每人國內生產毛額超過1萬美元以上的國家，我們稱為高度開發國家或已開發國家（developed country），另一類是每人國內生產毛額介於1,000美元到1萬美元之間的國家，我們稱為開發中國家（developing country），最後一類是每人國內生產毛額低於1,000美元的國家，我們稱為低度開發國家（underdeveloped country）。

　　然後，在每一類國家中，我們分別選出十個較具有代表性的國家，分別計算他們自1973到2015之間四十年的實質GDP的變化。此外，我們也將其GDP平減指數列出來，以便比較他們經濟的變化狀況。

（一）高度開發國家的國民所得

　　我們大家都已知道，歐美先進國家經濟發展比其他地區的國家要高出許多，但到底有多大不同呢？而且即使是先進國家之間，彼此的發展狀況也有出入。我們在讀完本書第一章與第二章的內容以後，應該可以利用GDP的資料來實際比較一下，先進國家到底國民所得與其他國家或地區的國民所得有何不同。

　　為便於比較，我們先把各國的每人GDP先依GDP平減指數平減，其中我們依國際貨幣基金組織（IMF）目前的統計資料為準，採用2000年的價格為基期，得到各國的每人GDP後，再以各國該年度對美元的匯率轉換成以美元表示的每人實質GDP。我們大致上以2000年每人實質GDP的大小作為排列的標準。

除了每人實質GDP以外，我們也同時把這些先進國家過去數年的GDP平減指數列在表2.4中，同樣以2000年作為基期。由於GDP平減指數中同時包含所有價格在內，所以最能代表一國的普通價格變化。我們看到一個很顯著的現象，就是這些國家的物價都相當穩定，其中瑞士在2000～2015年間只增加7.6%，換算成平均年物價上漲率，每年不到1%，這可說是非常穩定的。GDP平減指數增加最多的是澳大利亞，十五年間增加了54.2%，平均每年的物價上漲率大約為3.6%，仍然是相當的穩定。與許多開發中國家或低度開發國家相比，這仍算是相當溫和的通貨膨脹率。

大致上來說，我們可以對先進國家的國民所得做下列的結論：第一，平均每人實質GDP的水準都很高；第二，實質成長率相當緩慢；第三，各國的物價都相當穩定。

表2.4：已開發國家的每人實質GDP及平減指數

	每人GDP（當時價格，美元）				GDP平減指數（2000=100）			
	1980	1990	2000	2015	1980	1990	2000	2015
瑞士	18,832	38,589	37,948	80,603	60.8	87.8	100.0	107.6
美國	12,576	23,914	36,433	56,084	54.2	81.5	100.0	134.3
澳大利亞	11,001	18,826	20,834	51,181	40.3	84.4	100.0	154.2
瑞典	16,613	29,794	29,252	50,050	39.5	78.9	100.0	128.5
英國	10,672	20,668	27,828	43,902	40.4	77.7	100.0	133.8
加拿大	11,155	21,495	24,221	43,280	49.8	83.2	100.0	134.8
德國	11,028	20,098	23,774	40,952	56.7	75.1	100.0	121.2
法國	13,112	22,600	23,318	37,653	48.0	87.7	100.0	124.2
日本	9,309	25,149	37,301	32,479	85.1	98.6	100.0	87.9
義大利	8,576	20,691	20,117	29,867	25.6	68.4	100.0	132.8

資料來源：IMF, World Economic Outlook Database, October 2016.

（二）中度開發國家的國民所得

在世界上現有200個左右的國家中，每人國民生產毛額超過1萬美元的國家並不太多，大約有60個左右，其餘都是開發中國家與低度開發國家。同樣的，我們選出幾個每人實質GDP介於1,000美元到1萬美元之間的國家。我們仍然以2000年為基期，計算這幾個國家的GDP平減指數及其每人實質GDP，請見表2.5。

在10個中度開發國家中，以亞洲四小龍的表現最佳，包括新加坡、香港、中華民國與韓國，其中新加坡和香港的人均實質GDP早已超過先進國家的標準，但為便於比較，我們仍將其放在表2.5中。此外，韓國與台灣都已超過2萬美元。而每人實質GDP較低的是巴西、墨西哥與土耳其，2015年都不到1萬美元。

表2.5：中度開發國家的每人實質GDP及平減指數

國家	每人GDP（當時價格，美元）				GDP平減指數（2000＝100）			
	1980	1990	2000	2015	1980	1990	2000	2015
新加坡	5,004	12,766	23,793	52,888	65.5	84.9	100.0	114.1
香港	5,664	13,281	25,578	42,295	30.3	66.0	100.0	104.0
中華民國	2,367	8,178	14,877	22,263	52.9	82.8	100.0	94.7
韓國	1,711	6,513	11,947	27,222	31.3	60.9	100.0	137.6
希臘	5,903	9,681	12,268	17,989	6.9	41.0	100.0	127.9
阿根廷	8,106	4,710	8,387	14,617	—	36.6	100.0	1263.4
馬來西亞	1,900	2,550	4,287	9,501	53.3	65.3	100.0	149.3
巴西	1,283	3,241	3,779	8,670	—	0.0	100.0	326.7
墨西哥	3,384	3,423	6,776	9,452	0.1	18.1	100.0	204.5
土耳其	2,235	3,857	4,120	9,186	0.0	0.5	100.0	646.7
智利	2,568	2,493	5,064	13,342	6.6	44.1	100.0	207.1

資料來源：IMF, World Economic Outlook Database, October 2016.

　　如果我們再看物價的變化，則更可看出這些中度開發國家之間經濟穩定性的明顯差異。其中亞洲五國的物價都相當穩定，只有韓國略高，2000到2015年的十五年之間GDP平減指數增加了37.6%，平均每年GDP平減指數大約上升2.5%左右。南美洲的阿根廷在十五年之間GDP平減指數上漲約12.6倍，通貨膨脹很嚴重，即使是情況略好的墨西哥大約也上升了一倍，顯然這些國家的經濟是十分不穩定的。我們會在本書後面再仔細探討通貨膨脹的來源及其產生的影響。

　　大致上來說，由於中度開發國家的經濟仍在成長之中，故各國的表現差異十分明顯，這與先進國家的成熟經濟體系是非常不一樣的。此外，中度開發國家之間的經濟穩定程度也有顯著的不同，有些國家物價非常穩定，但也有部分國家面對非常嚴重的通貨膨脹壓力。同時，從表2.5中我們也可以發現，亞洲四小龍經濟上所表現的不單只是出現在快速的經濟成長，更重要的是，在經濟成長的同時，也能保持高度的物價穩定。

（三）低度開發國家的國民所得

　　雖然人類文明已經十分發達，先進國家的科技十分進步，國民所得很高，但事實上，卻有更多國家其人民的收入是很低的。以2015年所得為準，仍然有極少數國家人民的每人實質GDP在1,000美元左右，甚至更低，例如馬拉威與辛巴威等國，見表2.6。

　　我們同樣選出10個具有代表性的低度開發國家，計算他們的每人實質GDP與其平減指數。

　　在這10個國家中，不但所得很低，而且經濟幾乎沒有太大成長，只有祕魯與中國大陸的經濟有明顯的成長，其餘國家都不明

表2.6：低度開發國家的每人實質GDP及平減指數

國家	每人GDP（當時價格，美元）				GDP平減指數（2000＝100）			
	1980	1990	2000	2015	1980	1990	2000	2015
秘魯	1,165	1,302	2,023	6,168	–	4.4	100.0	114.1
喀麥隆	870	1,086	581	1,235	38.5	66.0	100.0	143.0
菲律賓	753	806	1,055	2,863	11.9	44.2	100.0	175.2
宏都拉斯	965	850	1,138	2,530	11.7	22.5	100.0	237.8
辛巴威	–	897	846	1,002	–	–	100.0	171.5
印尼	673	771	870	3,362	11.6	25.5	100.0	345.2
中國大陸	309	349	959	8,141	29.8	51.1	100.0	174.6
印度	276	385	463	1,604	20.3	46.2	100.0	217.6
尚比亞	719	510	340	1,352	0.0	1.2	100.0	637.3
馬拉威	327	299	250	354	1.7	6.3	100.0	905.2

資料來源：IMF, World Economic Outlook Database, October 2016.

顯。其中有些國家是因國內戰爭的結果，如尚比亞，有些則是經濟情況一直不佳，如馬拉威。

在GDP平減指數的變化方面，秘魯位處南美，受到鄰國巴西與阿根廷相同的困擾，通貨膨脹較嚴重。其他國家情況略好，但平均而言，指數的上漲仍然比先進國家要高出許多。除了戰爭因素以外，一般而言，造成低度開發國家通貨膨脹較嚴重的主要理由在於他們的金融制度較不健全，使得政府無法有效的以經濟政策來抑制通貨膨脹。

總而言之，低度開發國家不但所得較低，一般而言經濟的成長表現也較差。除了戰爭因素所造成的通貨膨脹以外，低度開發國家的通貨膨脹通常也比先進國家嚴重許多，對人們的所得與經濟福利造成重大影響。

我國的地下經濟

經濟體系中的經濟活動種類繁多，若以是否合法與是否逃稅等標準來看，我們可以把所有經濟活動區分成四類：

第一，**地上經濟**：凡是屬於合法登記，並確實申報的經濟活動，皆是地上經濟，又可稱為合法經濟。**第二，違常經濟**：有些經濟活動已經合法申請，且已經營業，但卻未得到正式申請許可者稱之。**第三，漏稅經濟**：一切皆合法的廠商行為，但有部分營業所得卻未誠實申報，**第四，非法經濟**：凡是不合法的經濟活動皆是，如地下金融、色情、走私等。我們又把後面三項合併稱為地下經濟（underground economy）。

地下經濟在每一個國家都存在，只是規模大小不同。由於地下經濟存在，導致一個國家的GNP被低估，而且在落後國家中，地下經濟比例甚高，因此會出現GNP嚴重低估的現象。

李庸三教授與錢釧燈先生曾仔細估計我國地下經濟占GNP的比例，見表2.7。在表2.7中，我們看到我國地下經濟活動的幾個特性：第一，地下經濟占GNP的比例有逐漸擴大的趨勢，其占GNP的比例由民國51年的9.27%上升到民國77年的29.01%。第二，實物面地下經濟活動超過金融面的地下經濟，前者包括夜市、地攤的交易，後者則包括地下錢莊與民間自助會的活動。第三，雖然實物面地下經濟大於金融面的地下經濟，但兩者的成長速度都很顯著。

表2.7：台灣地下經濟占GNP的比例

	實物面地下經濟	金融面地下經濟	地下經濟總額
	GNP	GNP	GNP
民國51年	7.27	2.00	9.27
民國55年	3.69	2.43	6.12
民國60年	3.94	2.82	6.76
民國65年	8.16	4.15	12.31
民國70年	14.41	7.48	21.89
民國75年	19.65	5.35	25.00
民國77年	24.68	4.33	29.01

資料來源：李庸三、錢釧燈（1990），〈美國與台灣地區地下經濟估計值之評估〉，
《台灣經濟預測與政策》，21卷第2期，附表2。

　　蔡旭晟、賈宜鳳、鹿篤瑾、練有為再進一步的把我國地下經
濟活動的內容做更仔細的分析，他們把地下經濟活動分成三類，
即法所禁止、低報所得與不報稅，見表2.8。依他們的估計，在民
國70年時，法所禁止的經濟活動占GNP的比例為0.44%；低報
所得占GNP的比例為1.33；而不報稅經濟活動占GNP的比例為
12.64%，合計為14.41%。此結果顯示，我國地下經濟活動的主要
來源係來自於許多不報稅的活動，如地下工廠及夜市攤販等之經濟
活動。

表2.8：民國70年台灣地區各類地下經濟活動占GNP的比例

	占GNP比例（％）
法所禁止	0.44
走私	0.07
私宰	0.07
盜採砂石	0.29
黑市金鈔	0.01
低報所得	1.33
營利事業	1.29
執行業務	0.04
不報稅	12.64
自給或不上市	7.28
農漁牧畜業	0.59
製造業	2.14
礦業及土石採取業	0.01
水電煤氣業	0.42
商業	0.02
自用住宅租金之設算	4.09
初級產品自用加工	0.01
自建營建工程	0.90
流動攤販	0.73
地下工廠	3.08
合計	14.41%

資料來源：蔡旭晟、賈宜鳳、鹿篤瑾、練有為（1984），〈地下經濟與國民所得統計〉，《73年統計學術研討會實錄》，中國統計學社編印，表7-1。

經濟名詞

國內生產毛額	基期	淨經濟福利
每人國民生產毛額	物價指數	高度開發國家
		（已開發國家）
名目國民生產毛額	購買力平價	開發中國家
實質國民生產毛額	地下經濟	低度開發國家
國民生產毛額平減指數	國民福利淨額	惡性通貨膨脹

討論問題

1. 何謂國內生產毛額？其定義與國民生產毛額有何不同？請各舉一例說明兩者之差異。

2. 何謂國民生產毛額平減指數？其與消費者物價指數和躉售物價指數有何不同？

3. 名目所得與實質所得有何不同？何者較能表現出真正的所得狀況？

4. 請說明以國民生產毛額做為一國經濟福利的指標會有哪些缺失？

5. 何謂國民福利淨額？其與國民生產毛額有何不同？

6. 當一份報紙報導說：「甲國的每人平均GDP由2000年的300美元增加到2015年的600美元，在十五年之內經濟成長加倍。」請問此種以當年美元計算的國民所得中，可能會有什麼問題存在？

7. 請問已開發國家的經濟發展與低度開發國家的經濟發展，各具有什麼特色？你可以說明造成這些現象的原因何在嗎？

8. 何謂購買力平價？其與一國國內的物價水準和匯率高低有何關係？

9. 何謂地下經濟？請試舉二例說明之。

10. 多年前有一位內政部長在上任後立即宣布要在二年內讓國內的鐵窗業蕭條。你覺得此舉對國民所得會有什麼影響？對國內經濟福利又有什麼影響？

第三章

所得、消費與投資

一、均衡所得

一個國家的經濟潛力與實力可以由「國民生產毛額派」（GNP Pie）來表示，一國人民的生活水準可由「平均每人國民生產毛額」來反映。國與國之間在經濟方面的表現也可用這兩個指標來比較。如以國內生產毛額（GDP）為比較標準，美國是今天世界上最富有的國家；如以平均每人國內生產毛額（per capita GDP）為標準，盧森堡是世界上首富之國，其2015年時人均GDP達到10.3萬美元。

基於這樣的一個認識，每一個國家都在盡力提高經濟成長率，也就是提高GDP。這一章中，我們要討論GDP的水準是如何決定的？哪些是影響此一水準的重要因素？我們是否能夠透過某些政策工具或方法來影響GDP的水準？在這一過程中，企業投資或者政府稅率與支出變動又扮演什麼角色？

當討論的重點側重在經濟活動的總體水準（如產出水準、數量水準、物價水準）時，這種討論就屬於總體經濟學的範圍。在下面的討論中，我們將側重消費與投資對所得的影響。政府支出對所得的影響則留待以後再討論。

（一）均衡、挹注及漏巵

在一個單純的經濟體系中，全年的產出會完全被消費者依市價水準所購買。

假設產出值為100億元，且無折舊和稅賦，廠商出售產品後，將收入以個人所得（personal income）形式分配為工資、地租、利息和利潤等部分。如果所有消費者打算用掉他們的全部所得（100億元），顯然將產生100億元的消費支出。

這也就是為什麼我們在前一章計算國民所得時，可以兩種方式來計算，一種是以生產面來計算，另一種則是以支出面來計算。我們在定義國民生產毛額時，係以「一國人民全年生產最終產品的市場價值總和」做計算。而在正常情況下，這些產出必須要有交易才成為廠商的收入，而交易的對手則是消費大眾。既然我們可以從產出面來計算，我們當然也可以從市場的另一面（即消費面）來計算總支出。因為所有廠商的總收入必然會等於所有消費者的總支出，所以用生產面和用支出面計算的產品價值必然會完全相同。

1. 均衡

在這種情形下，當期產出和當期支出的價值相等。我們可將100億元視為未受干擾的循環流量（undisturbed circular flow），如圖3.1所示。出售產品獲得100億元的收入，完全做為所得分配，這些所得又產生100億元的支出，再形成100億元的銷貨收入。

圖3.1：均衡狀態下所得的周流

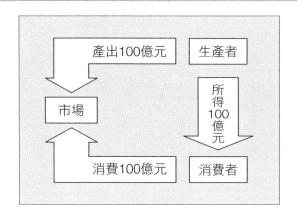

　　若沒有任何干擾使得生產者改變產出水準，或使消費者改變消費水準，上述周流的程序就會不斷的持續下去，即為均衡狀態。

　　均衡狀況是一個非常重要的觀念。在個別商品市場中，均衡代表供給量等於需求量，所以價格也不會再變動，在沒有外力干擾下，市場也不會再有任何調整。在總體經濟中的概念也十分類似，均衡表示整個經濟體系中的供給（即產出面）等於整個體系中的需求（支出面）。在總體市場均衡下，有幾個重要的含意，我們必須再加以說明：第一，均衡表示在沒有任何干擾下，生產者不會再對價格或產出做任何調整，消費者也不會對購買量或收支做任何變動。所以，總體經濟循環就會依上述例子中的情況持續下去。

　　第二，由於在均衡下，生產者的收入也就是消費者的支出，所以若由前者的收入來計算，我們就可以得到以生產面計算的國民所得總額；另一方面，若由後者的支出來計算，我們就可以得到以支出面計算的國民所得總額。在均衡之下，生產者的總收入就是消費者的總支出，所以不論用生產面或用收入面來計算國民所得，都會得到相同的數據。換句話說，我們在前二章中一再提及可以用生產面來計算國民所得，也可以用收入面來計算，其實這其中有一個隱含的假設，即市場是均衡的。

　　第三，在總體市場均衡下計算出來的所得稱為均衡所得水準（equilibrium income level），在本書以後的分析中，除非我們特別說明，否則當我們計算出或是求出所得的高低時，我們指的都是均衡所得水準。

2. 漏巵（leakage）

　　但如果消費者不將全部所得花掉，這會產生什麼樣的結果呢？

譬如說，如果消費者要把部分所得用於國外度假，總共花費了10
億元，現在100億元的所得中，由於在國外支用了10億元，只剩
90億元可購買國內的產出。如果生產者照舊生產，就會發現他們
只能出售價值90億元的產出，簡單的循環周流已被打斷（如圖3.2
所示）。所得的收入和消費的支出相差10億元，它脫離了國內經濟
的周流。我們稱這10億元是所得—支出周流的漏卮。

3. 挹注（injection）

現在假設另外有個國家需要進口我們國內10億元的產出。這
是在本來的所得—支出周流之外的新增需要，稱為對此周流的「挹
注」。這10億元的挹注，正足以抵消前面10億元的漏卮。100億元
的產品可產生100億元的所得：10億元由系統中流出，90億元用來
購買國內產出。這90億元加上出口10億元的挹注，使得國內產出

圖 3.2：所得的漏卮導致不均衡

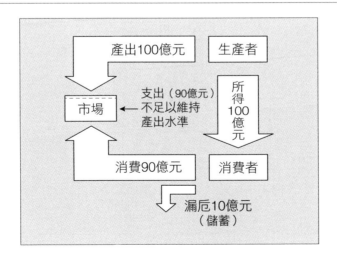

的總支出為100億元，恰足以購買當期100億元的產出。雖然循環
周流被打斷，而流入的挹注正好抵消流出的漏卮，只要挹注或漏卮
的水準不變，現有產出水準即可維持（見圖3.3）。

4. 均衡條件

　　所得—支出分析的基本假說是：如果總漏卮與總挹注相等，經
濟的均衡產出水準即可維持。

　　但是如挹注水準由10億元降為5億元，總支出即為95億元
——低於100億元的當期產出。因此挹注和漏卮的關係是決定性的
因素。如果漏卮超過挹注，所得—支出周流的挹注不足以抵消漏
卮。於是，包含挹注的總支出低於總所得，支出不足以購買計畫產
出，必然將引起一些經濟上的變化。

圖3.3：挹注與漏卮相等時，均衡可維持

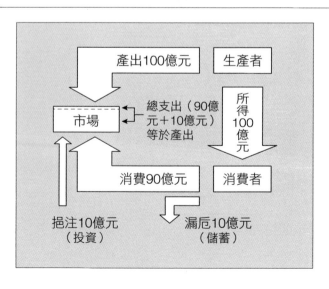

5. 調整過程

　　如果產品的當期價格為100億元，購買者僅支出95億元，生產者可能做兩種調整：

　　1. 繼續按以前價格出售商品，但削減實質產出5%。
　　2. 繼續生產原來的實質產出，但價格降低5%。

　　雖然還可能有其他方式的減產和降價的組合，通常我們所注重的是這兩種極端的情形。無論結果是減產、降價或兩者的組合，我們可以概括的說：如果消費者的支出少於產出，會形成經濟活動下降的壓力。

　　如果挹注超過漏卮（例如，國外對國內產出的需求為10億元，超過了5億元的漏卮）就形成經濟活動上升的壓力，使實質產出與價格水準分別或同時提高。

（二）所得—消費循環

　　現在，我們再進一步討論消費與所得循環中，漏卮與挹注的種類及相互的關係。經濟活動中總支出最大的部分是消費，即家計單位對新生產的商品和勞務的支出，而所得水準即是決定消費水準的主要因素。於是經濟中最重要的流量是由所得到消費，消費到支出，然後到產出，再回到所得的流量（見圖3.4）。

　　我們從圖3.4的所得—消費循環再仔細探討挹注—漏卮的種類。圖3.4顯示由此一循環流出的即為漏卮，來自此循環以外的注入即為挹注。

圖3.4：所得—消費循環

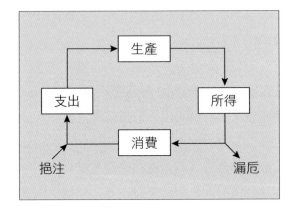

1. 漏卮的種類

　　漏卮是指所得除了用於當期國內產出以外的其他用途，通常包括下列各項：

1. 增加貨幣餘額（money balance），可能採儲存的方式或增加銀行存款。
2. 存入儲蓄存款帳戶，購買政府公債或公司證券，這些都不是對當期生產的商品和勞務的支出。
3. 以納稅的方式支付給政府的部分，不是所得者能控制的。
4. 在國外的支出或對外國商品的支出（進口）。

　　為簡化起見，我們將前面兩項用途合稱為儲蓄（saving）。
　　因此，所得—消費循環的漏卮的主要形式有三：儲蓄、納稅和進口。

2. 挹注的種類

挹注是指廠商、政府部門、國外人士對國內產出的支出。主要挹注來源如下：

1. 廠商和企業對資本項目，如機械設備和廠房的投資支出。
2. 政府對經濟活動生產的商品之支出。
3. 外國人購買本國商品（出口）。

因此，所得—消費循環的挹注主要形式為投資、政府支出和出口。

所得—消費循環加入上述漏卮和挹注項目後，詳見圖3.5。

3. 重申均衡條件

我們已指出所得—支出分析中的要素是總挹注和總漏卮之間的均衡。假設當期產出價值（亦即所得）為100億元，其中家計單位對進口支出5億元，納稅12億元並儲蓄11億元，則漏卮總計28億元，消費支出72億元。現在假設出口總計7億元，政府支出13億元，投資8億元，故總挹注為28億元。總消費支出（72億元）加上挹注（28億元）正好等於當期產出價值，經濟活動剛好達到均衡。

如果投資下降至7億元，而其他的項目不變，挹注與漏卮就不再相等。總支出等於消費（仍為72億元）加上挹注（僅為27億元），即99億元，不足以購買100億元的當期產出。除非採取因應措施，經濟活動會趨向衰退。一個辦法即是增加政府支出1億元，

圖3.5：凱因斯模型的基本架構

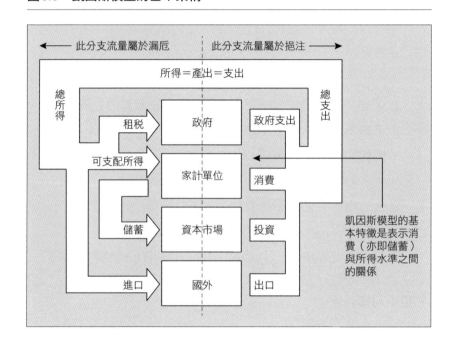

至14億元，使總挹注仍變為原先的28億元，那麼均衡又可恢復。

當任何形式的挹注或漏巵的水準發生變動時，若被其他對應的漏巵或挹注變動彌補或抵消，使總挹注仍然等於總漏巵，那麼經濟仍然可以維持均衡。

（三）總合需求

事實上，凱因斯在其《一般均衡理論》一書中，把大眾消費也看成總體經濟體系中挹注的一環。凱因斯認為，總體經濟中的挹注其實就是經濟體系中的所有需求的加總，而經濟體系中需求來源可分成四大類，即：

1. 社會大眾的需求，此即社會大眾的消費（consumption）；
2. 廠商的需求，即廠商為投資（investment）而購買的商品；
3. 政府的需求，此即政府部門為提供勞務或生產財務而必須先向社會購買的資源或商品，我們稱為政府支出（government expenditure）；
4. 外國人對國內產品的購買，減去從國外的進口，此即國內產品的淨出口（export）。

　　凱因斯進一步把這四種需求加總，稱為全社會的總合需求（aggregate demand），或稱有效需求（effective demand）。當全社會的總合需求增加時，也就等於總體經濟的挹注增加，總體經濟體系中的主要變數（如所得與物價）就會往上調整。

　　另一方面，全社會的漏巵包含家計單位的漏巵，其中最主要的部分為儲蓄（saving）與租稅（tax）。而家計單位的儲蓄會經過資本市場（包含銀行與股票市場等），再轉流入廠商手中成為廠商投資的資金來源。另一方面，租稅則轉成政府資金的來源，使政府得以支應其所需的政府支出。另外，漏巵是國人對國外財貨的購買，此即國外財貨的進口（import）。與儲蓄和租稅不同，進口等於是國內總體經濟體系資金的淨流出，因為儲蓄和租稅最終會轉向廠商和政府，因此資源仍在國內流動，但進口則是將國內的資金完全流向國外。通常我們會把進口與出口放在一起，用淨出口來衡量。

　　由於凱因斯模型是當代總體經濟理論的最主要起源，所以在以下數章中，我們會一步步由簡入繁地詳細說明其理論與內容。為使讀者能明瞭如何利用凱因斯模型來決定均衡所得，我們會先做許多

簡化的假設。首先，我們會假設市場經濟是一個封閉的體系，也就是暫時先不考慮國外部門的影響，然後我們再假設沒有政府部門，也就是我們先探討一個最簡單的凱因斯總合需求，其中只包含家計單位的需求（即消費）與廠商的需求（即投資），因為這兩部門在任何一個經濟體系中都是最重要的部分。

我們先在以下兩節分別進一步說明家計單位如何決定其消費與儲蓄，以及這些行為受到哪些因素的影響，然後我們再討論廠商如何決定其最適的投資數量，以及投資大小會受到哪些變數的影響。在明瞭家計單位的消費行為與廠商的投資決策之後，我們就可以在下一章利用簡單的凱因斯模型來說明，如何在市場均衡下決定國民所得。

▌二、消費與儲蓄

（一）消費與儲蓄的動機

消費可說是人們經濟活動中最重要的一環，我們甚至可以說，經濟活動的最終目的是為了消費。家計單位努力工作增加所得，其目的在使家人有更多的錢去購買財貨或勞務，以增加消費提高生活水準。廠商努力生產，目的在提供消費者足夠的財貨與勞務來消費，最終可以使自己利潤增加。由於人們有消費或擁有某種財貨的慾望，所以才會對產品產生需求，市場上也才有交易的可能。如果沒有需求，廠商也不會有誘因去生產產品，因為沒有地方可供其銷售。

　　從此一角度來看，消費也可說是經濟活動中最主要的推動力。
一方面因為消費的需要，使得人們有工作的誘因，以賺取所得購
買商品滿足消費需求。另一方面，由於市場上有需求存在，廠商才
有誘因去生產產品。同時，廠商為生產產品，又對勞動、原料、機
械等生產因素產生衍生性的需求。所以從此一角度來看，有人說：
「需求創造供給」（demand creates its supply）似乎並不為過。

　　在《經濟學的世界（上）》中我們曾說過，幾乎絕大多數人的
慾望都是無窮而不易滿足的，但所得有限，因此如何在有限的所得
下，選擇其最適的商品組合，使其效用最高，這可說是每一個經濟
個體所面對的最基本、也是最重要的問題。當人們為滿足慾望，來
購買商品或勞務時，就出現了消費行為。

　　基本上個人的消費可以分成兩類，一類是自發性消費
（autonomous consumption）；一類是誘發性消費（induced
consumption）。自發性消費係指一個人最基本的消費數量，此數
量大小與其所得無關。也就是說，即使一個人的所得為零，他仍然
會有一些維生必要的消費，這就是自發性消費。我們也可以把自發
性消費看成一個人為維持生活所必須支付的最低消費水準。

　　另一類消費是誘發性消費，由於人們的慾望是無窮的，只要能
力所及，一個人的消費會隨所得增加而上升，以使自己的效用更
高。換句話說，當一個人所得增加時，其消費也會跟著增加，而這
部分的消費可說是被所得增加而誘發，故稱為誘發性的消費。

　　不過，雖然每一個人的消費都很可能隨所得增加而增加，但
其幅度大小會有不同。有些人平常揮霍成性，賺100元要花掉90
元；也有一些人則比較節儉，賺100元只花50元，把另外50元存
起來，成為他的儲蓄。

　　顯然人們的消費大小與儲蓄高低有關，但既然人們的慾望是無窮盡的，為什麼人們不把所賺到的錢全部花完，還存一部分起來呢？

　　一般而言，人們儲蓄的動機有兩個：第一個是預防的動機（precautionary demand for saving），因為雖然現在有很多所得可供消費，但並不表示未來一定也有所得可供消費，因此，為預防及避免未來沒有所得可以購買財貨，所以現在先保留一些所得供以後消費支用。儲蓄的第二個動機是為未來賺取更多的所得。儲蓄可以讓人們累積未來消費的所得，把這部分錢放在銀行中收取利息，或拿去投資賺取利潤。無論如何，儲蓄不但可以使消費延後，同時可以藉以在未來享有更多的消費。

（二）消費函數

　　當一個人所得增加時，消費也會跟著增加，只是增加幅度不會比所得增加來得大。這是一般人大概都普遍具有的基本行為模式，凱因斯甚至稱這是一種人類的基本心理法則（the fundamental psychological law）。

　　表3.1中包含一個假想的甲國經濟，在不同的所得水準下家計單位的總合消費水準。所得水準為40億元時，消費與所得相等。如果所得提高到50億元，消費則提高到47.5億元，即所得增加10億元，消費增加7.5億元。如果所得提高到60億元，消費則增至55元，即所得增加10億元，消費又增加7.5億元。相反的，如果所得由40億元降至30億元，消費就減少7.5億元，而為32.5億元。

　　表3.1中資料所顯示的關係是每當所得變動10億元，消費即變動7.5億元，這符合凱因斯的假設：人們會直接按所得來變動他們

表3.1：甲國的消費函數

單位：億元

所得	消費支出
0	10.0
10	17.5
20	25.0
30	32.5
40	40.0
50	47.5
60	55.0
70	62.5
80	70.0
90	77.5
100	85.0
110	92.5
120	100.0

的消費，但變動的數額比所得變動額為少。

　　我們將消費受到所得影響的大小稱為邊際消費傾向（marginal propensity to consume, MPC），邊際消費傾向係指當所得增加1元時，消費所增加的數目。一般而言，當所得增加1元時，人們的消費也會增加，但增加幅度會小於1元，所以邊際消費傾向會小於1，但同時也會大於零，即 $0 \leq MPC \leq 1$。

　　如果我們以a代表人們自發性消費水準，其大小與所得高低無關。而以b代表邊際消費傾向，Y代表所得，則bY表示人們因所得增加而誘發的消費量。再把兩類消費相加總就可以得到總的消費量（C），即：

（3.1）　　　　　　　　　　$C = a + bY$

　　（3.1）式即為最簡單的消費函數，其代表的是消費與所得之間
的關係，可用圖3.6表示。圖3.6中，橫軸為所得，縱軸為消費，我
們把表3.1中所得與消費的資料繪於圖中，再把各點連結，就可以
得到消費曲線（consumption curve）。

　　若我們把（3.1）式對所得 Y 作微分，可以得到下式：

（3.2）　　　　　　　　$$MPC = \frac{\triangle C}{\triangle Y} = b$$

b 表示當所得增加時，消費所增加的部分，此即邊際消費傾向
（MPC）。事實上，邊際消費傾向也就是消費函數的斜率，因為
在本例中消費曲線是一條直線，所以邊際消費傾向也是固定的
（b ＝ 0.75），見表3.2中的第（4）欄。

圖3.6：消費函數

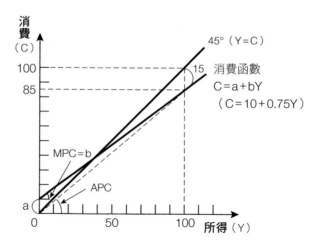

表3.2：甲國的消費和儲蓄函數

單位：億元

(1)	△(1)	(2)	△(2)	$(3)=\dfrac{(2)}{(1)}$	$(4)=\dfrac{(△2)}{(△1)}$	$(5)=(1)-(2)$	△(5)	$(6)=\dfrac{(5)}{(1)}$	$△(6)=\dfrac{(△5)}{(△1)}$
所得	所得增加額	消費	消費增加額	平均消費傾向	邊際消費傾向	儲蓄	儲蓄增加額	平均儲蓄傾向	邊際儲蓄傾向
0		10		–		−10.0		–	
	10		7.5		0.75		2.5		0.25
10		17.5		1.75		−7.5		−0.75	
	10		7.5		0.75		2.5		0.25
20		25.0		1.25		−5.0		−0.25	
	10		7.5		0.75		2.5		0.25
30		32.5		1.08		−2.5		−0.08	
	10		7.5		0.75		2.5		0.25
40		40.0		1.00		0.0		0.00	
	10		7.5		0.75		2.5		0.25
50		47.5		0.95		2.5		0.05	
	10		7.5		0.75		2.5		0.25
60		55.0		0.92		5.0		0.08	
	10		7.5		0.75		2.5		0.25
70		62.5		0.89		7.5		0.11	
	10		7.5		0.75		2.5		0.25
80		70.0		0.87		10.0		0.13	
	10		7.5		0.75		2.5		0.25
90		77.5		0.86		12.5		0.14	
	10		7.5		0.75		2.5		0.25
100		85.0		0.85		15.0		0.15	
	10		7.5		0.75		2.5		0.25
110		92.5		0.84		17.5		0.16	
	10		7.5		0.75		2.5		0.25
120		100.0		0.83		20.0		0.17	

　　雖然邊際消費傾向是固定的，但平均消費傾向（average propensity to consume, APC）卻不是固定的。平均消費傾向是指在總所得中消費所占的比例，也就是說：

（3.3）
$$APC = \frac{C}{Y}$$

　　若以圖形來看，圖3.6顯示當全國所得為40億元時，全國消費
水準也為40億元，所以此時的平均消費傾向為APC＝1。但當所得
增加，平均消費傾向會逐漸降低，當所得為100億元時，消費為85
億元，所以此時的平均消費傾向降低到只剩0.85。

　　造成APC會隨所得增加而降低的主要理由在於不論所得多
少，人們的消費中有一部分屬於自發性消費，此部分大小與所得無
關。所以，若所得很小，小到不足以支付自發性消費時，此時的消
費總額會高於總所得。但是當所得逐漸提高，消費跟著增加，但增
加幅度小於所得增加幅度，此時平均消費傾向就會逐漸降低，見表
3.2中的第（3）欄。

　　最後我們把甲國的邊際消費傾向（MPC）與平均消費傾向
（APC）的關係列在表3.2中。當所得為零時，消費水準為10億
元，此即表示甲國全社會的自發性消費，即使全國人民沒有任何所
得，也必須有10億元的消費。由於邊際消費傾向固定為0.75，所
以當所得每增加10億元時，消費也會同時固定增加7.5億元。

　　另一方面，當所得為10億元時，消費為17.5億元，所以此時
的平均消費傾向為1.75，也就是說，此時的消費總額是高於所得
的！主要原因就在於消費量中有一部分屬於自發性消費，當所得
較低時，若不足以支付自發性消費支出，則消費總額便會超過所
得，導致平均消費傾向大於1。而隨著所得逐漸增加，消費固然也
增加，但幅度小於所得增加的水準，於是使得平均消費傾向逐漸降
低。當所得增加到120億元時，平均消費傾向降低到只有0.83。

　　另一種解釋APC隨所得增加而降低的方式更直接，因為此時
的MPC小於APC，所以當所得不斷上升時，APC就會不斷減少。
（讀者還記得《經濟學的世界（上）》第八章討論邊際數量與平均

數量之間的關係嗎？）

（三）儲蓄函數

　　家計單位的可支配所得在扣除消費支出以後，剩下來的就是儲蓄。在所得固定下，當家計單位決定要消費多少時，就同時決定儲蓄的大小；反過來說，當家計單位決定要儲蓄多少時，其也同時決定了消費的大小，所以其實消費行為與儲蓄行為是一體的兩面，我們也可以把消費與儲蓄視為家計單位同時決定的兩個決策。消費主要由所得與商品價格影響，而儲蓄則受到對未來所得的預期、人們對風險的厭惡情況，以及利率的影響。

　　我們前面曾提到促使人們儲蓄的主要理由有二種，一個是預防的動機，一個是增加未來所得的動機。由於儲蓄可以使部分所得延續到未來消費，而這些目前未消費的所得不論是以存款方式放在銀行或是以投資方式購買股票，都可以產生利息或股利的報酬，這些報酬可以使人們的未來消費更高，所以當市場利率上升時，人們的儲蓄也會增加。

　　影響人們儲蓄的另外一個重要理由則是預防的動機。因為即使某個家計單位目前的收入很高，但不一定表示其未來所得也會很高，為了確保未來也有錢可供使用，所以此家計單位就會先儲蓄一部分所得起來。至於為預防動機而儲蓄的大小，則與人們風險偏好態度、人們對未來所得的預期，以及社會保險制度有關。

　　當一個家計單位逃避風險傾向愈高時，他會有愈高的意願去儲蓄，以避免萬一未來沒有收入可供花用。此種心態愈強，儲蓄傾向會愈高。另一方面，若人們對未來收入愈不確定，則儲蓄傾向也會愈高；相反的，若人們預期未來會有很高的收入，則他們即使目

前收入很低，甚至沒有收入，也會有動機先去借錢來消費。美國很多大學都提供大學生學費貸款，就是預期大學生未來會有不錯的收入，才會有此種貸款的供需出現。

　　與儲蓄有關的最後一個重要因素與社會保險制度有關。在一個社會保險制度較健全的國家中，比方說，失業有失業保險，生病有健康保險，則此時人們不用太擔心未來遭到裁員或發生疾病等意外事故所需要的花費，故此時人們的消費會增加，而儲蓄傾向就會比較低。

　　如果我們以Y代表可支配所得，C為消費，S為儲蓄，則三者的關係為：

（3.4）　　　　　　　　　$Y = C + S$

　　（3.4）式表示可支配所得的用處只有兩種，即消費或儲蓄。我們可再把兩邊同除以Y，得：

$$\frac{Y}{Y} = \frac{C}{Y} + \frac{S}{Y}$$

即：

（3.5）　　　　　　　　　$1 = APC + APS$

　　（3.5）式中APS代表平均儲蓄傾向（average propensity to save），代表所得中有多少錢是儲蓄，即$APS = S/Y$。（3.5）式顯示平均消費傾向與平均儲蓄傾向的加總等於1，這表示當所得為10億元時，若其中的8億元拿去消費，則會剩下2億元的儲蓄，所以平均消費傾向為0.8，而平均儲蓄傾向為0.2。

　　必須一提的是，由於平均消費傾向（APC）會隨著所得變動而變動，一般而言，當所得增加時，平均消費傾向會減少。因此，相對的，當所得變動時，平均儲蓄傾向（APS）也會變動，同時由於APC會隨所得增加而減少，所以APS會隨所得增加而增加。平均儲蓄傾向會隨所得增加而增加的含意有二：第一，一般而言，我們看到人們的儲蓄會隨所得增加而增加，也就是說有錢人的儲蓄會比較多。第二，但凱因斯所稱的人們基本心理法則所指的還不只如此，因為當平均儲蓄傾向（APS）隨所得增加而增加時，指的不但是儲蓄隨所得增加而增加，且儲蓄（S）增加的比例超過所得（Y）增加的比例。換句話說，有錢人不但儲蓄金額較高，而且儲蓄占所得的比例也較高。

　　現在若再把（3.4）式全微分，得：

$$\triangle Y = \triangle C + \triangle S$$

兩邊同除以$\triangle Y$，得：

（3.6）　　　$1 = \dfrac{\triangle C}{\triangle Y} + \dfrac{\triangle S}{\triangle Y} = MPC + MPS$

　　上式中MPS表示邊際儲蓄傾向（marginal propensity to save），MPS代表當所得每增加一元時，儲蓄所增加的比例，即$MPS = \triangle S/\triangle Y$。由於在所得增加的任何一元中，不是多增加消費（MPC），就是多增加儲蓄（MPS），所以兩者之和必須要等1，也就是（3.6）式。

　　現在我們可以再用表3.2的例子來說明。在表3.2中，我們假設不論所得多少，邊際消費傾向固定為0.75，所以此時的邊際儲蓄傾

向也會固定為0.25。雖然邊際儲蓄傾向是固定的，但由於邊際儲蓄
傾向大於平均儲蓄傾向，故當所得增加時，人們的儲蓄也會逐漸增
加，使平均儲蓄傾向也逐漸提高。

在表3.2中，當所得為零時，儲蓄總額為－10億元，因為雖然
此時所得為零，但人們仍然必須要花費維生所需的基本消費，所以
有負儲蓄出現。當所得為40億元時，消費剛好等於所得，故儲蓄
為零。其後儲蓄開始不斷增加，平均儲蓄率也變大，在所得為120
億元時，儲蓄總額為20億元，此時的平均儲蓄傾向為0.17。

細心的讀者應該在表3.2中可以發現，邊際消費傾向固定在
0.75，邊際儲蓄傾向則固定為0.25，所以兩者之和會一直維持在
1，此即（3.6）式的條件。另一方面隨著所得增加，平均消費傾向
下降，比方說，當所得由60億元增加到120億元時，APC由0.92下
降到0.83；但相反的，平均儲蓄傾向卻不斷提高，APS由0.08增加到
0.17。此外，不論所得為60億元或120億元，APC與APS的總和都為
1，此即（3.5）式的條件。

最後，我們可以再用圖形來表示儲蓄與所得的關係，見圖
3.7。先前我們假設的消費函數是一條直線，即（3.1）式：

（3.1） $C = a + bY$

我們把（3.1）式代入（3.4）式中，即：

$$S = Y - C = Y - (a + bY)$$

把上式整理以後，得到儲蓄函數如下：

（3.7） $S = -a + (1 - b)Y$

其中a為維持生活所需的最低消費水準，亦即自發性消費。當所得為零時，也就成為負的儲蓄（－a）。所以，在圖3.7中，S的截距項為－a，在表3.2的例子中，當所得為零時，此項負儲蓄為10億元（－a＝－10）。

b是邊際消費傾向，1－b就是邊際儲蓄傾向，也就是儲蓄函數的斜率。在表3.2的例子中，邊際消費傾向（b）固定為0.75，因而邊際儲蓄傾向（1－b）就固定為0.25。所以，儲蓄函數也是一條直線。

另外，在圖3.6中，45°線上的每一點表示消費等於所得（Y＝C），所以在45°線下方就表示所得大於消費（Y＞C），所以此時儲蓄是正的（S＝Y－C＞0）。而在45°線上方表示所得小於消費（Y＜C），所以此時儲蓄是負的（S＝Y－C＜0）。所以圖3.6中消費函數與45°線之間的距離，也就代表圖3.7中儲蓄函數與水平線的距離。

圖3.7：儲蓄函數

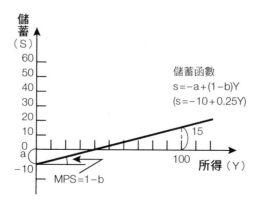

▍三、投資與儲蓄

（一）投資與資本累積

投資（investment）是指廠商或個人把錢拿去買生財工具，以期未來能得到報酬。比方說，廠商投資廠房、買新機器、聘雇員工，以增加產出獲取利潤；個人可以投資房地產或股票；政府則可以作公共建設方面的投資等等。

我們大致上可以把投資分成兩類，一種是將資金用來購買廠房、機器設備或興建道路等，使實際生產工具增加，使生產力提高的投資，我們將此類投資稱為實質投資（physical investment）。另外一種投資則是買股票或買債券等投資，我們可稱之為財務投資（financial investment），對投資者而言，買賣股票有賺有賠，當然是一種有風險的投資。但從全體社會資源使用的角度來看，財務投資與實質投資略有不同，因為財務投資可能只是一個人把股票賣給另外一個人，雖然後者是在投資，但其投資結果卻沒有使全國的生產工具增加。當然，若股票投資人買的是某一家公司新增的股票，而該公司又利用此股票的資金拿去購買機器設備，則此時該投資人的資金就有增加全國淨資產的效果。為了使分析方便起見，除了特別註明以外，本書所提到的投資都是實質投資。

投資在經濟體系中扮演兩項重要的角色，一方面廠商利用投資來購買廠房與機器設備等等，這是屬於社會的有效需求，所以是需求面中的挹注部分。當廠商、個人或政府的投資愈大，對市場中的需求也愈高，對經濟的刺激也愈大。

然而，投資不但可使需求增加，投資也同樣可以使產出增加。

比方說，廠商增加投資來興建廠房與購買機器，以便生產更多的產品；政府投資興建高速公路與港口，可以提供更多的勞務滿足更大的交通需求。所以，投資本身也有增加產出的功能。

投資的另外一項特色是，投資財通常使用年限較長，我們也可稱之為耐久財（durable goods）。比方說，企業興建廠房與購買機器、政府興建道路、家計單位購買住宅等等，我們把這些每年的投資都相加起來，稱為資本累積（capital accumulation），或者稱之為資本（capital）。所以，經濟體系中真正用來生產的生產工具是資本，而投資則是資本的增加，或稱之為資本形成（capital formation）。

若以 K_t 表示第 t 年的資本總額，I_t 表示第 t 年的投資，則 I_t 與 K_t 的關係可寫成（3.8）式，即：

（3.8）$$I_t = K_t - K_{t-1} = \triangle K_t$$

其中 $\triangle K_t$ 表示第 t 年資本存量的變化。由於投資等於是資本的邊際變動量，所以投資的生產力就等於是資本的邊際生產力。這是一個非常重要的觀念，我們會在以後的分析中經常使用到。讀者也必須在此先釐清投資（I）與資本存量（K）之間的關係。

雖然資本可供長期使用，但每年都會折耗一部分，我們將資本中折耗的一部分稱為折舊（depreciation），這一部分是資本的減項。一個國家在一年中所有新投資的總額，我們稱之為投資毛額或毛投資（gross investment），再扣除當年資本折舊的部分，剩下來的才是當年資本淨增加的部分，我們稱之為淨投資（net investment）。

若再把折舊放到（3.8）式中，且此時假設 I_t 為毛投資，則（3.8）式可改寫成：

（3.8'）　　　　　　　　$I_t - D_t = K_t - K_{t-1} = \triangle K_t$

此時$\triangle K_t$代表資本的淨增加。由於（3.8）式與（3.8'）式十分相似，兩者之間的差異只在於後者多考慮折舊的部分，其他形式都相同。所以，在以後的分析中，我們都以（3.8）式來代表，若有需要特別針對折舊加以討論時，我們再加以聲明即可。

（二）投資函數

投資等於資本的變化，所以投資帶給廠商的報酬就等於是資本的邊際報酬。資本是生產所需的四大要素之一，在其他條件不變下，當資本數量增加時，其生產也會符合邊際報酬遞減的定律。由於資本的邊際生產力遞減，所以當投資增加使廠商累積更多資本時，這些投資的報酬也會隨投資增加而減少，我們可以用圖3.8來表示。若依《經濟學的世界（上）》第十二章廠商對要素需求的理論來看，在完全競爭市場下，生產要素的邊際生產力，其實就是廠商對於投資該要素的引申性需求。在圖3.8中，我們假設資本的邊際生產力（marginal productivity of capital, MP_k）隨投資增加而減少，所以該曲線也可以看成是廠商對投資的需求曲線。

另一方面，廠商的投資資金不論是自有或是借貸而來，都會有資金成本（cost of capital），即市場利率。假設資金市場屬於完全競爭，此時資金供給成本是固定的，設為i_0。廠商為使利潤最大，應使投資帶來的資本邊際生產力等於使用資金的邊際成本，所以此時最適的投資數量為I_0。如果資金成本上升到i_1，則會使資本的邊際報酬也能提高，故投資金額就會減少到I_1；如果資金成本下降到i_2，則最適投資金額也會增加到I_2。換言之，廠商的投資函數是市

圖3.8：投資函數

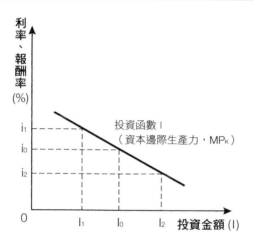

場利率的函數，即當市場利率上升時，廠商的資金成本會上升，故其投資會減少；如果市場利率下降，則投資會增加。

　　資本邊際報酬遞減與其他任何生產要素邊際報酬遞減的道理是相類似的。一家企業通常同時會有好幾個投資計畫，但由於可用或可貸到的資金有限，所以他們會先選擇報酬最高的計畫進行投資。若還有資金可用，則他們可以再進行報酬第二高的投資計畫。一個人在投資買股票時，若不考慮風險因素，他也會先找他認為報酬最高的股票購買，然後才會購買次佳的股票。政府在興建公共建設時，也一定會面對各式各樣的公共建設需求，包括高速公路、高速鐵路、機場、橋樑、地方道路等等。在可使用資金有限下，政府一定會找邊際報酬最高的公共建設去做。當然，對政府而言，所謂邊際報酬最高，指的可能是使人民使用所產生的社會福利最大的投資，但也可能指的是能帶給政府選票最多的投資。但無論如何，只

要政府資金充裕，他們就會逐漸開始選擇一些報酬較小的投資來
進行。

（三）投資與儲蓄的關係

　　在總體經濟體系中，投資扮演著重要的雙重角色，一方面廠商
與政府部門為了要擴大產出，所以必須興建廠房、購買機器及購買
其他生產因素。投資使廠商的資本累積增加，擴大廠商的生產能
量，所以投資使得市場供給的能力擴大。當然，廠商在投資的過程
中，可以更新機器、採用新的技術或聘用生產力更高的技術工人等
等。也就是說，投資是使廠商技術進步的主要原因，而技術進步則
是整個國家經濟成長的動力。如果沒有廠商與政府的投資行為，整
個國家的技術會停滯在某一固定水準上。

　　投資在總體經濟中所扮演的另外一個角色是，其扮演國民所得
流程中主要的挹注項目之一。在國民所得流程中，消費是最主要的
挹注，投資則可說是另外一個重要的挹注。投資包含廠商對機器、
廠房及其他生產要素的購買，也包括家計單位對房屋等耐久財的投
資，以及政府對道路、橋樑及其他公共建設的興建等等。不論是上
述哪一種經濟個體對哪一種項目作投資，都會造成市場上的需求。
其購買金額愈大，對經濟體系挹注也就愈大。所以凱因斯把投資當
成經濟體系中四項有效需求之一。

　　比方說，台塑公司為擴大生產石化原料，於是投資數千億元新
台幣於雲林縣麥寮鄉興建第六套輕油裂解廠，俗稱六輕。六輕廠可
以大大提高國內對石化原料的供應，也同時使得國內生產毛額增加
許多，這是投資六輕廠對供給面的影響。另一方面，興建六輕廠要
先投下巨額資金購地、填海、整地並興建廠房，所以對建築工人與

建築用機器等造成龐大的需求。此外，六輕屬於重化工業，屬於高度資本密集產業，所需要聘用的工人自然也屬於高級技術人員。所以，六輕廠完成也會對國內石化人才的需求大幅增加。這些都屬於有效需求的增加，也就是國民所得流程中的挹注部分。

儲蓄同樣在經濟體系中扮演著雙重角色，一方面儲蓄是消費的剩餘部分，當人們覺得有必要保留一些所得供以後使用時，他們的儲蓄就會增加，同時消費會減少，所以儲蓄是國民所得中的漏巵。當人們儲蓄愈多，消費愈少，國民所得流程中的漏巵也會愈大。從總體經濟的角度來看，這並不是一個好現象，因為消費減少表示國內有效需求減少，會使廠商的產品滯銷，最終使得廠商的產出減少，從而導致全國的國民生產毛額降低。

為下一代子孫的幸福投資

讓二十一世紀的歷史記載：「中華民國變成一個真正現代化國家的功臣是：因為在一九九〇年代，決策階層與全國人民，不僅已經擁有了賺錢的本領，更發揮了用錢的智慧。」

缺乏「根」帶來納悶

今天有很多政府的措施與民間的打算都沒有「根」。要打破這種沈悶與短視的局面，就要切切實實地在各方面扎根。我們要向政府建議的「扎根」工作，也正是一石兩鳥的政策，不僅可以消化當前社會上所擁有的龐大儲蓄，更是在為下一代子孫的幸福投資。

這個扎根的政策，就是未來幸福的投資，也就是最近大家一直呼籲政府部門要增加的公共投資。

在當前自由世界風起雲湧的民營化趨勢之下，各國人民都要求政府減少對經濟活動的參與（如出售國營事業）及減少政府的干預（如削減過多的法令），但仍然要求政府提供人民一個合理的生活環境。在我國的國情下，一個合理的生活環境應當包括良好的治安、便利的交通、清靜的住處、安全的食物、相當完備的休閒與藝文活動，以及乾淨的大自然。

可是，事實上，我們這個新興的工業國家仍有很多古老的問題尚未解決，也就是私經濟部門是在進步之中，而公共部門仍然普遍落後，這種失調是任何進步中的社會所難以避免的。

進步中的落伍

一九五〇年代的美國社會便經歷過這一場大辯論。當時哈佛大學名經濟學家蓋布勒斯提出「社會失衡說」（social imbalance）——美國社會把太多的資源用之於私經濟（如汽車、電視），太少的資源用之於公經濟（如學校、醫院）。

今天台灣的社會正經歷著這種社會發展中的失調：

- 街上有新式轎車，但公車仍然擁擠；街邊巷口停滿的汽車，剝奪了行人走路的自由。
- 人民早已沒有「吃不起」的貧窮，但有垃圾「吃不消」的煩惱。
- 各縣市有文化中心，但缺乏有意義的活動；正如很多機構有電腦的設備，但缺少設計與操作人才。

這些項目的改善沒有一樣不需要巨大的投資。

擴大來說，環境品質的改善、大眾捷運系統的建立、國家公園

的拓展，都需要更大的人力與財力。要提供人民一個基本生存所需
的生活不難，要提供人民一個有品質的生活實在不易，要提供後代
子孫一個優良的環境更難。

對幸福投資

為後代子孫謀求幸福的重要步驟，就是擴大今天的公共投資。
公共投資從構想、設計、執行到完成，永遠是曲折而漫長的，機場
捷運系統的例子就令人氣餒。因此，公共投資從河川清理、垃圾處
理、興建教室到生態保護，沒有一件是容易的事。

在一九六〇年代，美國媒體提倡「地球日」（Earth Day）時，
大家聽到了扣人心弦的一句話：「我們只有一個地球。」

在一九七〇年代，韓國大舉外債的時候，韓國政府說：「我們
沒有時間遲疑，今天不做，就是明天的錯誤。」

一九九〇年代，台灣在金錢遊戲狂飆之後，全國人民要大聲疾
呼：「我們只有一個台灣，要把它塑造成尊嚴之島。」

到了2015年，地球暖化的問題更形嚴重，台灣河川污染與空
氣污染的情況也不時耳聞，因此，我們仍然要大聲呼籲：「我們只
有一個台灣，我們要留給子孫一個更乾淨的台灣。」

由全國人民所累積的外匯與儲蓄，既不應當做守財奴式的窖
藏，也不需要很慷慨地讓外國人來使用，而應當全心全意用來提升
這一代人民的素質，以及下一代子孫的幸福。

明天的幸福，是可以透過今天的公共投資來獲得的。

　　這是一個很矛盾的現象！因為我們經常聽到人們說勤儉就是美德，大家應該多生產，少消費，把錢存起來。也許從個人角度來看，這種不亂花錢的行為的確是一種美德；但從總體經濟的角度來看，沒有消費就無法帶動廠商的生產，廠商生產減少就會使國民所得減少，於是大家的收入反而變少，這顯然不是大家願意看到的。此種對個人而言的美德，對全體經濟而言卻變成毒藥，我們稱之為節儉的矛盾性（paradox of thrift）。我們會在下一章仔細說明節儉的矛盾性是如何形成的。

　　然而，儲蓄所扮演的角色不只是總體經濟中的漏卮部分，它還有另外一個重要角色，即提供資金。一般社會大眾會把他們的儲蓄存在銀行、合作社或農會等金融體系當中，一方面做為儲蓄，一方面也可以賺取利息。銀行體系吸收到這些儲蓄存款以後，並不會把這些資金閒置在銀行的保險庫中，因為他們必須支付存款者的利息。事實上，銀行會把這些錢借貸給有需要的人，其中包含廠商向銀行貸款投資、家計單位向銀行貸款購買房地產，以及政府部門向銀行貸款興建道路與橋樑等公共建設。

　　顯然儲蓄扮演的資金供給角色是很重要的。因為若沒有儲蓄所提供的資金，則投資者即使有再大意願去投資，也可能會因為缺乏足夠資金而作罷。儲蓄增加不但可以提供銀行足夠資金供借貸使用，另一方面當資金供給增加時，會使資金市場上的利率水準降低，可以更進一步的刺激廠商進行投資。

　　所以，雖然儲蓄本身是國民所得中的漏卮部分，會造成節儉的矛盾現象。但另一方面，儲蓄卻可以提供資金供投資使用，而投資則是有效需求的挹注，對於刺激經濟和提高經濟成長有很大助益。從此一角度來看，儲蓄則是絕對需要的。

把台灣人的錢用在自己的土地上

患了虛胖症

　　當工商界的焦點集中往國外投資時，筆者也一直贊成自由化與國際化時，卻也不得不坦率的指出：以目前我國每人所得、公共設施、科技水準和生活素質等指標來看，我國的資本應當是不足，而不是過剩；資金應當優先留給自己用，不應當先讓別人用。

　　我國人民高達30%左右的儲蓄率與歷年的出超，所真正反應的是國內需求不足，正如人患了虛胖症。因為需求不足，錢沒有出路，才會有這麼高的儲蓄，這麼高的出超，這是開發中國家罕見的現象。

解除投資限制

　　近年來，民間投資意願低落的原因之一是投資機會的限制。如果財經政策與法規愈來愈開放，投資機會就會增加，自己的資金就不一定非要向國外投資。例如：

1. 政府獨占的國營事業逐步轉為民營。
2. 政府本來獨占的事業，准許民間參與，共同競爭。
3. 政府本來設有限制的（如金融、娛樂），於訂定嚴密競賽規則後開放。
4. 社會迫切需要的（如教育、休閒），可給予一定期限的獎勵。

　　這些限制的逐步解除，就可以使台灣人的大量資金用在自己的土地上，興建各類學校、停車場、運動場；或投入開放後的金融、

保險、交通、電訊等企業。

這種國內投資機會的開放，正可以擴大國內需求。國內需求的增加，一方面可誘導本來用以外銷的資源（包括資金）轉向國內，以提升國內的生活素質，一方面可以減少美國政府對我們的壓力。

刺激「國內需求」或「匯率升值」，一直是美國政府多年來一再要求貿易出超的國家（如日本、西德）所應採取的經濟政策。

面對巨額的出超，日本的有識之士已在自問：「日圓每大幅升值一次，日本人就更努力一次。日本人真就是要為保持美國市場而活嗎？」

美國意見領袖一針見血地告訴日本人：「你們的住宅那麼擁擠，公害也很普遍，生活必需品也很貴，用你們的資源來照顧你們自己的人民吧！不要再對美國消費者那麼仁慈了！」

以保護主義（或政策性貶值）來減少貿易逆差，政治上，是權宜之計；經濟上，會兩敗俱傷。利人利己的上策就是貿易出超國積極地刺激國內需求，把原來用以生產外銷產品的資源，轉移到國內來滿足消費者的需求，以及改善生活素質。這正就是本章討論的主題，以支出增加來刺激總產出。

在先進國家中，由於市場資金已經很充裕，所以他們以儲蓄來提供投資的需求較低。而對開發中國家而言，一般資金都不太充足，因此高額的儲蓄率對於提供資金來擴大投資，則是十分必要的。事實上，過去五、六十年來，亞洲幾個國家經濟發展成功的經驗中，共同的現象之一就是高比例的儲蓄率。比方說，日本、台灣、香港、新加坡與韓國等，其過去五十年全國的毛儲蓄率（gross saving rate）大約都在30%左右，遠高於西方先進國家不到20%的毛儲蓄率。近年來經濟快速成長的中國大陸，其毛儲蓄率甚至接近50%。

　　至於如何有效的把儲蓄由資金供給者轉到資金需求者手中，則端視一國金融體系是否具有效率。這是總體經濟體系中另外一個重要的課題，我們會在本書的後面幾章中詳細說明銀行體系的功能、中央銀行的角色，以及資金如何在不同部門之間流動。

經濟名詞

均衡	投資	耐久財
漏巵	邊際消費傾向	資本
挹注	平均消費傾向	資本累積
儲蓄	消費函數	資本形成
總合需求	邊際儲蓄傾向	折舊
有效需求	平均儲蓄傾向	毛投資
需求創造供給	儲蓄函數	淨投資
自發性消費	實質投資	資本邊際生產力
誘發性消費	財務投資	節儉的矛盾性

討論問題

1. 何謂均衡？為什麼我們強調均衡下的狀況？

2. 何謂所得循環中的漏巵與挹注？請分別各舉二例說明之。

3. 何謂總合需求？其在所得循環中所扮演的角色為何？

4. 何謂自發性消費？其與為維持生活所需要的最低消費水準有何異同？

5. 你同意凱因斯所謂的人類基本心理法則嗎？你認為你個人的行為與凱因斯的說法一致嗎？

6. 根據凱因斯的人類基本心理法則來看，所得高者不但儲蓄較多，且平均儲蓄傾向也較高。但美國2015年的每人GDP為56,084美元，而我國只有22,263美元，美國的所得是我們的兩倍以上，但該年美國的毛儲蓄率只占其GDP的19.1%，而我國的毛儲蓄率卻占GDP的36.5%。此結果與凱因斯的基本心理

法則並不一致，請問你可以說明其原因何在嗎？

7. 有人說：「台北的房子這麼貴，怎麼可能賣得掉？」也有人說：「若沒有人買，怎麼可能會有如此高的房價？」你贊成「供給創造需求」，或是「需求創造供給」的說法呢？

8. 在表3.2的資料中，我們假設第（2）欄中在每一個所得水準下的消費增加額為10億元。請再計算此時的邊際消費傾向與平均消費傾向，並說明它們的變化。

9. 請問投資與資本之間的關係為何？廠商投資的主要理由何在？

10. 請說明投資在經濟體系中所扮演的雙重角色。

11. 試述人們儲蓄的理由，並說明儲蓄在經濟體系中的重要性。

12. 為何邊際儲蓄傾向與邊際消費傾向的加總必定為1？而平均儲蓄傾向與平均消費傾向的加總也必定為1？

13. 試以圖形說明儲蓄函數與消費函數之間的關係。

14. 何謂實質投資？何謂財務投資？請問人們在做這兩種投資決策時，其行為會有何不同？

第四章

所得與產出的決定：
簡單凱因斯模型

一、均衡所得的決定

（一）總產出與總合需求的平衡

我們在第二章中已指出，市場均衡是指供給等於需求的狀況，在市場均衡下，我們可以得到均衡的交易量與均衡的價格。在沒有其他外力干擾下，市場均衡交易量與均衡價格都不會再發生變動。在總體經濟體系中的均衡條件也是一樣，當所有市場上的供給都等於其需求時（即總合供給等於總合需求），總體經濟體系就達到均衡的狀況，此時其中個別市場上的均衡交易量與價格都不會再發生變化。由於每一個市場上的供給量都等於需求量，所以所有市場上供給的加總也會等於需求的加總。換句話說，此時我們可以用生產面的加總來計算全國的國民生產毛額，其數量必然會等於以支出面（或需求面）計算的國民生產毛額。

相反的，如果經濟體系中有任何一個市場沒有達到均衡，則其市場上的供給量會不等於需求量，故此時以生產面計算的GNP會不等於從支出面計算的GNP，如此一來，我們將無法確定該以何者計算真實的GNP。另一方面，由於該市場尚未達到均衡，所以其交易量與價格仍然會發生變化，而且很可能會同時波及到其他市場。因此，在所有市場沒有完全達到均衡之下，一方面我們無法確定該以何種方式來計算GNP，更嚴重的是，此時的GNP可能並不代表真實的最終市場狀況。

為簡化分析的內容，我們先假設市場上的總合需求或市場上的挹注只有家計單位的消費（C）與廠商的投資（I）。至於另外兩項重要的有效需求部分，即政府部門的支出與國外部門，我們留待

第五章討論完整的凱因斯模型時，再加以詳述。同樣的，在市場上的所得方面，我們假設人們的所得在使用上只分成兩種，即消費（C）與儲蓄（S）。至於其他可能的漏危，如政府稅收等，我們同樣留到第五章再仔細說明。

在假設總合需求（Y^d）由消費與投資所組成之下，我們可以寫成：

$$（4.1）\qquad\qquad Y^d = C + I$$

由於消費受到所得的影響，一般而言，所得愈高，消費也愈大，所以C與Y是呈正向關係，此即消費函數；而投資（I）為簡化起見，我們假設在任何所得水準下的投資都固定為I_0。然後再把C與I_0水平相加，就可以得到總合需求（Y^d），見圖4.1。

另一方面，我們把市場上的總產出寫成Y。因此，若$Y^d < Y$，表示市場總需求小於總產出，所以市場均衡尚未達成，所得與產

圖4.1：總合需求與均衡所得

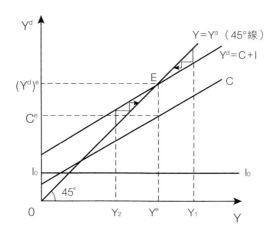

出會繼續調整。同樣的，若 $Y^d > Y$，則表示市場總需求大於總產出，此時市場均衡仍然未達成，所得與產出仍會調整。唯有在總產出（Y）等於總合需求（Y^d）時，市場均衡才會達成。因此，市場均衡的條件為：

（4.2）　　　　　　　　　　　$Y = Y^d$

在圖4.1中，橫軸代表總產出Y的大小，而縱軸則代表總合需求 Y^d 的大小。滿足均衡條件（4.2）式的唯一曲線就是45°線，因為45°線上的任何一點都表示總產出（Y）等於有效需求（Y^d）。另一方面，總合需求係由消費（C）與投資（I）所組成，所以（4.2）式也可以改寫成：

（4.3）　　　　　　　$Y = Y^d = C + I = C + I_0$

換句話說，要使總產出（Y）能剛好等於總合需求（$Y^d = C + I$），則必須是在45°線與 Y^d 的相交點上面，此即圖4.1中的E點。在E點上，市場的總產出為 Y^e，而市場上的總合需求為（Y^d）^{e}，而兩者都落在45°線上，所以兩者相等。因此，Y^e 就是同時滿足總產出，又能滿足總合需求下的均衡所得水準。

在 Y^e 的所得水準下，人們的消費水準為 C^e，而廠商的投資為 I_0，兩者相加的總合需求為（Y^d）$^e = C^e + I_0$。而此時的總產出亦為 Y^e，由於兩者同在45°線上，所以（Y^d）$^e = Y^e$。因此，由於總需求等於總供給，所以市場達到均衡。在沒有外力干擾下，所得與產出都不再調整。而且我們不論以產出面（Y^e）或支出面（（Y^d）^{e}）來計算所得，都會得到同樣的結果。

如果剛開始市場不在均衡下，則我們該如何計算所得？同時此

時所得與產出又會有何調整呢？假設剛開始的市場總產出為 Y_1，
見圖4.1。與45°線相比，此時 Y_1 大於市場上的有效需求（Y^d），也
就是說廠商的產量太多，市場無法吸收，因此有些產品就無法在市
場中出售，所以此時廠商就必須減少產出。換句話說，若開始總產
出太多時，市場產量就會往產量較少的均衡量調整，直到總產出回
到均衡 Y^e 為止。

　　同理，如果開始的市場總產出太小，只有 Y_2，與45°線相比，
此時市場的有效需求大於總產出，表示只要廠商一推出產品就會被
市場所吸收。也就是說，當總產出小於均衡下的產出時，產量會增
加直到調整到均衡下的產量 Y^e 為止。

　　由於市場均衡是由總合需求與總產出相等的條件所產生，因此
當總合需求增加時，均衡的所得水準便可能上升。如圖4.2中，假
設原來的總合需求為 Y_1^d，此時市場上的均衡所得為 Y_1^e。若因某些
因素使總合需求曲線往上移動時，比方說若家計單位的自發性支出

圖4.2：總合需求與均衡所得

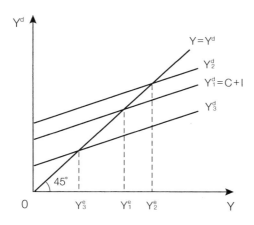

提高時，新的有效需求（Y_2^d）超過廠商原有的總產出（Y_1^s），表示廠商的產出供不應求，所以廠商的產出會增加。此舉使得全社會的均衡所得增加，到Y_2^s為止，此時總產出又會等於總合需求。

相反的，如果某些因素使市場上的總合需求減少（如Y_3^d），則會使原有的均衡產出（Y_1^s）大於市場上的總合需求，在總合需求不足之下，廠商的產出會減少，市場的均衡所得會降低，直到新的總產出（Y_3^s）再度等於總合需求為止，即Y_3^d。

無疑的，在這一個簡單的凱因斯模型中，總合需求的大小對於均衡所得的高低有決定性的影響。

現在我們可以用一個例子來加以說明。假設第三章表3.2中甲國的消費與儲蓄行為仍然成立，此處我們再假設在任何所得水準下，甲國的投資都固定為10億元，則我們該如何決定甲國的均衡所得大小呢？

首先我們把甲國的總產出、消費、投資、儲蓄和總合需求列於表4.1中，以便於比較。在表4.1中，第（1）欄總產出就是表3.2中的所得。第（3）欄為投資，在我們假設投資固定下，不論所得水準高低是多少，甲國的投資都是10億元。然後，我們再把民間消費與廠商投資相加總，就可以得到第（4）欄的總合需求。

根據（4.2）式的均衡條件，市場要達到均衡則必須是在某一產出水準下，使得總產出會等於總合需求。表4.1顯示，當總產出為80億元時，總合需求也是80億元，所以80億元也就是均衡下甲國的國民所得。

我們也可以利用消費函數及投資函數來計算均衡產出水準。在第三章中，我們已計算出甲國的消費函數為：

表4.1：甲國的均衡所得

單位：億元

(1) 總產出（Y）	(2) 消費（C）	(3) 投資（I）	(4)=(2)+(3) 總合需求（Yᵈ）	(5) 儲蓄（S）
0	10.0	10	20.0	−10.0
10	17.5	10	27.5	−7.5
20	25.0	10	35.0	−5.0
30	32.5	10	42.5	−2.5
40	40.0	10	50.0	0
50	47.5	10	57.5	2.5
60	55.0	10	65.0	5.0
70	62.5	10	72.5	7.5
80	70.0	10	80.0	10.0
90	77.5	10	87.5	12.5
100	85.0	10	95.0	15.0
110	92.5	10	102.5	17.5
120	100.0	10	110.0	20.0

$$C = 10 + 0.75Y$$

此處我們再假設投資固定為10億元，即：

$$I = 10$$

把上面兩式代入（4.2）式的產出均衡條件，我們可以得到：

$$Y = C + I = 10 + 0.75Y + 10$$

$$故，Y^e = 80$$

由上式我們可以很容易的解出，此時的均衡產出水準為80億
元。

　　同時在表4.1中，我們可以看到當產出小於均衡產出時，比方說產出水準為50億元時，此時的總產出會小於市場總合需求（57.5億元）。由於此時廠商生產的任何產品都會立即被市場吸收，所以廠商會有意願增加產出，直到產量達到均衡產量為止。反之，如果當產出大於均衡產出，例如總產出為100億元，則此時的總產出會超過市場上的總合需求（95億元）。由於總合需求不足，所以廠商生產的產品會有一部分無法銷售出去。因此廠商會設法減少產出，直到產量減少到均衡產量為止。

（二）投資與儲蓄的平衡

　　在國民所得流程中，家計單位會將一部分所得花費掉，此即他們的消費（C），而剩下來的部分就成為他們的儲蓄（S）。在不考慮政府部門與稅負的情況下，家計單位的所得即由這兩部分所構成。家計單位的所得係來自要素市場，因為家計單位擁有勞動、土地、資金及其他生產要素，所以廠商一方面生產產品，一方面也在要素市場上購買生產要素。我們假設經濟體系中所有的生產要素都由家計單位所擁有，且廠商在產品市場上為完全競爭，因此沒有利潤存在。在此種情形下，廠商生產的收入就會完全以支付生產要素成本的方式流到家計單位手中。因此，廠商的總產出（Y）也就會等於家計單位的總所得，同時由於家計單位在分配其所得時，只包含有消費與儲蓄，因此下式會成立，即：

（4.4）　　　　　　　　　$Y = C + S$

　　而在（4.2）式市場均衡條件下，廠商的總產出（Y）會等於市場上的總合需求（Y^d）。把（4.2）式代入（4.4）式，我們可以

得到：

$$Y = C + I = C + S$$

亦即：

（4.5）　　　　　　　　　　$I = S$

（4.5）式的經濟含意非常重要。在國民所得流程中，家計單位
與廠商都扮演雙重角色。在產品市場上，廠商提供總產出（Y），
同時也有一部分的市場需求（即投資I）成為市場的挹注，而家計
單位則主要擔任消費的角色。在要素市場中，廠商則扮演生產要素
需求的角色，而家計單位擁有各種生產要素，所以廠商對各種生產
要素的給付，就成為家計單位的所得。最後，家計單位擁有所得之
後，一部分加以消費，另一部分則儲蓄起來，成為所得流程中的漏
卮部分。

　　為維持整個市場流程的均衡，家計單位的漏卮部分（S）必
須要由廠商的投資挹注（I）加以彌補。否則，若漏卮部分超過挹
注，則會形成需求不足，市場均衡便無法達成。反之，若漏卮部分
小於挹注，會形成需求過多，市場均衡依舊無法達成。所以，為維
持整個市場體系的運作，家計單位的儲蓄必須經由銀行體系轉給廠
商使用，成為廠商投資，以彌補市場漏卮的部分。因此，在市場均
衡下，儲蓄必須等於投資。

　　現在讓我們用圖4.3來說明儲蓄等於投資的關係。我們先把圖
4.1畫在上方，然後再利用第三章的圖3.7，把儲蓄函數與投資函數
繪在圖4.1的下方。在圖4.3的下方，我們仍然把固定下的投資水準
繪出。同時，我們再提醒讀者，由於家計單位的儲蓄等於其所得減

圖4.3：投資等於儲蓄下的均衡所得

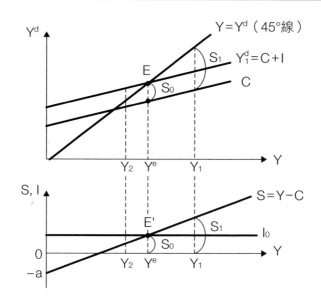

去消費，因此儲蓄曲線到橫軸的垂直距離（如S_0，S_1）會等於45°線到消費曲線之間的距離。

　　在圖4.3中，我們可以看到由儲蓄等於投資（E'點），決定的均衡所得水準（Y^e），會剛好等於由總產出等於總合需求（E點）所決定的均衡所得水準。也就是說，若要維持市場均衡，總合需求的漏卮部分（即儲蓄，S）應該要有相同數量的挹注（即投資，I）。若開始的產出水準太高（如Y_1），表示儲蓄大於投資，因此市場上的總合需求不足，廠商的產出中會有一部分無法銷售出去，所以廠商會減少產出，直到回到均衡水準為止。反之，若開始的產出水準不足（如Y^2），表示儲蓄小於投資，此時市場上的挹注大於漏卮，廠商生產的任何產品都會輕易的被吸收，所以廠商會有誘因擴

大生產，直到產出增加到均衡產出水準為止。

最後我們可以再利用表4.1來看甲國投資與儲蓄的變化。我們知道要維持市場均衡，市場上需求的漏卮必須要有相同數量的挹注加以彌補。因此必須滿足儲蓄等於投資的條件，即（4.5）式。在表4.1中，我們看到投資固定在10億元，因此要達到均衡則儲蓄也必須為10億元，而滿足兩者相等下的均衡所得為80億元，在此時家計單位所得為80億元，其中70億元為消費，10億元為儲蓄；而市場上的有效需求也是80億元，其中70億元為消費，10億元為投資。此例說明以儲蓄等於投資所達成的均衡所得為80億元，恰好等於以總產出等於總合需求下所達成的均衡所得。

我們也可以用儲蓄等於投資的條件，來計算表4.1中甲國的均衡所得高低。依第三章中表3.2的例子，計算出甲國的儲蓄函數為：

$$S = -10 + 0.25Y$$

而此時的投資水準固定在10億元，即：

$$I = 10$$

所以將上面兩式代入（4.5）式投資等於儲蓄的均衡條件，我們可以得到下式：

$$10 = I = S = -10 + 0.25Y$$

$$故，Y^e = 80$$

由上式我們可以很容易的求出在滿足投資等於儲蓄的均衡條件

下，甲國的均衡所得為80億元，此數目與利用總產出等於總合需
求所求出的均衡所得是完全相同的。

二、均衡所得與充分就業

（一）充分就業下的所得水準

不論是以產出等於總合需求的均衡條件，或是用投資等於儲蓄
的均衡條件，所得到的是經濟體系達到均衡下的所得水準。此時市
場上如果沒有外力存在，均衡所得與產出都不會再發生變動。

均衡所得表現的是一種市場上的狀況，此種狀況係指市場上的
各項變數都不會再變動。但均衡所得卻不一定代表總體經濟體系
達到最大產能，或達到最有效率的產出。事實上，每一個經濟體系
中，由於勞動、土地、資本與企業家精神等各種生產因素的數量都
是有限的，在這些有限的數量下，即使這些生產都能充分發揮其生
產效率，總體經濟的產能仍然會達到一定的限制。換句話說，每一
個經濟體系在一定時點下，其實質生產能力都會有上限，我們稱其
為潛在的生產能量（potential capacity）。此種潛在的生產能量一方
面決定於生產要素的多少，一方面也決定於這些生產因素的生產效
率。假設一個經濟體系中在所有的生產要素都充分使用，且都達到
其最有效率的生產下，我們稱該產出水準為充分就業下的產出水準
（full employment level of output）。

由於在每一時點上，一個經濟體系中所擁有的工人、機器、技
術都是有限的。機器的使用可快可慢，工人的效率可能時高時低，
技術水準雖然可能進步，但在某一時點下卻是固定不變的，所以任

何經濟體系在任何時點下都會有一個潛在的最大產出水準，我們可以稱之為潛在的 GNP（potential GNP），也可稱為產能 GNP 或是充分就業下的 GNP。一般而言，在一定時點上，此種產能係由生產技術、工人數目、機器數量多少而決定，與經濟體系中儲蓄、消費與投資大小無關。

　　由於充分就業下的產出水準表示一個經濟體系所能達到的最大產出，因此政策決定者莫不努力以追求經濟體系達到此一目標。另一方面，充分就業也表示人們都有工作可做，機器也不至於閒置，所以也不會造成社會問題或資源浪費。

　　然而，充分就業下的產出是社會最有效率下的最大產出，要達到此一產出水準並不容易。一般而言，經濟體系的均衡產出都會低於最大產出水準，而當均衡所得與充分就業下的所得愈接近時，生產因素的使用效率就愈高，其代表的可能也就是市場上的失業率愈低；相反的，當均衡所得與充分就業下的所得差距愈大時，代表的可能就是市場上的失業率愈高。因此經濟決策者的最主要工作之一就是設法提高全國產出水準，以盡量接近充分就業下的潛在產出。

（二）緊縮缺口與膨脹缺口

　　均衡所得是計算市場上所得高低的標準，但均衡所得並不表示充分就業下的所得。因此，對決策者而言，他們希望的是使總體經濟中的均衡所得盡量接近充分就業下的所得，如此不但可以使每一個人的所得增加，而且可以提高每一個人的就業機會。問題是，政府部門該採取什麼樣的措施才能使均衡所得提高呢？

　　在前節的凱因斯基本模型中，我們知道均衡所得是由市場中的總合需求與總產出相等的條件所決定。而在圖4.2中，我們也曾指

出，當總合需求增加時（Y_2^d），會吸引廠商增加更多的生產，因此
總體經濟體系中的總所得也會增加。

　　假設甲國的充分就業下的所得水準為Y^f，如圖4.4。如果此時
市場上的總合需求水準為Y_1^d，則其與45°線相交於E點，此時的均
衡所得為Y^e（也等於Y^f），亦即此時均衡所得水準等於充分就業下
的水準，這當然是最理想的狀況。

　　如果甲國開始的總合需求只有Y_3^d，低於Y_1^d，在比較低的總合
需求下，會使均衡所得達到較低的水準，如Y_3。此時市場維持均
衡（B點），在沒有外力干擾下，所得與產出水準都不會發生變
化，但此時的所得水準較低，就業水準也較低。由於就業水準低於
充分就業下的水準，所以此時會有失業人口存在，此種均衡所得
較低的結果主要是因為總合需求不足所造成，我們把此時較低的總
合需求與充分就業下總合需求的差異，稱為緊縮缺口（deflationary
gap）。此即圖4.4中的b部分。緊縮缺口是指實際總合需求小於充
分就業下總合需求的部分。

圖4.4：緊縮缺口與膨脹缺口

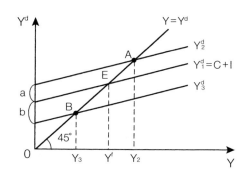

　　在經濟體系存在有緊縮缺口的情況下，由於總合需求不足，會使得部分廠商的產品滯銷，因此廠商一方面會減少產出，一方面會設法降低價格出清存貨。所以這時經濟體系會同時存在物價下跌與所得降低的雙重現象，與經濟緊縮的狀況十分類似，故我們稱之為緊縮缺口。

　　在緊縮缺口存在的情況下，政府若要提高全經濟體系的產出，同時增加就業人口，一個最直接的方法就是增加總合需求。在圖4.4中，我們曾說明總合需求的增加可以如何來使均衡所得上升。而政府提高總合需求的方法很多，比方說，直接增加政府支出，或以減稅方式來刺激民間增加消費等等。我們在本書第五章中會進一步說明較完整的凱因斯模型，屆時我們會再仔細說明政府如何來影響總合需求。

　　然而，增加總合需求並不一定是增加國民所得的萬靈丹，因為每一個國家的生產數量都有其最高限額，此即充分就業下的產出水準。當一國的均衡所得低於此一水準時，政府可以利用增加總合需求的方式來刺激經濟，增加產出。但若經濟體系已經達到充分就業下的產出水準，而政府仍想以增加有效需求的方式企圖來提高全國的所得水準，則經濟體系會受到何種影響？

　　由於在任何一個時點下，一個經濟體系中的生產因素數量是固定的，且生產函數也是不變的，所以整個社會的最大產能有其極限，即充分就業下的產出。以圖4.4為例，假設甲國原來的總合需求為 Y_1^d，在 Y_1^d 水準下所達到的均衡所得剛好等於充分就業下的產出（Y^f）。現在為了某些原因政府希望增加總合需求，以刺激經濟增加國民所得，我們看到此時的總合需求水準上升到 Y_2^d。

　　在 Y_2^d 的總合需求水準下，我們看到此時的均衡所得水準為

Y_2^1，高於 Y^f。既然 Y^f 是充分就業下的產出水準，甲國怎麼可能達
到比充分就業還要高的產出水準呢？理由很簡單，當甲國政府增加
總合需求來刺激經濟時，由於總合需求增加，使得廠商的產品被搶
購一空，因此廠商會有意願增加產出。為增加產出，廠商必須先到
生產要素市場上購買生產要素，但由於此時市場已屬於充分就業，
因此廠商要增加聘用人員或購買其他生產要素的唯一方式，就是提
高生產要素的價格，此舉將會使廠商的生產成本增加。同時必須注
意的是，由於原有的生產資源已經達到充分就業，所以當一家廠商
提高要素價格購買而吸引較多的生產要素時，一定同時也會有另外
一家廠商減少同樣數量的生產要素。換句話說，此時全經濟體系的
總產出並沒有增加，產量只是從一家換到另外一家而已。

　　由於廠商的生產成本增加，所以他們也會提高產品的價格。相
對的，由於此時市場上有過多的總合需求，所以人們也會願意支付
較高的價格來競相購買產品。因此，雖然廠商的總產出不變，但由
於市場價格上升，卻使得國民所得增加了，但這些增加的只是名目
所得，真正的實質所得並沒有提高，因為此時的實質產出仍然與充
分就業下的產出是一樣的。因此，當總合需求增加，而使所得超過
充分就業下的所得時，超過的部分只是名目所得，實質所得仍然是
相同的。

　　因此，若因為某些因素的存在，使得總合需求的水準超過充分
就業下的總合需求所得時，並不能使經濟體系的實質產出擴大，亦
即無法增加經濟體系的實質所得。但在總合需求過多的情況下，我
們會看到市場上有太多的需求追求太少的產出，於是物價水準會上
升，人們的名目所得也會增加，但對實質所得沒有任何貢獻。由於
此種總合需求超過充分就業下總合需求的結果，只會使物價上升，

而不能使產出增加，故我們把前者超過後者的部分稱為膨脹缺口
（inflationary gap），即圖4.4中的a。膨脹缺口係指總合需求超過充
分就業水準下總合需求的部分。

　　根據我們對緊縮缺口與膨脹缺口的分析，我們可以得到一個很
重要的基本結論，即凱因斯模型中主要是以總合需求的大小來決定
市場中均衡所得的高低。當均衡所得小於充分就業的所得水準時，
政府可以利用增加總合需求的方式來使經濟體系的產出擴大與所得
增加。但此種效果只限於均衡所得小於充分就業水準的情況，當均
衡所得已達到充分就業的水準時，政府企圖以增加總合需求的方式
來增加產出時，其結果只會使物價上升與名目所得增加，但對實質
產出與所得不會帶來任何效果。

（三）節儉的矛盾性

　　在中國人的傳統名訓中，有所謂勤儉持家的說法，有人說：
「大富靠天，小富靠儉。」此種勤儉就是美德的說法在大多人的心
目中都是根深柢固的，雖然不一定每一個人都會因此而努力的儲
蓄。事實上，對大多數家計單位而言，未來的日子中都有許多的不
確定存在，比方說家人的健康是否能確保，是否有突發事件需要用
錢，工作是否能穩定不被解雇等等。在考慮這些不確定的因素下，
人們都會有意願多儲蓄一些所得以供日後應付不時之需。另一方
面，儲蓄下來的錢可以放在銀行、購買債券、購買股票，以便賺取
更多的利息收入。無疑的，從個別家計單位的角度來看，節儉可以
改變一個家庭的未來生活，使家人能有一個較安穩的日子，所以節
儉是一種美德的說法自然是有其道理的。

　　然而，對每一個家庭而言都可以成立的說法，從整個經濟體系

的角度來看卻不一定正確。我們知道，儲蓄增加也就是消費減少，
儲蓄成為所得流程中的漏巵部分。當一、二個家計單位減少消費
時，對全社會的影響可能很少；但若大家都不願意消費時，經濟體
系的總合需求減少，廠商的產品無法銷售出去，經濟體系就會受到
很大的影響。所以，節儉對個別家計單位來說是有利的，但對整個
經濟來說卻不一定有好處，我們稱之為「節儉的矛盾性」（paradox
of thrift）。

　　我們可以用儲蓄與投資的關係，來更仔細的說明節儉對全經
濟體系產生的不利影響。假設甲國的經濟體系原來在均衡之下（E
點），其由儲蓄（S）等於投資（I）所決定的均衡所得水準為Y_1^e，
見圖4.5。現在我們假設因為某種原因使得社會自發性儲蓄上升
（或自發性消費減少），因此使得在相同所得下的儲蓄水準提高。
由於此種增加是自發性的，即其增加的數目是固定的，其大小與所
得水準無關，所以此時整條儲蓄曲線會水平的往上移動到S'，S與
S'之間的差距（a）就是自發性儲蓄所增加的部分。

圖4.5：節儉的矛盾性

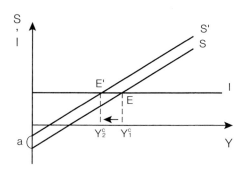

　　對個別家計單位來說，增加儲蓄一方面是希望以後有更多的錢可以使用，另一方面也希望這些儲蓄本身可以增加一些所得，以改善他們未來的收入。然而，從整個經濟體系的角度來說，結果卻不一定如同個別家計單位的預期。因為當每一個家計單位的儲蓄增加時，會造成全體社會有效需求的減少，在廠商生產的產品無法完全銷售之下，廠商會調整產出，全體經濟體系的產出減少，每個家計單位的所得因此也跟著減少。

　　在圖4.5中，我們看到當家計單位的儲蓄水準提高時，在投資固定下，投資與儲蓄的交點由E移到E'，因此均衡下的所得也會由Y_1^e減少到Y_2^e。造成均衡所得減少的理由非常清楚，因為此時市場上的總合需求減少，可以購買的產品數量減少，因此廠商的產出與經濟體系的所得也都會跟著減少。所以我們看到一個矛盾的現象，即原來家計單位儲蓄的目的是希望收入增加，但結果卻可能造成他們收入的減少，這就是節儉的矛盾性。

　　我們可以再利用表4.2的情況來說明節儉的矛盾性。假設現在在某種原因下，甲國人民的自發性消費減少為5億元，亦即儲蓄增加5億元。在其他條件不變下，甲國的均衡所得會受到什麼影響呢？我們把表4.1中甲國的情況改寫成表4.2，其中消費在每一個產出水準下都減少5億元，因為我們假設自發性消費減少5億元。另一方面，儲蓄在每一個所得水準下都增加5億元。總合需求也因而減少5億元，其他部分則不變。在均衡時，投資要等於儲蓄，由於投資仍然是10億元，故儲蓄水準也必須是10億元。而此時導致儲蓄為10億元的所得水準為60億元，低於表4.1中甲國原來的均衡所得水準80億元。換句話說，甲國人民自發性儲蓄增加的結果反而使全國的所得水準下降，這就是節儉的矛盾性。

表4.2：儲蓄水準提高下，甲國的均衡所得

單位：億元

(1) 總產出（Y）	(2) 消費（C）	(3) 投資（I）	(4)=(2)+(3) 總合需求（Y^d）	(5) 儲蓄（S）
0	5.0	10	15.0	–5.0
10	12.5	10	22.5	–2.5
20	20.0	10	30.0	0.0
30	27.5	10	37.5	2.5
40	35.0	10	45.0	5.0
50	42.5	10	52.5	7.5
60	50.0	10	60.0	10.0
70	57.5	10	67.5	12.5
80	65.0	10	75.0	15.0
90	72.5	10	82.5	17.5
100	80.0	10	90.0	20.0
110	87.5	10	97.5	22.5
120	95.0	10	105.0	25.0

　　不過必須強調的是，我們在第三章就已經說明，儲蓄的功能一方面是預防未來不時之需，另外一個很重要的功能是提供資金供廠商或其他經濟個體作投資之用。談到節儉的矛盾性時，我們強調的是儲蓄會造成所得流程中的漏卮，與總合需求的減少，但我們並沒有說明其對投資的影響。因為在此處我們假設投資金額是固定的，所以儲蓄增加並沒有對投資造成任何影響。而由於儲蓄增加使得總合需求減少，致使均衡所得減少。

　　但事實上，儲蓄增加可能使市場上可供投資的資金增加，使市場利率下跌，從而可能會刺激投資增加，造成對所得流程中的挹注，最後可能使所得增加。

▍三、乘數效果

細心的讀者也許會問一個問題：在上述甲國節儉的矛盾性例子中，甲國的自發性儲蓄增加5億元，所以所得流程中的漏卮多出5億元，但為什麼最後均衡所得卻由80億元減少到60億元，減少了20億元呢？現在就讓我們在這一節中仔細的說明此一重要現象。

（一）乘數效果

事實上，我們可以用更簡單的方法來問上面的問題。即若家計單位自發性消費增加10億元，則對均衡所得會產生什麼影響？家計單位消費支出增加是一種挹注，在有效需求增加下，會促使廠商增加產出。問題是，廠商的產出會增加多少呢？

我們先以表4.3中的實際數據來說明甲國新的均衡所得為何。在表4.3中，我們假設在任何所得水準下，甲國的消費都增加10億元，儲蓄則減少10億元，總合需求增加10億元，其他數據則不變。在表4.3中，要達到均衡必須使總產出等於總合需求，亦即此時的均衡所得為120億元。當然，此時的投資與儲蓄也是相等的，兩者都是10億元。

若與甲國在表4.1中的原來均衡所得（80億元）相比，新的均衡所得水準增加40億元，而與自發性消費增加的10億元相比，所得增加40億元，是消費增量的4倍，我們把此倍數稱為乘數效果（multiplier effect）。乘數效果是指當總合需求（比方說自發性投資）增加時，所得會以更多的倍數增加。但問題是此倍數從何而來？其大小又如何決定？我們先說明其大小如何計算，在下一小節中我們再仔細說明為何會出現乘數效果。

表4.3：自發性消費增加下，甲國的均衡所得

單位：億元

(1) 總產出（Y）	(2) 消費（C）	(3) 投資（I）	(4)=(2)+(3) 總合需求（Y^d）	(5) 儲蓄（S）
0	20.0	10	30.0	−20.0
10	27.5	10	37.5	−17.5
20	35.0	10	45.0	−15.0
30	42.5	10	52.5	−12.5
40	50.0	10	60.0	−10.0
50	57.5	10	67.5	−7.5
60	65.0	10	75.0	−5.0
70	72.5	10	82.5	−2.5
80	80.0	10	90.0	0.0
90	87.5	10	97.5	2.5
100	95.0	10	105.0	5.0
110	102.5	10	112.5	7.5
120	110.0	10	120.0	10.0

　　為計算乘數（multiplier）的大小，我們必須使用家計單位的消費函數與市場均衡條件。在本章第一節中，市場均衡的條件為總產出等於總合需求，即：

（4.3）　　　　　　　　　$Y = C + I$

而甲國的消費函數與投資函數分別為：

$$C = a + bY$$
$$I = I_0$$

將上述二式代入（4.3）式中，得：

$$Y = a + bY + I_0$$

改寫以後就可以得到均衡的所得為：

（4.6） $$Y = \frac{1}{1-b}\left(a + I_0\right)$$

上式中 a 為自發性消費，b 為邊際消費傾向，I 為投資。在甲國表 4.1 的原來例子中，其自發性消費（a）為 10 億元，邊際消費傾向（b）為 0.75，投資（I_0）為 10 億元（請參閱表 3.2 有關甲國的原來消費與投資情形）。把這些數據都放入（4.6）式中，我們可以得到甲國原來的均衡所得為 80 億元，即：

$$Y = \frac{1}{1-0.75}\left(10 + 10\right) = 80$$

此 80 億元即表 4.1 中甲國的均衡所得。

現在在表 4.3 中，我們假設甲國的自發性消費增加 10 億元，即其在所得水準為零時的消費由 10 億元（表 4.1）增加為 20 億元（表 4.3）。由於此一消費的增加屬於自發性，所以在任何所得水準下，消費都增加 10 億元。我們把自發性消費（a）的 20 億元、投資（I）10 億元，以及邊際消費傾向 0.75 代入（4.6）式中，就可以得到：

$$Y = \frac{1}{1-0.75}\left(20 + 10\right) = 120$$

也就是說，在自發性消費（a）提高到 20 億元時，甲國的所得增加為 120 億元。

　　我們再以a_1、a_2表示兩種情況下的自發性消費，而以Y_1、Y_2表示兩種狀況下的所得，則Y_1與Y_2的均衡所得可分別表示如下：

$$Y_1 = \frac{1}{1-b}\left(a_1 + I_0\right)$$

$$Y_2 = \frac{1}{1-b}\left(a_2 + I_0\right)$$

把上述二式相減，

$$Y_2 - Y_1 = \left[\frac{1}{1-b}\left(a_2 + I_0\right)\right]$$

$$-\left[\frac{1}{1-b}\left(a_1 + I_0\right)\right]$$

$$= \frac{1}{1-b}\left(a_2 - a_1\right)$$

　　最後我們以$\triangle Y$代表Y_2與Y_1的差額，以$\triangle a$代表a_2與a_1的差額，上式可以再改寫成：

$$\triangle Y = \frac{1}{1-b} \cdot \triangle a$$

或

（4.7）
$$\frac{\triangle Y}{\triangle a} = \frac{1}{1-b}$$

　　（4.7）式的意義就表示當自發性消費增加△a元時，均衡所得會增加△Y，而△Y與△a的倍數就是我們所稱的乘數，其大小等於1/（1－b）。

　　在甲國的例子中，邊際消費傾向（b）的大小為0.75，所以此時的乘數為1/（1－0.75）＝4。也就是說，當自發性消費增加10億元時，會使均衡所得增加4倍，也就是40億元。在甲國的例子中，當自發性消費由10億元增加到20億元時，均衡所得由80億元提高到120億元。此種自發性消費增加對均衡所得產生數倍以上的影響，我們稱之為乘數效果。

（二）乘數發生的過程

　　接著我們要進一步說明出現乘數效果的理由。在一個經濟體系中，人與人之間的關係是密切且互動的，當一個人的消費增加時，一定會有其他人或廠商的收益也隨之增加。當後者的收益增加以後，他們的支出也會跟著增加，所以還會有第三者受益，因此，經濟活動就會如此這般的循環下去。但此種人與人之間的影響究竟是會一直持續不斷？或是在某種情形下會終止呢？很重要的一項決定因素在於所得流程中的漏厄和挹注的大小。如果每個人的儲蓄很少，賺到一筆錢以後隨即全部花掉，則第一個人花掉的錢被第二個人賺走，而第二個人又把賺到的錢花掉，又被第三個人賺走，然後第三個人再把全部錢又花掉。如此經濟體系中的所得流程就會一直循環下去，社會的產出會不斷擴大，大家的所得也都會提高。

　　然而，在實際社會中，大家並不會把所有賺到的所得都花掉，而會把其中一些保留起來成為儲蓄，這就是經濟體系中漏厄的部分。所以當第一個人花掉100元時，第二個人賺了100元，但後者

只會花掉其中的一部分，其大小與邊際消費傾向有關，若我們假設其邊際消費傾向為0.75，則其消費為75元，因此第三個人賺到的錢會只有75元，而再假設其邊際消費傾向也為0.75，則第三人也只會花掉56.25元（75元×0.75）。如果不斷的循環下去，後面的人賺到的所得愈來愈少，會花掉的錢也愈來愈少，最終經濟中的所得流程就會逐漸停止。

在上述的所得流程中，我們看到有許多人都賺到所得，然後他們也會花掉其中的一部分，我們把這些所得加總起來，就可以得到總所得的變化。

在甲國的例子中，當全國的自發性消費一開始增加10億元時，一定會有一些廠商或個人賺到10億元。在我們假設全國每一個人的邊際消費傾向都是0.75的情況下，這些10億元的所得中有7.5億元會被消費，另外的2.5億元成為所得流程中的漏巵。因此，會有第二批人賺到7.5億元，而這第二批人又會把所得中的75%花掉，即5.6億元。於是又有第三批人賺到5.6億元，然後他們再花掉其中的75%，即4.2億元。此種循環會周而復始的下去。

我們可以用表4.4來表示上述的所得與消費的循環過程。我們可以看到一開始所得增加10億元，然後在後面的過程中逐漸減少。同樣的，消費開始為7.5億元，然後也逐漸減少。最後我們把所有回合下的所得加總，可以得到所得增加為40億元，所有消費的增加為30億元，儲蓄則增加10億元。也就是說，當自發性消費增加10億元時，所得會增加40億元，乘數為4倍。

在上述所得與消費的循環過程中，邊際消費傾向（b）扮演著關鍵性的角色。如果b愈大，人們所得中的花費愈多，其他人可以賺到的所得也愈多，消費對均衡所得的乘數效果也愈大。相反的，

表4.4：所得與消費的循環過程

單位：億元

支出回合自發性消費 支出增加10億元	所得變化	消費變化 （MPC = 0.75）	儲蓄變化
1	10.0	7.5	2.5
2	7.5	5.6	1.9
3	5.6	4.2	1.4
4	4.2	3.2	1.0
…			
總計	40	30	10

如果b很小，人們所得中的花費愈小，其他人可以賺到的所得也愈少，此種滾雪球的效果也愈小。

最後，我們用數學式來說明（4.7）式的來源。假設開始增加的自發性消費大小為 $\triangle a$，第一批人的所得增加 $\triangle a$，其中 $b\triangle a$ 拿去消費。於是第二批人的所得是 $b\triangle a$，而其中 $b(b\triangle a)$，即 $b^2\triangle a$ 會被拿去消費。如此不斷循環下去，整個經濟體系中所得增加的總額（$\triangle Y$）為：

$$\triangle Y = \triangle a + (b \cdot \triangle a) + (b^2 \cdot \triangle a) + \cdots$$
$$= \triangle a (1 + b + b^2 + \cdots)$$
$$= \frac{1}{1-b} \cdot \triangle a$$

將 $\triangle a$ 移到等式右邊，我們就可以得到（4.7）式的乘數。

（三）投資乘數

事實上，前述由自發性消費增加所引起的所得與消費過程是一

個很普遍的現象。一般而言，只要總合需求出現某種外生的增加時，前述的乘數過程就會開始運作，乘數效果也就會出現。

在簡單凱因斯模型中，總合需求除了消費以外，另外一項是投資，我們可以再用投資的變化來說明其產生的乘數效果。

我們假設在任何所得水準下，投資都增加5億元，即由原來的10億元（表4.1）增加到15億元（表4.5）。此時對均衡所得會產生何種影響？

首先，我們把表4.1的資料改寫成表4.5，其中投資增加5億元達15億，故總合需求也增加5億元，其餘部分皆相同。現在不論是以總產出等於總合需求的均衡條件，或是以儲蓄等於投資的均衡條

表4.5：投資增加下甲國的均衡所得

單位：億元

(1) 總產出（Y）	(2) 消費（C）	(3) 投資（I）	(4) = (2) + (3) 總合需求（Y^d）	(5) 儲蓄（S）
0	10.0	15	25.0	−10.0
10	17.5	15	32.5	−7.5
20	25.0	15	40.0	−5.0
30	32.5	15	47.5	−2.5
40	40.0	15	55.0	0.0
50	47.5	15	62.5	2.5
60	55.0	15	70.0	5.0
70	62.5	15	77.5	7.5
80	70.0	15	85.0	10.0
90	77.5	15	92.5	12.5
100	85.0	15	100.0	15.0
110	92.5	15	107.5	17.5
120	100.0	15	115.0	20.0

件，在投資為15億元時，我們發現新的均衡所得為100億元。與舊
的均衡所得80億元相比，所得增加20億元，這是投資增額5億元
的4倍。換句話說，我們發現此時的乘數效果與前面相同。

再由圖形上來看，圖4.6的上半部都顯示當投資增加時會使總
合需求曲線增加（上移），於是新的均衡所得由80億元增加到100
億元。若再由儲蓄等於投資的均衡條件來看，此時新的均衡所得仍
然是由80億元增加到100億元。

圖4.6：投資的乘數效果

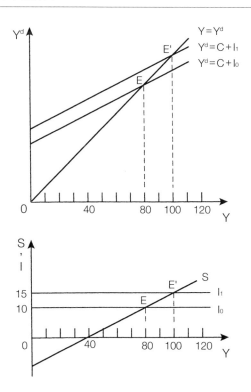

　　最後再看數學方程式，由（4.6）式的均衡所得式中，若以I_1和I_2代表兩個所得水準，Y_1與Y_2則分別代表原來的與新的均衡所得，則依（4.6）式，我們可得到：

$$Y_1 = \frac{1}{1-b}(a + I_1)$$

$$Y_2 = \frac{1}{1-b}(a + I_2)$$

將兩式相減，得：

$$Y_2 - Y_1 = \frac{1}{1-b}(I_2 - I_1)$$

　　再令$\triangle Y = Y_2 - Y_1$，$\triangle I = I_2 - I_1$，分別代表兩個變數的差額，則上式可再寫成：

$$\frac{\triangle Y}{\triangle I} = \frac{1}{1-b}$$

　　我們看到投資乘數的大小與自發性消費支出乘數的大小相同，即$1/(1-b)$。換句話說，投資乘數的大小仍然決定於邊際消費傾向的高低。當邊際消費傾向愈大，投資乘數就愈大；邊際消費傾向愈小，投資乘數也會愈小。

　　其實投資乘數與消費支出乘數大小相同的理由很簡單，因為雖然兩者的來源不同，前者來自投資的變化，而後者來自自發性的消費變化，但重點是接下來所產生的乘數過程。而乘數過程的大小則完全決定於人們邊際消費傾向的高低，與最初的挹注由何而來沒有關係，所以投資乘數與消費乘數的大小一致。

消費券的經濟效益分析

　　2008年下半年從美國開始爆發的全球金融海嘯，快速影響全世界的每一個國家。雖然台灣的金融體系相對穩定，沒有受到立即的影響，但是由於全球國家的所得及貿易都快速萎縮，使得台灣的出口出現嚴重的負成長。2009年第一季台灣的經濟成長率為 -8%，失業率也達到6%的歷史高點。

　　在面對嚴重出口不足造成的緊縮缺口的情況下，當時政府立即決定由政府發放每位國民新台幣3,600元的消費券，希望藉由刺激民眾消費的方式，來補足出口不足所造成的緊縮缺口問題。2009年1月19日，政府透過各鄉鎮投開票所發放給每位國民消費券，結果當天領取的比例超過全體國人的90%，顯然大家對於此一消費券有非常高的需求。另外一個原因是，當時已經很接近過年，許多家庭需要這筆錢來過年。

　　依當時人口計算全部消費券支出約821億元，再加上作業費用，政府的全部支出約達到851億元。主計總處估計這些支出占GDP約為0.6%，乘數大約有2.5倍，所以估計將可以拉動約1.5%的經濟成長率。時任的經建會主任委員陳添枝預言說，如果消費券能拉動1%的經濟成長率，此一政策就算是成功了。因為這其中有一個很大的不確定因素，就是不知道有多少消費會是替代性的消費，也就是說，如果人們用消費券去購買原本日常所需的東西，而不是新增加其他物品的消費，那麼消費券刺激消費的效果就是被打折扣。

　　2016年中央研究院簡錦漢、彭信坤和王平等教授針對消費券效果進行深入的學術研究，依據他們針對3,832位國人問卷調查的結果顯示，消費者對於消費券所增加的新增消費只占所有消費的0.325（即邊際消費傾向）。但是如果扣除廠商的促銷活動的話，真正的邊際消費傾向會更降到只剩下0.223。

　　雖然，消費券最終的效果比預期的要小一些，但是由於當時全台灣經濟的確已經掉到谷底，而消費券可以協助不少家庭和商家渡過過年的難關，所以從帶來國人快樂而言，消費券還是可以說是一項成功的政策！

資料來源：高詩琴，「中研院論文：消費券效果不高，但是買到快樂」，《聯合報》，2016.12.18; K. Kan, S.K. Peng, P. Wang (2010), "Understanding Consumption Behavior: Evidence from Consumers' Reaction to Shopping Vouchers," Manuscript.

經濟名詞

充分就業下的產出水準	乘數效果	節儉的矛盾性
緊縮缺口	乘數過程	
膨脹缺口	投資乘數	

討論問題

1. 何謂均衡所得？為什麼它如此重要？並試以簡單凱因斯模型來說明均衡所得是如何決定的？

2. 請說明如何以投資和儲蓄來決定均衡所得，並說明其與總產出和有效需求之間的關係為何。

3. 何謂充分就業下的產出水準？為什麼每一個經濟體系的潛在產出都有其上限？

4. 何謂膨脹缺口？緊縮缺口？其與充分就業下的所得水準有何關係？

5. 何謂乘數？何謂乘數效果？經濟體系中的乘數大小如何決定？

6. 何謂乘數過程？請利用2009年1月政府發放消費券的例子來說明。

7. 在本章第二節中，我們以甲國的例子說明，當甲國的自發性儲蓄增加5億元時，會使其均衡所得水準由80億元下降到60億元。請問你可以說明其中的原因嗎？

8. 已知乙國的自發性消費為10億元，投資為20億元，邊際消費傾向為0.8，請問乙國的均衡所得水準為若干？

9. 在表4.1的甲國例子中，現在我們假設甲國的自發性消費減少5億元，但投資增加10億元，且邊際消費傾向為0.8。

(a) 請重新改寫表4.1。

(b) 請問此時的均衡所得為若干？

(c) 請問此時的乘數大小為多少？

10. 已知乙國的消費函數為 C = 20 + 0.5Y，投資I = 20億元。

(a) 請問乙國的邊際消費傾向為何？

(b) 乙國的均衡所得為若干？

(c) 在均衡所得之下，消費與儲蓄分別是多少？

11. 在前題乙國的例子中，若消費函數改變成 C = 20 + 0.8Y，其他條件則不變。

(a) 請問此時乙國的均衡所得為若干？

(b) 與前題相比，其均衡所得是增加或是減少？為什麼？

12. 假設兩國的均衡所得為100億元，投資為10億元，邊際消費傾向為0.8，請問兩國的自發性消費為若干？均衡下的儲蓄是多少？

第五章

總合需求與乘數效果

本章重點

一、總合需求結構

二、平衡預算乘數

三、資本、投資與所得的關係

一、總合需求結構

在前章中我們用了一個簡單的模型，來說明總體經濟體系中的均衡所得水準是如何決定的，其中一項重要的簡化就是假設總合需求中只包含消費與投資。做此種簡化假設的目的，在使我們的分析能多專注於總合需求與均衡所得之間的關係，而不必去在意總合需求的內容為何及其如何變化。

然而，每一個國家或地區的經濟體系都非常龐大而複雜，總合需求的結構也不光只是消費和投資而已。在凱因斯的說法中，總合需求除了消費和投資以外，至少還應包含政府部門與國外部門。其中政府部門一方面雇用勞動，如政府員工，同時政府本身也會生產一些財貨，如興建道路、橋樑，甚至提供商品，如中油公司出售汽油等等；另一方面，政府部門也會向人們徵收稅負，以支應支出。在世界各國政府在其經濟體系中扮演的角色愈來愈吃重的情況下，我們當然不能忽略政府部門在總體經濟中的角色。

國外部門同樣是非常重要的。對一個經濟體系相對較小，且開放程度甚高的國家而言，如我國，進出口部門有著不可忽略的影響。國外市場不但可使我們進行大規模生產，增加生產效率、降低生產成本，同時在國外市場競爭下也可提高我們產品的水準；更重要的是，國外市場需求一方面可以增加國人工作機會，一方面可以促進國人的生產技術。進口部門也同樣重要，進口一方面可以使國人享有國外較廉價的商品，一方面進口也可以提供國內缺乏的原物料、機械設備及生產技術等等，因此進口使得國內的生產能更有效率的進行。

我們將在本節中，把消費、投資、政府部門及國外部門等四大

部分的總合需求結構加以詳細敘述。然後在下一節中我們會再進一步說明，在此完整的總合需求結構下，均衡所得該如何決定，同時我們也會說明在此種情況下的乘數效果與以前有何不同。

（一）消費與儲蓄

此處的消費指的是民間消費。在前一章中我們把家計單位的所得分成二部分，即消費與儲蓄。但事實上，國民生產毛額要成為家計單位的收入過程中，還有相當的一部分會被政府以課稅的形式拿走。不論是間接稅（貨物稅或交易稅等）或是直接稅（所得稅等），稅負都會使家計單位的可支配所得減少，因此消費也會相形減少，所以，課稅可以說是所得流程中的漏卮部分。當然政府同時可以將稅收轉成支出，成為所得流程中的挹注，我們會在後面加以詳述。

因此，在考慮政府部門的存在下，家計單位的國民所得可分成三部分，即消費、儲蓄與稅負。其中國民所得扣除稅負以後剩下的淨額，稱為家計單位的可支配所得（disposable income），因為這才是家計單位可以完全支配的部分。最後家計單位再把可支配所得分成消費，以及所剩下的儲蓄部分。

（二）民間投資與政府投資

投資是總合需要的一部分，因為投資是由廠商、家計單位與政府在要素或產品市場上購買生產要素或商品。投資與一般消費最大的不同之處，是在於一般消費購買的商品在短時間之內就會使用完畢，而投資所購買的商品通常都可以使用較長的時間，我們稱這種財貨為耐久財（durable goods）。比方說廠商購買機器與興建廠

房、家計單位投資購買自用住宅，以及政府興建道路與橋樑等等。

雖然在投資之初，投資者花下巨大的投資金額，但由於投資使用年限較長，因此在計算每年使用這些投資財貨的成本時，應該把投資之初所使用的金額分攤到每一個使用期間之中，我們稱之為折舊。計算折舊的方式有很多種，最常見到的是直線折舊（linear depreciation）與加速折舊（accelerated depreciation）。直線折舊是以投資財貨的使用年限為準，把投資金額平均分配到每一個使用期間之中。然而，有些人認為機器或其他投資在興建完成時，其生產力較高，可能帶給投資者的利益也較大，所以在投資期間的前幾年，折舊應該較高，後面期間由於機器廠房較老舊，故折舊應該較低。此種在折舊率高低與使用時期的前後是相反關係的現象，稱為加速折舊。

同時，我們也可以把全經濟體系的投資分成民間投資（private investment）與政府投資（government investment）。民間投資主要包含企業購買機器設備、興建廠房、投資技術研究與發展，以及包含家計單位投資興建自用住宅等等。至於家計單位購買的汽車、冰箱、電視機等等也屬於耐久財，由於這些財貨幾乎都屬於純消費性使用，故我們又稱之為耐久性消費財（consumption durable goods）。而且家計單位在購買這些財貨時，通常沒有投資的目的在內，故我們不把這些財貨列在投資項目中。但如果這些財貨，如汽車，是由廠商購買，則由於廠商使用汽車的主要目的在於生產或提供其他商品與勞務，此時的汽車就應被列為投資之中。

至於家計單位購買自用住宅時，自用住宅則應被列為投資項目中，一方面是由於住宅的使用年限甚長，以國內的鋼筋水泥式建築為例，使用壽命通常可在五十年以上。由於住宅的使用年限甚長，

　　一般家計單位在購買自用住宅時，不但有很高的住宅消費動機在內，也有很高的投資動機在內。因為當一個家計單位等到住上一段很長時間以後，將該住宅出售時，通常都可以賣到比原來更好的價格，這也就是當初購買自用住宅的投資動機之一。

　　政府投資也是很重要的部分。一般而言，政府的投資主要在於公共財的興建，包括道路、橋樑、機場、海港、捷運系統、地下污水處理系統、垃圾處理系統、公園、醫院與學校等等。由於一般私人不會有意願提供這些公共財，所以這些重要的公共財一般幾乎都由政府出面興建，而且這些公共建設的使用期間通常都很久，因此我們也將之視為公共投資或政府投資。

　　事實上，我們在計算國內生產毛額時，投資的部分不但包括固定資本投資（fixed capital investment，或稱為固定資本形成fixed capital formation），而且還包含了存貨（inventory）變動的部分。因為存貨也代表廠商的生產，所以當年度存貨的變動也表示廠商生產的部分，比方說當年全國存貨增加，表示廠商的產出多了這一部分；反之，若當年存貨減少，則表示廠商銷貨中有一部分係來自去年的產出，這一部分顯然不能計算在今年的國民生產毛額中，以免高估今年的產值。

　　以我國為例，存貨變動就曾在國內資本形成中占很重要的比例，見表5.1。以1952年為例，當年度存貨變動比例曾占全部資本形成的25.9%，不過此一比例逐漸下降，到1970年時為14.4%，到了2015年時，存貨變動所占比例只剩下0.4%。值得一提的是，1975年國內的存貨變動曾出現負數，表示當年廠商的生產情況較低。

　　在很多國家中，政府不只從事公共投資，而且同時擁有許多國

表5.1：我國固定資本形成結構

年	資本形成毛額 （十億元新台幣）	比重 （%）		其中：固定資本形成毛額結構 （%）		
		固定資本 形成毛額	存貨變動	民間企業	公營企業	政府
1952	2.7	74.1	25.9	50.0	30.0	20.0
1960	13.1	83.2	17.6	52.3	33.0	14.7
1970	61.1	85.6	14.4	57.0	29.1	14.0
1980	519.8	90.9	9.1	50.4	33.8	15.8
1990	1142.1	97.3	2.7	53.7	22.3	24.0
2000	2815.1	96.7	3.3	70.2	9.1	20.7
2010	3524.6	94.6	5.4	74.9	7.5	17.7
2015	3508.2	99.6	0.4	81.9	5.5	12.6

資料來源：主計總處。

營企業，他們經常還與民間企業一樣的生產許多財貨，甚至與民間企業在市場上競爭。國營企業為生產財貨，因此經常也必須從事大量投資，尤其許多國家的國營企業經常集中在一些較需要大量投資的行業上，例如鋼鐵、煉油等等，因此國營企業的投資在這些國家中就扮演著重要的角色。

　　事實上，我國就是一個很好的例子。雖然我國一直屬於自由經濟體制，但國營企業在我國的經濟發展中卻曾經占有極重要的角色。雖然到今天國營事業占總體經濟的比例已大不如從前，但中油公司與台電公司兩家經濟部所屬的國營企業，其每年產值在全國排名仍然很前面。同時，在較早以前，國內主要的重工業幾乎都以國營企業公司為最大，例如中油、台電、中鋼與中華電信等等。這些企業為提供產品與服務，經常都必須先進行大量投資，所以這些國

營企業的投資也曾在國內固定資本形成中占很高的比例。

　　表5.1顯示國內過去六十年來的固定資本形成的結構變化。我們可以看到民間企業的投資，即固定資本形成大約都占全部的一半左右而已，公營企業與政府部門所占的比例也一直很高。在1975年，公營企業的投資甚至占到國內全體固定資本形成的40.3%，主要原因在於當時十大建設中的中鋼、中油煉油廠、中船等大型國營企業陸續完成，其所投資的金額占去了國內投資中非常大的比例。其後隨著經濟迅速發展，民間部門的投資持續增加，公營企業的投資卻相對緩慢，使得後者的投資占全體國人投資的比例逐漸下降。到2000年時，國營事業投資比例占總投資的比例只剩下9.1%。另一方面，隨著經濟發展，政府投資興建的交通建設與其他公共設施也仍持續增加，尤其在一九九〇年代，政府大量擴充交通建設，如北二高、台北捷運系統及高速鐵路等等，這些都是導致近年來政府投資占固定資本形成比例迅速增加的主要原因。

（三）政府支出與稅收

　　經濟學之父亞當‧史密斯在其巨著《國富論》中，曾一再強調政府應開放經濟體系自由運作，看不見的手會自然的使資源配置達到最有效率的境界。雖然史密斯認為，管愈少的政府就是愈好的政府，但即使如此，他也還是認為至少有三件事是政府必須做的，即國防、司法與教育。今日的美國可說是全世界最崇尚自由經濟的國家，但美國政府部門所使用的經濟資源占全國經濟體系資源的比例，仍然在日漸增加當中。

　　一般來說，政府部門參與經濟活動的主要管道有二，一個是透過政府支出購買市場產品與生產要素，於是成為總合需求的挹注部

國人購屋的消費動機與投機動機

住宅一方面提供人們居住所需的服務，同時也具有投資的功能。由於住宅價格昂貴，所以一般大眾都必須先儲蓄一段時間以後，存到足夠的自備款，然後才能向銀行貸款購屋。以美國為例，雖然全美國的住宅自有率約63%，但根據調查，平均而言，住宅投資是美國家庭的最大單項資產。

在國人有土斯有財的傳統觀念中，儲蓄購屋更是每一個家庭的夢想。民國99年來台灣地區住宅自有率高達79.2%，就是一個最好的例子。造成國人有土斯有財的根深柢固的觀念，主要還是因為台灣地區近幾十年來房價幾乎只漲不跌的結果。以最近的經驗來看，民國62年、69年、76年及96年分別出現過房價上漲的現象，尤其以民國76到78年的漲幅最大。房價大漲固然使得擁屋者的財富增加，但卻也使得許多無殼蝸牛望屋興嘆。當然也使得更多人每天加倍的努力工作，理由無他，只希望未來也能擁有一棟屬於自己的房子。

然而，由於房價昂貴，使得大多數家庭都只有一棟自己的房子，這一棟房子既是本身住宅消費所需，同時其中也有投資的功能。因為房子的使用年限很長，依台灣地區房價長期上漲的現象來看，擁有房屋多少都會預期未來能有增值的希望。那麼在同時有自住與投資的動機中，到底何者所占的比重較大呢？根據一項研究結果顯示，台灣地區購屋行為中，純為居住目的所占的比重只有三分之一，另外因投資動機而購屋的卻占三分之二！

分。為了支應這些支出，政府同時必須要有一些收入的財源，其中徵稅就是政府的主要收入。政府向人民收稅，使得人民消費減少，造成總合需求的漏巵部分。以下我們就分別細述政府支出與稅收的行為。

1. 政府支出

　　政府支出分成兩大類，一種是一般性支出，另一種是投資支出。一般性支出主要包含政府對其雇員所支付的薪水，因為政府雇用人員提供一些公眾性的服務，如外交人員、軍人及鄉鎮公所人員等等，而這等於是政府在勞動市場上購買勞動來生產這些勞務。這些勞動人口所提供的勞務當然應該計算在國民所得帳之中，因此政府對這些勞務的購買就形成總合需求中的一部分。

　　不過也有一些經常性的政府支出不應計入國民所得帳中，比方說政府對公債利息的支出，以及退休金和福利金的給付，這些只是一種移轉支付（transfer payment），因為一方支付現金，但另一方卻沒有提供相對的勞務或商品以作為交換。也就是說，雖然收到錢的一方可以說他們有收入或所得，但同時支付錢的一方也只有淨支付，沒有得到任何報酬。在此支付過程中，我們沒看到任何的勞務或商品被生產出來。既然其間沒有淨產出的增加，我們就不應把這一部分列入國民所得帳上。

　　政府支出的另外一種型態是政府投資。政府投資項目包含道路、橋樑等各種公共建設投資，以及公營事業投資，其中又以前者占的比例較重。對大多數國家而言，公共建設不但必要且會隨著經濟發展而快速成長。不過，由於公共建設屬於固定投資，其性質與消費性支出有相當大的差異，所以我們在作統計資料時，大都把政

府的投資支出列在投資項目中，而政府支出則只包含一般性的支出
而已。

2. 政府稅收

政府收入來源很多，包括稅收、公賣收入、公營事業盈餘繳
庫，以及政府提供勞務的費用收入等等，其中又以稅收所占比例最
大。我國的菸酒公賣局曾經因為獨占國內的菸酒市場，使得其每
年利潤及盈餘繳庫的金額十分龐大，最高曾占全國財政收入的10%
左右。近年來因開放洋菸洋酒進口，使得後來改名為台灣菸酒公司
的收入銳減，再加上政府稅收隨國民所得上升而迅速增加，因此其
收入繳庫部分占全國財政收入的比例已經減少到微不足道的地步。

至於政府的稅收來源可分成兩部分：一種是間接稅（indirect
tax），一種是直接稅（direct tax），我們分別說明之。間接稅是指
因某種交易或行為而必須支付的稅負，例如交易稅、貨物稅、契稅
等等都屬於間接稅。由於貨物及交易過程在市場上容易被政府看
到，因此這些間接稅不容易逃避，所以間接稅成為每一個政府重要
的稅收來源之一。

然而，間接稅的缺點是會改變產品的價格，因為買方或賣方在
買賣時要多繳稅，形同支付較高的價格。在商品價格受到影響下，
人們的消費行為也會受到扭曲，此種結果不一定是政府所樂見。

直接稅則是政府直接對人民的所得課稅，由於不論人們是否有
從事某些交易活動或其他，理論上來說，只要有所得，就必須課
稅，故我們稱之為直接稅。由於直接稅係對人們的所得課稅，而不
會影響市場上商品的價格，所以對人們消費的影響較為中立，因
此，經濟學家認為所得稅應該是比較理想的稅目。

　　但課徵所得稅的主要問題在於有很多所得並不容易確定，尤其在較落後的地區習慣以現金交易時，所得的認定與所得稅的課徵就更形不易。一般來說，當一個國家經濟愈發達，經濟體系愈完整時，其直接稅占政府總收入的比例就愈高；反之，則愈低。以我國為例，所得稅占政府稅收的比例由1954年的8.9%逐年增加到2015年的43.9%，此一比例已接近西方先進國家的比例。

（四）進口與出口

　　隨著交通工具的進步，世界各國之間的貿易也迅速成長，國際貿易在每一個經濟體系中所扮演的角色也愈形重要。對一個屬於小型開放經濟體系（a small-opened economy）的我國而言，國際貿易更是不可或缺的一環。

　　事實上，進出口除了直接造成一個國家總合需求的挹注與流失以外，進出口也可以使一個國家更有效率的使用其社會資源，以加速其經濟發展。我們會在本書的最後面以專章分析國際貿易在總體經濟中的地位。

1. 出口

　　出口係外國人對本國貨物的需求，所以屬於總合需求中的挹注。當外國人對本國貨物的需求愈大，我們的出口愈多，總合需求也愈高，全經濟體系的總產出也愈大。

　　對於一個如我國一般的小型開放經濟體系而言，由於國內市場太小，往往無法使廠商的產出達到足夠的經濟規模。而國外需求可以提供一個龐大的市場，因此使得國內廠商得以利用最有效的經濟規模來生產，從而可以使生產成本達到最低，符合經濟效率的

原則。

　　另一方面，由於國際市場上的產品往往來自世界各國，因此國際之間的競爭通常會比國內來得大。很多時候，在一國國內屬於獨占或寡占的產品，到了國際市場上就必須面對完全競爭的壓力。因此當一個國家致力於出口時，他們就必須要設法提高生產力，降低生產成本，如此方得以在世界市場上立足，所以，出口對於提高一國產品的生產效率通常會有很大的幫助。

　　對某些國內資源有限的開發中國家而言，往往需要從國外進口很多原料，如石油及其他機器與技術，因此他們需要有很多的外匯來購買國外產品。出口就是賺取外匯的最佳方式，若沒有靠出口來賺取外匯，則這些國家也就不容易採購一些重要物資，經濟活動難免會受到很多阻礙。

2. 進口

　　進口是本國人向外國採購物品，因此是總合需求的漏巵。國人將原本向國內採購的商品轉向國外購買時，國內的總合需求會減少，無法吸收國內廠商的總產出，因此會使經濟成長受到限制。

　　但是進口也有很多的好處。一般而言，進口商品的價格會比國內商品價格低，或者原先國內根本沒有生產，如此才有進口的可能，所以進口可以使國內消費者的福利增加。其次，如果國內原來就生產該種產品，則進口可以提高國內市場的競爭，在國外產品的競爭壓力下，國內廠商勢必要提高其生產效率，如此一來對於國內資源使用的效率自然會有助益。此外，對很多資源不足的國家而言，進口可以提供很多原先沒有的原物料，如原油、大豆及其他農產品。有了這些重要物資的進口，國家經濟活動才得以正常進行。

最後，一個國家不但可以進口原物料，而且可以進口機器設備及其他生產技術，以提高國內的生產技術與效率。

為衡量國際貿易在經濟體系中的重要性，我們可以利用對外貿易依存度（the trade dependence ratio）作為指標。對外貿易依存度是指一國進出口總額與GDP的比值。若對外貿易依存度愈高，表示國際貿易在該國經濟體系中的地位愈形重要，該經濟體系也就愈開放；反之，則表示該國經濟體系較屬於封閉型經濟體系（a closed economy）。

我國在傳統上屬於開放型經濟體系，對外貿易總額占GDP的比例非常高，尤其在政府採取出口擴張政策後就不斷上升。1951年時，進出口總額只占我國GDP的21%，但自一九六○年代末期，我國對外貿易開始大幅擴張以後，對外貿易依存度就大幅上升，到了2015年時，進出口貿易總額與GDP的比例已達138.7%，此種高比例的對外貿易依存度在全世界的國家中可說是數一數二的，見表5.2。

（五）我國的總合需求結構

在分別敘述消費、投資、政府支出與進出口四項總合需求以後，我們可以用我國的例子來說明一個國家的總合需求的結構。在我國行政院主計總處每年發表的《國民所得統計年報》（俗稱黃皮書）一書中，可以看到以支出面計算的國民生產毛額，其中就包含了上述四大項的總合需求。我們把這四大項占GDP的比例分別列在表5.2中，讓讀者對GDP的組成及國內的實際情形能相互結合。

表5.2中，我們看到民間消費所占的比例最高，在一九五○年代達到75%以上，以後逐年降低，但大致仍都維持在GDP一半的

表5.2：我國實質GDP組成結構（以2011年為參考年）

年份	民間消費 （C）	政府消費 （G）	資本形成 （I）	輸出 （X）	輸入 （M）
1951	75.6	40.8	10.9	6.7	19.3
1955	77.9	44.2	10.9	5.4	17.2
1960	70.4	47.3	16.6	6.8	20.4
1965	72.2	38.5	19.8	11.4	24.4
1970	69.5	35.7	28.6	19.9	38.2
1975	68.4	27.7	35.5	26.6	47.1
1980	61.2	26.1	36.1	34.8	52.2
1985	58.9	25.1	26.4	39.1	43.3
1990	64.5	26.0	33.5	43.4	61.1
1995	64.9	23.5	37.1	46.5	66.1
2000	66.0	20.5	38.3	54.7	76.3
2005	63.6	17.7	30.8	62.9	74.1
2010	54.9	15.4	26.0	72.5	68.9
2015	55.2	14.5	22.9	73.0	65.7

注：(1) 各欄百分比係指該項支出占GDP的比例。
　　(2) 實質GDP不具可加性。
資料來源：主計總處。

水準上，顯示總合需求中一直都是以民間消費所占的比例最重。

　　在投資方面，一九五〇及一九六〇年代由於國內資金不足，使得投資相對較低，到了一九七〇年代投資才逐漸擴大，2000年達到最高的38.3%，但到2015年時又跌到22.9%，顯示最近國內投資情況不佳。此處有兩點值得注意，第一，國內資本形成中，政府投資一直都占很高比例，這與世界上其他國家相比，是一個較特殊的現象。第二，投資不但是投資當年的總合需求之一，而且投資對擴大未來的產出與增進生產技術有很大助益。近年來，國內投資情況

不是很好，這對我國長期經濟發展來說是不利的。

政府部門占GDP的比例在下降當中，由1951年的40.8%逐年下降到2015年14.5%。一般來說，政府部門的效率較民間部門為低，因此政府部門的比重降低毋寧是一個好現象。不過我們必須強調的是，事實上我國政府部門在國內的資本形成中亦占有很高的比例，所以政府實際上的支出要超過此處只顯示的政府消費性支出。

在國際貿易部門方面，出口是總合需求的挹注，而進口則是漏卮，兩者相減才是對總合需求的淨效果。一九五〇年代我國國際貿易占GDP的比重並不高，以1951年為例，出口與進口占GNP的比例分別只有6.7與19.3%，且因進口比例高於出口比例，所以當年國際貿易有逆差，也就是說，國際貿易造成國內總合需求的淨流失。

隨著經濟發展，我國的進出口也快速增加，但出口成長的速度超過進口成長的速度，使得國際貿易部門成為總合需求的淨增加。以2015年為例，出口占GDP的比值達到73.0%，進口則有65.7%，兩者總和竟達到GDP的138.7%，這是一個非常高的對外貿易依存度。不但如此，國際貿易呈現順差，此即代表國際貿易部門為總合需求的淨挹注。

我國出口大幅增加的結果不但使得國人累積大量外匯，足以支應國內向外國採購一些重要的物資（如原油），同時出口所造成的大量總合需求增加，亦使國內的產出、就業及所得都快速成長。同時，由於在國際市場上競爭的結果，也使國內生產技術與產品品質亦大幅提升，使國內有限資源達到更有效率的運用。以我國經濟發展的經驗來看，國際貿易可說是我國經濟發展的原動力。

▌二、平衡預算乘數

（一）均衡所得的決定

我們現在可以把完整的總合需求放入簡單凱因斯模型中，然後再求出均衡所得。原則上均衡所得的決定與第四章簡化的結果是完全相同的，唯一的差別在於，現在我們可以把總合需求所有的項目都考慮進去。

依據前節的分析，現在全體社會的總合需求（Y^d）應包含民間消費（C）、投資（I）、政府支出（G）與淨出口（即出口減進口，X－M），即：

（5.1）　　　　　　$Y^d = C + I + G + X - M$

若 Y 為全社會的總產出，則在市場均衡下，全社會的總產出應等於總合需求，亦即此時的均衡條件為：

$$Y = Y^d = C + I + G + X - M$$

如果總產出不等於總合需求，比方說，$Y < Y^d$，表示廠商的產出不足，所有的產出都會很快的被社會所吸收，於是廠商會擴大產出；反之，若 $Y > Y^d$，表示總合需求小於總產出，在此種情況下，由於廠商無法把產出完全銷售完畢，因此他們會減少產出。因此，唯有在總合需求（Y^d）等於總產出（Y）的情況下，市場才會達到均衡，而此時的產出就是均衡所得水準。

我們可以用圖5.1來說明。在圖5.1中，我們假設消費（C）隨著所得水準增加而增加。同時，為簡化起見，我們假設投資

圖5.1：完整的總合需求與均衡所得

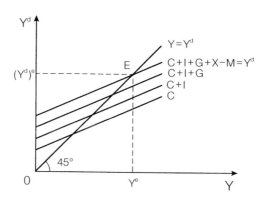

（I）、政府支出（G）與淨出口（X－M）都是固定的。所以在圖5.1中，我們先繪出消費函數曲線，然後再把投資、政府支出與淨出口一項項的加上去。最後再依$Y = Y^d$的條件，我們可以得到總產出等於總合需求的均衡點E。在E點下，對應的均衡所得為Y^e。

在圖5.1中，只要均衡所得水準尚未達到充分就業水準，則任何一種總合需求的挹注都可以使均衡的產出與所得增加。相反的，任何一種需求的減少，則會使均衡所得減少。

另一方面，我們也可以利用總合需求的挹注等於漏卮的方式來求均衡所得。在第四章中，我們曾提及依投資等於儲蓄的方式來求出均衡所得，此處我們仍然可以使用該種方式。首先，總合需求為Y^d，而總產出或所得水準為Y，而家計單位的所得（Y）現在可分配成三部分，即消費（C）、儲蓄（S）及稅負（T），我們可以寫成：

（5.2）　　　　　　　　$Y = C + S + T$

把（5.2）式代入（5.1）式中，再加以整理，我們可得到下列

均衡式：

$$（5.3） \qquad I + G + X = S + T + M$$

（5.3）式的經濟意義十分清楚，我們把民間消費（C）當成總合需求的基礎，然後投資（I）、政府支出（G）與出口（X）都是總合需求的挹注部分；而儲蓄（S）、稅負（T）與進口（M）則是總合需求的漏卮部分。在所得流程中，挹注的部分要等於漏卮的部分，如此市場才能達到均衡，此即（5.3）式。如果挹注大於漏卮，則總產出必然會增加；反之，若挹注少於漏卮，則總產出就會往下調整，直到兩者相等，產出也會等於需求，也會等於均衡所得。

我們可以用圖5.2來表示此種情形。在圖5.2中，我們仍然假設只有儲蓄會隨著所得增加而增加，其他I、G、T、X、M都是固定不變。經由總合需求的挹注部分（I＋G＋X）與漏卮部分

圖5.2：總合需求挹注與漏卮平衡下的均衡所得

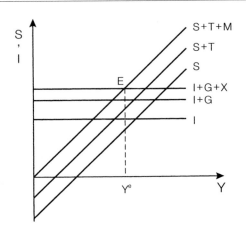

（S＋T＋M）的交點E，我們就可以得到均衡所得Y^e。圖5.2中的
均衡所得水準Y^{e}必然會等於圖5.1中以總合需求等於總產出所決定
的均衡所得水準，因為兩者只是以不同的概念來敘述同一種的均衡
狀況。

（二）乘數效果

　　在本書第四章我們曾利用甲國的例子，來說明當自發性消費增
加5億元時，均衡所得會增加20億元；投資增加10億元時，則會
使均衡所得增加40億元。即總合需求增加時，會使均衡所得以數
倍的比例增加，我們稱該倍數為乘數，而該效果則稱為乘數效果。
出現乘數效果的主要原因在於當總合需求增加時，會帶動產出與所
得的增加，而此種影響不會立即停下來。因為當一個人所得增加之
後，他的需求與消費也會跟著增加，於是另外一個人又會受益。在
此種不斷的波及效果之下，我們看到總合需求增加對最終均衡所得
的影響不是只有一次而已，而是具有連續性的。把這些連續影響加
總在一起，我們會發現最終均衡所得的變化是最初總合需求變化的
數倍之多，此即乘數效果。

　　現在在一個完整的總合需求下，乘數效果會有多大呢？我們仍
然假設I、G、T、X與M都是固定的，則我們可以利用以下二式先
求出均衡所得，即：

$$Y = C + I + G + X - M$$

且消費函數為：

$$C = a + b（Y - T）$$

其中 Y－T 為所得減稅負，此即家計單位的可支配所得。把兩式合併，得：

$$Y = a + b(Y-T) + I + G + X - M$$

移項後均衡所得可寫成：

（5.4）　　　$Y = \dfrac{1}{1-b}(a - bT + I + G + X - M)$

在上式中，我們可以看到自發性消費支出的乘數仍然是 1/（1－b），即：

$$\frac{\triangle Y}{\triangle a} = \frac{1}{1-b}$$

投資支出、政府支出與淨出口的乘數都是如此。唯一不同的是課稅的乘數效果略有不同，其乘數為：

$$\frac{\triangle Y}{\triangle T} = \frac{-b}{1-b}$$

上式為負數，表示課稅增加時會使所得降低。至於其乘數的絕對值則小於政府支出的乘數，即：

$$\left| \frac{-b}{1-b} \right| < \frac{1}{1-b}$$

因為邊際消費傾向（b）小於 1。課稅乘數較小的理由可分成二部分來說明：第一，當課稅增加△T 時，它會先使人們的所得減少

△T。當人們所得減少△T時，人們會減少消費，但不是減少△T
元的消費，而是減少b△T。因為當人們所得增加1元時，消費會
增加b元，而當人們所得減少1元時，消費也會減少b元。換句話
說，稅負增加對總合需求的影響並不是直接的，而是間接透過消
費減少的形式。第二，當消費減少b△T元後，再乘上消費乘數1/
（1－b），所以最後稅負的乘數是為b/（1－b）。

　　大致上而言，由於我們假設I、G、T、X與M都是固定的，故
這些變數變動的效果都完全透過消費做進一步的影響。因此，其乘
數的大小與邊際消費傾向有關，當邊際消費傾向愈高，乘數效果也
愈大；反之，當邊際消費傾向愈低，乘數效果也就愈小。

（三）平衡預算乘數

　　接著我們再探討一個很有趣的現象。既然一般人都認為政府的
效率通常都比民間企業來得低，為什麼世界各國政府仍然都十分龐
大呢？政府一方面向人民收稅，一方面又把這些錢支用掉，他們對
經濟影響的淨效果如何呢？

1. 定額稅下的平衡預算乘數

　　我們先假設前一小節的情況，即I、X、M都是固定的，與所
得高低無關。同時，G為政府支出，金額大小完全由政府決定；此
外，假設稅額T的大小也由政府決定，與所得高低無關，我們稱之
為定額稅（lump-sum tax）。

　　現在如果我們假設政府的收入（△T）等於其支出（△G），
也就是說政府維持平衡預算（balance budget），不多花錢也不少花
錢，即我們假設政府盡量保持不對經濟體系產生太多的影響。在政

府收入等於支出的情況下，對均衡所得是否仍會有影響呢？

在前小節中，均衡所得為（5.4）式，我們假設只有政府支出與課稅做同樣幅度的變化，而其他變數都保持不變，則均衡所得的變化（△Y）可以寫成：

$$\triangle Y = \frac{1}{1-b}(-b \cdot \triangle T + \triangle G)$$

由於△T＝△G，故上式可再改寫成：

$$\triangle Y = \frac{1}{1-b}(-b \cdot \triangle G + \triangle G)$$

$$= \frac{1-b}{1-b} \cdot \triangle G = \triangle G$$

上述結果顯示，當政府支出△G元，而稅收△T也等於△G時，也就是維持平衡預算時，我們發現全國的均衡所得也會增加△G元，此時的乘數為1，此乘數表示當政府維持收支平衡時的乘數大小，又稱為平衡預算乘數（the balance budget multiplier）。

為什麼政府維持收支平衡時，仍然會對經濟體系產生影響？而不是說收支平衡下對經濟造成的淨效果會是零？其實答案在前一節中我們已經說明了，因為政府支出本身就是總合需求中的一部分，所以政府支出增加1元時，其產生的乘數大小為1/（1－b）。另一方面，當課稅增加1元時，其雖然使民間所得也減少1元，但並不是使總合需求也減少1元，事實上，此時的消費只減少b元，因此其乘數大小只有－b/（1－b）元。由於支出的效果是直接的，且此直接效果大於課稅所產生的間接效果，因此即使在收支平衡下，仍

然會出現正的淨效果。而此淨效果有多大呢？我們只要把兩個乘數相加即可，即：

$$\frac{\triangle Y}{\triangle G} + \frac{\triangle Y}{\triangle T} = \frac{1}{1-b} + \frac{-b}{1-b} = 1$$

所以，在定額稅的情況下，政府的平衡預算乘數為1。

2. 比例稅下的平衡預算乘數

定額稅下的平衡預算乘數恰好等於1，這是一個很有趣的現象。但在真實社會中，通常政府稅收的高低是與人們所得大小有關的。一般國家對所得稅都採用累進稅率（progressive tax rate），即所得級距愈高，其邊際稅率愈大。在此種情況下，平衡預算乘數的大小是否會有不同呢？

現在我們假設政府的稅收為比例稅（proportional tax），即稅率是固定的，因此當所得上升時，政府的稅收也增加，但呈同比例增加。此種情形雖然與累進稅制不盡相同，但卻足以說明稅收與所得同時變動時，可能對平衡預算乘數所造成的影響。

在政府支出仍然是固定的，但稅收不再固定，而是由定額稅（T_0）再加上一部分的比例稅（稅率為t），故政府的稅收（T）可寫成：

$$T = T_0 + t \cdot Y$$

因此，民間的消費函數成為：

$$C = a + b（Y - T）$$

$$= a + b \left[Y - (T_0 + t \cdot Y) \right]$$
$$= a + b \left[(1-t) Y - T_0 \right]$$

再將之代入（5.2）式的均衡條件中，得：

$$Y = a + b \left[(1-t) Y - T_0 \right] + I + G + X - M$$

所以此時均衡所得為：

（5.5）　$Y = \dfrac{1}{1 - b(1-t)} (a - bT_0 + I + G + X - M)$

首先，在（5.5）式中，我們看到政府支出乘數為：

$$\frac{\triangle Y}{\triangle G} = \frac{1}{1 - b(1-t)}$$

此乘數小於在定額稅下的乘數 $1/(1-b)$。在 $b = 0.75$，$t = 0.2$ 下，則原來在定額稅下的乘數為 4，但在比例稅下的乘數只剩下 2.5。其他投資乘數、自發性消費乘數都同樣變小，為什麼此時乘數就會變小呢？

在定額稅下，當政府支出增加，會使人們所得增加，從而使得支出再增加，而出現滾雪球般的效果。但在比例稅之下，當政府支出增加時，使人們的所得增加，但增加的所得中有一部分固定比例要納稅，也就是說，在比例稅下，人們所得的淨增加比較小，因此進一步的支出也比較小。在此種限制下，滾雪球的效果較差，因此最後的淨效果也較小。事實上，讀者可以自行嘗試計算，當稅率（t）愈高時，乘數效果就會愈小。

同樣的，此時政府若增加定額稅（T_0）的部分，其乘數為：

$$\frac{\triangle Y}{\triangle T} = \frac{-b}{1-b(1-t)}$$

即其效果仍然是負的，但乘數絕對值也會比以前小，因為同樣有比例稅的效果在內。

現在我們再讓政府的支出增加（$\triangle G$）與定額稅收入（$\triangle T_0$）同比例變動，此時的淨乘數效果為：

$$\frac{1}{1-b(1-t)} + \frac{-b}{1-b(1-t)} = \frac{1-b}{1-b(1-t)} < 1$$

上式顯示在比例稅制之下，若政府同時增加支出，也同時增加相同數額的定額稅稅額，此時仍然會產生乘數效果。但此種乘數效果會小於定額稅制下的平衡預算乘數，主要理由在於比例稅制之下，人們所得中有一部分會被政府以比例稅的方式徵收，因此使得政府支出增加所產生的波及效果會減少，因此最終的乘數會變小。

三、資本、投資與所得的關係

（一）所得與資本的關係

在前面兩節中，我們利用凱因斯所提出的有效需求，來說明均衡的國民所得如何決定。同時，我們也計算在均衡所得之下，政府支出變動所產生的效果大小如何。尤其重要的是，我們明白的指出

政府維持收支平衡下，仍然會有乘數效果出現。主要原因在於政府
支出增加對於有效需求的刺激是直接的，其效果較大。而政府稅收
增加對於有效需求的負面影響卻是間接的，也就是說要經過消費支
出減少，才能達到減少有效需求的效果。由於直接效果大於間接效
果，使得政府即使維持平衡預算，但最終對經濟挹注仍有正面的效
果。

　　雖然均衡所得是由市場總供給與總需求的均衡來決定，但事實
上，從廠商的角度來看，真正在生產時所需要的仍然是大量累積
下來的資本財。依經濟學家對美國的估計，每3美元左右的資本財
可產出1美元的國民所得。當然此一比例會受到技術進步、工人素
質，以及其他因素的影響。但一般來說，此一比例即使在長期下仍
然是相當穩定的。

　　由於每一個國家資本存量的變化都相當穩定，每年雖然有投
資，但也有折舊，所以淨投資與現有存量相比仍然是十分有限。在
資本存量變動有限的情況下，一個國家經濟想要快速成長並不容
易。

　　然而，長期下資本累積對經濟成長的影響的效果就十分顯著。
以日本與亞洲四小龍的經驗來看，幾乎都有一個共通的特點，即這
些國家一方面人們的儲蓄率都很高，另一方面則又有很高的資本形
成。資本在長期下不斷累積的結果，產出也就有能力不斷提高。當
然，這些國家在教育與人力資源的投資也不遺餘力，也是導致經濟
體系能保持長期成長的重要因素。事實上，我們也可以把教育當成
人力資本（human capital），在長期累積人力資本下，一個經濟體
系的產能自然也大幅提升。

（二）資本與資本形成

　　為了使產能擴大，增加更多的資本，投資有其必要。此處投資顯示了在市場上的雙面功能，在前一章中我們指出投資是經濟體系中一項重要的挹注，也就是有效需求的一部分。當投資增加時，會擴大對經濟體系的購買，因此增加全社會的需求；但另一方面，投資會造成資本累積，產能擴大，產出增加。因此，投資可以說是把今日可使用的資源累積下來，以增加未來可使用的資源。

　　我們在本書第三章曾提及投資與資本之間的關係，此處我們可以再作進一步的釐清。首先，資本本身是一個存量（stock），所謂存量是指一個數量在某一時點上的數字，也就是說該數值沒有時間長短的概念在內。比方說，民國105年12月31日台灣地區共有2,300萬人，此人口係指年底那一個時點上的人口，所以它是一個存量。而我們常說一國的資本存量有多少，就表示資本量係指在某一個時點上的數量。

　　投資或資本形成則是一個流量（flow）的概念。流量係指一個數值的大小與衡量時間的長短有關。比方說，一個人的月所得為10萬，年所得為120萬時，所得的大小與時間有關，因此所得就是一個流量的觀念。投資是一個流量，因為一年之間與一個月之內的投資大小顯然是不相同的。

　　在區分存量與流量的概念之後，資本與投資之間的關係就十分清楚了。因為，兩個時點上分別有兩個存量，而在這兩個時點上兩個存量之間的差異就是流量。顯然當此兩個時點差距愈遠，兩個存量之間的差異愈多，流量也就愈大。由本書第三章所述，扣除折舊之後的淨投資其實等於兩個時點上資本存量的變化。

　　資本的特性之一是具有很長的使用年限。每年雖然會有折舊，但一般而言，都只占資本總額中的一小部分。同樣的，投資雖然可以增加資本存量，但對於長期下的資本存量而言，投資每年能增加的資本存量很少，而此增加的資本存量能用來生產產出的數據會更少。那麼從另一個角度來看，投資累積成資本以後，可以長期的增加產出，直到慢慢折舊完畢為止。

　　但另外一方面，投資也是總合需求的一部分，而此總合需求卻是立即全部反應在當年的總合需求上。由於投資增加會使需求立即擴大，所得增加，但為使產能擴大以滿足這些所得下的產出，則資本累積必須更多，所以就需要更多的投資。因為投資同時具有需求與生產兩方面的功能，但由於實踐效果的長短不一，導致投資與所得之間出現交互作用與影響的現象，我們稱之為加速原理（acceleration principle）。

（三）加速原理

　　由於全社會體系的產能與資本大小有關，而通常資本存量與產出之間往往都維持在一個相當固定的比例，所以，當某種因素導致所得增加時，為使產能擴大以滿足此一所得，則投資必須同時增加，如此才能使資本存量擴大。而若要維持投資不斷進行，則原先所得上漲的因素必須持續存在，如此才會使廠商有誘因繼續為維持擴大產能而投資。但萬一這個造成所得增加的誘因消失，即使此時所得仍然是在相當高的水準，但因為所得不再增加，廠商沒有誘因再擴大產能，此時投資會迅速減少至零的水準。萬一所得減少，例如在景氣衰退期，則投資甚至有可能出現負的狀況。

　　我們試舉一例說明，在加速原理下，所得、資本存量與投資之

間的關係。假設甲國第一年的均衡所得為10億元，故總合需求也是10億元，再假設甲國所得與資本存量之間的關係是一比三，所以第一年甲國的資本存量為30億元。同時，每年折舊為前一年資本存量的10%。所以，淨投資為零。

現在假設第三年總合需求增加，所得增加到15億元。由於資本存量與所得要維持固定的比例，因此資本存量必須增加到45億。此時，淨投資要增加15億，而毛投資要增加到15 + 3 = 18億（含當年的折舊3億）。此時我們看到所得水準只增加5億元（亦即50%），但投資則由3億跳升到18億元（即增加6倍之多）。

假設第四年的總合需求再增加5億元，即達到20億元，故資本存量必須維持在60億元，所以淨投資增加15億元，而毛投資為15 + 4.5 = 19.5億元（含當年的折舊4.5億）。

第五年假設所得成長減緩，只增加到22億元，資本存量增加到66億元，淨投資只剩6億元，毛投資則為6 + 6 = 12億元。值得注意的是，此時所得成長的速度只是略為減緩，但淨投資卻大幅減少。

表5.3：加速原理

單位：億元新台幣

	所得（總合需求）	資本存量	淨投資	折舊	毛投資
第一年	10	30	0	3.0	3.0
第二年	10	30	0	3.0	3.0
第三年	15	45	15	3.0	18.0
第四年	20	60	15	4.5	19.5
第五年	22	66	6	6.0	12.0
第六年	22	66	0	6.6	6.6
第七年	21	63	–3	6.6	3.6

　　第六年我們假設所得停滯，仍然維持在22億元，資本存量也保持在66億元，則淨投資下降到零，毛投資則為6.6億元。在第七年更嚴重的情況下，所得減少到21億元，資本存量只要63億，此時我們看到淨投資出現負的！

　　在上述例子中，加速原理告訴我們，由於資本存量與所得之間有一固定比例，當所得變動時，為擴大產出達到此一所得，投資必須做更大幅度的變化，因此我們看到投資變化的幅度會遠超過所得與資本的變化大小。

經濟名詞

直線折舊	存貨	移轉支付
加速折舊	直接稅	平衡預算乘數
民間投資	間接稅	定額稅
比例稅	政府投資	小型開放經濟體系
存量	耐久性消費財	對外貿易依存度
流量	固定資本投資	封閉型經濟體系
加速原理	固定資本形成	累進稅率

討論問題

1. 請問何謂總合需求？在凱因斯的觀念中，總合需求包含哪些項目？

2. 固定資本與固定資本形成有何不同？何者是存量？何者是流量？

3. 何謂毛投資？何謂淨投資？與折舊有何關係？請說明我們為什麼要區分毛投資與淨投資？

4. 試各舉二例說明政府投資與民間投資的異同？

5. 在國民所得帳中，我們習慣把存貨也當成投資項目之一。但事實上商品存貨的性質與固定資本形成有相當大的差異，你可以說明為什麼我們要把存貨也列為投資項目之一嗎？

6. 何謂對外貿易依存度？試說明對外貿易高低會如何影響一個國家的國民所得與經濟成長？

7. 何謂平衡預算乘數？在定額稅下，其大小如何？為什麼在政府收支平衡下仍然會出現乘數效果？

8. 若其他條件不變下，而政府改課比例稅，則平衡預算乘數會變大或變小？為什麼？

9. 試說明在完整的總合需求下，市場均衡如何達成？請分別以市場供給等於市場需求，以及市場挹注等於漏卮的條件，來說明市場均衡的狀況。

10. 何謂消費性耐久財？試舉二例說明。

11. 何謂流量？何謂存量？試分別各舉二例說明之。

12. 為什麼產出與資本之間會有某種固定的比例？哪些因素有可能導致此種比例產生變化？

13. 何謂加速原理？與乘數原理有何不同？請詳述投資與產出之間的關係。

第六章

貨幣、利率與物價

一、貨幣的定義與功能

二、貨幣需求與利率

三、貨幣供給與信用

四、物價與通貨膨脹

　　在前面討論均衡的國民所得時，是以產出的水準高低為計算標準，換句話說，我們考慮的是實質面，完全沒有考慮到有關物價的問題。

　　然而，在總體經濟中，物價水準的高低對人們日常生活有很大的影響，同時經濟體系中物價如何決定也是一個非常重要且複雜的問題。

　　基本上，物價是一個貨幣現象，因為物價反映的是貨幣購買力的高低，同時物價的變動也與貨幣數量有很密切的關係。因此，為了引介物價到總體經濟體系中，本章先說明貨幣的功能與其在總體經濟體系中的地位，然後我們再更進一步闡述貨幣與物價之間的關係。

　　另一方面，貨幣是一種流動資金，貨幣在總體經濟體系中的地位有一點像是人體中的血液。貨幣在經濟體系中不斷的流動，流動到哪裡就帶給那個人或廠商所需要的資金。

　　一般而言，人們希望擁有的資金愈多愈好，但是貨幣代表的是流動資金，它是一種資源，因此持有它也必須支付成本，其成本就是利率。因為若把多餘的資金存在銀行中，或去購買債券，就會有利息收入，因此當持有貨幣而必須損失一些利息收入時，這些利息收入就是持有貨幣的機會成本。

　　我們在本章中會先討論貨幣與利率的關係，然後再說明貨幣數量與物價水準如何決定。

　　有了這些基本概念以後，我們才能在後面的數章中再進一步討論產出、所得、物價等總體經濟變數之間的相互關係。

▎一、貨幣的定義與功能

（一）貨幣的出現

1. 物物交易

以下是一則經濟寓言：

很早很早以前的中國社會沒有貨幣的觀念，大家都習慣以物易物的交易。有一天神農氏跟伏羲氏說：「我需要一頭牛來耕田，我拿一千斤的稻子跟你交換一頭牛。」伏羲氏說：「好啊，可是我家已經有很多稻子了，我現在需要一棟房子。如果你能拿一棟房子來，我就願意跟你交換。」於是他們兩個就一起去找有巢氏。有巢氏跟神農氏說：「你運氣不錯，我剛好有一棟空房子可以跟你交換稻子，如此你就可以再跟伏羲氏交換他的牛了。」於是如此這般，他們三人之間交易就完成了。

在一個物物交易的社會中，要完成一項交易必須先滿足兩個條件。第一，要先找到買賣雙方對於彼此提供的商品都有需要，也就是找到能彼此滿足的需要（double coincident of wants）。如果雙方的需要不能彼此滿足，他們就需要再去找第三者來滿足雙方。第二，不但雙方對於彼此提供的商品要有需要，更重要的是彼此對於商品的價值，或兩種商品的交換比例，要能有一致的看法。若雙方對兩種商品的交換比例看法不一致，交換就無法完成，若雙方對於彼此的商品不滿意，還要有第三者提供另一種商品時，則三方面必須對於三種商品的相互交換比例都要達到一致的看法，否則交易仍然不容易進行下去。

　　顯然在一個物物交易（barter economy）的經濟體系中，交易的進行是非常缺乏效率的。想要交易的人必須努力去尋找適當的交易對象，然後彼此還要對交換比率能滿意。因此每項交易都曠日廢時，說不定為交易所花掉的時間可能還超過生產該產品所需要的時間。此外，假設市場上有n種商品，由於任何兩種商品之間都有一個交換比例，而且就算是所有的人都同意這些交換比例，則仍然會有n（n-1）/2個交換比例存在。

　　由於在物物交易的社會裡，每一個人都花很多的時間與精力在進行交易，於是就會有人想說：「為什麼我們不去找一個大家都接受的東西，當做一個交易的媒介，然後所有的人都直接與這種東西交易就可以呢？」所以貨幣（money）就出現了。

　　在一個貨幣經濟中，商品的交換都以貨幣進行，所有的商品都直接與貨幣交換即可。因此買賣雙方一方拿到商品，另一方則拿到貨幣，拿到貨幣的一方可以用此貨幣再去與其他人交換他想要的東西。所以，交易雙方彼此的需要不必再剛好互相吻合，只要雙方同意交換價格即可，顯然如此要尋找交易對象就會容易許多。

　　另一方面，由於所有的商品都直接與貨幣交換，所以n種商品只需要有n個比例即可。也就是說，每種商品只要有貨幣的交換比率（即價格），則每種商品之間的交換比較可以確定。在此種情形下，每一個人只要了解每一種商品的價格即可，而不需要知道這種商品對其他所有商品的交換比率。

2. 金屬貨幣

　　然而什麼樣的商品可以拿來當做貨幣使用呢？在人類的歷史上，石頭、貝殼、鹽及其他很多物品等等都曾經被當做貨幣使用。

基本上來說，一個物品要被當成交易媒介，它必須具有某些特性：第一，這個商品要容易被認定，如此大家才可以與之交易。第二，這個物品必須容易保存，不會壞掉，人們可以放在家中或帶在身上以便隨時供交易之用。第三，這種物品要能方便攜帶，貨幣的目的在於使人與人之間的交易變得容易，所以貨幣應容易攜帶，使人們可以用來交易。第四，這個物品最好容易分割，買高價的東西可以用，買低價的東西同樣也可以用。第五，這種商品本身應該要有價值，如此才容易使人們願意接受這種物品。尤其在一些經濟不發達、訊息不充分的地方，人們只會願意接受以黃金或鹽這些本身有價值的物品當成交換的對象。

在中國與西方的歷史上，金屬貨幣（metallic money）曾經流行過一段很長的時間，金錠、銀錠、金幣、銀幣等等，因為這些金屬貨幣大致上都能滿足作為一個良好貨幣所具有的性質。

在使用金屬貨幣的社會中經常會出現一種現象，即劣幣驅逐良幣（bad money drives out good money）的情形。此種現象最早是由英國伊麗莎白一世女王的財政大臣格萊欣（Sir Thomas Gresham）所發現，故又稱之為格萊欣法則（Gresham's law）。

格萊欣發現，雖然英國政府發行很多新的金幣，但在市面上流通的卻都是老舊且磨損過的金幣，新的金幣很少被人拿出來使用。

為什麼會出現此種現象呢？因為傳統的金幣是依金的重量為鑄造的標準，比方說1英鎊可以買0.5盎司的黃金，則面值1英鎊的金幣就會有0.5盎司重。也就是說，如果一個人不願意使用英鎊，他可以把1英鎊的金幣熔燬成黃金，把此黃金拿到市場上去交易，仍然可以交換到價值1元的商品。

　　然而一個重0.5盎司的金幣在使用一段時間以後，可能會磨損到只剩0.49盎司，其本身做為黃金的價值已經不值1英鎊，但做為貨幣使用仍然可以交換到1元的東西。在此種情況下，若一個人手中各有一個新的與舊的1元金幣，則他一定會使用舊的，而保留新的。結果我們看到在市面上流通的金幣都是舊的，新的金幣都被收藏起來。

3. 紙幣與信用

　　金幣與銀幣雖然很好用，但依然具有一些重量，在攜帶上仍有不便，而且又容易磨損。所以在英國開始有些人將之存到金匠之處，然後由金匠出具一張證明文件，擁有這一張證明文件者隨時可以跟金匠領取黃金。由於這張證明文件具有價值，於是人們就接受它替代黃金作為交易之用。其後金匠事業逐漸擴大，漸漸發展成為銀行的形式，然後由銀行出具證明，人們擁有該證明者可向銀行領取金幣。該張證明稱為銀行券（bank's notes），此即紙幣（fiat money）的前身。

　　紙幣做為貨幣當然是再方便不過，因為它容易攜帶、便於保存、分割方便。然而紙幣有兩大缺點：第一，較早以前紙幣是由各銀行自行發行，而不是像目前世界各國都由中央銀行獨占發行。在此種情形下，各家銀行發行的數量、形式、面額都不盡相同，而且紙幣容易被仿冒，因此使用者在辨識上並不容易。第二，即使使用者知道紙幣是真的，也不一定會接受該紙幣，因為人們不一定相信該銀行會兌現每一張紙幣。也就是說，本來紙幣只是一種證明文件，人們可以用紙幣隨時向發行紙幣的銀行兌現與面額價值相當的黃金，但如果人們對發行紙幣的銀行缺乏足夠的信心，則該銀行的

紙幣不一定能流通。由於紙幣只是一張紙而已，本身不具有任何價值，而人們肯接受紙幣，是因為有人相信這些紙幣隨時可以向發行銀行領取黃金。換句話說，這裡開始出現一個非常重要的信用（credit）觀念。

由於紙幣本身並不具有任何價值，其能被人接受乃立基於發行紙幣者的信用。但另一方面，只要發行鈔票的人有足夠信用，來說服每一個持有鈔票的人相信其能隨時將該鈔票兌換成金幣或黃金，則此鈔票便足以在市場上流通。然而，雖然這些發行鈔票的機構為建立人們對其有信心，會於銀行倉庫內準備足夠的黃金或金幣（稱之為發行準備），但事實的真相是，在一般的情況下，並不會真正有多少人拿鈔票去兌換黃金，因為人們要的只是一個支付交易用的媒介而已。於是原先以黃金庫存作為供應人們隨時兌換所需，以提高人們對鈔票的信心，結果因為建立充分信用，反而使得這些黃金或金幣根本就不需用到。

一方面由於發行鈔票者具有龐大利益，一方面發行鈔票的機構要能使社會大眾具有充分信心，所以今日大多數的國家都把印製鈔票的權利交由各國的中央銀行獨占生產。由政府負責發行紙鈔較容易獲得大眾的信心，因為一方面政府可能比任何國人都持有更多的黃金；另外一個更重要的理由是，政府國庫每年有固定稅捐收入可以支持銀行發行鈔票。或者政府更可以規定人們使用紙幣來支付稅捐，如此一來自然會有人願意持有紙鈔。

在現代社會中，由銀行開始的信用再廣泛的擴大成為各種形式的交易媒介，比方說，支票（check）就是一種重要的交易媒介。人們先把錢存到銀行中，再由銀行提供空白支票供人們交易使用。事實上，支票是一種比鈔票更有效率的交易媒介。因為在小額交易

錢莊與票號的認證工作

　　錢莊與票號很早就在中國的社會中出現，其功能與近代的銀行十分相似。人們可以把錢存在錢莊，要用時再去領取；另一方面，錢莊也可以對一些商人從事放款的業務。由於以前中國所使用的貨幣以金錠、銀錠、銅板為主，而這些貨幣在攜帶時並不十分方便，於是錢莊與票號就發展出一項很重要的業務，即發行「票子」，此即西方所謂的銀行券。不過錢莊與票號發行的票子並不一定是固定面額，而主要是依存款人的要求而由錢莊開具某種金額的票子。因此，在性質上更接近現代銀行中發行的銀行支票。

　　在清朝時，由於錢莊與票號的數目非常多，因此由錢莊與票號所發行的票子非常多。在票子種類繁多的情況下，就有一些人想自行發行一些假的票子來魚目混珠，並與其他人進行交易。收到假票子的人會因為票子無法兌現而蒙受損失，在此種情況下，票子被接受的程度與流通的範圍受到很大的限制。

　　於是有一種新興的行業就出現了，這種行業專門負責為人檢驗票子的真假。這些人可能人頭很廣，對於每家錢莊與票號所發行的票子十分清楚，因此有能力去辨別票子的真偽，於是在路邊設下攤位，專門幫人認證票子的真偽。持有票子的人可以請這些人認證，經過認證以後，他們會在票子上蓋上印章，證明這張票子是真的。由於經過認證的票子被接受的程度較廣，因此持有票子的人願意支付一些費用給他們作為認證費用。

　　基本上，認證工作等於在提供社會大眾更多的訊息，告訴大家這張票子是真是假。經過認證的票子會具有比較高的信用，因此被接受的程度也較高。

下我們可以很容易的以現金來結算，但若買方以一千萬買下一棟房子，然後以一千萬現金給付，賣方要花多少時間去點清這些鈔票？同時，這些現鈔萬一在運送過程中遺失或被搶，則損失可觀。所以若以支票交易，任何金額都可以用一張支票解決，而且支票攜帶方便，萬一遺失，申請掛失即可，而且，支票交易在銀行中都會有登記，可說是最好的紀錄。

然而，當兩個陌生的人在交易時，一方為什麼會願意接受另一方所開出來的支票呢？因此，支票作為交易媒介的基礎乃在於人與人之間的信用，當然其中銀行仍扮演著重要的角色。一般而言，在一個金融體系中，經濟愈發達的國家或人與人之間信用愈高的社會體系中，支票使用的比例愈高。

拜現代科技進步之賜與電子傳訊之快的今日，信用卡（credit card）的使用更是大大取代了支票與現鈔。信用卡又稱為塑膠貨幣（plastic money），接受信用卡的商家只要在電腦上一刷，電腦就立即經由該信用卡發卡銀行核對持卡人的信用是否有問題。由於每一個持卡人的信用都可以很快的在數秒鐘之內就查證清楚，商家也都樂於接受信用卡，因為其交易速度要遠較買方開支票為快。對買方而言，出門只有一張信用卡在身上就可以走遍天下（正確的說法應該是，走遍接受該種信用卡的國家），其方便程度當然要比持有大筆現鈔或支票方便得多。

近年來，電腦網路科技進步神速，最近電子錢包開始流行，有些電子錢包可以先存入一些錢，然後再直接感應掃描就支付完畢，例如台灣的悠遊卡和大陸的支付寶；有些還可以與信用卡聯結，錢包裡即使沒錢，也可以先買東西，等到月底再支付費用即可，例如 Apply Pay 和 Android Pay。有些電子錢包再加上「搖一搖」找朋

友的功能，可以在朋友之間進行借貸交易。我們的結論是，隨著網路科技和信用檢查的進步，未來鈔票要走向無紙化的可能性是非常高的。

（二）貨幣的功能

先讓我們問一個簡單的問題：請問在以下的問題中，「錢」所代表的意義為何？路人甲說：「我口袋裡有很多錢。」路人乙說：「我每個月賺很多錢。」路人丙說：「我家很有錢。」路人丁問：「這一顆蘋果多少錢？」

我們在前節中曾經提及，貨幣主要的功能在於作為交易的媒介（medium of exchange），其實貨幣的功能不只如此而已，還包含價值的儲藏（store of value）、記價的單位（unit of account），以及延期支付的標準（standard of deferred payment）。

1. 交易的媒介

一般而言，尋找相互需要且能彼此配合的交易對象是非常困難的，因此在物物交易的社會中，交易並不容易進行。在貨幣充當交易媒介的情況下，任何商品都只要與貨幣交易即可，然後人們可以再用貨幣去交換其他商品，所以貨幣的出現大大提升了交易的機會。交易增加可以使人們更容易進行分工（division of labor）與專業化的生產（specialization），分工與專業化的生產正是人類經濟發展的最主要理由。

2. 價值的儲藏

由於貨幣可以用來交換商品，所以貨幣是有價值的。一般人想

要取得貨幣以交換商品，則他自己必須先提供某種商品來交換貨幣，因此他等於是先把自己商品的價值存放在貨幣中，然後再用該貨幣去交換其他物品。

當然可以做為價值儲藏的商品很多，如房子、古董等等，但是把貨幣做為價值儲藏的好處是隨時可以使用。試想若一個人把所有的財富都換成房地產，哪一天他若急需用錢，則他可能會因為無法立即把房子變成現金而陷入困境。一種商品隨時被接受供交易使用的程度，我們稱為流動性（liquidity），而貨幣可說是所有商品中流動性最高的一種。因此，為應付不時之需，一般人都會把其資產中的一部分以貨幣形式保有。在此種情況下，貨幣的價值儲藏功能就會充分彰顯出來。

如同前節所述，在金屬貨幣時期，由於貨幣本身就含有金或銀等高價值商品在內，所以貨幣本身具有價值儲藏的功能是顯而易見的。但是現在流行的紙幣又如何具有價值儲藏的功能呢？由於紙幣本身不具價值，所以紙幣的價值完全依附於貨幣發行者的信用之上。在一般情形下，貨幣由各國的中央銀行印刷與發行，只要中央銀行的信用佳，則貨幣的價值儲藏就會被大家所接受。萬一一國人民對該國政府或中央銀行發行的貨幣缺乏信心，在大家不願意接受該貨幣下，很容易出現惡性通貨膨脹（hyper-inflation）。當一國的物價在短期間出現數十倍，甚至數百、數千倍的上漲時，就形成惡性通貨膨脹。在惡性通貨膨脹下，原有貨幣的價值會大跌，價值儲藏的功能也就大大的縮水。

3. 記價的單位

貨幣另外一個重要的功能就是作為記價的單位，即所有商品

都以貨幣來作為其價值衡量的標準。在沒有貨幣的物物交換社會中，任何兩種商品都有一個交換比率，一頭牛換兩隻羊，一隻羊換五隻雞，一隻雞換一雙手套等等。因此在有n種商品時，會有 n（n−1）/2 種的兩兩交換比率存在。此時每一個人在市場上都必須知道所有交換比率，以便在交易時，能使自己達到最佳的商品選擇或組合。

但如果有貨幣存在，則任何商品只要用單一的貨幣價值來衡量即可，比方說，一頭牛賣 10,000 元，一隻羊賣 5,000 元。所以在有貨幣及n種商品存在時，只要有n種對貨幣的交換比率（即價格）即可。而人們只要知道這n種商品的價格，自然就可以做出他們最適當的選擇，由於此時商品的交換比率下降，在交易效率上自然會提高。

4. 延期支付的標準

貨幣的最後一個功能是作為延期支付的標準。在經濟行為中，借貸是經常出現的。如果沒有貨幣，借貸行為該如何規範呢？當某甲借一頭牛給某乙，一年後某乙歸還該頭牛之外，該如何支付利息？比方說，他們可以事先約定，屆時乙必須支付一隻小羊做為利息。但這隻小羊該多大呢？萬一是隻生病的羊呢？在延期支付的情況下，契約雙方很難確定到時候彼此是否能滿足契約的規定。

由於貨幣的價值確定，因此雙方事前的約定就很容易被遵循。比方說，某甲借某乙一萬元，並言明利息為 10%，明年到期時某乙該償還某甲本金一萬元，再加上 1,000 元的利息。在有貨幣的情形下，雙方對於未來情形都能掌握，借貸行為更容易進行。

（三）貨幣的種類

在現代經濟體系中，貨幣主要分成紙幣、支票與信用卡，他們具有的性質各不相同，我們分別說明之：

1. 紙幣

紙幣通常是由各個國家的中央銀行發行，由於紙幣本身不具價值，因此紙幣的價值就會完全依賴中央銀行的信用。各國中央銀行在發行貨幣時，為使人們對其發行的貨幣有足夠的信心，便會以一些黃金或其他有價證券（如美元等）當作發行準備（reserve）。以黃金當作發行準備，原意是在於讓民眾得隨時以紙幣到中央銀行交換黃金。然而，隨著民眾對於政府有信心不會去兌換黃金，加上紙幣發行量很大，一般國家都不可能有足夠的黃金來支應發行每一元貨幣所需的準備。由於大多數人對中央銀行的紙幣有信心，因此目前各國中央銀行在發行貨幣時所提列的準備比率也愈來愈低。

一元以上的紙幣，我們稱為法幣或本位幣（legal tender）。為使法幣能順利的在市場上流通，通常政府都會以法律規定，當某一方以紙幣進行交易時，另一方不得拒絕收款，如此一來，紙幣的流通性就會大大提高。另外，為使交易方便，很多國家也會發行面額小於1元的輔幣，如五角與一角的硬幣。輔幣主要是為應付交易零頭所用，亦具有法償效力，但若有人故意以大量輔幣作為交易支付時，另一方得予依民法相關規定拒絕。

2. 支票

在先進國家，支票是一種經常被使用的貨幣。支票係由銀行發

行給其支票存款戶使用，在交易時，發票人依交易金額開具支票給受款人，受款人再拿該支票到發行支票的銀行去兌現。與鈔票相比，支票的優點是使用更方便，因為不論交易金額多大，都只要一張支票就可以完成交易。試想一筆數千萬元的交易（如購買房屋），若以現金交易，光是清點這些鈔票就不知道要花去交易雙方多少時間。故從交易效率來看，支票自然比鈔票有效率。

此外，支票便於攜帶，只要有一本支票簿在手上，任何交易都可以進行。而鈔票的攜帶就不方便，尤其是大額現鈔更是危險，萬一掉了就損失慘重，且可能會引起其他人的非分之想。

鈔票可以看成發行者（中央銀行）對持有者的負債，而支票也同樣可看成是發票人對受款人的負債。由於鈔票是由中央銀行發行，故大家都會願意接受；而支票是由個人發出，因此在金融開發程度較高的國家接受與使用程度比例較高，如歐美先進國家；在金融開發程度較低的國家，支票的使用比例較低。以我國為例，一般人民使用支票的比例並不普遍，只有商場上的大額交易之間才有較多機會使用支票交易。

再以美國社會為例，以前美國人民使用支票的機會很多。比方說一般家庭在支付水電、瓦斯、信用卡等交易時，都以開具支票方式，直接寄交給這些公司。然而，在一般的其他交易中，例如到超市買東西，賣方接受支票時，通常會要求開票人同時出示具有照片的身分證明（如駕照），以確認支票沒有被冒用。不過近年來因科技進步，美國使用支票的比例下降許多，目前絕大多數以信用卡進行交易。

3. 信用卡

　　信用卡又被稱為塑膠貨幣，在現今科技進步、電子資訊可以跨國傳遞的情況下，信用卡的使用已非常普及。信用卡的交易非常簡單，消費者先向發卡銀行申請一張信用卡，每次交易時即可以信用卡交給商家，商家以機器刷卡確定信用無誤後，請持卡人簽收，交易即完成。發卡銀行再寄帳單給持卡人要求付款。

　　信用卡在使用上十分方便，但在運作過程中卻略為複雜，值得進一步說明。基本上，信用卡是由信用卡公司發行，但由於信用卡發行量很大，且經常跨越不同國家，因此一般信用卡公司把發行信用卡的業務授權給各地的銀行去執行，見圖6.1。發卡銀行於是在各地廣泛的邀請消費者申請，在申請時發卡銀行便會要求申請人提供收入、存款及其他相關資料，這些徵信資料最後都會轉到發卡銀行及聯合徵信中心記錄起來。

圖6.1：信用卡關係圖

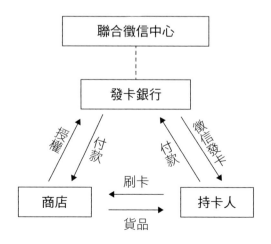

　　當交易發生時，持卡人把信用卡交給商家，商家便在信用卡讀
卡機上刷過，此資訊立即傳到發卡銀行，由發卡銀行的電腦隨即清
查該持卡人的信用，在信用確定無誤後，資訊便馬上傳回商家。此
項信用檢查大約只要數秒鐘即可完成。然後由持卡人簽帳，完成交
易手續。

　　到月底結帳時，信用卡發卡銀行將持卡人的交易紀錄及帳單寄
交給持卡人，然後由持卡人將金額交付給發卡銀行，後者再轉交給
發卡銀行，最後再由發卡銀行交給商家。

　　上述交易過程看似十分複雜，但由於科技發達，上述各項業務
及操作成本都十分低廉。其中大多數的交易清算和信用檢查都由發
卡公司負責，而發卡銀行只要有一部容量大的電腦，上述業務便能
輕易完成。

　　由於信用卡只有薄薄一張，比支票簿還要方便，而且交易時只
要刷卡、簽名即可，不必再填具金額，因此在使用上比支票方便。
更重要的是，每次信用卡在刷卡時，刷卡機器可立即判別持卡人的
信用是否有問題，因此接受信用卡的商家就不必擔心持卡人的信用
好壞，當然他們也必須支付檢查持卡人信用所需的費用。

　　拜科學進步之賜，電子資訊無遠弗屆，每一個持卡人的信用在
發卡銀行及聯徵中心中都有資料。因此在信用卡交易的同時，持卡
人的信用便可以立即接受檢驗。在此資訊保障之下，買賣雙方都樂
於以信用卡交易。時至今日，信用卡交易已經成為歐美先進國家最
重要的交易媒介。

　　由於電子資訊可在國際之間自由流動，因此信用卡公司也輕
易的得以進行跨國之間的業務。目前全世界上流通最廣的信用卡

仍以美國的幾家信用卡公司為主，包括威士卡（Visa）、萬事達卡（Master）、美國運通卡（America Express）、大來卡（Dinner's Club）、吉士美卡（JBC）及銀聯卡等等。

二、貨幣需求與利率

（一）流動性偏好

　　當志明辛苦工作了一個月，他會領到一筆薪水，此時他該如何處理他的所得呢？最簡單的方式是把所有的錢都放在家中，然後看每天要花多少錢，再拿出來使用。這種方法很方便，但缺點是把錢放在抽屜裡無法有任何利息收入。因此，另外一種替代方式是把薪水存到郵局，然後每星期領一些錢出來，供日常之用，其他的則成為儲蓄存款，可以有部分利息收入。

　　如果每個月的收入很高，志明預期平常的開銷以外，每個月可以存下一部分，或到股市買股票，甚至考慮買房地產。然而，在考慮不同形式的資產時，除了要考慮資產可能帶來的報酬以外，志明也必須考慮萬一有意外事件發生時，可能急需錢用，例如生病、出車禍等等。

　　為因應日常生活上交易所需，或應付一些偶發事件，因此每一個人都必須把一部分資產以較高的流動性來保有，此即流動性偏好。在保有高度的流動性之下，人們才得以有足夠的錢來面對隨時可能發生的交易。然而每一種資產都有流動性，只是高低不同，包括現金、存款、股票、房地產。

電子錢包：八達通卡、悠遊卡與支付寶

　　隨著科技技術的進步，人們使用貨幣支付的方式近年來也有了大幅度的改變，從較早期的鈔票進步到支票，再進步到信用卡，最近幾年又再進步到電子錢包。基本上，當人們使用電子支付的比例愈來愈高，使用現金的比例就會愈來愈少，遲早有一天鈔票終將因為電子化而完全消失，而且這一天的到來應該不會太久。

　　兩岸三地電子錢包最早出現在香港，1997年香港推出電子錢包八達通卡之後，由於使用上的方便，立即受到香港市民的歡迎。不但如此，現在許多去香港玩的遊客也會先去買一張，以便隨時可以支付一些小額的交易。到2017年3月初，八達通卡的發行量已經達到3,300萬張，每日交易筆數超過1,400萬筆，相較於香港735萬人口，就可以知道八達通卡在香港受歡迎的程度。

　　事實上，不論是貨幣、存款、股票、房地產，這些都是不同形式的資產。當人們手中有一些資源可供使用時，他們也就等於要在這些不同資產之間做選擇。而這些資產可以用兩種特性來加以區分，即流動性大小與報酬率高低。比方說，貨幣可以直接用來交易，也就是說貨幣可以隨時兌換成其他商品，所以它具有最高的流動性。銀行存款中的支票存款帳戶，由於可以開具支票，故其流動性與現金幾乎沒有差別。定期存款的流動性較低，理論上來說必須等到期時才可以換成現金。不過，由於人們可以在到期前任何時候解約，故其實變現性也是很高的，只是有時會損失一些利息。依台

　　台灣的悠遊卡於2002年發行，最初的目的只是提供台北市民搭乘捷運使用。其後推及到超商小額支付之後，其發行量就立刻大增，到2017年3月時，總發行量已經達到6,500萬張，這已接近台灣人口2,300萬人的三倍！現在悠遊卡每日的交易筆數接近640萬筆。

　　中國大陸最普遍的支付寶於2004年發行，到2017年3月總用戶已經超過4億戶。因為支付寶的使用是與手機連結，因此其使用的範圍比八達通卡和悠遊卡更為方便，且交易金額的限制也更少。

　　由於國人對於電子支付的要求愈來愈高，2017年3月29日，政府終於同意Apple Pay得以在台灣落地，但是一開始Apple Pay只允許iPhone持有者使用，隨後Android Pay及Samsung Pay陸續開放使用，未來台灣電子支付市場將迅速成長。

資料來源：本書作者整理。

灣的銀行規定，定期存款中途解約，通常利息要打八折計算。

　　股票隨時可在市場上買賣，故流動性也還不低，但出售價格則很難掌握，有時很高，有時很低。所以，雖然股票可以在股市上出售，但一般而言，其流動性較銀行存款為低。房地產則更極端，由於房地產出售不易，故其變現性最低。

　　以流動性大小排列，現金、存款、股票、房地產的流動性大小各有不同。而另一方面，其報酬率高低則正好是相反的順序。比方說，持有現金沒有任何報酬，故報酬率為零。定期存款可以有利息收入，因此報酬率會高於現金。持有股票不但有股利收入，同時股

價上升也可以給投資人帶來報酬，故一般而言股票的收益通常會高
於定期存款。當然，股票收益雖然可能較高，但投資人也必須面對
股價下跌所帶來的損失，所以持有股票必須承擔風險。最後，房地
產雖然變現性最低，但長期下一般而言房地產的投資報酬率也比較
高。

　　通常資產的流動性與報酬率之間會呈現相反的關係，也就是
說，流動性較高的資產，其報酬率較低。由於流動性與報酬率都是
人們所希望的，因此，人們在做資產選擇時，事實上也就是在流動
性與報酬之間做選擇。我們也可以換個角度來說，較低的報酬率乃
是因為人們為提高流動性所必須支付的代價。由於人們為因應日
常生活不時之需，而對資產的流動性會有所需要，因此我們稱之為
流動性偏好（liquidity preference），即在報酬相同的資產之間，人
們會選擇流動性較高的一種。再從另一個角度來看，如果某一種資
產流動性較低時，必然需要有較高的報酬，如此才可能吸引人們持
有。

　　貨幣作為一種資產，其最大的特色就在於其具有較高的流動
性，但同時其資產報酬率則為零。由於持有貨幣沒有任何報酬，因
此人們持有貨幣的理由就完全在於其具有的流動性。所以我們在探
討人們對貨幣的需求時，就必須強調貨幣的流動性。

（二）持有貨幣的動機

　　由於貨幣具有幾項重要的功能，使得人們在日常生活中必須
隨時持有貨幣，以應付交易與不時之需。凱因斯把人們持有貨幣
的動機分成三大類：交易動機（transaction demand）、預防動機
（precautionary demand）與投機動機（speculative demand）。

　　人們日常生活中大概每天都會有交易發生，為支應這些交易，人們必須隨時準備一些貨幣在身上。為支應交易而保有的貨幣，我們稱之為交易性貨幣需求。除了交易性需求外，人們也經常面對一些突發狀況（例如生病），這些突發狀況也往往需要支付現金。因此人們也必須把部分資產以貨幣的形式保有，以應付這些突發的狀況，我們稱之為預防性的貨幣需求。最後一種則是投機性貨幣需求，指人們以投資為目的，根據市場利率變化，而需持有貨幣以滿足投機獲利的動機。

（三）貨幣需求

　　以貨幣形式持有資產具有兩個特性，第一個特性是持有貨幣不會有任何利息收入，所以持有貨幣的報酬是零，然而貨幣的價格是固定的，沒有漲價或跌價的問題，所以沒有任何風險的存在。另一個特性是貨幣具有完全的流動性，因為貨幣可以在隨時轉換成任何其他一種的資產。所以我們也可以把人們因持有貨幣而損失的利息收入，視為人們為擁有流動性而必須支付的代價，或者說，利率是持有貨幣的成本。

　　由於貨幣的流動性提供人們應付不時的交易所需，所以基本上來說人們當然希望保有愈多的貨幣愈好。但當財富以貨幣數量持有時，人們也同時喪失了以其他財富形式保有時可能獲得的報酬，也就是說，持有貨幣是有機會成本的。顯然人們持有貨幣的多少，就會與機會成本的大小有關。同時，我們可以用市場利率來代表持有貨幣的機會成本，因為如果人們把貨幣存到銀行中，則可以賺到市場利率中所產生的利息。當市場利率愈高時，人們持有貨幣的機會成本也愈高，因此人們持有貨幣的誘因會降低；相反的，若市場利

率愈低，人們就會有誘因持有較多的貨幣數量。

　　如果把市場利率（i）放在縱軸，把貨幣需求（M^d）放在橫軸，我們就可以得到一條負斜率的貨幣需求曲線，見圖6.2。此條負斜率的需求曲線告訴我們，當市場利率上升時，人們的貨幣需求會減少；反之，則增加。另外值得一提的是，貨幣需求因為與市場利率有關，但同時會受到人們所得提高的影響。在前一小節中，我們提及人們持有貨幣的主要動機之一是交易動機，每個人交易金額的大小則與其所得高低有直接的關係，一般而言，所得較高者其交易金額也會比較大；所得較低者，則交易金額較少。所以，在面對相同利率水準（如i_0之下），所得較高者（Y^1），其貨幣需求量為M^d，而此需求量高於所得較低者（Y_0）的貨幣需求量（M_0^d）。從圖6.2來看，當所得增加時，一般人的貨幣需求曲線會往右邊移動，也就是說在面對相同的利率水準時，其貨幣數量會增加。

圖6.2：貨幣需求

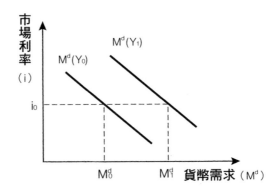

三、貨幣供給與信用

（一）貨幣供給與放款

　　社會大眾為應付日常交易及其他突發事件，而必須持有貨幣，是為貨幣需求。當然在市場上也必然要有貨幣供給大眾使用，如此貨幣市場才能形成。在現代社會中，貨幣包含現鈔、支票及信用卡等。但嚴格來說，雖然信用卡可看成是交易媒介，但真正要結帳時，持卡人仍然必須以現金或存款來支付刷卡金額，所以我們在計算全國的貨幣供給時，是以市場上現鈔和存款數目的加總來計算。

　　我國的現鈔是由中央銀行印製，所以全國流通鈔票數目是很容易計算的，當央行發行的鈔票增加，全國貨幣供給就增加；反之，則減少。

　　貨幣供給中的另一部分是存款。我們若把全國各家銀行的支票存款總額加總，就可以得到全國的支票存款總額。再把央行發行的現金數目與全國銀行體系中支票存款金額相加總，就可以計算出全國貨幣市場上貨幣供給的總額。

　　在上述計算過程中，有兩個重要觀念有待釐清。首先，支票存款是由社會大眾存到銀行體系中，存款的主要目的在支應不時之需。因此，似乎是有交易需求的人才會有存款，為什麼這些存款又成為貨幣供給呢？其次，當我們說到銀行存款時，我們只計算支票存款，或是還應該包括其他類型的存款，如儲蓄存款，甚至於定期存款呢？這裡面有不少問題待我們一一釐清。

　　首先，先讓我們澄清存款是銀行體系貨幣供給中的一部分的重要觀念。的確，就一般人而言，當人們把錢存到銀行中時，是因為

他們未來有需要用到這些錢，尤其是支票存款的部分，但就銀行本身的運作來看，這些存進來的錢只是銀行業務的一小部分而已。事實上，銀行還有一些更重要的業務，即放款行為，因為這才是銀行利潤的來源。

銀行由社會大眾的存款獲得資金，同時支付存款利息。為了獲取利潤，銀行必須再把這些錢貸放給其他人使用，以賺取放款利息。而存放款利率之間的差額就是銀行利潤的主要來源。

當銀行體系把資金貸放給其他廠商時，這些廠商就有資金可以使用，從整個社會的角度來看，貨幣供給就增加了，所以銀行體系的放款愈多，整個經濟體系中的貨幣供給就愈大。因此，存款貨幣的供給量主要是由民間的商業銀行體系所決定。

（二）信用創造的過程

現在讓我們再仔細的進一步說明商業銀行如何利用放款業務，達到創造信用，與增加存款的目的。

假設趙大存了100萬元到台灣銀行，以供未來交易之用。台灣銀行估計趙大不會一次就把100萬元用完，但也不能保證他平常一毛也不用。因此台灣銀行保留下20%（20萬元）當庫存，以因應隨時支用，我們稱之為存款準備（deposit reserve）。另一方面，台灣銀行把其餘的80萬元貸放給錢二。錢二是個商人，他需要這些錢隨時供他周轉之用，但他不必把這麼多的現金放在身上，所以他把80萬元回存到台灣銀行，只要身上保有支票簿，可供隨時簽發支票即可。

當錢二把80萬元回存台銀之後，台銀的存款又多了80萬元。跟前面一樣，台銀仍然估計只要保留其中的20%（即16萬元），然

後可以把剩下的64萬元再貸給孫三。同樣的，孫三也不必把這麼多的現金放在身上，他會把64萬元都再存回台銀，身邊保有一本支票簿，隨時可以開具支票即可。於是台銀再保留其中的20%，再把剩下的部分再貸放出去。此種流程會周而復始，直到台銀可供貸放的錢減少到零為止。

我們把上述流程稱為「信用創造」的過程，因為原本趙大只存入100萬元，但經過台銀貸款的過程，使全社會中可以使用的支票存款金額大增。我們可以利用表6.1來仔細說明信用創造的過程，以及信用創造的結果。

在上述的信用創造的過程中，支票存款增加的總額為：

$$100 + 100\,(1 - 0.2) + 100\,(1 - 0.2)^2 + \cdots\cdots$$

$$= 100 \times \frac{1}{0.2} = 500\,\text{萬元}$$

放款總額則為：

$$80 + 80\,(1 - 0.2) + 80\,(1 - 0.2)^2 + \cdots\cdots$$

表6.1：商業銀行的信用創造過程

單位：萬元

	支票存款	放款金額	存款準備（20%）
趙大	100	80	20
錢二	80	64	16
孫三	64	51.2	12.8
李四	51.2	41	10.2
	……	……	……
總額	500	400	100

$$= 80 \times \frac{1}{0.2} = 400\,萬元$$

最後，存款準備的總額為：

$$20 + 20\,(1 - 0.2) + 20\,(1 - 0.2)^2 + \cdots\cdots$$

$$= 20 \times \frac{1}{0.2} = 100\,萬元$$

在整個信用創造過程中，我們看到趙大的原始存款只有100萬元，為什麼最後社會卻有500萬元的支票存款可供使用呢？這其中就與銀行的作業方式有關。因為銀行收到存款時，它不會把錢全部放在金庫中，它會留下一部分（即存款準備），以便應付存款者隨時支用，而將剩下的部分再貸放給別人。所以，雖然趙大的存款有100萬，但銀行其實只保留20萬元而已。也就是說，銀行只拿20萬就足以支持趙大的100萬存款所需支用的部分。同樣的，對任何一個支票存款戶，銀行都只要保留20%的現金做為庫存即可。換句話說，銀行信用創造的乘數是5倍。由於趙大一開始拿出100萬元存入台銀，所以台銀有100萬元可供使用，經過信用創造的乘數效果，最終可以創造出500萬元，占20%的存款總額則為100萬元。也就是說，此時再也沒有多餘的錢可供信用創造了。

細心的讀者應當已注意到，信用創造乘數的大小與存款準備率的大小有關，事實上，若存款準備率為r，乘數大小則為1/r。在本例中，準備率為20%，故乘數為5。顯然的，信用創造乘數與存款準備率是呈相反的關係，即準備率愈高的時候，信用創造乘數就愈小；反之，則愈大。其理由也十分清楚，因為如果存款準備率愈

高，表示支票存款中可供銀行貸款的比例愈小，因此乘數的效果也就愈小。反之，如果存款準備率愈低，則支票存款中可供銀行使用的部分愈大，因此信用創造的效果也愈大。

　　事實上，一般商業銀行在真正運作時，都希望把存款準備率壓得愈低愈好，如此他們可以有更多錢來貸款給廠商，從而收取較多的放款利潤。但從銀行營運的角度來看，若存款準備率太小，則萬一有存款人來提取較大款項時，銀行會有拿不出錢的窘境。政府為避免銀行過度放款，所以都會要求銀行至少提存一定的比例做為準備，以提供人們隨時提取支用，此一法律規定的最低準備率稱為法定存款準備率（required reserve ratio）。

（三）貨幣數量

　　在前小節中我們說明貨幣供給中的兩個主要部分，即現金與支票存款，前者的數量由中央銀行決定，後者則由商業銀行的信用創造過程所決定。

　　然而在現實社會中，除了現鈔與支票存款以外，還有許多流動性較低的存款。比方說，郵局的存簿儲蓄存款，台灣的每一家庭幾乎都至少一本。存簿儲蓄存款戶可以隨時去領取現金出來使用，對大數人而言，其與現金或支票存款幾乎沒什麼差別。唯一要多做的一件事，就是走到附近的郵局提款機去領錢而已，而郵局分支機構遍布全省，因此其提款卡使用非常方便。既然存簿儲蓄存款的流動性與現金或支票存款差異不大，那麼我們是否也該把這些金額列為貨幣數量呢？

　　此外，即使是定期存款也有很高的流動性，因為存款可以隨時解約，只要損失一些利息即可。不過，解約時一定要親自去一趟郵

局，且手續較繁雜，更不能用提款卡。但無論如何，其流動性是很高的，那麼我們是否也該把這些定期存款也計算到全國的貨幣數量中呢？

我們在本書的後面會仔細說明貨幣數量對總體經濟體系的影響，尤其是其物價與利率的關係。由於貨幣數量在總體經濟中有很重要的地位，因此貨幣數量的多寡就是一個很重要的經濟政策變數。為使政府決策當局有效掌握貨幣數量多寡，我們對於貨幣數量的定義也就必須仔細釐清。

根據我國中央銀行對於貨幣數量（央行稱之為「貨幣總計數」）的計算，最常使用的定義可分成三種，即 M_1A、M_1B 與 M_2。M_1A 是範圍最窄的定義，只包含流通在外的現金，再加上支票存款及活期存款的總額，其流動性是最高的；M_1B 則是在 M_1A 之外，再加上銀行體系與郵局的活期儲蓄存款金額；M_2 則在 M_1B 以外，再加上準貨幣（包含定期存款、定期儲蓄存款、外匯存款、郵政儲金總數等），顯然 M_2 的範圍較大，但其流動性較低。

一般來說，由於 M_1A 與 M_1B 的流動性較高，因此其數量的大小與國內一般消費品物價水準之間的關係較密切。另一方面，定期存款流動性較低，但其平均存款金額較大，因此人們在用定期存款於其他用途時，大部分與購買高價的資產有關，比方說房地產。換句話說，如果政府當局要掌握貨幣數量與房地產價格之間的關係時，M_2 就會是一個比較好的政策指標。

表6.2顯示出我國過去六十年來貨幣數量的變化，其中有兩大特色值得一提：第一個特色是，不論是 M_1A、M_1B 或 M_2，貨幣數量都以極快的速度成長。其中 M_1A 由1950年的6億台幣增加到2015年的6.1兆，增加2,621倍；M_1B 由6億台幣增加到15.3兆，成

表6.2：我國貨幣存量

單位：10億新台幣

年度	M₁A$^{(a)}$	M₁B$^{(b)}$	M₂$^{(c)}$
1950	0.6	0.6$^{(d)}$	0.6
1960	6.8	6.8	12.5
1970	32.0	35.0	92.6
1980	305.4	396.9	953.6
1990	1,170.2	1,925.6	6,201.9
2000	1,902.6	4,492.1	18,897.8
2010	4,283.7	11,457.1	30,954.4
2015	6,060.3	15,292.6	39,884.0

資料來源：中央銀行。

註：

$^{(a)}$貨幣總計數 M_1A＝通貨淨額＋企業及個人（含非營利團體）在其他貨幣機構之支票存款及活期存款。

$^{(b)}$貨幣總計數 M_1B＝M_1A＋個人（含非營利團體）在其他貨幣機構之活期儲蓄存款。

$^{(c)}$貨幣總計數 M_2＝M_1B＋準貨幣（包括企業及個人在其他貨幣機構之定期存款、定期儲蓄存款、外匯存款、郵政儲金總數、企業及個人持有其他貨幣機構之附買回交易餘額、外國人持有之新台幣存款，以及兼營信託業務之銀行所發行之貨幣市場共同基金，但不含銀行承做結構型商品所收本金）。

$^{(d)}$1960 年以前，我國貨幣總計數只分 M_1 及 M_2，沒有區分 M_1A 及 M_1B。

長1萬倍；M_2則由6億元增加到39.9兆，成長2.5萬倍。貨幣數量成長迅速的主因在於所得快速成長，使得人們對貨幣的需求大幅增加，從而政府必須大量增加貨幣供給來應付。所以，台灣地區貨幣數量大增的第一個理由與貨幣交易功能有關。

　　第二個特色是，不但貨幣數量大增，而且M_2的增量又遠大於M_1A與M_1B的增量。我們知道M_1A與M_1B的流動性很高，持有兩者的主要目的在交易動機，而M_2中雖然有M_1A與M_1B的部分，但仍然有很大部分屬於定期存款，而這一部分則屬於儲蓄的目的。換

句話說，造成 M_2 成長率高於 M_1A 與 M_1B 的主要理由在於國人擁有很高的儲蓄率，而國人以 M_2 來表現儲蓄成果。這表示出貨幣的另一個重要的功能，即價值儲藏的功能。

四、物價與通貨膨脹

（一）物價指數

在個體經濟學中，我們曾說明在市場供需下，個別商品的價格就被決定。社會大眾再依此價格決定購買數量，廠商則依此價格決定要生產多少商品。當此價格上漲或下跌時，消費者與生產者都會設法調整其購買量與生產量。

就單一商品價格的漲跌來說，消費者可以很容易知道如何因應。然而全經濟體系中的商品數目非常多，當這些商品價格有漲有跌時，消費者應如何處理？對政府而言，當經濟體系中的商品價格有漲有跌時，相關的經濟政策又當如何調整？在回答這些重要問題之前，我們必須要有一個平均的或綜合的價格指標，以便說明社會商品價格的變化，此一價格指標即物價指數（price index）。

如果社會中只有一種商品，則其價格變化方向就很清楚。或者，即使全社會中有許多商品，而所有商品的價格都上升，或者都下降，則我們知道全社會的平均物價必然是上升的或下降的。問題是，如果有些商品價格上升，有些商品下降，則我們該如何計算平均的價格水準？

我們試舉一例說明如何計算物價指數，見表6.3。在表6.3中，第一年豬肉與蘋果的價格分別為每斤100元與50元。到了第二

表6.3：物價與指數

	豬肉		蘋果		物價指數		
	價格 （元）	消費量 （斤）	價格 （元）	消費量 （斤）	斐式 指數	拉式 指數	理想 指數
第一年	100	10	50	1	100	100	100
第二年	110	15	45	2	108.75	109.05	108.90

年，兩者的價格分別為110元與45元。也就是說，豬肉價格上升了10%，而蘋果價格下降了10%，兩者平均起來剛好不漲不跌。此種看法忽略掉了一個最大的因素，即商品的重要性。第一年豬肉每斤100元，每年的消費量高於蘋果，所以豬肉價格變化所造成的實質影響會高於蘋果價格的影響。但若在一個從來不吃豬肉的社會中，豬肉價格再高對他們的消費都不會產生任何影響。

　　為了考慮商品的重要性，我們在計算物價指數時，便以各種商品的消費量為權數，而以加權平均的方式來計算物價指數。同時，由於不同年度的消費量也不同，所以我們也可以依不同年度所使用的不同消費量來加權。最常看到的計算方式有三種，試分別敘述如下：

　　第一種物價指數稱為**斐氏指數**（Pasche index，以PPI表示），斐氏指數強調計算年數量的重要，故以其計算年的消費數量為權數。假設第一年（基期）的價格與數量分別為p_1與q_1，第n年（計算年）的價格與數量分別為p_n與q_n，則斐氏物價指數公式如（6.1）式所示：

$$（6.1）\qquad PPI_n = \frac{\sum p_n q_n}{\sum p_1 q_n} \times 100$$

　　以表6.3的實際例子計算，以第一年為基期，第二年為計算
年，則第二年的斐氏指數為：

$$PPI_2 = \frac{110 \times 15 + 45 \times 2}{100 \times 15 + 50 \times 2} \times 100 = 108.75$$

也就是說，依斐氏指數計算，第二年的平均物價比第一年高出
8.75%。

　　第二種物價指數稱為**拉氏指數**（Laspeyres index，以LPI表
示），拉氏指數強調以基期年度的數量為準，故其以基期年的數量
（q_1）為權數，即：

$$(6.2) \qquad LPI_n = \frac{\sum p_n q_1}{\sum p_1 q_1} \times 100$$

以表6.3的實際例子計算，第二年的拉氏指數為：

$$LPI_2 = \frac{110 \times 10 + 45 \times 2}{100 \times 10 + 50 \times 2} \times 100 = 109.05$$

因此以拉氏指數計算，第二年的物價指數比第一年略高9.05%。

　　不論是以拉氏或斐氏來計算，其實都有一些問題，因為當價格
變動時，人們的消費也跟著改變。理論上來說，因為不同年各期的
消費數量都不相同，故以基期年的消費量為準，較有比較的基礎。
然而，若完全以基期的數量為基準，則會忽略不同年之間的數量變
化。尤其在很多年之後，社會上的消費組合可能已經產生很大的變
化，故以基期年為基準的消費品組合已經完全失真。因此，另一種
常用的指數就是把斐氏與拉氏指數加以綜合，我們稱之為**費雪理想**

指數（Fisher ideal index，以FPI表示），即：

$$（6.3）\qquad FPI_n = \sqrt{LPI_n \times PPI_n} = \sqrt{\frac{\sum p_n q_n}{\sum p_1 q_n} \times \frac{\sum p_n q_1}{\sum p_1 q_1}}$$

再以表6.3為例，第二年的費雪理想指數為：

$$FPI_2 = \sqrt{109.05 \times 108.75} = 108.90$$

以費雪理想指數為基準，第二年的物價較第一年高出8.90%。

最後，我們要提醒讀者，無論是以拉氏指數、斐氏指數或理想指數來計算，基期年的物價指數必然是100。

斐氏指數、拉氏指數與理想指數係依不同的計算方式來計算不同年度的物價指數。此外，針對不同商品所計算的物價指數，也含有不同的經濟意義。依商品種類而區分的物價指數最常見到的有三種，即消費者物價指數、躉售物價指數與國內生產毛額平減指數。消費者物價指數係由多項消費性商品的價格加權平均而得，其中可能包括白米、計程車費率、電影票價格、電視機價格等等。躉售物價指數則是以批發商品的價格來計算，比方說，鋼筋、水泥、大豆、輪胎等商品。最後，國內生產毛額平減指數則包含所有商品的價格，可以看成是一個綜合性的指數。

就一般消費者而言，消費者物價指數中的商品與日常生活息息相關，因此消費者物價指數可說是最重要的指數。躉售物價指數則可做為廠商估計生產成本的重要參考依據，因為商品在生產要素市場上經常會需要大宗採購。而國內生產毛額平減指數則是用來衡量一個國家實質生產毛額的重要工具。

（二）通貨膨脹的定義與成因

1. 通貨膨脹的定義

對於物價指數有所了解以後，我們就可以進一步來探討物價變動的含意及其影響。首先我們要仔細說明，何謂通貨膨脹（inflation）。簡單的說，物價指數就是平均物價，而當物價指數上升時，就是平均物價上升。直接來說，物價上升就是通貨膨脹。那麼為什麼稱為通貨膨脹呢？因為貨幣功能之一，是做為記價的單位，所以當物價上升時，相同的商品需要更多的貨幣去交換，因此稱為「膨脹」。其實從另外一個角度來看，當物價上升時，同樣的貨幣換到的是比以前更少的商品，所以，或許稱為「通貨縮水」可能更為精確。

不過，雖然通貨膨脹指的是物價上漲，但是在經濟學上對通貨膨脹有更為明確的定義。我們對通貨膨脹的定義是：當商品平均價格漲幅持續超過某一水準時，我們稱之為通貨膨脹。通貨膨脹必須滿足兩個條件：第一是物價必須是持續的上漲，才算是通貨膨脹。比方說，2007年前後，國際油價持續上漲，導致國內產品價格不斷上升，這就是通貨膨脹。另一方面，例如西元1973年第一次石油危機，國際原油價格在一夕之間跳升數倍之多，但其後一直保持穩定水準，則這是物價水準一次調漲，不能算是通貨膨脹。其次，在通貨膨脹下，物價的上升必須超過某一個水準。所謂一定水準係依各國的不同情況而定，比方說，近年來我國的物價一向十分穩定，平均每年上漲幅度都在1%左右，因此如果我國的物價漲幅在2%以內，我們可以說國內沒有通貨膨脹的問題。但如果萬一哪一

年我國的物價上漲率超過2%，則我們就可以說我國出現相當嚴重
的通貨膨脹。另一方面，在南美國家，如巴西與阿根廷，一九九〇
年代他們的物價上升情況十分嚴重，比方說每年平均約20%，則若
有哪一年物價上升只有10%，則我們就會說他們當年沒有通貨膨脹
的問題；反之，若有一年物價上升超過40%，則我們就會說他們有
嚴重的通貨膨脹。

2. 通貨膨脹的成因

　　通貨膨脹是平均物價的上漲，因此只要是使一般物價上升的基
本原因，都可看成是造成通貨膨脹的原因。我們可以簡單的分成
兩大類，一個是需求增加，另一類則是供給減少，而供給減少的
主因在於生產成本的增加。我們在前者稱為「需求拉動的通貨膨
脹」（demand-pulled inflation），後者稱為「成本推動的通貨膨脹」
（cost-pushed inflation）。

（1）需求拉動的通貨膨脹

　　在簡單的個別商品供需模型中，當某些因素變動使需求增加，
需求曲線右移，則該商品的價格就會上升。如圖6.3中，當需求增
加時，即需求曲線由D_0D_0右移至D_1D_1時，均衡價格會由P_0上升至
P_1。我們在《經濟學的世界（上）》討論個別需求時，曾說明導致
整條曲線移動的理由包含：所得變動、其他相關財貨價格變動、偏
好變動及預期心理變動等等。

　　然而，上述討論只是針對某一種單一財貨，而非所有財貨。由
於通貨膨脹係針對所有財貨價格而言，因此要導致全面物價上漲，
則必須有一個共同的因素，且這些因素對大多數商品都有類似的影

圖6.3：需求拉動的物價上漲

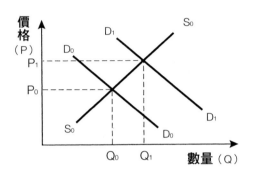

響。比方說，一個影響物價主要的因素就是貨幣數量。貨幣是交易
的媒介，擁有貨幣的人對於購買商品的慾望會比較高，所以如果中
央銀行增加貨幣供給量，會使社會中大多數人的貨幣持有量增加。
在大多數人普遍希望增加購買量的情況下，大多數商品的價格便會
上升，因此通貨膨脹的壓力會形成。我們會在下一小節更仔細的說
明貨幣數量與通貨膨脹之間的關係。

　　另外一個全面性的因素是預期心理。如果社會大眾都預期未來
物價會上升，則大家都會增加購買物品，此舉也會造成物價全面的
上升，即通貨膨脹。不過必須一提的是，通貨膨脹的出現，不但使
物價全面上漲，而且根據我們對通貨膨脹的定義，還必須是持續的
上升。一般而言，由於貨幣供給通常都會持續增加，所以對物價上
漲的壓力也一直存在。然而，預期心理是否會一直存在，則端視當
時社會情況，以及政府應付人們的預期心理所採用的政策而定。

（2）成本推動的通貨膨脹

　　另外一種導致通貨膨脹的重要原因就是生產成本的增加，也就

是成本推動型的通貨膨脹。依供需原理，當廠商因生產成本增加，而使供給曲線左移時，均衡交易價格就會上升，如圖6.4。若勞動成本上升，使生產成本提高，供給曲線S_0S_0左移到S_1S_1，則價格會由P_0上升到P_1。

同樣的，在圖6.4的供需模型中，我們分析的只是單一商品市場的價格。那麼什麼原因才能使大多數廠商生產成本上升，而導致一般的物價上升呢？我們在《經濟學的世界（上）》也說明廠商的生產要素有四種，即勞動、土地、資本與企業家精神。

以國內近年來的要素市場來看，由於長年來國內勞動市場供需吃緊，即使到2016年底累計引進了將近62.5萬名外籍勞工，仍然無法解決勞力不足的問題。另一方面，政府在2016年年底通過一例一休法案，廠商的生產成本就會隨之提高，在供給曲線左移的情形下，廠商隨之調高價格，成本推動的通貨膨脹就會出現。

另外一個在國內經常看到生產成本增加的情況是進口原料價格的上升，如原油、大豆等商品。由於國內原料生產並不充裕，許多商品原料必須由國外進口，其中原油是最重要的商品。當國際原油

圖6.4：成本推動的價格上漲

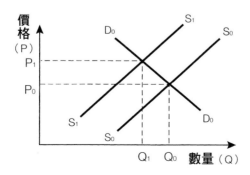

價格大漲時，國內能源價格也會上升，因此會導致全體廠商的生產成本增加。不過，國際原油價格的上漲通常是一次大漲，然後就會長期保持平穩，故不一定會造成國內物價水準的持續上升。

3. 通貨膨脹的不利影響

當一國的物價不斷上升時，對經濟體系的影響就會逐漸出現，其中包括對人們儲蓄意願的影響、對廠商投資意願的影響，最嚴重的是使所得重分配的惡化。

首先，通貨膨脹代表的是貨幣購買力的下降。當人們把儲蓄下來的錢存到銀行中，一方面希望賺取利息，一方面希望未來有錢可用。比方說，阿福今年存100萬元到台灣銀行，年利率以2%計算，明年阿福就有2萬元的利息可供使用。但在通貨膨脹之下，雖然利息仍然相同，但購買力卻下降了，而且甚至對本金都會產生影響。譬如，阿福原先想用100萬元去買一部豐田的Camry，但後來他決定延後一年再買，今年暫時先把錢存到銀行去賺取一年的利息。到了第二年，連本帶利阿福共有102萬元可花。但不幸的是第二年物價大漲，Camry的車價也上漲了5%，也就是說現在Camry一部要賣105萬元，結果阿福不但不能享受到儲蓄的成果，反而連原來的東西都買不到了。

在通貨膨脹嚴重的情況之下，人們為了避免錢縮水，都會盡快把錢花掉，或購買資產保值。換句話說，通貨膨脹對於人們的儲蓄意願有很大的打擊。

通貨膨脹不但對大眾的儲蓄意願有影響，對於廠商的投資意願也有負面的效果。

物價變動值得重視，不值得緊張

不需要過分憂慮

　　如果有些經濟現象的出現使人困惑，那麼有些經濟政策所帶來的利弊互見的後果，更容易引起爭論。

　　在當前言論自由氾濫的潮流中，一般人民對於經濟政策的認知，常被利益團體的聲音大小所左右。幸好在目前物價問題上，政府與民間都已共同體認到物價上漲的威脅。

　　由於大陸撤退前惡性通貨膨脹的慘痛經驗，政府決策階層對物價上升一直懷有最深的戒懼之心。在1953～1996年間，台灣地區的物價相當穩定。以消費者物價為例，在四個階段中的平均上升率都未超過9%：

- 1953～1962年：8.7%
- 1963～1972年：6.1%
- 1973～1987年：7.9%
- 1988～1996年：2.9%
- 2000～2015年：0.98%

　　在這62年中，只有7年的物價上升超過二位數字。

澄清一些觀念

　　首先讓我們澄清環繞物價上升的五個觀念：

　　1.**「溫和性」的物價上升可以容忍**：當物價上升率變成10%（二位數字）時，多數經濟學者認為這已經超過「可以容忍的區域」。超過20%時，惡劣膨脹就逐漸形成。如果物價上漲在4～5%左右，則認為是「溫和」的。如果真要維持比溫和性物價上升

更低的水準，整個社會常常就必須忍受較高的失業率與較低的經濟成長。

2.物價上升中也有跌價的：當有些商品如食物、房屋、計程車資、修理費用等上升時；另外一些商品的價格，或因供需關係、或因台幣升值、或因關稅降低，如汽車、3C、化妝品等價格則可能下降。

此外值得指出，由於消費者物價指數只有部分與家庭消費相關的樣本商品，因此，就無法反映未包括在指數中商品的漲跌，如股票、房地產。

3.持續性物價上升要避免：它會傷害人民儲蓄和投資意願、產品輸出、生活安排（尤其是退休者）及財富分配。尤其當物價上漲是來自政府財政赤字時，諾貝爾經濟獎得主傅利曼教授就會大聲苛責：「這就變成了一種變相的『徵稅』，強迫每個人來分擔。」

4.對物價沒有特效藥：物價「管制」與「限價」看來最容易立刻見效，但絕少成功的。否則，一紙命令，普天之下就不會有物價的問題。對付物價膨脹的根本辦法是找出病源，然後再開出處方。

5.預期心理要防止：當物價上漲的預期心理逐漸形成時，這就真會加快物價的上漲速度。因此，媒體對物價的報導與官員對物價的評論，固然不能掩飾，但也不能誇大；「誇大」其危機意識就會產生「火上加油」的不良影響。更重要的是：只有靠政策工具的立即運用，才能減少物價上升的預期心理。

平常心看物價

二十世紀的兩大病症就是大量的失業人口與惡性的物價上升。兩者之中，物價膨脹尤為可怕。因此，在大陸經濟改革過程中，連續遇到持續物價上漲時，中共當局便不得不放慢調整步伐。

　　這也就是為什麼遠在一九二〇年代，凱因斯就說過：「要推翻現有的社會基礎，最巧妙、最有效的方式，莫過於擾亂通貨。這一個過程使得經濟法則中所有內含的力量都趨於毀滅。」

　　但是，只要中央銀行總裁採取適當的政策，台灣的物價便可以保持長期的穩定。我們同意陸民仁教授的論點：「以平常心看物價變動」。

　　進入2000年之後，台灣的物價就變得非常穩定，平均每年不到1%，有時候甚至出現不跌的情況。造成台灣物價穩定的主要原因有二：第一，因為2000年之後，台灣經濟成長率大幅降低，在經濟景氣不再快速成長時，市場需求受到限制，物價就不容易上漲。另外一個主要原因是，國內薪資也變得停滯，使得廠商的生產成長也相對穩定，進而使得物價也相對穩定。

影響物價上升的因素與政策

物價上升的因素	選用對策
（一）外匯累積過多→貨幣供給大增	中央銀行採取 • 控制貨幣供給量
（二）資金過多、利率過低	中央銀行採取 • 提高利率 • 台幣適度升值
（三）工資成本與環保成本增加	• 提高生產力 • 提高產品附加值 • 加強勞資雙方溝通
（四）輸入的原料（如石油）價格上升	• 運用外匯，大量購買
（五）太多的游資、太少的投資管道追逐國內有限的商品	• 開放投資範圍 • 擴大進口 • 降低關稅 • 運用公債，擴大公共投資 • 公營事業股票上市 • 開放海外投資
（六）預期心理	• 教導人民具有正確觀念 • 政策工具要及時使用

　　在通貨膨脹之下，生產成本會隨著水漲船高，但是賣出去的商品價格卻不一定上漲，或者即使上漲，也不確定上漲多少。廠商在決定投資設廠之前，首先要做的一件事就是先評估投資可能帶來的利益，以及投資風險的大小。在通貨膨脹很嚴重的情況之下，廠商對於生產產品的未來價格無法掌握，對於生產成本的大小也無法確知，因此對於可能得到的利潤也無法預期。在一切都無法確知的情況下，廠商的投資意願自然會受到很大的影響。

　　通貨膨脹不但對消費者的儲蓄意願與廠商的投資意願有重大打擊，更嚴重的是會產生不良的所得重分配效果。我們在前段已說明，在通貨膨脹下，存款人的實質購買力會縮水，一般而言，這些小額存款大眾都屬於一般的社會大眾。不但如此，大部分拿固定薪水的受薪階級在通貨膨脹下，都會面臨實質收入降低的困擾。此種狀況對於拿固定退休金的人，或是以銀行存款利息維生的人最為嚴重。不幸的是，這些大都屬於中低收入的大多數民眾。

　　那麼是哪些人在通貨膨脹下受益呢？由於通貨膨脹使得存款人受損，相對而言，借款人就會受益。則通貨膨脹下，明年1元的實質購買力會低於今天的1元，所以，同樣100萬元的債務，在明年償還的實質購買力就會比今年小很多。一般而言，向銀行貸款的大額借款人都屬於企業或廠商，這些人原來的收入就比一般大眾高。在通貨膨脹下，這些人的實質債務又縮水，使得他們的實質資產又增加。我們可以說通貨膨脹是一種「五鬼搬運法」，因為它以一種看不見的方式使得債權人的權益受損，而債務人的權益增加。在目前的金融體系中，由於後者的所得通常比前者多，通貨膨脹的結果會使得社會上的資產由所得較低者流向所得較高者，其結果造成國內所得分配更加惡化。

（三）貨幣數量與通貨膨脹

　　需求增加是導致通貨膨脹的主因之一，而需求增加必須是全面性的，若只有一兩種商品需求增加，則並不容易導致全面性的物價上漲。最容易看到導致需求全面上揚的因素就是貨幣數量的增加，因為貨幣數量增加會使全社會中大多數人的口袋裡有更多的現金。在此種情形下，人們消費的慾望也會增加。

　　貨幣對物價的影響不只是數量的大小而已，也與貨幣的流動速度有關。因為當一個廠商賺到錢以後，他也會在其他地方把錢花掉。所以，社會上的貨幣其實是不斷在流動的。古典學派的經濟學家就曾提出一個有名的交易方程式（exchange equation），來說明物價與貨幣數量之間的關係，如（6.4）式所示：

（6.4）　　　　　　　　$M \times V = P \times T$

　　在（6.4）式中，M代表貨幣數量，V為貨幣的流通速度（即一年之內，平均每一元被交易過幾次），P為物價水準，T為交易量。P×T代表一個經濟體系全年的交易總金額，此交易金額等於貨幣數量乘上貨幣的交易流動速度。

　　在（6.4）式中，貨幣的流通速度（V）是由經濟體系中的金融制度來決定，在短期內可視為固定的。另一方面，如果交易量（T）不受到貨幣數量的影響，則當貨幣數量增加時，唯一受到影響的就是物價水準（P）。事實上，古典學派的學者就認為，經濟體系的交易量應該由實質面來決定，所以貨幣數量（M）對交易量沒有任何影響，因此在交易方程式中，物價（P）與貨幣數量（M）是呈現一對一的關係。也就是說，當貨幣供給增加時，物價就會上

升。古典學派的觀念是否正確仍然有所爭議，我們會在以後的幾章中再作進一步的澄清。然而，我們可以確定的是，貨幣數量與物價之間息息相關。當貨幣供給增加，人們持有貨幣數量增加，因為此種影響是使全面性的消費意願提高，所以物價就會上升；反之，當貨幣供給減少，人們手中可以使用的貨幣數量減少，消費意願跟著減少，通貨膨脹的壓力就會降低。

經濟名詞

物物交易	分工	斐氏指數
金屬貨幣	惡性通貨膨脹	拉氏指數
格萊欣法則	法幣（本位幣）	費雪理想指數
紙幣	輔幣	需求拉動的通貨膨脹
塑膠貨幣	交易動機	成本推動的通貨膨脹
交易的媒介	預防動機	交易方程式
價值的儲藏	投機動機	M_1A
記帳的單位	流動性偏好	M_1B
延期支付的標準	法定存款準備率	M_2

討論問題

1. 請說明在一個物物交易的經濟體系中，一位經濟系教授如何與理髮廳的理髮師傅進行交易？他們可能遭遇什麼問題？又該如何解決這些問題呢？

2. 路人甲說：「我口袋裡有很多錢。」路人乙說：「我每個月沒賺多少錢。」路人丙說：「我家很有錢。」路人丁問：「這蘋果一斤多少錢？」請分別說明在這些敘述中「錢」所代表的意義為何？

3. 何謂格萊欣法則？試舉一例說明。

4. 請敘述貨幣的功能為何？試分別舉一例說明之。

5. 你可以舉出三種古代使用的貨幣嗎？請說明這些物品被當成貨幣的優缺點為何？

6. 何謂法幣？何謂輔幣？一元的硬幣是法幣或是輔幣？

7. 何謂流動性偏好？流動性偏好與貨幣需求有何關係？

8. 請敘述銀行體系信用創造的過程。

9. 請問人們持有貨幣的動機為何？試分別舉例說明之。

10. 請說明 M_1A、M_1B、M_2 的詳細定義。為什麼我們要區分這些不同定義下的貨幣？

11. 請說明貨幣數量與物價之間的關係。

12. 何謂通貨膨脹？以我國為例，你可以指出造成我國通貨膨脹的原因有哪些？

13. 請說明計算價格數的方法有哪些？請自行舉一例，並分別以不同的公式來計算物價指數。

14. 何謂交易方程式？你認為貨幣數量只會影響到物價嗎？會不會對交易數量產生影響？

15. 請問通貨膨脹會造成哪些問題？為什麼一般人都不願意看到通貨膨脹？

第七章

總合需求與總合供給

本章重點

一、均衡所得與物價水準

　　總體經濟學探討的對象是經濟整體，如景氣循環、失業、物價膨脹等總體經濟現象。為了研究這些總體現象，總體經濟學中將一國的產出加總為國內生產毛額，將物價加權平均為物價指數，例如GDP平減指數。因此，總體經濟學不探討個別商品的需要與供給，而研究所有商品的供需。

　　在第五章中，我們曾經以均衡的概念，仔細的說明如何計算一個國家的均衡所得（或產出）。此處我們要再進一步引入物價，在後面第八章中，我們還會陸續將利率、就業等總體變數逐一的放入總體模型中。

　　我們必須特別指出的是，不論我們討論的是所得、物價或者是利率與就業水準，我們在分析過程中都必須一直維持均衡的概念。也就是說，唯有在市場均衡下，我們得到的所得、物價、利率與就業水準，才具有意義。

　　總體經濟學的主要工具是總合需求（aggregate demand, AD）曲線與總合供給（aggregate supply, AS）曲線，見圖7.1。此圖乍看起來就像個別商品的需求與供給圖形，可是橫軸現在是整個經濟的總實質產出（或實質GDP），以Y表示；並且縱軸不是個別商品的價格（即相對價格），而是物價水準P（即GDP價格平減指數）。

　　此處我們以物價水準當成縱軸，以實質產出（或所得）當成橫軸的理由非常清楚，因為在本章中我們必須同時探討均衡的所得與均衡的物價水準。

　　AD是總合需求曲線。總合需求是指在一既定期間中，一既定物價水準下，全社會對總產出的需要量。這是消費者、投資者、政

府部門想要購買商品的總額（不包括廠商生產出來卻未能售出的產品）。因此總合需要等於消費支出、投資支出、政府支出及淨出口支出等的總和。總合需求曲線表示總合需求與物價水準之間的關係。其他條件不變時，當物價水準降低，總合需求即增加。

　　AS是短期總合供給曲線。總合供給是在一既定物價水準下，全社會所生產的產出總額。短期總合供給曲線表示當物價水準上升時，總合供給會增加。

　　這裡強調「短期」，是指在這段時間內，名目生產因素成本如支付員工的工資、廠房與機器的成本、購置廠房設備貸款所需支付的利息等都維持不變。

　　在圖7.1中，經濟活動中的「實質產出」是由總合需求與總合供給曲線的交點決定。在E點，物價水準為P_1，實質產出水準為Y_1。

　　在物價水準高於P_1時（P_2），總合供給（P_2B）將超過總合需求（P_2A）：廠商所生產的商品將不能全部出售（廠商的存貨將增

圖7.1：總合需求與總合供給的均衡

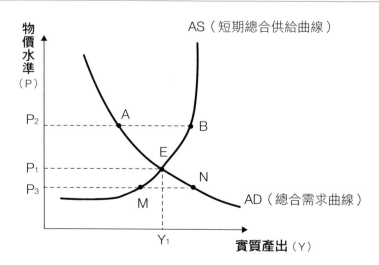

加），這時廠商會減產並降價求售。

　　在物價水準低於P_1時（P_3），總合需求（P_3N）將超過總合供給（P_3M），廠商會發現他們的存貨減少，這時廠商會提高售價並增加產量。故只有在物價水準為P_1，產出水準為Y_1時，經濟活動才會達到均衡狀態。

　　此處我們用一個很簡單的總合需求與總合供給的概念，便可以決定整個經濟體系的均衡所得和均衡物價的水準。然而，總合需求曲線中包含的商品及市場均衡非常複雜，並不是如同只有一條AD曲線一樣的簡單；同樣的，總合供給曲線中所包含的生產因素及其市場均衡，並不是如同只有一條AS曲線的簡單。此處我們只先以AD和AS的概念，來說明均衡所得與物價如何決定，在本章後面幾節中，我們會依序介紹如何導出總合需求曲線與總合供給曲線。同時在本書後面的數章中，為了引入利率與就業水準等變數於總體模型中，我們會更進一步的說明如何利用商品市場與貨幣市場的均衡，來得到總合需求曲線；此外，我們也會進一步說明如何利用勞動市場的均衡，來得到總合供給曲線。

二、總合需求曲線

（一）總合需求

　　總合需求曲線表示當物價水準下降時，總實質需要量增加；反之，則減少。這個現象似乎遵循個別商品的需求律，其實不只如此。需求律是指當商品相對價格（relative price）下降時，商品的需要量增加。但是當物價水準下降時，是指價格的降幅相同，而所

有商品的相對價格不變。那麼為什麼較低的物價水準會使總合需求增加呢？

理由是某些資產（如貨幣與大多數的債券）的名目價值（nominal value）是固定的。當物價下降，這些資產的實質價值就提高，因為它們可購買較以前為多的商品。這種效果使擁有這些資產者較為富有，所以樂意增加他們的實質支出，這就是所謂的「實質財富效果」（real wealth effect）或「實質餘額效果」（real balance effect）。

再舉一個例子來說明：假設一個只消費米飯的消費者，如果他有2,000元新台幣，而一碗米飯的價格是10元，他擁有的實質貨幣額相當於200碗米飯的價值，現在如果米飯的價格降低為5元，那麼他的2,000元就有400碗米飯的實質價值了。所以該消費者會較先前富有，因為他有能力也樂意增加支出，導致總合需要的增加。

（二）導引總合需求曲線

我們說總合需求是指全社會對所有產品的需求加總，根據我們在本書第五章的討論，總合需求若依支出面來看，可分成消費、投資、政府支出與進出口。但是在第五章中，我們並沒有討論物價的問題，我們可以說在第五章中探討的只是實質面的問題，因為我們可以假設當時物價水準是固定的。

現在再把物價水準考慮進來，我們知道當全社會的物價水準下跌時，雖然人們原來的收入不變，但由於物價下跌，使得人們相同的收入卻可以買更多的東西。也就是說，在物價下跌時，人們的實質所得是增加的，所以人們的消費會增加。換言之，總合需求會增加。

利用物價與總合需求的概念，我們就可以進一步的推導出總合需求曲線。在圖7.2中，我們先利用本書第五章以有效需求獲取均衡所得的圖形，來說明如何推導出總合需求曲線。

我們可由所得支出圖〔見圖7.2（A）〕導出總合需求曲線（表示物價水準與總合需要之間的關係）。導引步驟如下：

第1步：由物價水準 P_0 開始，（A）圖中表示最初的均衡點。

圖7.2：總合需求曲線的導引

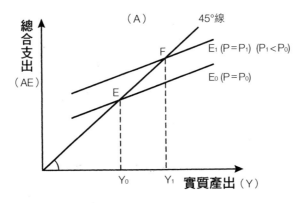

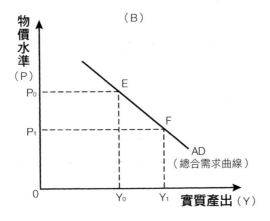

圖7.2（A）中，經濟原來處於均衡狀態，即E點，其物價水準為P_0，與45°線交於E點，均衡產出水準為Y_0。

第2步：繪出均衡產出Y_0與物價水準P_0，如圖（B）的E點；這是總合需求曲線上的一點。

第3步：在（A）圖中繪出物價水準降低的效果。讓物價水準降至物價水準P_1（此處物價水準為何下降並不重要），由於物價下跌，消費者的實質購買力增加，產生了實質餘額效果，使總支出曲線向上移動，如同（A）圖所示總支出線E_1，新均衡點為F點，均衡產出水準為Y_1。

第4步：在（B）圖中繪出新物價水準P_1與產出Q_1，如F點所示。

第5步：繼續變動物價水準，總支出線將跟著變動，均衡產出水準也將變動。此產出水準與物價水準的組合即構成總合需要曲線AD。因此在AD曲線上，所得等於總合需求。

在上述的推導過程中，有一個重要的觀念必須再次強調，即在當價格變動時（由P_0下降到P_1），導致實質的總合需求不斷的移動，但我們仍然一直是以總合需求與45°線相交的均衡產出（或所得）為準（由Y_0增加到Y_1）。也就是說，總合需求曲線代表的是維持需求面均衡下，所有均衡物價與均衡所得所組成的連線。

三、總合供給曲線

（一）短期總合供給曲線

總合需求曲線說明在需求面均衡下，均衡產出與均衡物價之間

的關係。由於物價下跌會使人們的實質所得增加，因此總合需求曲線是一條具有負斜率的曲線。為考慮總體市場的均衡，我們有必要再進一步說明總合供給曲線的性質。

總合供給曲線代表的是在維持供給面均衡下，均衡產出與均衡物價之間的關係。由於供給面均衡的情況較為複雜，此處我們先加以略述，留待本書第九章再詳細說明，此處我們以經濟直覺的方式說明總合供給曲線應具有的特性。

在物價水準變動時，通常生產要素成本（例如工資與機器成本）調整較為緩慢，因此短期下這些生產要素的成本常有「僵固性」（sticky）。例如，工資通常由長期契約訂定（例如一年），且不能隨時調整。經濟學上的「短期」就是指名目（或貨幣）生產要素成本固定不變的這一段期間。

在物價上升的情況下，而生產要素價格的調整又出現落後，此時廠商的利潤就會增加。我們在《經濟學的世界（上）》曾說明廠商追求最大利潤時，應該要滿足要素投入的邊際成本必須等於其所帶來的邊際收益。物價上升時，會使廠商邊際收益增加，但由於生產要素價格調整較慢，使得此時邊際成本會小於邊際收益。在邊際利潤大於零的情況下，廠商會增加產出，直到邊際成本再等於邊際收益為止。

上述過程不是只描述一家廠商而已，因為在總體經濟中的物價水準上升時，大多數的廠商都會享有利潤增加的好處，於是大多數廠商的產出都會增加。把這些廠商的產出加總，我們可以看到整個經濟體系的產出也是增加的。因此，我們可以得到一個結論，短期下的總合供給曲線應該是一條具有正斜率的曲線，如圖7.1所示。

不過我們要指出的是，當產出水準未達經濟體系的產量極限

（capacity output）時，總合供給曲線會呈現水平線的情況（見圖7.1的0至M的範圍）。在這段水平的範圍，生產要素可以充分供應，不虞短缺，而且廠商能夠在不增加單位成本的情況下，增加產出。但是當產量逐漸接近生產量極限時，要繼續增產就愈來愈困難，此時單位生產成本就開始上升。於是總合供給曲線亦開始上升，產量愈接近產能極限，曲線上升愈快（由M移至B）。當達到整體社會的產能極限時（B點），總合供給曲線成為垂直線，因為無論物價水準多高，也不可能生產更多商品了。

在產量很低的時候，由於全社會有充裕的生產要素可供廠商使用，故廠商在擴大產出，增加對生產要素的需求時，並不會刺激生產要素的價格，換言之，此時廠商的邊際生產成本是固定的，不會因產出的增加而上升。

在生產量逐漸擴大之下，廠商對生產要素的需求也逐漸提高，因此生產要素市場上的價格也會不斷上升，所以廠商的生產成本也會增加。此時，唯有提高產品價格才有可能促使廠商再擴大產出，所以此時產出會與物價呈現正向相關。

然而，在短期下，由於全社會可以使用的生產要素總量是有限的，而且生產技術也固定不變，因此在將全部生產要素充分使用後，或是生產要素已達到充分就業時，全體廠商的總產出也達到極限（B點）。此時受到生產技術的限制，即使廠商想要再增加產出，在短期下也是不可能的。

從另外一個角度來看，即使此時物價不斷上升，也無法促使廠商再擴大產出，因為生產要素的總量與生產技術的使用已達到極限。所以，在此種情況下，我們看到的總合供給曲線就會呈現出垂直的情況。

（二）長期的總合供給曲線

短期下，當產品價格上升時，廠商的利潤會增加，所以廠商有誘因增加產出，因此短期下的總合供給曲線會出現正的斜率，即當價格上升時，實質產出會增加。

長期下的情況會有不同，因為長期下市場可以允許廠商自由的進入或退出市場。所以，短期下如果物價上升，則廠商利潤增加，產出也增加；而長期下，會吸引更多的廠商加入，於是產出更形增加，而此時物價會因產出增加而受到抑制，於是廠商的利潤減少。而只要廠商的超額利潤一直存在，就會有新廠商不斷的進入市場，直到所有利潤都完全消失為止。

另一方面，由於原有廠商不斷增加產量，而新的廠商又不斷加入，使得廠商對於生產要素的需求不斷擴大，於是要素成本也會增加。此時產品價格因產量增加而受限，同時生產成本也因要素需求提高而增加，原有廠商的利潤自然會逐漸減少，直到完全消失為止。同時，要素市場上的需求不斷增加，要素價格也漸漸增加，直到要素市場達到充分就業，全社會的產能無法再擴大。

所謂充分就業一般是指勞動市場中所有有意願的工作者都已找到工作；若再以廣義來看，要素市場的充分就業可以說是包含所有的機器設備、土地及資金等都已被充分使用。換句話說，如果不考慮技術進步下，充分就業後全社會的產量將無法再增加，所以充分就業下的產能就是全社會的最大產能。充分就業是一項重要的經濟目標，如果短期內無法達成，則希望在長期中可以逐漸接近這個目標。因此，總體經濟學中所謂的「長期」，是指一經濟體系達到充分就業的均衡狀態所需花費的時間。

　　在長期下，所有的契約都可以重訂（如受雇員工與雇主間的合約），契約工資可以反映實際物價水準，任何有關物價水準的錯誤預期造成的失業都可消弭。在長期下，「產出」將為充分就業時可以生產的極限水準。由圖7.3所示，無論物價水準為何，長期產出將為充分就業水準（Full Employment, Y_0），Y_0點上的垂直線就是長期總合供給曲線。

　　當然，這裡有一個重要的假設，即我們假設市場是完全競爭市場，所以經濟體系在長期下可以經過自由調整機能，而保持在充分就業的水準下。

　　這裡必須指出的是，我們說的「長期」是指經濟體系有足夠的時間去調整。比方說，若短期下勞動市場有失業存在，則工資會因供過於求而下跌，最後就業水準又再提升，從而回到充分就業。由於經濟體系可以自由調整，使得充分就業得以實現，於是長期供給曲線是一條垂直線。

圖7.3：長期總合供給曲線

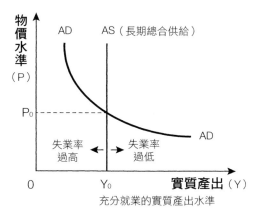

　　但這其中並不包含技術變動的可能。我們在《經濟學的世界（上）》曾提及個別廠商可能面臨「極長期」的狀況，所謂極長期就是指時間長到可以讓生產技術發生變動。如果生產技術可以變動，則即使生產要素已充分就業，仍然有可能使產出提高，只要技術進步，就能使相同的生產要素做更有效率的使用即可。因此，在考慮技術進步下的極長期時，長期總合供給曲線仍然可能具有正的斜率。

四、總合需求與總合供給的均衡分析

（一）總體經濟的均衡

　　在前二節中，我們已說明總合需求曲線代表的是維持總合需求面均衡之下，所有均衡所得與均衡價格的組合所連成的曲線，其上任何一點都代表一個總合需求的均衡，如圖7.1中的A點。

　　同樣的，總合供給曲線代表的是維持產出面均衡下，所有均衡所得與均衡價格的組合所連成的曲線，其線上任何一點的均衡所得與均衡價格都可以滿足生產面的均衡，如B點。

　　但是不論是A點或是B點，都分別只能維持總體經濟中的需求面或供給面的均衡，而唯有在兩條曲線的交點，如E點，才能使總體經濟中的需求面均衡與供給面均衡同時達成。因此，E點才是能使總體經濟達到全面均衡的均衡點。

　　在圖7.4中，由於全面均衡的均衡點E點同時落在總合供給曲線與總合需求曲線上，因此在E點上的物價水準（P_0）與實質產出水準（Y_0）可以同時使供給與需求都達到均衡。因此，E點是一個

圖7.4：總合需求增加的效果

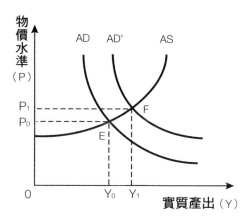

全面均衡點。

　　事實上，此時我們可以把AD與AS當成簡單的需求與供給曲線，而E點就是這個市場上的均衡點。唯一的不同是，現在是把整個經濟體系看成為一個市場，其中AD是整個市場上的需求，AS是整個市場上的供給；而在單一產品市場上，需求曲線是對個別產品的需求，而供給曲線是對單一產品的供給。由於總合需求與總合供給的觀念與個別市場上的需求與供給十分類似，所以個別市場的需求與供給的均衡分析，大致上也可以用到總合需求與總合供給的均衡分析上。

（二）總合需求與總合供給變動的效果

■總合需求的移動

　　圖7.4顯示總合需求增加（由AD移到AD'）的效果。當物價水準不變時，總合需求增加，亦即人們想要購買較多商品，或者企

業廠商可能想要購買較多資本財（即總合需求曲線向右移），均衡
點會由E點移至F點。產出水準由Y_0增至Y_1，物價水準由P_0增至
P_1，使物價與產出同時上升。至於物價與產出上升多少，則視原來
在總合供給曲線的位置而定。當經濟體系愈接近其產量極限，則物
價上升愈多，而產出增加愈少。

　　總合需求減少的效果如圖7.5所示。當物價水準固定不變，且
總實質產出降低時，總合需求減少（即總合需求曲線向左移），例
如消費者決定減少商品購買。因此均衡點由E移至G，此時物價水
準下降至P_2，產出水準降至Y_2。注意物價與產出的降低皆是總合
需求減少造成的。

■總合供給的移動

　　短期總合供給增加的效果如圖7.6所示。物價水準P_0降至P_3，
而產出水準由Y_0增至Y_3。均衡點由E移至K，此時產出增加，而
且物價降低。

圖7.5：總合需求減少的結果

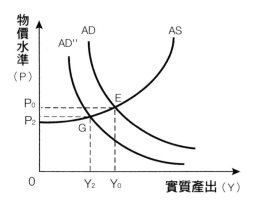

圖7.6：短期總合供給增加的效果

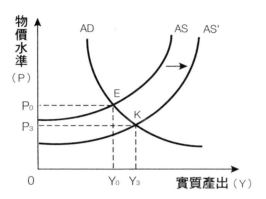

總合供給增加（即總合供給曲線向右移動）的原因可能是因為：

1. 生產因素成本下降；
2. 減稅使生產成本降低；
3. 技術進步使成本降低。

短期總合供給減少的效果如圖7.7所示。

當物價水準不變時，廠商減產，總合供給即減少，總合供給曲線向左移。均衡點由E移至H，物價水準由P_0增加至P_4，產出水準由Y_0降至Y_4，造成了物價上升與產出降低的結果。這種物價上漲與經濟緊縮同時出現的組合就是所謂的停滯膨脹（stagflation）。例如，1974至1975年間美國實質產出降低5%，而物價膨脹率則高達12%。

圖7.7：短期總合供給減少的效果

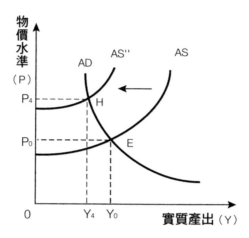

（三）總體經濟的長期均衡

　　長期物價水準是由總合需求曲線與長期總合供給曲線的交點所決定的，如圖7.8中的E點。在此物價水準下，達到充分就業的均衡。在充分就業下存在的失業水準（如為5%），就是所謂的自然失業率（natural rate of unemployment）。如果失業率超過充分就業下的自然失業率，經濟學家就推論工資（即成本與物價）會下跌；如果失業率低於自然失業率時，工資（成本與物價）會上升。只有在物價水準 P_0（總合需求曲線與長期總合供給曲線的交點），經濟體系才會達到長期均衡狀態。

　　在圖7.8顯示的長期均衡中，有幾個地方我們必須再次強調：第一，此處總體經濟的長期均衡，維持在充分就業的水準下，主要是因為我們假設經濟體系是可以充分自由調整的。也就是說，只要整個經濟體系都維持完全自由競爭的狀況，則在長期下經濟體系就

圖7.8：總體經濟體系的長期均衡

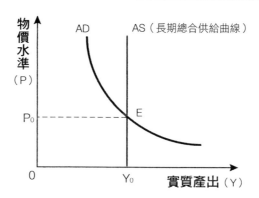

可以維持在充分就業的長期均衡下。

　　第二，當總體經濟達到充分就業水準時，並不表示百分之百的就業。比方說，有位大學生六月底畢業離開學校，立即找到工作，但公司請他八月一日開始上班，所以他可以利用七月出國去玩一趟。此時，這位應屆畢業生是失業的，但此種失業只是因為他從學校轉到工作之間的調整期間，我們稱此種失業是摩擦性失業（frictional unemployment）。

　　此種因轉換工作而出現的摩擦性失業，在任何經濟體系中都會存在，而且一般而言，當一個經濟體系中人們轉換工作的頻率愈高，摩擦性失業也會愈多。摩擦性失業率是自然失業率的一種，故此種自然失業率即使在充分就業下也仍然會存在。

　　第三，此處長期均衡指的是所有生產要素都已被充分利用，所以產出是固定的。但我們並不排除在更長期下，可能出現技術進步，使得生產要素數量固定下，產量仍然可能增加。

經濟名詞

總合需求曲線	極長期	實質財富效果
總合供給曲線	停滯性通貨膨脹	實質餘額效果
短期	自然失業率	產量極限
長期	摩擦性失業	

討論問題

1. 在總合需求曲線與總合供給曲線圖形中，均衡的產出與價格如何決定？

2. 許多經濟評論者認為「經濟衰退促使物價下跌」。如果換一種說法「產出減少（降低總合供給）造成較低的物價」，是否正確？

3. 當物價較低時，總貨幣支出可能減少。這樣是否與「較低的物價使總合需求增加」的事實相矛盾？

4. 政府為了降低物價膨脹率，應該如何移動總合需求曲線？此時產出將如何變動？

5. 為什麼長期總合供給曲線會呈現垂直？有哪些必要條件才能使長期供給曲線成為垂直？

6. 過去二十年來台灣的物價非常穩定，請問主要的原因是什麼？

7. 何謂自然失業率？為什麼在充分就業下，仍然會有失業出現？

8. 如果政府支出突然增加，會對總合需求曲線產生什麼影響？請試以總合需求的模型來說明。

9. 在上題中，政府支出增加以後，對總體經濟最終的均衡所得與均衡物價又分別會有什麼影響？

10. 何謂實質財富效果？何謂實質餘額效果？這些效果與物價水準的高低有何關係？試各舉一例說明之。

第八章

商品市場與貨幣市場的均衡

一、所得、利率與物價

二、商品市場

三、貨幣市場

四、需求面的一般均衡分析

五、總合需求曲線

▎一、所得、利率與物價

　　在本書的第一章到第五章中，我們已經利用均衡的觀念，仔細說明一個國家的所得是如何決定的。然而，總體經濟體系其實非常複雜，其中有許多總體變數彼此會有很明顯的影響，比方說所得、利率、物價及就業水準等等。我們在第六章概略介紹了銀行體系的運作以後，就可以把貨幣數量引入總體模型中，也就可以更清楚的來說明上述總體變數之間的關係。

　　為了能讓讀者明白的看到每一個個別總體變數的作用，以及其在總體經濟體系中所扮演的角色，我們在以下的分析中，會一個一個的把這些變數引介到總體經濟體系中來。如此讀者才能一步一步由簡入繁的了解到總體經濟的主要變數之間的關係，以及它們是如何的運作。

　　在第七章中，我們先概略的說明了總合需求曲線（AD）與總合供給曲線（AS）的特性，以及在兩條曲線運作下，如何獲得總體經濟的均衡所得與均衡物價。其中總合需求曲線係由總體經濟需求面的均衡推導而來，而總合供給曲線則是由總體經濟供給面的均衡衍生所致，由於此兩條曲線的詳細內容十分複雜，故我們在本章中，將仔細說明如何推導出總合需求曲線；而於第九章中說明如何獲得總合供給曲線。

　　對於第一次接觸經濟學的讀者來說，本章與下一章的內容也許較深，讀者可以暫且略過，直接閱讀第十章，相信並不會失掉對總體經濟學全貌的大略了解。但如果是經濟系的學生，或任何對經濟學內容想要透澈了解的讀者來說，本章與下一章可以說是現代總體經濟學的分析骨幹。因此，若想要進一步研讀更深的經濟學內容之

前（如總體經濟學），則本章與下一章的內容是不可不先熟讀的。

在此我們先把本章，以及未來數章所介紹的內容與總體變數之間的關係略加說明。這是一個很重要的分析輪廓，讀者在仔細研讀以後幾章的內容時，若對整個分析的架構感到迷惑，可以立即回來參考本節，就可以掌握總體經濟分析的全貌，而不至於迷失在總體經濟的浩瀚迷霧之中。

（一）所得與利率

在介紹總體經濟的架構中，大都先以簡單的凱因斯模型來說明國民所得是如何決定的。由於經濟體系隨時都在變化，因此要清楚的掌握並計算一個國家國民所得，我們就需要採用均衡的概念。也因此，即使在簡單的凱因斯模型中，我們仍然是以均衡所得的概念來介紹如何決定一個國家的所得，這即是本書第一章到第五章的主要內容。

在決定均衡所得的過程中，總合需求的大小是最重要的因素，其中包含消費（C）、投資（I）、政府支出（G）與進出口（X－M）。政府支出是由政府決定，進出口則與外國市場大小有關，這些分析內容，我們會在本書後面數章加以討論，此處我們先針對消費與投資來說明。

事實上，影響消費與投資的不僅是所得而已，也與利率有密切關係，因為消費的另一面是儲蓄，而儲蓄大小則深受利率的影響。此外，投資也與利率有關，因為利率是資金成本，也可說是廠商投資的成本，所以市場利率的高低自然對投資有重大影響。換句話說，要使消費與投資達到均衡，此時我們不能只考慮所得高低，而且必須取決於所得與利率的大小。

　　由於消費與投資是針對商品的生產與消費討論對象，所以我們以商品市場或財貨市場（commodity market）來稱呼此一市場。在此市場上我們不但要明白消費和投資的大小如何決定，也必須同時考慮所得與利率如何對上述二變數產生影響，這將是本章第二節的主要內容。

　　那麼市場利率大小又如何決定呢？答案很簡單，因為利率是資金的成本，也可以看成是使用資金的價格，所以利率的大小就由資金的供給與需求來決定。簡單來看，資金供給來自社會大眾的儲蓄，而資金的需求，則來自廠商的投資。然而在前一章中，我們介紹過銀行的角色，因為社會大眾雖然是資金的供給者，但事實上他們的作法只是錢存在銀行中而已；而廠商是資金的需求者，他們是向銀行去融資貸款。因此金融機構或銀行體系在資金市場中扮演仲介角色。銀行體系在提供資金時，不是單純提供資金而已，同時有創造信用的功能，所以他們不只是資金的供給者，我們更可以把他們看成是貨幣的供給者。另一方面，廠商不只是資金的需求者，也可以看成是貨幣的需求者，因此，相對於資金市場上的供需來決定利率大小，因此我們可以從貨幣市場上的供需來決定利率大小。

　　為簡化起見，我們把資金市場稱為貨幣市場（money market）。貨幣供給一方我們暫且只考慮中央銀行，也就是說我們假設貨幣供給完全由中央銀行來決定，而貨幣需求則是由廠商和社會大眾決定，影響貨幣需求大小的因素一方面是利率高低，一方面則與所得有關。在第六章中我們曾說明貨幣需求的三個動機，而這些動機基本上皆與所得和利率大小有關。一般而言，所得愈高，對貨幣的需求也愈大；而利率愈高，貨幣需求則愈小。

　　為得到均衡的所得，我們不但要使財貨市場達到均衡，而且貨

幣市場也要達到均衡。因為若任何一個市場沒有達到均衡，必然還
會有變數持續變動，因此其他變數，包含所得在內，也都會不斷變
化，均衡就無法完成。一定要等到兩個市場都同時達到均衡以後，
所有的變數大小才可以決定出來。

　　現在我們可以看一下財貨市場與貨幣市場之間的交互影響。比
方說，中央銀行突然增加貨幣供給，會出現什麼影響？首先，在貨
幣市場上，貨幣供給增加會使利率下跌，如此才能吸引更多廠商
貸款。由於此時資金成本下降，於是廠商會增加投資，從而使得財
貨市場上的有效需求增加，導致所得上升。所得上升的結果又使得
貨幣市場上貨幣需求增加，而吸收了最原先貨幣供給增加的效果。
在上述過程中，我們明顯看到所得、利率、投資、消費等因素之間
的影響關係。我們會在本章後面幾節仔細分析財貨市場之間交互作
用，以及均衡的利率與所得是如何決定的。這將是本章第三節的主
要討論內容。

（二）總合需求曲線

　　在前面利用兩個市場的分析中，我們並沒有將物價的觀念引
入，因為我們希望先說明所得與利率的關係，除了所得與利率以
外，物價當然也是總體經濟體系中一個重要的變數。

　　總體經濟中的物價水準係由個別商品價格加權平均而得，所以
當物價水準上升時，表示所有商品的平均價格是上升的。在此種情
況下，人們對商品的需求會減少。從整個社會的角度來看，全社會
對商品的需求會減少。因此如果我們以物價當縱軸，以所得（或產
出）當橫軸，則我們可以得到一條具有負斜率的「總合需求曲線」
（aggregate demand curve, AD）。這條曲線反映出總體經濟市場上需

求面的價格與所得（或產出）之間的關係。

當我們把物價引介到財貨市場與貨幣市場之中時，在財貨市場上，我們看到物價上升會使人們的實質購買力下降，總合需求減少，故均衡所得會減少。在貨幣市場上，當物價上升時，相同的貨幣數量可以支應的貿易數量較少，因為此時相同商品的價格較高。或者我們可以說此時的實質貨幣供給減少，因此會造成利率上升與所得下降。不論是在財貨市場或貨幣市場上，我們都看到物價（P）與所得（Y）之間的負向關係。因此，我們也把財貨市場與貨幣市場的分析看成是一個需求面的分析，因為我們可以把這兩個市場的分析過程，視為凱因斯所提出的總合需求分析法的延伸。

我們會在本章的第二、三節中，仔細說明如何把物價變數引入商品市場與貨幣市場之中，從而推導出物價與所得之間的關係。也就是說，本章要利用這兩個市場（商品市場、貨幣市場）來推導出一條具有負斜率的總合需求曲線。

（三）總合供給曲線

總合需求曲線係由市場上個人需要曲線的概念衍生而來，同樣的，總合供給曲線（aggregate supply curve, AS）則可由市場上個人供給曲線的概念擴大而得。當市場上平均的物價水準上升時，廠商的利潤會增加，於是大家都會增加產出，全社會的所得也會增加。也就是說，從供給面的角度來看物價與產出之間是有正相關的。如果我們以物價當縱軸，以所得（或產出）當成橫軸，則我們可以得到一條具有正斜率的總合供給曲線。

個別廠商要增加產出時，只要去購買更多的機器或雇用更多的勞動即可。但就整個經濟體系來看，全體社會產能的大小會與勞動

與機器的數量有關。換句話說，全國總產值的大小與全體勞動就業水準高低有關，如果就業水準高，產出就會大；就業水準低，產出就會減少。為推導總合供給曲線，我們必須引入勞動市場。利用勞動市場中勞動供給與勞動需求的均衡觀念，得到均衡的工資與就業量，再透過全社會的生產函數，就可以得到全社會產出的大小，亦即全社會所得的高低。若再考慮物價因素，當工資水準不變時，物價上漲會使廠商支付的實質工資降低，於是廠商會有意願去雇用更多的勞動，從而使全經濟體系的就業水準提高，產出與所得增加。所以利用勞動市場的均衡，我們可以得到一條正斜率的總合供給曲線，說明在供給面均衡下，物價與產出之間的關係。

最後，在總合供給曲線與總合需求曲線的交互作用下，就可以得到同時滿足總合供給與總合需求的均衡所得水準與均衡物價水準。我們會在第九章中仔細說明，總合供給曲線與勞動市場之間的關係，同時也會說明如何得到最終的均衡所得與均衡物價水準。至此，我們就得到一個簡單而完整的總體經濟模型，其中我們可以知道一些重要的總體經濟變數之間是如何交互影響的，包括所得、物價、利率與就業水準等等。

▎二、商品市場

一個經濟體系中所存在的貨品種類可說是不盡其數，例如手機、汽車、衣服、水果……。要同時了解每一個市場上產品價格與數量的變化幾乎是一件不可能的事情，因此在總體經濟學中，我們就以一個概括的商品市場或財貨市場的概念，來代表所有財貨在市場上的交易。我們要看的是如何能使總體經濟的商品市場達到均

衡，且我們要探究商品市場均衡所具有的特性有哪些。

由於我們要建構的是整個總體市場的架構，並分析其均衡的狀態，所以我們會在適當之處把一些重要的總體經濟變數逐一列在總體經濟體系之中。

（一）總合需求與產出

我們利用凱因斯的總合需求概念，把經濟體系中對所有商品的需求加總，而我們再把這些需求歸類成四大類，即消費（C）、投資（I）、政府支出（G）、進口（M）與出口（X）。如此我們就不需要把所有商品的供給與需求一一列出。為簡化分析，我們暫且不考慮政府部門與國外部門，即忽略政府支出與進出口對總合需求的影響，此種簡化結果可以讓我們更清楚的說明總體經濟如何運作。後續我們會再進一步考慮政府部門的影響；至於進出口部門對經濟體系的影響則在本書後面有專門二章來仔細討論。所以，市場上的總合需求或有效需求（AD）可簡化寫成：

（8.1） $$AD = C + I$$

在總合需求中，民間消費（C）的主要決定因素是所得（Y）。其中消費可分成兩部分，一部分是自發性消費（Co），即不論所得是多少，人們為了維持最基本的生活所必須花費的金額；另一部分就是誘發性消費（b · Y），此部分的大小與所得高低有關。一般而言，當所得愈高時，人們的消費支出也會愈大。

當所得每增加1元時，人們所增加的消費是為邊際消費傾向（b），通常邊際消費傾向會介於0與1之間，即 $0 \leq b \leq 1$。

因此，消費函數可以表示成：

（8.2）　　　　　　　　　　　$C = C_0 + bY$

　　在投資（I）方面，投資大小由廠商決定，廠商為了生產產品，必須先去購買機器設備與廠房等等。進行投資時，廠商通常必須融資借款，因此使用資金是有成本的，即使廠商用的是自己的資金，仍然會有機會成本。市場利率（i）就是廠商使用資金的成本，市場利率愈高，廠商貸款的成本愈高，其進行投資的意願就愈低；反之，若利率愈低，則投資意願就愈高。因此，廠商的投資函數可以寫成：

（8.3）　　　　　　　　　　　$I = I_0 - d \cdot i$

　　其中I_0為自發性投資，比方說，廠商為了維護現有機器正常運轉，每年必須花費一定金額的保養與維護費用，此部分大小由現有機器數目多少來決定，與利率無關。d為邊際投資傾向（marginal propensity to investment），它表示當利率每提高一個百分點（1%）時，投資會減少的數量。我們設定d＞0，由於利率提高會使投資減少，故其符號為負，表示投資與利率之間有負向的關係。

　　在上述的簡單架構中，我們看到利率對投資的影響，換句話說，我們已把利率引進模型之中。在第五章的簡單凱因斯模型中，我們曾說明如何決定均衡的國民所得與產出，但忽略掉利率及其他變數。此處我們把利率考慮進來，使模型變得複雜一些。

（二）IS曲線

　　要使商品市場達到均衡，則所有生產出來的商品都必須被買走；同時，整個社會的總合需求都要能被廠商的生產所滿足。換句

話說，要維持商品市場的需求，必須使總合需求（AD）等於產出
（Y），即：

（8.4） $$Y = AD = C + I$$

再從家計單位的所得來看，其總所得的分配只用在消費（C）
與儲蓄（S），即：

（8.5） $$Y = C + S$$

把（8.4）與（8.5）二式合併，我們可以用另外一種方式來表
示商品市場的均衡，即：

$$Y = C + I = AD = C + S$$

上式簡化以後可得：

（8.6） $$I = S$$

在第五章中，我們曾以上式來求出均衡的國民所得水準
（Y）。因為在投資固定下，我們可以找到某個單一的所得水準，使
儲蓄等於投資，而該所得水準就是均衡下的所得水準。但現在情況
略有不同，因為此種儲蓄水準的高低由所得決定，但另一方面，投
資不再是固定的，其高低與利率有關。

在所得與利率同時會影響總合需求的情況下，我們就無法找到
一個使商品市場達到均衡的單一所得水準。比方說，在某一利率水
準下，廠商決定其最適投資量，為提供足夠的資金，消費者必須有
相同數量的儲蓄，而要拿出這麼多的儲蓄，必然會有一個單一的所
得水準與之對應。但此單一的所得水準是以某一利率水準為前提，

只要利率水準改變，則廠商投資水準也會改變，因此均衡的儲蓄與所得水準都會發生變化。

　　讓我們用數學式來進一步說明上述關係，由於儲蓄為所得減去消費，故：

$$S = Y - C = Y - (C_0 + bY)$$

加以整理後，我們可以得到儲蓄函數如下：

（8.7）　　　　　　　$S = -C_0 + (1 - b)Y$

　　再把儲蓄函數（8.7）式與投資函數（8.3）式分別代入商品市場的均衡條件（8.6）式中，我們得到：

$$I_0 - d \cdot i = I = S = -C_0 + (1 - b)Y$$

整理以後，一個維持商品市場均衡下 Y 與 i 的關係式，即：

（8.8）　　　　$Y = \dfrac{1}{1 - b}(I_0 + C_0) - \dfrac{d}{1 - b} \cdot i$

　　（8.8）式是由（8.6）式的商品市場均衡條件所衍生出來，所以它代表的也是一個均衡，但是我們看到此時的均衡所得（Y）不再是一個固定的數字，其大小與市場利率有關。在我們前面的假設下，邊際消費傾向（b）介於 0 與 1 之間，而邊際投資傾向（d）大於零，因此（8.8）式中 $d/(1-b) > 0$。所以，我們看到在維持商品市場均衡下，所得（Y）與利率（i）之間呈現負向的關係。

　　現在我們把利率當成縱軸，把所得放在橫軸，我們可以把（8.8）式繪成一條具有負斜率的曲線，如圖 8.1。由於（8.8）式是

由（8.6）式投資等於儲蓄的均衡條件而來，故我們把該曲線稱為
IS曲線（IS curve），其中 I 代表投資，S 代表儲蓄。

　　IS曲線代表維持商品市場均衡下，所有所得與利率組合所連
接成的曲線。比方說，在市場利率為 i_0 下，廠商的投資水準可以確
定；而為提供足夠的儲蓄來供廠商使用，必須有一個相對應的所得
水準才能產生足夠的儲蓄，設此所得水準為 Y_0。因此，（i_0, Y_0）即
為能維持商品市場均衡的一個利率與所得的組合，此即圖8.1中的
A點。

　　現在，假設利率水準下跌到 i_1，由於利率水準降低，使得廠商
的投資增加，為使消費者有更多的儲蓄供廠商投資之用，市場上的
所得水準必須提高，故新的均衡所得 Y_1 必須要大於原有所得水準
Y_0。所以，（i_1, Y_1）是可以維持商品市場均衡的另外一個組合，即
圖8.1中的B點。我們把 A、B 及其他所有可以使商品市場維持均衡
下的所得與利率所形成的均衡點都連接起來，就可以得到IS曲線。

　　另外必須一提的是，在前面推導IS曲線時，我們不曾考慮政
府部門的存在。其實我們可以很容易的把政府部門放進模型中，比

圖8.1：IS曲線

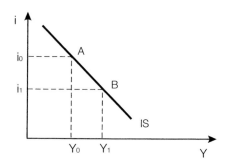

方說，如果我們考慮政府支出（G）與稅收（T），則依第五章的分析，此時市場的總合需求變成：

$$Y = C + I + G$$

而所得的分配則成為：

$$Y = C + S + T$$

把兩式合併，就可得到維持市場均衡的條件成為：

（8.9）　　　　　　　　$$I + G = S + T$$

事實上，（8.9）式與（8.6）式的性質是十分接近的，唯一的不同只是前者多考慮政府部門的支出與稅收而已。為節省篇幅，我們不再對（8.9）式做更詳細的說明。

（三）圖解 IS 曲線

除了上面所述以數學式的方式來說明如何推導 IS 曲線以外，我們也可以圖形的方式來說明如何得到 IS 曲線。事實上，以圖形來推導 IS 曲線，不但可以提供更清楚的說明，而且在以後做政策分析時更容易討論。

首先，我們把儲蓄函數繪在圖 8.2（A）中，把儲蓄（S）放在縱軸，把所得（Y）放在橫軸。由於儲蓄會隨所得增加而增加，故我們可以得到一條具有正斜率的儲蓄曲線。

然後，我們可以把投資函數繪在圖 8.2（C）中，其中利率為縱軸，投資為橫軸。由於利率可以看成廠商使用資金的成本，所以投資與利率呈現相反關係，因此投資函數具有負斜率。

圖8.2：圖解IS曲線

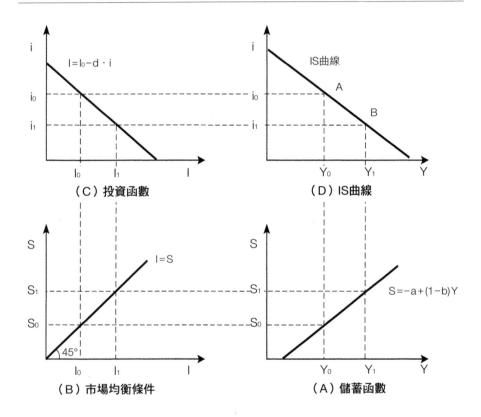

（C）投資函數　　　　　　（D）IS曲線

（B）市場均衡條件　　　　（A）儲蓄函數

　　接著我們需要一條表示市場均衡的圖形，即（B）圖的45°
線。在（B）圖中，我們把儲蓄當成縱軸，把投資當成橫軸；而
45°線上每一點代表的都是投資等於儲蓄，換句話說，其上的每一
點都代表著商品市場的均衡（$I=S$）。

　　為推導IS曲線，此處先假設一開始的市場利率為i_0，由圖（C）
中可知，當市場利率為i_0時，此時廠商的投資水準會為I_0。然後
我們把I_0延伸到圖（B）上，我們依45°線的條件，當投資水準

　　為 I_0 時，相對應的儲蓄水準為 S_0。接著我們再繼續把 S_0 延伸到圖（A）的儲蓄函數中，當儲蓄水準為 S_0 時，市場上必須有 Y_0 的所得水準才足以提供 S_0 的儲蓄。最後把圖（A）中的 Y_0 向上延伸到圖（D），同時把圖（C）中的 i_0 向右延伸到圖（D），我們便可以在圖（D）中得到一組能維持商品市場均衡的所得與利率（Y_0, i_0），此即圖（D）中的 A 點。

　　由於（A）、（B）、（C）中的三條曲線都是直線，所以我們推導出的 IS 曲線也必然會是直線。換句話說，我們只要在圖（D）中再找到另外一組能滿足商品市場均衡的所得與利率所形成的均衡點，再把兩點相連接，就可以得到 IS 曲線。

　　得到另外一點（B 點）的方法與得到 A 點是完全相同的。我們現在再假設另外一個較低的利率 i_1，在對應 i_1 的利率下，廠商的最適投資水準為 I_1，見圖（C）。要維持商品市場均衡，圖（B）顯示此時必須要有 S_1 的儲蓄水準。而在圖（A），若儲蓄水準為 S_1，則市場均衡下的所得水準必須為 Y_1。最後我們把圖（C）中的 i_1 與圖（A）中的 Y_1 同時放到圖（D）中，我們就可以得到 B 點。

　　最後，再把 A、B 兩點連接起來，我們就可以得到一條維持商品市場均衡下，所有所得與利率的組合點所連接的曲線，即 IS 曲線。在圖（D）中，原來利率水準 i_0 較高，其對應的所得水準為 Y_0。當利率降低到 i_1 時，投資會增加到 I_1。為維持市場均衡，所以儲蓄也會增加到 S_1，而市場必須有較高的所得才能提供較高的儲蓄，所以所得也增加到 Y_1。因此在圖（D）中，我們看到 IS 曲線具有負斜率，亦即要維持商品市場的均衡量，利率與所得必須呈相反方向的變動。

　　最後我們再略加說明的是，如果此時放入政府支出，不考慮稅

收的變動，則會使圖（C）中的投資函數右移，因為其中含有政府
支出部分。投資函數整條右移的結果，會使整條IS曲線右移。

我們以圖8.3來說明加入政府支出對IS曲線產生的影響。在圖
8.3中，原來的圖（C）中只考慮民間投資，在此狀況下我們利用圖
8.2的方法，可以得到IS曲線，即IS_0。

現在我們再考慮把政府支出放入（或者可以看成政府支出增
加，見圖8.3），使得圖（C）中整條曲線往右移動。於是在原來
利率i_0下，現在對應的投資為I_2，大於原來的I_0。同時，儲蓄（S_2）

圖8.3：加入政府支出對IS曲線的影響

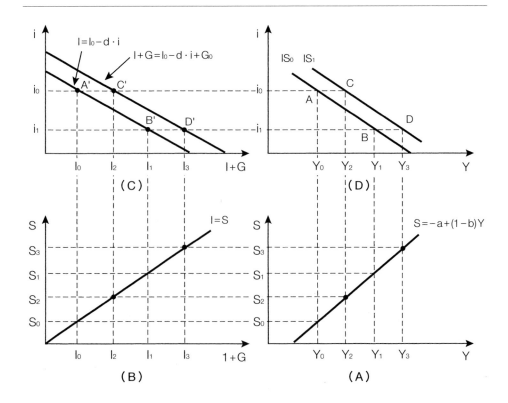

與所得水準（Y_2）均增加。反映在圖（D）中的C點也會在原來A點的右邊。在利率下降（i_1）下的情況也類似，在考慮政府支出以後，投資增加到I_3，大於原來的I_1。同時，儲蓄水準（S_3）和所得水準（Y_3）都比原有的S_1和Y_1為高。最後，由i_1和Y_3所組成的均衡點為圖（D）中的D點，也在原均衡點B點的右邊。

把C、D兩點連接起來，就可以看到整條新的IS曲線，IS_1會落在原有IS_0曲線的右邊。換句話說，政府支出增加的結果會造成IS曲線的右移。事實上，任何因素造成總合需求增加時，都會使IS曲線右移；反之，當政府支出減少，或者任何一種總合需求減少時，都會造成IS曲線左移。任何自發性支出的增加都會使IS曲線右移，比方說自發性消費C_0與自發性投資I_0的增加都會使IS右移，因此我們也可以把IS曲線右移看成為總合需求增加的結果。

另一方面，當邊際消費傾向（b）或邊際投資傾向（d）發生變化時，會使IS曲線的斜率改變。一般而言，當邊際消費傾向提高或邊際投資傾向變大時，都會使IS曲線變得較為水平；反之，當邊際消費傾向與邊際投資傾向降低時，IS曲線會變得較陡。

┃ 三、貨幣市場

在商品市場中，我們利用總合需求的概念，把所有商品在市場上交易時的均衡情況表現出來，但是其中還有二個總體變數有待解決，即所得與利率。在簡單的凱因斯模型中，我們看到商品市場只有在假設利率已知的情況下，才有可能知道市場均衡下的所得大小是多少。在一般情況下，所得與利率會同時變動，因此在商品市場中，我們可以找到很多利率與所得的組合來滿足市場均衡。所以，

最後我們是以一整條的 IS 曲線來代表商品市場的均衡。

為了要能知道利率如何決定，我們就再引入另外一個市場，即貨幣市場。因為利率是資金的成本，所以利率是由資金市場上的供給與需求所決定。另一方面，我們可以用貨幣數量來表示資金的供給與需求，因此利率的高低也可以用貨幣的供給與需求決定。

（一）貨幣需求與貨幣供給

在本書第六章中，我們曾提及人們持有貨幣的動機有三種，即交易動機、預防動機與投機動機。貨幣可以滿足人們三種動機的主要理由在於貨幣具有高度的流動性。一般而言，當人們所得愈高時，日常上對於交易的需求愈大，所以希望持有的貨幣數量也愈多；另一方面，人們因預防動機而希望持有的貨幣數量也會愈多，因為所得愈高，其臨時起意購買商品或使用貨幣的機會也會愈多。因此，在其他條件不變下，人們持有貨幣的數量會隨所得增加而增加。至於在投機動機方面，因投機持有貨幣的理由在於保持高度流動性，以便在有任何投機賺錢的機會時，可以立即加以實現。然而，此種因投機而持有貨幣的行為，也必須支付代價，此即因持有貨幣而損失的利息收入。所以當利率上升時，人們會因為持有貨幣的成本增加而減少貨幣的持有量。

根據以上的討論，我們可以把人們的貨幣需求分成兩部分，其中一部分受到所得的影響，我們寫成 $L_1(Y)$，當 Y 增加時，L_1 也會增加；反之，當 Y 下降時，L_1 則會減少。另外一部分則受到利率的影響，我們寫成 $L_2(i)$，當 i 上升時，L_2 則會下降；反之，當 i 下降時，L_2 會上升。所以，貨幣需求函數可以寫成：

（8.10）　　　　　　$M^d = L_1(Y) + L_2(i)$

　　為顯現出貨幣需求與利率的關係，我們把（8.10）式繪在圖8.4，其中利率為縱軸，貨幣數量為橫軸。在所得固定為Y_0下，由於貨幣需求與利率具有相反關係，所以貨幣需求曲線為一條具有負斜率的供給。當利率下降時（由i_0到i_1），貨幣需求量會增加（由M_0到M_1）。

　　另一方面，當所得增加時，會使整條貨幣需求曲線右移。比方說，當所得由Y_0增加到Y_1時，原來i_0下的貨幣需求量由M_0增加到M_2，而i_1下的貨幣需求量由M_1增加到M_3，這表示整條需求曲線右移；反之，當所得減少時，整條需求曲線會左移。

　　貨幣供給的情況則大不相同。雖然在第六章我們提及商業銀行有創造信用的能力，但一般而言，全體經濟體系中的貨幣數量幾乎都是由中央銀行控制的，因為它不但可以印製鈔票，而且還可以透過控制商業銀行的法定存款準備率來達到控制貨幣數量的目的，我們會在第十一章中再仔細說明中央銀行的功能。

圖8.4：貨幣需求

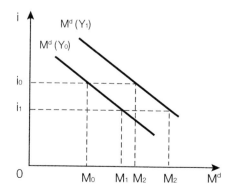

　　由於中央銀行有充分能力達到控制貨幣供給量的目的，因此我
們假設貨幣供給量是由政府決定的，其大小與經濟體系中利率水準
的高低無關。因此在圖8.5中，我們可看到貨幣供給曲線是一條垂
直線，如 M_0^s。如果政府增加貨幣供給，可以使貨幣供給曲線往右
移動，如 M_1^s；反之，若政府減少貨幣供給，則會使貨幣供給曲線
左移。

　　在了解貨幣需求與貨幣供給的特性以後，就可以來看看貨幣市
場如何運作以達到均衡。我們把貨幣供給曲線（M^s）與貨幣需求
曲線（M^d）同時放在圖8.6中，利用兩條曲線的交點 E，我們就可
以得到均衡的市場利率 i_0，此時市場的均衡貨幣數量為 M_0。

　　在圖8.6中，我們看到貨幣供給量由 M_0^s 增到 M_1^s 時，因為要使
這些貨幣被吸收，市場利率必須下跌，才能使需求量增加，故此時
均衡利率水準下降到 i_1。反之，當貨幣供給減少到 M_2^s，則均衡利率
會上升到 i_2。所以當貨幣供給增加時，價格（利率）就會下跌；反
之，當貨幣供給減少時，利率就會上升。這雖然是很簡單的觀念，

圖8.5：貨幣供給

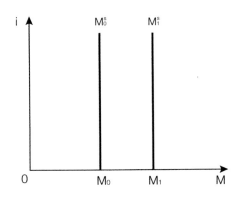

圖8.6：貨幣市場均衡

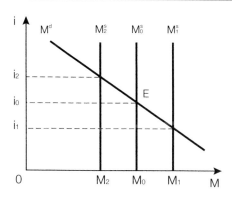

但在總體經濟體系中卻非常重要，讀者必須對貨幣市場的運作要瞭然於心才可。

（二）LM曲線

在圖8.6中，我們雖然以貨幣供給等於貨幣需求的條件，來決定出均衡的利率，但前提是其他條件不變，且其中最重要的假設是所得固定。事實上，在決定貨幣需求的大小中，所得高低扮演著非常重要的角色。從另外一個角度來看，貨幣數量的大小對於所得的高低也有十分顯著的影響。因為當貨幣供給增加時，它一方面可使人們口袋中的貨幣數量增加，從而刺激了人們消費的慾望；另一方面，貨幣數量增加也可以融通更多的交易，使得市場上得以進行更多的交易，從而產生更多的所得。

換句話說，貨幣市場供給與需求的變化不只是單單影響到利率水準的高低而已，也會與所得的變化有密切關係。我們先以數學式來說明在貨幣市場均衡下，利率與所得的關係，然後再以圖形做進

一步的說明。

在（8.10）式中，貨幣需求由兩部分決定，包括交易性貨幣需求 L_1（Y）及投機性貨幣需求 L_2（i）。一部分是交易性貨幣需求 L_1（Y），大小與所得有關，我們假設其與所得的關係可寫成：

（8.11）　　　　　　　$L_1（Y）= L_0 + k_1 Y$

其中 L_0 為常數；而 $k_1 > 0$，表示當所得增加時交易性貨幣需求增加的比例；另一部分為投機性貨幣需求 L_2（i），大小則與利率有關，我們假設其為：

（8.12）　　　　　　　$L_2（i）= H_0 - k_2 i$

其中 H_0 為常數，且 $k_2 > 0$，表示當利率上升時，投機性貨幣需求會減少。把（8.11）與（8.12）兩式代入（8.10）中，貨幣需求可表示如下：

（8.13）　　$M^d = L_1（Y）+ L_2（i）=（L_0 + H_0）+ k_1 Y - k_2 i$

再假設貨幣供給量固定為 M_0，即：

（8.14）　　　　　　　$M^s = M_0$

最後，依貨幣需求等於貨幣供給的均衡條件，得：

（8.15）　　$M_0 = M^s = M^d =（L_0 + H_0）+ k_1 Y - k_2 i$

把上式加以整理後，我們可以得到維持貨幣市場均衡下，所得與利率之間的關係，即LM曲線：

$$（8.16）\qquad Y = \frac{1}{k_1}\,(M_0 - L_0 - H_0) + \frac{k_2}{k_1}\cdot i$$

（8.16）式表示在維持市場均衡下，在其他條件不變下，若利率上升，則所得水準也必須增加。其理由十分清楚，因為在貨幣供給固定的情況下，當利率上升時，貨幣需求量會減少，因此出現貨幣供給量大於需求量的情況。要吸收這個供過於求的數量，唯一的可能就是使所得提高，在所得增加情況下，會使交易性貨幣需求增加，從而彌補了因利率上升所減少的貨幣需求。

　　因此我們看到，在貨幣供給是固定的情況下，也可以有很多不同所得與利率的組合，這些組合都可以滿足（8.16）式，也就是說，都可以滿足貨幣市場的均衡。把這些均衡的組合都連接起來，就可以得到一條能滿足貨幣市場均衡的利率與所得組合所形成的曲線，我們稱其為LM曲線（LM curve），如圖8.7。

　　以（8.16）式所表示的LM曲線來看，所得與利率水準之間呈現正向關係，即當利率上升時，所得也會增加；反之，當利率下降時，所得也會減少。如圖8.7，當利率為i_0時，維持市場均衡所需

圖8.7：LM曲線

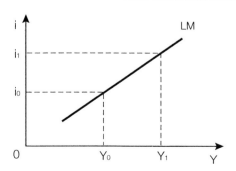

央行雙手難撐三目標

在1997年7月亞洲金融風暴爆發不久，9月24日下午，央行宣布調降存款準備率，據估計可放出大約400億的現金。這些資金經過乘數效果以後，大約可以使 M_2 增加3,200億（即8倍的乘數效果），與800億的 M_1B（即2倍的乘數效果）。一般來説，央行增加貨幣供給，一方面使資金增加，於是市場上會有更多資金供人們融資用於股票市場上；另一方面會使利率下跌，於是廠商會增加投資，使利潤增加。在兩種效果刺激下，央行大量釋放貨幣供給通常都被股市視為大利多，而會使股價指數上升。

在央行宣布調降存款準備率的第二天，即9月25日，股市於上午九點一開盤股價指數就立即上衝170點，然後旋即大幅下跌，不但賠回170點，還另外多跌了200點。此種結果不但讓股票投資人全都傻眼，也讓有心在股市作多的官員也手足無措，不知道該怎麼辦！

央行的主要目標應該是以穩定物價為第一優先，另外兩種重要目標則是維持利率與匯率的穩定。在亞洲金融風暴之前，台灣的物價水準非常穩定，當時消費者物價指數的年增率不到2%。在沒有通貨膨脹的壓力下，央行要進行其他政策時，便不會有太大的約束。

在貨幣市場方面，人們不斷把定期存款轉成活期存款，以供投資人方便於熱絡的股市上進出。由於定期存款的法定準備率只有8%左右，活期存款的法定準備率則在20%，所以當人們把定存轉換成活存時，全體銀行體系所需要的法定準備水準就大幅提高。事

實上，1997年9月的資料顯示，M_2的年增率不到8%，而M_1B的年增率卻高達17%，顯示出銀行體系對於存款準備的迫切需要。在央行調降法定準備率之下，據估計台灣全體銀行體系欠缺的存款準備大約在1,000億新台幣左右。因此，在調降準備率之後，雖然可增加約800億的M_1B，但仍不足以支應存款準備之用。在此種情況下，銀行之間仍然維持很高的同業拆放款利率，以吸收短期資金。因此，央行調降準備率以引導利率下降的目標無法順利達成。

另一方面，由於東南亞發生金融風暴，造成外資大量撤出，台灣也遭到池魚之殃。在外資不斷把美元抽離台灣的情況下，外匯市場出現大量買美元賣台幣的情況，造成美元升值，新台幣貶值的壓力。央行為維持新台幣對美元匯率固定在新台幣28.6元兌1美元的水準下，於是在外匯市場上大量拋售美元，買入台幣。

央行擁有900億美元以上的外匯存底，我們從來不懷疑央行穩定新台幣的能力與決心。但是外資大量買入美元，央行不斷拋售美元的情況下，造成的副作用就是央行大量收回新台幣，這對於國內原來就已經供給不足的貨幣市場而言，央行回收新台幣更造成貨幣供給不足的結果。

央行原來一方面要維持新台幣對美元的匯率穩定，從而導致國內新台幣供給不足；另一方面又想增加貨幣供給，以引導國內利率水準下降；順便又可以刺激股市，以因應時任總統李登輝在9月中旬出國訪問時對記者宣稱股市在9,000點是可以進場的時機。

不幸的是，央行擁有的工具是貨幣供給與外匯買賣，在此有限的工具下，平常要應付利率與匯率水準大約還勉強可以，但是又要插手來干預股市，當然不是件容易的事。

　　首先，央行首要的功能是在維持物價穩定，而不是協助廠商進行投資，或是協助股票市場，這應該是開發銀行或工業銀行的事，央行不應該有任何直接的相關動作。

　　其次，影響股市的因素何止有千萬種之多，央行的貨幣政策固然可以影響股市，但還有很多無法預期的因素，會很容易的就讓央行的利率政策相形失色。

　　據說在央行調整準備率後，使股價大漲再大跌的主要原因在於國內股市的龍頭之一，電子股之中生產靜態隨機讀取記憶體（SRAM）的業者，有一些在美國受到傾銷的指控，而被要求課以重稅。在此利空的情況下，投資人緊張的大舉拋售電子股，於是股價在一夕之間立即大跌！

　　貨幣供給直接影響的是利率與匯率，對股價的間接影響自然也會有，但效果卻難以掌握。此次央行在掌握利率與匯率的同時，還想插手干預股市，卻得到一個完全相反的結果。這是一次最好的反面教材，可供官員有心在股市作多時的參考。

的所得水準為 Y_0；若利率上升為 i_1，此時貨幣需求會減少，在貨幣供給不變的情況下，唯有所得增加，才能使交易性貨幣需求增加，而吸收過多的貨幣數量，因此對應的所得水準會較高，如 Y_1。

（三）圖解LM曲線

　　與推導IS曲線的方法相同，我們仍然採用四個圖形的方式來說明如何推導LM曲線，見圖8.8。由於我們最終要求出的是在維持貨幣市場均衡下，所有所得與利率所形成的組合，因此LM曲線

圖8.8：圖解LM曲線

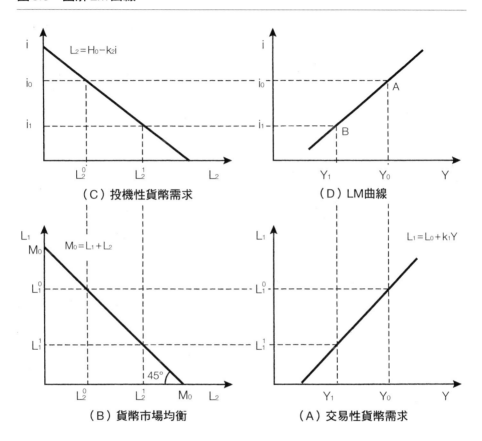

（C）投機性貨幣需求　　　　　（D）LM曲線

（B）貨幣市場均衡　　　　　（A）交易性貨幣需求

的兩軸仍然是利率為縱軸，所得為橫軸，如圖8.8的（D）。

　　首先，我們把貨幣需求分成兩部分，一部分是與所得有關的貨幣需求，即交易性貨幣需求L_1（Y）。在圖8.8（A）中，我們把所得放在橫軸，把L_1放在縱軸，該曲線代表的就是交易性貨幣需求與所得之間的關係。當所得愈高時，人們會持有較多的貨幣數量，以支應其日常較多的交易，所以交易性需求曲線具有正斜率。

　　另一部分的貨幣需求則與利率有關，如投機性貨幣需求 L_2（i）。在圖8.8（C）中，我們把利率放在縱軸，把貨幣數量 L_2 放在橫軸，就可以得到一條具有負斜率的投機性貨幣需求曲線。當利率上升時，持有貨幣的成本會增加，因此人們持有的貨幣數量就會減少；反之，當利率下降時，持有貨幣數量就會增加。

　　至於在貨幣市場均衡方面，我們使用的圖形必須仔細說明，見圖8.8（B）。在圖（A）與（C）中，分別表示的是兩種不同形式的貨幣需求，L_1（Y）與 L_2（i），兩者合併起來才是全部的貨幣需求。另一方面，假設貨幣供給量是固定的（M_0），因為可以由政府完全控制。因此貨幣供給等於貨幣需求的均衡條件如（8.15）式所示，即：

$$M_0 = M^s = M^d = L_1（Y）+ L_2（i）$$

亦即：

（8.17）　　　　　　$M_0 = L_1（Y）+ L_2（i）$

　　在（8.17）式中，我們看到 M_0 是固定的，所以交易性需求與投機性需求是在固定總額的貨幣數量中爭取大小。易言之，當 L_1（Y）增加時，L_2（i）必然要減少；反過來說，當 L_1（Y）減少時，L_2（i）也就要增加。因此，L_1（Y）與 L_2（i）是呈相反的變動關係。

　　根據上述理由，在圖8.8（B）中，把 L_1 當成縱軸，L_2 為橫軸，我們可將（8.17）式繪成一條具有負斜率的曲線。因為當 L_1 增加1元時，L_2 就會減少1元；反之，當 L_1 減少1元時，L_2 就可以

增加1元。由於兩者的增減完全相反，所以該曲線為負斜率的45°線。至於該曲線在兩軸的截距分別都是M_0，也就是說，截距大小是由貨幣供給量所決定。當貨幣供給增加時，該曲線會右移，此時有更多的貨幣數量供兩種貨幣需求競爭使用；反之，當貨幣供給減少時，該曲線會左移，市場上可供兩種貨幣需求使用的數量會減少。

有了（A）、（B）、（C）三個圖形以後，我們就可以找出維持貨幣市場均衡的所有所得與利率所形成的組合，並將之於圖8.8（D）中標出，最後再將這些點連接起來，我們就可以找到代表貨幣市場均衡的LM曲線。

由於（A）、（B）、（C）三圖中的曲線都是直線，所以我們得到的LM曲線也必然是直線。因此，我們只要在圖（D）中找到任何兩個所得與利率的組合點，並將之連接起來，就可以得到LM曲線。

首先，在8.8（C）中，我們假設原先的市場利率為i_0。依投機性貨幣需求，在利率i_0下，投機性需求為$L_2(i_0)$，亦即圖（C）中的L_2^0。然後，在圖（B）中，由於貨幣數量M_0是固定的，當投機性需求使用L_2^0的數量以後，剩下來的就是L_1^0。注意此時L_1^0與L_2^0兩者形成的點會落在市場均衡條件所形成的曲線上，即$M_0 = L_1^0 + L_2^0$。接下來，由於可供融通交易性貨幣需求的數量只有L_1^0，依圖（A）顯示，其對應市場均衡的所得水準為Y_0。也就是說，在所得水準為Y_0下，交易性貨幣需求為L_1^0，此數量正好符合圖（B）中維持市場均衡所需要的數量。

最後，把原始的利率i_0與最後得到的市場均衡所得水準Y_0，同時繪在圖（D）中，我們就可以得到（Y_0, i_0）的代表，即A點。其

中（Y_0, i_0）就表示一組能維持貨幣市場均衡的所得與利率所形成的組合。

　　我們可以利用同樣的方式來找出第二點。譬如說，在圖（C）中，我們假設市場利率下降到 i_1，於是投機性貨幣需求就由 L_2^0 增加到 L_2^1。當投機性需求增加時，由於貨幣數量總數不變，因此可供交易使用的貨幣需求必須減少。由圖（B）中可看出，由 L_2^0 增加到 L_2^1 時，交易性需求則由 L_1^0 減少到 L_1^1。再接著，由於可供交易的利率減少，故其對應的均衡所得也會減少，即由圖（A）中的 Y_0 下降到 Y_1。最後，我們再把（Y_1, i_1）所形成的點標示在圖（D）上，此即 B 點，這是另外一組可以維持貨幣市場均衡的所得與利率所形成的組合。

　　由於 A、B 兩點分別代表貨幣市場均衡下的所得與利率的組合，我們將之連結起來，就可以得到 LM 曲線，見圖 8.8（D）。由於上面的每一點都代表一組維持貨幣市場均衡的所得與利率所形成的點，因此 LM 曲線也可以被稱為一條能維持貨幣市場均衡下，所有可能的所得與利率形成的組合所連接成的曲線。

　　LM 曲線有幾個特點，值得我們加以說明：第一，LM 曲線具有正斜率。這表示說，在其他條件不變下，當利率上升時，由於投機性需求減少，要維持市場均衡必須增加交易性貨幣需求，而唯有使所得增加才有可能。因此，在維持貨幣市場均衡下，均衡利率與均衡所得必須同方向變動才行。第二，當其他條件不變而貨幣供給增加時，會使 LM 曲線水平往右移動；相反的，如果貨幣供給減少，則會使 LM 曲線往左移動。第三，LM 曲線的斜率與交易性貨幣曲線 L_1（Y）和投機性需求曲線 L_2（i）的斜率有關。當後二者的斜率愈接近水平時，LM 曲線也會接近水平；相反，當二者斜率愈

陡時，LM曲線也會愈陡。

我們再以圖8.9來舉例說明貨幣供給增加對LM曲線的影響。在圖8.9（B）中，假設原來的貨幣供給是為M_0，則在市場利率為i_0下，對應的投機需求、交易性需求與均衡所得分別為L_2^0、L_1^0與Y_0；而在市場利率為i_1下，三者對應的數值分別為L_2^1、L_1^1與Y_1。所以在圖8.9（D）中，我們可以得到（Y_0, i_0）與（Y_1, i_1）兩個均衡點，即A、B兩點。再把A、B兩點連接起來，我們就可以得到一條LM曲線，即LM_0。

圖8.9：貨幣供給增加對LM曲線的影響

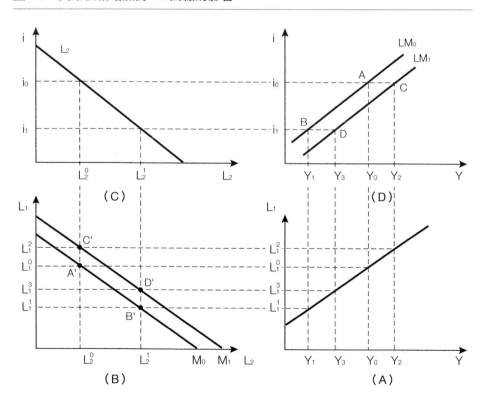

現在假設貨幣供給由M_0增加到M_1，如圖8.9（B）所示。當M_0增加到M_1時，如果利率仍然維持在i_0，則在相同的投機性需求下（L_2^0），市場上會有更多的貨幣要求交易性需求所吸收（L_1^2），因此對應的所得水準也必須提高（Y_2）。同樣的，如果利率仍然在i_1下，則面對同樣大小的投機性需求（L_2^1），則必有更多的交易性需求來吸收多出的貨幣數量，即L_1^3，因此也必須有較高的均衡所得（Y_3）。

最後，我們把兩組新的均衡組合（Y_2, i_0）與（Y_3, i_1）分別稱為C點與D點，再將之連接起來，我們就可以得到一條新的LM曲線，即LM_1，而此曲線必然落在原來LM_0的右邊。因此我們得到一個重要結論，當貨幣供給增加時，LM曲線會往右移動；反之，當貨幣供給減少時，LM則會往左移動。

四、需求面的一般均衡分析

（一）一般均衡下的均衡所得與利率

在前二節中，我們曾仔細說明如何推導IS曲線與LM曲線。IS曲線是維持商品市場均衡下，所有所得與利率所形成的組合；而LM曲線則是維持貨幣市場均衡下，所有所得與利率所形成的組合。

然而，在推導IS與LM的過程中，我們都只考慮個別市場的狀況，而沒有討論一個市場中利率與所得的變化對另外一個市場的影響。比方說，在推導IS曲線時，若利率下降，則投資增加，故所得也必須增加，才能使人們有足夠的儲蓄來支應投資，因此在商品

市場上利率與所得會做同方向的變化。但上述分析中我們忽略了另外一個可能受到的影響，因為當利率下降時，投機性貨幣需求會增加，因此交易性需求必須減少，所以所得也必然同時要減少。因此，在貨幣市場上利率與所得必須同方向變動。

　　在同時考慮兩個市場上的變化時，我們該如何同時討論其變化呢？或者更簡單的問：我們如何找到一組所得與利率能同時滿足兩個市場的均衡條件呢？這是一個非常重要的問題，因為當一組所得與利率滿足一個市場的均衡時，並不一定能同時滿足另外一個市場。由於另外一個市場沒有達到滿足，故其市場中的所得與利率會繼續變動，從而原來市場中的均衡也會被打破。唯有當兩個市場中的均衡條件同時達成，則此時的所得與利率才不會再變動，而這時的所得與利率水準才是真正均衡下的水準。我們把兩個市場同時達到均衡的狀況稱為一般均衡（general equilibrium）；若不考慮其他市場的狀況，而只考慮單一市場的均衡時，我們稱之為部分均衡（partial equilibrium）。

　　要找到滿足兩個市場同時達成均衡的一般均衡條件，我們同時把IS曲線與LM曲線放在圖8.10中，其中縱軸仍然是利率（i），橫軸則是所得（Y）。如果我們在圖8.10中任意的選出一點，如A點，在A點上，雖然（Y_1, i_1）落在IS曲線上，滿足商品市場的均衡條件，但A點並沒有在LM曲線上，因為若以LM的標準來看，i_1的利率水準應該對應Y_2的所得水準，即B點。所以，在（Y_1, i_1）不能滿足LM的條件下，總體經濟體系中的所得與利率水準會繼續發生變動，也就是說，此時尚未達成均衡。

　　同樣的，如果我們選另外一點B，B落在LM曲線上，故滿足貨幣市場均衡所需要的條件。但另一方面，B點並沒有落在IS曲線

圖8.10：商品市場與貨幣市場的一般均衡（IS－LM）

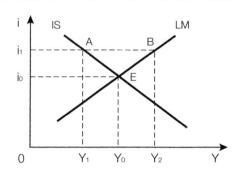

上，也就是說，B點所代表的所得與利率水準並不能滿足商品市場均衡要求。在此種情況下，B點的利率與所得仍然會繼續改變。

　　唯有在IS與LM兩條曲線的交點上，如E點，其代表的所得水準Y_0與利率水準i_0才能達到一般均衡所要求的條件。因為在E點上，(Y_0, i_0)的組合同時落在IS曲線上，也同時落在LM曲線上，所以，(Y_0, i_0)的水準可同時滿足商品市場與貨幣市場的均衡條件。由於兩個市場的均衡同時達成，故不會再有任何變化，Y_0與i_0所代表的所得與利率水準就是均衡下的所得與利率。

（二）IS與LM均衡的數學分析

　　現在讓我們再以數學模式來進一步說明IS與LM均衡的情況，然後我們再舉一例子來增加讀者的了解。首先，我們把代表IS曲線的（8.8）式，與代表LM曲線的（8.16）式分別列出如下：

$$（8.8）\qquad Y = \frac{1}{1-b}(I_0 + C_0) - \frac{d}{1-b} \cdot i \qquad （IS）$$

$$（8.16）\qquad Y = \frac{1}{k_1}（M_0 - L_0 - H_0）+ \frac{k_2}{k_1} \cdot i \qquad （LM）$$

在（8.8）與（8.16）兩式中，分別有兩個變數有待解答，即所得Y與利率i。由於每一個式子中都有兩個變數，所以我們無法單獨由一個方程式中找到單一的解。事實上，由於（8.8）式中有兩個變數Y與i，故我們可以找到無限多組的（Y, i），都可以滿足（8.8）式，而這些點都是在IS曲線上。同樣的，（8.16）式中亦有兩個變數Y與i，我們也同樣可以找到無限多組解（Y, i）來滿足（8.16）式，這些點都會落在LM曲線上。

但如果我們同時考慮（8.8）與（8.16）兩式，則兩式中只有兩個變數，如此我們就可以找到唯一的一組（Y, i）來同時滿足兩式。當然兩條式子要求出兩個變數有一些數學條件，比方說，兩條式子不能是矛盾方程式，否則我們找不到任何一個解，也就是說此時沒有一般均衡解存在。此外，兩條方程式也不能是相依方程式，否則會有無限多組解存在。因此，只要（8.8）與（8.16）兩式不是矛盾方程式，也不是相依方程式，則我們就可以找到唯一的一組所得與利率的組合，而此一組合可以同時滿足兩式。

為便於說明起見，我們假設：

$$\alpha = \frac{1}{1-b}（I_0 + C_0）$$

$$\beta = \frac{d}{1-b}$$

$$\gamma = \frac{1}{k_1}（M_0 - L_0 - H_0）$$

$$\theta = \frac{k_2}{k_1}$$

因此，（8.8）與（8.16）二式可以再簡化成：

（8.18）$\qquad Y = \alpha - \beta i$

（8.19）$\qquad Y = \gamma + \theta i$

對上式求解，我們可以得到同時滿足商品市場與貨幣市場的均衡所得與均衡利率為：

$$Y_0 = \frac{\theta\alpha + \beta\gamma}{\theta + \beta}$$

$$i_0 = \frac{\alpha - \gamma}{\theta + \beta}$$

在（8.8）與（8.16）二式中，只要我們知道 I_0、C_0、M_0、L_0、H_0，以及 b、d、k_1、k_2 等參數的大小，我們就可以計算出 α、β 及 θ，最後我們也就可以利用（8.18）與（8.19）把一般均衡下的 Y_0 與 i_0 求出，即圖 8.10 中 E 點。

為說明 IS 曲線與 LM 曲線如何共同決定需求面的均衡，我們試舉一數學實例，以便讓讀者更清楚知道，商品市場與貨幣市場的均衡如何決定。

1. 商品市場

假設總合需求中包括消費、投資與政府支出，其大小分別如下：

（ i ）　　　　　　　　$Y = C + I + G$

（ ii ）　　　　　　　$C = 100 + 0.8Y$

（ iii ）　　　　　　　$I = 20 - 40i$

（ iv ）　　　　　　　$G = G_0 = 40$

在不考慮政府稅收下，現在的商品市場均衡可表示為

（ v ）　　　　　　　$S = I + G$

把 $S = Y - C$，及 I、G 分別代入（ v ）式，我們可以把上式改寫成：

$$Y - C = Y - 100 - 0.8Y = I + G = 20 - 40i + 40$$

整理以後，得：

$$0.2Y = 160 - 40i$$

此即（ vi ）　　　　　　$Y = 800 - 200i$　　　　　　（ IS ）

（ vi ）式即為滿足商品市場均衡的IS曲線，其中 i 的係數是負的，這就表示要維持商品市場均衡時，所得與利率之間必須為負的關係。

2. 貨幣市場

假設貨幣需求可分成兩部分，一部分為交易需求，其大小與所得有關，即 L_1（ Y ）；另一部分為投機需求，其大小與利率有關，L_2（ i ）。因此貨幣市場的均衡可表示如下：

（ vii ）　　　　　$M^s = M^d = L_1$（ Y ）$+ L_2$（ i ）

再假設：

（viii）　　　　　　　$M^s = 700$

（ix）　　　　　　　$L_1 (Y) = 50 + 0.8Y$

（x）　　　　　　　$L_2 (i) = 50 - 40i$

把（viii）、（ix）、（x）三式分別代入（vii）式中，得：

$$700 = M^s = M^d = 50 + 0.8Y + 50 - 40i$$

簡化以後，上式成為：

（xi）　　　　　　　$Y = 750 + 50i$　　　　　　　（LM）

（xi）式即滿足貨幣市場均衡的LM曲線，其中i的係數是正，表示要維持貨幣市場均衡時，所得與利率必須做同方向的變化。

3. 商品市場與貨幣市場的一般均衡

接著我們要找出能同時滿足（vi）式與（xi）式的均衡所得與利率，我們先將兩式聯立如下：

（vi）　　　　　　　$Y = 800 - 200i$　　　　　　　（IS）
（xi）　　　　　　　$Y = 750 + 50i$　　　　　　　（LM）

將上二式聯立求解，可得到滿足兩個市場同時達到均衡的所得與利率水準分別為：

$$Y_0 = 760$$
$$i_0 = 0.2 = 20\%$$

在圖8.11中，我們把（vi）式的IS曲線與（xi）式的LM曲線分別繪出，其二曲線的相交點為E點，在該點上均衡所得 Y_0 為760，均衡利率 i_0 為20%。

（三）IS-LM的一般均衡分析

我們在前面已經詳細說明，經過商品市場與貨幣市場的運作，我們可以得到一組均衡的所得與利率的水準，而此一組合可以使商品市場與貨幣市場同時達到均衡。同時我們也已舉出一實例，來說明如何計算均衡下的所得與利率水準。

在IS與LM的模型中，最終決定的是兩個重要總體經濟變數，即所得與利率。然而在決定均衡的過程中，我們必須考慮商品市場與貨幣市場中的一些其他的重要經濟行為，如消費、投資、政府支出、貨幣需求、貨幣供給等等。

現在有了IS與LM的模型以後，我們就可以利用這種架構來探討總體經濟的運作過程，並說明其如何達到最終的均衡。為詳細說明總體經濟的變化過程，我們再舉二個簡單的例子來說明。首先，

圖8.11：IS-LM的均衡

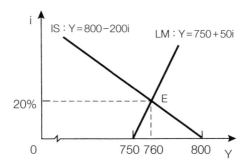

在其他條件不變下，我們假設政府支出增加，然後我們利用IS與
LM的架構來說明政府支出增加會如何波及到其他人的行為，最後如
何使兩個市場重回均衡，而在新的均衡下，所得與利率水準有何變
動。其次，我們再看貨幣供給變化的情況，我們要說明貨幣供給減
少會如何對貨幣市場與商品市場產生影響，以及會使最終的均衡產
生何種效果，亦即在新的均衡下，所得與利率的水準會如何變化。

1. 政府支出增加

在其他條件不變下，我們先來討論政府支出增加對商品市場與
貨幣市場的影響，以及均衡所得與利率變化的過程，見圖8.12。

首先，依圖8.3的說明，政府支出增加會使IS曲線整條往右
移。

假設在政府支出增加之前，維持商品市場與貨幣市場的均衡點
為E_0，此時均衡的所得水準為Y_0，均衡的利率水準為i_0。在其他條
件不變下，政府支出增加會使IS曲線到IS_1。在IS曲線右移之初，
若利率仍維持不變（i_0），會使均衡點由E_0移到A點，因為有效需

圖8.12：政府支出增加的效果

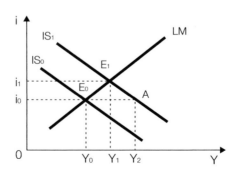

求增加會使廠商的銷售增加，同時也會使廠商們擴大生產，所以所得水準提高（Y_2）。

但是在所得增加之中，會使人們進行更多的交易，為融通這些交易，人們的貨幣需求便上升。但貨幣需求增加的同時，貨幣供給卻沒有改變，於是銀行會以提高利率抑制一部分的需求。依圖8.8可知，當利率上升時，被抑制的貨幣需求則多屬於投機性需求。

在貨幣市場的反應下，利率開始上升，因此在圖8.12中，均衡點會由A點往上移動，以反映利率上升的效果。但另一方面，利率上升的同時會導致民間投資的減少，因為利率上升會增加人們投資的成本。投資減少則使總合需求減少，廠商的產出也跟著減少。因此我們把政府支出增加導致民間投資減少的效果稱為排擠效果（crowding-out effect）。

排擠效果出現的理由很簡單，因為政府支出也要使用社會資源，所以當政府支出增加時，會增加對社會資源的需求，從而提高這些資源的價格，這些資源的價格上升時，民間投資所使用的數量便會減少，這就是被政府支出增加所排擠的結果。

要注意的是，政府支出增加會使IS曲線整條右移，是因為政府支出增加大小與利率高低無關。但民間投資減少效果卻不一樣，因為民間投資減少的大小是隨著利率變動而反應。也就是說，民間投資的變動會隨著利率變動而調整，所以投資隨利率上升而減少的結果是使均衡點在IS曲線上移動，即均衡點由A點沿著IS曲線往左上移動至E_1點。

上述排擠效果會一直存在，直到商品市場與貨幣市場都重回均衡為止，即E_1。在E_1時，我們看到所得水準Y_1高於Y_0，因為政府支出導致刺激經濟擴張的正面效果。但另一方面，Y_1亦小於Y_2，

這表示說所得增加的比例會小於政府支出增加所產生的直接效果，因為支出增加中有一部分會被民間投資減少所抵消。

利率變動的方向就很清楚（i_0上升到i_1）。在政府支出增加下，所得與交易都增加，因此使得人們的貨幣需求增加，導致市場利率上升。此種上升會直到利率上升而減少的貨幣需求等於所得增加引起的貨幣需求增加為止，因為貨幣供給的總數量仍然是固定的。

最後，我們得到的結論是，政府支出增加會有刺激經濟的效果，其一方面使均衡所得增加，另一方面也會導致利率上升。

2. 貨幣供給減少

在其他條件不變下，我們再來分析貨幣供給減少對商品市場與貨幣市場的影響，以及均衡所得和均衡利率的變化過程。

依圖8.9的說明，貨幣供給增加會使全社會中有更多的貨幣數量可供使用，結果使LM曲線右移；相反的，當貨幣供給減少時，就會使LM曲線整條往左移動。（為簡省篇幅，我們不再說明貨幣供給減少如何使LM左移，我們把這部分分析留給讀者自行練習。）此處，我們把貨幣供給減少對產出（y）及利率（i）的影響繪在圖8.13中。

在圖8.13中，我們假設原來商品市場與貨幣市場的均衡為E_0點，此時的均衡所得與均衡利率分別為Y_0與i_0。在其他條件不變下，貨幣供給減少，使LM_0左移至LM_1，但因為在初始貨幣供給不足時，市場能立即調整的就是利率水準，於是我們可以看到均衡點先由E_0往上移到A點，此時利率由i_0上升到i_2。A點雖然仍在LM曲線上，但卻不在IS曲線上，於是經濟體系會開始引發一連串的

圖8.13：貨幣供給減少的效果

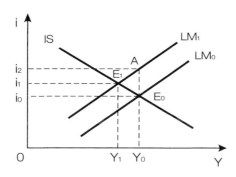

調整過程。

在利率上升以後，商品市場上立即受到的影響是投資減少，因為利率提高等於是廠商資金成本的增加，從而會使廠商的投資意願降低。投資減少，總合需求不足，經濟體系的所得水準就會逐漸降低，由Y_0往左移動到Y_1。

在所得下降的過程中，因為交易減少，所以交易性貨幣需求也會減少，所以也會釋放出一些原先供交易使用的貨幣出來。這會產生類似貨幣供給增加的效果，因此會引導利率下降，在圖8.13中由i_2下降到i_1。

此一調整過程會沿著LM曲線往下移動，直到重回與IS的相交點，再回到兩個市場都達到均衡的狀況為止（E_1點）。在新的均衡E_1下，利率水準為i_1，高於原來的利率水準i_0，但也低於原來的直接效果i_2，因為貨幣減少對利率上升所帶來的影響中，有部分被所得減少所抵消。另一方面，所得水準由Y_0下降到Y_1，主要理由在於貨幣供給減少使利率上升，從而導致投資減少，最終使得所得水準下降。所以，我們最後的結論是，當貨幣供給減少時，會讓所得

水準下降，利率水準上升，因此有緊縮經濟體系的效果。

五、總合需求曲線

（一）物價與所得

在前節中我們仔細說明如何利用 IS 與 LM 的架構，來探討一些外在變動對均衡所得與均衡利率的影響，例如政府支出增加與貨幣供給減少等等。同時，我們也仔細分析兩個市場在外生變數變動下如何調整，以使市場重回均衡。

在 IS 與 LM 的分析架構中，兩個主要變數為所得與利率，在任何外生變動下，所得與利率都會受到影響而變動。除了所得與利率是總體經濟體系中兩個重要的變數以外，還有一個重要變數——物價水準，在 IS 與 LM 的架構中並未被提及。由於物價水準的高低，攸關全體人民經濟福祉的大小，我們當然必須再詳細探究總體經濟中的物價水準如何決定，同時我們也必須知道哪些因素會對物價水準產生什麼樣的影響。

在此我們必須再加說明的是，IS 與 LM 的分析架構基本上只是總體經濟體系中有關需求面的分析。因為 IS 是由總合需求所導引出來的，它主要在說明總合需求如何使所得水準產生變化；另一方面，貨幣市場則是透過對人們的交易需求與投機需求，而決定均衡的利率與所得水準。所以，IS 與 LM 曲線基本上都是總體經濟中需求面的分析。

然而，物價水準的決定是要由供給與需求交互作用才能得到，換句話說，要得到均衡的物價水準，我們必須同時有整個市場的需

求曲線和供給曲線，然後才有可能得到最終的物價水準。

　　因為只有 IS 與 LM 的分析架構，在此種需求面的分析架構下，事實上我們能得到的只是一條由均衡物價（P）和均衡所得（Y）所組成的曲線，我們稱為總合需求曲線（aggregate demand curve, AD）。總合需求曲線表示的是，在總體經濟需求面維持均衡下，物價水準與所得之間的關係。

（二）推導總合需求曲線

　　我們在第七章中曾經簡略說明總合需求曲線的性質。由於物價水準與對人們的購買力有很大影響，當物價高的時候，相同的名目所得下，人們的實質購買力其實是下降的。因此，物價上升會使人們的購買力減少，從而導致消費減少，廠商的產出減少，故全體社會的均衡所得下降。因此，如果我們把物價水準當成縱軸，把所得水準當成橫軸，則總合需求曲線會是一條具有負斜率的曲線，即物價水準與所得之間會呈現一個負向的關係。

　　但是上述過程並沒有仔細說明物價上漲如何使人們的相對財富減少和實質購買力降低，而且也沒有說明此舉如何使利率發生變動。要知道，在總體經濟體系中，物價、所得與利率等總體經濟變動之間都有密不可分的關係。當一個變數發生變動時，會使其他變數也跟著變動。現在我們明瞭 IS 與 LM 的分析架構以後，我們就可以用 IS-LM 架構來進一步說明，在維持需求面的均衡下，物價水準與所得之間的關係為何？當然，我們也可以說明均衡利率會受到什麼樣的影響。其中如何推導出 AD 曲線，則是本節最主要的目的。

　　物價變動對所得產生的影響可分成兩個方面：第一，物價上漲會使大多數人的實質購買力下跌，從而導致他們的總合需求減少，

最終使得所得水準下降。我們已在本書第七章中敘述過此種狀況。
第二個可能的影響是，在物價上升以後，相同數量的商品現在需要
更多的貨幣來融通。換個角度來看，如果原先的貨幣供給量不變，
在物價上升後，實質貨幣供給量就會減少，也就是說同樣貨幣供給
量下能融通的實際經濟活動減少了。因此，物價上漲與貨幣供給減
少會產生類似的效果。

　　現在讓我們從實質面來看貨幣市場。假設為支應實質交易的貨
幣需求函數為L_1（Y），而為支應實質投機性的貨幣需求函數為L_2
（i）；而實質的貨幣供給，等於名目貨幣供給量（M）除以物價水
準（P）。則此時的貨幣市場均衡可改寫成：

（8.20）
$$\frac{M}{P} = L_1（Y）+ L_2（i）$$

　　假設原來貨幣市場均衡下的物價水準為P_0，均衡的利率水準與
所得水準分別為i_0與Y_0（E_0點），見圖8.14。

　　在其他條件不變下，我們假設物價水準由P_0上升至P_1。在
（8.20）式中，當物價水準上升時，實質貨幣供給減少，使得圖
8.14（B）中的貨幣市場均衡曲線左移（由M/P_0移到M/P_1）。然後
再利用推導LM曲線的技巧，我們知道貨幣供給減少會使LM曲線
左移，即由圖8.14（D）中的LM_0左移至LM_1。

　　實質貨幣供給減少之初會立即使市場利率上升，由i_0上升至
i_2，見圖8.14（D）的A點。利率上升會使廠商投資減少，在總合
需求減少下，所得開始減少。於是均衡點沿著新的LM曲線左移，
直到重回均衡E_1點為止。此時，E_1點為IS曲線與新的LM_1曲線的
交點。E_1與E_0相比，所得水準由Y_0減少到Y_1，而利率水準則由i_0

圖8.14：物價與LM曲線

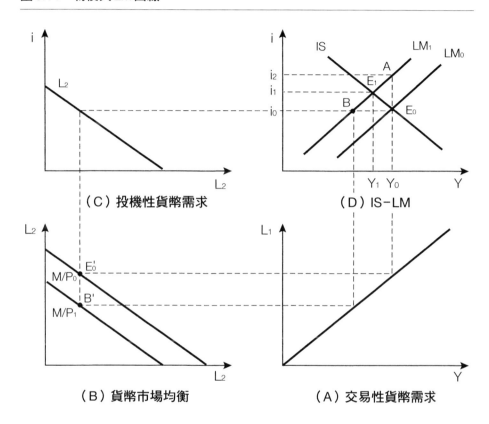

（C）投機性貨幣需求　　　　　　（D）IS-LM

（B）貨幣市場均衡　　　　　　（A）交易性貨幣需求

上升至i_1。利率水準上升幅度（i_1）小於貨幣供給減少立即產生的
影響（i_2），因為在所得減少時會放出一些貨幣需求，抵消了部分
貨幣供給減少的效果。

　　另外值得一提的是，其實物價上升時，會使人們持有的貨幣性
資產的實質購買力縮小，因此人們的消費也會跟著減少，我們稱
為實質財富效果（real wealth effect）或實質餘額效果（real balance
effect）。此結果會與利率上升導致投資減少的效果一致，都會使人

們的總合需求減少，最終使得均衡的所得水準下降。

　　在總體市場都調整完畢以後，我們可以來看最終均衡下的物價水準與所得水準之間的關係為何。在圖8.14（B）中，我們看到的均衡物價水準為P_0，而在圖（D）中對應的均衡點為E_0，亦即此時的均衡所得水準和利率水準分別為Y_0和i_0。我們可以把此時的P_0與Y_0繪在圖8.15中，即E_0點。在圖8.15中，我們仍以所得為橫軸，但縱軸改成物價水準，因為現在我們要看的是物價與所得之間的關係。

　　接著，在物價由P_0上升到P_1時，我們看到圖18.4（D）中的新均衡點為E_1，此時的均衡所得水準與利率水準分別為Y_1與i_1。我們可以把P_1與Y_1再繪在圖8.15中，即E_1點。最後，在圖8.15中，我們再把E_0與E_1兩點連接起來，我們就可以得到一條具有負斜率的總合需求曲線AD。

　　總合需求曲線具有幾個特性，值得我們進一步說明：第一，總合需求曲線具有負斜率的原因我們已經很清楚的交代，我們可以這麼說，當物價水準上升時，社會大眾的一般購買力下降，在總合需求下降下，社會的所得水準也會減少。

圖8.15：推導AD曲線

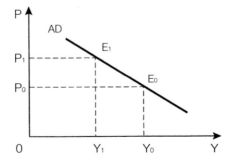

　　第二，總合需求曲線的推導過程與IS與LM的推導過程很類似，即我們是在維持商品市場與貨幣市場均衡下，得到總合需求曲線。所以，總合需求曲線代表的是在總體經濟需求面維持均衡下，所有均衡物價與所得的組合所形成的連線。

　　第三，我們將它稱為總合需求曲線，是因為這條曲線主要是由商品市場與貨幣市場之總合需求與貨幣需求的觀念推導而來，因此，這是一個只考慮需求面均衡下的結果。在此處我們完全沒有考慮生產要素與生產函數等有關生產面的問題，所以AD代表的只是總體經濟中的需求面，因此我們稱之為總合需求曲線。

　　第四，事實上，總合需求曲線具有負斜率，就與一般個人的需求曲線具有負斜率是十分類似的。因此，當物價水準變動時，會使人們的總合需求沿著AD曲線上移動；而如果有物價以外的其他因素發生變動時，則會使整條AD曲線產生移動。

　　比方說，在維持其他條件不變，物價水準也不變，則政府支出增加，會使整條AD曲線右移。事實上，政府支出增加會使IS右移，然後再使AD右移。為節省篇幅，我們不再詳細說明政府支出如何使AD曲線右移。不過要說明的是，AD右移代表在相同物價水準下，整個社會的產出擴大，因此凡是會使AD曲線右移的政策，我們都稱為擴張性政策（expansionary policy），例如政府支出增加與貨幣供給增加等等。

　　再譬如說，在維持其他條件不變下（包含物價水準不變），則貨幣供給減少，會使LM曲線左移，也同時造成AD曲線左移。由於AD曲線左移表示在相同物價水準下，整個社會的產出會減少，因此我們稱之為緊縮性政策（contractionary policy），其中包含政府支出減少與貨幣供給減少等等。

經濟名詞

商品市場（財貨市場）	IS曲線	排擠效果
貨幣市場	LM曲線	擴張性政策
總合需求曲線	一般均衡	緊縮性政策
總合供給曲線	其他條件不變	實質財富效果

討論問題

1. 何謂一般均衡？為什麼在總體經濟的分析中我們會強調一般均衡的重要性？

2. 何謂總合需求曲線？請詳細說明如何利用IS-LM架構來推導總合需求曲線。

3. 何謂IS曲線？請詳細說明其推導過程。

4. 何謂LM曲線？請詳細說明其推導過程。

5. 試說明IS曲線為何具有負斜率？其斜率大小受到哪些因素的影響？

6. 試說明LM曲線為何具有正斜率？其斜率大小受到哪些因素的影響？

7. 試說明AD曲線為何具有負斜率？其斜率大小受到哪些因素的影響？

8. 何謂排擠效果？其效果的大小與哪些因素有關？

9. 何謂擴張性政策？其對IS、LM與AD曲線分別有何影響？請舉一例說明之。

10. 何謂緊縮性政策？其對IS、LM與AD曲線分別有何影響？請舉一例說明之。

11. 為什麼我們說IS-LM的模型架構是一個需求面的分析？

12. 假設有一個總體模型如下所示：

商品市場：

$Y = C + I + G$，$C = 100 + 0.8Y$，$I = 150 - 400i$，$G = 100$

貨幣市場：

$M = L_1(Y) + L_2(i)$，$L_1(Y) = 400 + Y$，$L_2(i) = 200 - 200i$，$M = 750$

(1) 請計算IS曲線與LM曲線，並分別繪圖。

(2) 請問此時的均衡所得水準與利率水準分別為何？

(3) 假設政府支出減少為50，此時IS曲線會受到什麼影響？且均衡所得與利率的大小會如何變化？

(4) 若政府支出保持在100，而貨幣供給增加為850，此時LM曲線會受到什麼影響？且均衡所得與利率會有何變化？

(5) 若邊際消費傾向下降為0.5，此時IS曲線的斜率會有何變化？請說明原因為何。

13. 在上例中，如果我們把貨幣需求當成實質貨幣需求，而實質貨幣供給則改成M/P_0。也就是說，把物價引進IS與LM的架構中。在其他條件不變下，你能推導出AD曲線嗎？（試先設定$P_0 = 100$，再設定$P1 = 120$）。

14. 在上題中，你得到的AD曲線是否具有負斜率？你覺得其斜率大小與哪些因素有關？為什麼？

第九章

勞動市場與總合供給

 本 章 重 點

一、勞動市場

（一）生產要素與總合供給曲線

在第八章中，我們詳細說明商品市場與貨幣市場的均衡，並建立IS與LM的分析模型，從而說明如何決定均衡所得（Y）與均衡利率（i），我們稱之為一般均衡分析，因為這項分析同時考慮了商品與貨幣兩個市場。雖然我們同時考慮兩個市場，但事實上，上述的分析基本上還是以總合需求為主要架構。也就是說，不論是在討論商品市場或是貨幣市場時，我們都強調總合需求如何變動，從而推導出均衡所得與利率的變化。

因此，商品市場與貨幣市場的分析其實只是一個需求面的分析，因為其在分析過程中並沒有提到任何有關生產面的問題，如勞動與資本的供需。在此需求面的分析下，我們再利用IS與LM的架構可以進一步推導出總合需求曲線（AD），以描述整個經濟體系在需求面均衡下，物價（P）與所得（Y）的關係。基本上來說，總合需求曲線與一般商品的需求曲線是非常類似的，只是在總合需求曲線中，價格是平均物價水準，而需求量則是整個體系加總而得的總合需求。

與總合需求曲線相類似，總合供給曲線（AS）代表的是在供給面均衡下，均衡產出與均衡物價之間的關係，要考慮全社會產出水準的高低，一方面與全社會的生產數量有關，另一方面則與全社會的生產要素使用量有關。在生產要素市場上，當物價與要素價格變動時，會使要素市場上的供給與需求同時發生變動，因此均衡的就業量會發生變化。在均衡就業量改變下，再透過生產函數的關

係，就可以得到新的均衡產出水準。在上述過程中，我們可以看到在維持要素市場均衡下物價與產出之間的關係，此即總合供給曲線。一般而言，在物價上升時，由於工資調整有落後，使得廠商的實質工資（real wage）給付下降，亦即其要素成本減少，所以廠商有誘因雇用更多的勞動。當勞動市場中均衡就業水準增加時，透過全社會生產函數，全社會的產出水準就會增加。換句話說，在維持勞動市場均衡下，總合供給曲線應該是具有正斜率的。

　　一般來說，生產要素有四種，即勞動、資本、土地與企業家精神。為簡化起見，在本章中我們只考慮資本（K）與勞動（N）兩種，也就是說，在社會的生產函數中我們只考慮資本與勞動兩種要素。在短期下，廠商可以利用增加或減少勞動的方式來達到增產或減產的目的。由於投資設廠所需的時間較長，故短期下，全經濟體系的資本數量是固定的；但在長期下，資本數量也可以變動。

（二）勞動供給

　　家計單位在勞動市場上提供勞動，一般而言，其供給的大小與工資率有關。當工資率增加時，一方面原有的工作者會增加他們的工作時間，另一方面，會吸引更多的人進入勞動市場。因此，工資率上升會使勞動供給增加。

　　如果我們把名目工資（W）放在縱軸，勞動量（N）放在橫軸，則勞動供給曲線會是一條具有正斜率的曲線，見圖9.1，即勞動供給量會隨名目工資上升而增加。同時，我們也可以把勞動供給寫成（9.1）式，即：

（9.1）　　　　　　　　　　$N^s = N^s(W)$

圖9.1：勞動市場供給曲線

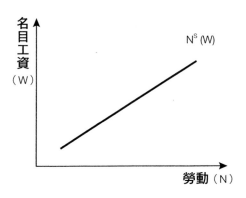

我們要說明的是，此處的工資率（W）是名目工資（nominal wage），而不是實質工資，實質工資是指工資率除以物價水準（W/P）。因為大部分的工作者他們要求的是目前能拿到多少工資，而對物價變動的效果反應並不明顯。換句話說，此處我們假設工人具有貨幣幻覺（money illusion），所謂貨幣幻覺是指一個人只注意名目薪資是多少，而忽視物價水準的變動，也就是說，只要名目工資上漲他就很高興，而並沒有注意到物價上升的結果。此種貨幣幻覺的假設是凱因斯模型中一個很重要的假設，而且也是凱因斯學派（Keynesians）與古典學派（classical school）之間一個重要爭論的來源，我們會在後面幾章中再仔細說明。

（三）勞動需求

廠商是勞動市場上的主要需求者。我們在《經濟學的世界（上）》的第十二章中，曾詳細說明廠商對生產要素的需求是一種引申性的需求，也就是說，廠商購買勞動的主要目的在生產產品與

勞務。當產品市場銷售增加時，廠商在要素市場上對勞動的需求也會增加；反之，當產品市場的銷售減少時，廠商對勞動的需求也會減少。

廠商對勞動的需求主要決定於勞動所能帶來的邊際收益。勞動帶來的邊際收益量可分成兩部分，一部分是每增加一單位勞動時，可增加多少產出，此大小由勞動的邊際生產力決定；另一部分則是每增加一單位產出時，其在市場上能賣出多少價格，此大小決定於邊際收益。在一般情況下，由於邊際生產力與邊際收益量都具有負斜率，所以勞動的邊際收益量也具有負斜率。

由於廠商購買勞動的主要目的是將勞動做為要素投入，以生產產品及獲取利潤。因此，廠商在考慮要購買多少勞動時，他必須考慮勞動的價格，以及最終產品的價格，如果勞動價格（即工資）上升，而產品價格也做同比例上升，則在兩者相對價格不變時，廠商對勞動的需求並不會改變。換句話說，只有在工資相對於產品價格發生變化時，廠商對於勞動的需求才會有所變動。因此，我們可以說，影響廠商對勞動需求的因素是實質工資 $\left(\dfrac{W}{P} \right)$，而不是名目工資（W），也就是說，廠商不會有貨幣幻覺的存在。

如果以W代表名目工資，P為物價水準，則實質工資可寫成W/P。由於廠商對勞動需求是實質工資的函數，所以勞動需求函數可寫成下式：

（9.2）　　　　　　　　　$N^d = N^d \, (W/P)$

在物價水準不變的情況下，當名目工資上升時，勞動需求會減少；反之當工資下降時，勞動需求會增加。如果名目工資不變，則

物價上升會使實質工資減少，於是勞動需求會增加；反之，物價下降則會使勞動需求減少。在圖9.2中，我們把名目工資（W）放在縱軸，把勞動量（N）放在橫軸，則（9.2）式是一條具有負斜率的曲線。當物價水準固定在P_0時，若名目工資由W_0下降到W_1時，勞動需求量會由N_0增加到N_1。這表示說，當工資變動時，需求量沿著勞動需求線移動（A點到B點）。另一方面，若物價水準由P_0上升到P_1，則在原來工資水準W_0的情形下，因為此時實質工資（W_0/P_1）是下降的，所以勞動需求量由N_0增加到N_2（A點到C點）；同理，當原來工資水準為W_1時，勞動需求量是N_1增加到N_3（B點到D點）。所以，在圖9.2中，當物價水準上升時，會使整條勞動需求曲線由N^d（W/P_0）右移到N^d（W/P_1）。

（四）勞動市場的均衡

在了解勞動市場需求曲線與供給曲線的特性之後，我們就可以進一步分析勞動市場的均衡狀態。不過必須先說明的是，由於勞動

圖9.2：勞動市場需求曲線

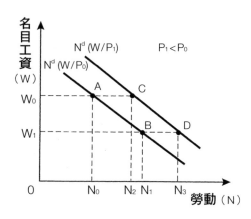

需求曲線係由實質工資決定，而不是名目工資，所以在分析勞動市場的均衡時，我們先假設物價水準固定為 P_0，因此就可以探討市場均衡下的工資水準與勞動就業量的大小。

勞動市場的均衡條件為勞動需求等於勞動供給，即：

$$(9.3) \qquad N^d(W/P) = N^s(W)$$

在物價水準已知為 P_0 的情況下，在圖9.3中，勞動供給曲線與勞動需求曲線相交於 E 點，該點就是勞動市場的均衡點，在該點上名目工資為 W_0，就業水準為 N_0。如果市場工資水準為 W_1，則會使勞動供給量增加為 N_1，而勞動需求量只有 N_2，此時全體社會會出現 N_1N_2 的失業量。由於此時勞動市場出現供過於求的現象，故會使工資產生向下調整的壓力；反之，如果名目工資下降到 W_2，則會出現勞動需求大於勞動供給的情況，會迫使名目工資往上調整。

上述的分析係立基於物價水準固定在 P_0 的情況下。如果社會的物價水準由 P_0 上升到 P_1，由於提供勞動的社會大眾具有貨幣幻

圖9.3：勞動市場的均衡

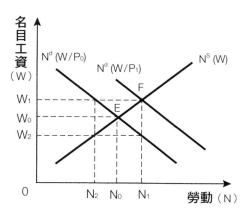

覺，所以只要名目工資沒有變化，則他們的勞動供給不會產生變動。相反的，由於購買勞動的廠商沒有貨幣幻覺，他們在意的是實質工資，因此在物價水準上升到P_1時，會使實質工資下降，在此情況下，會使整條勞動需求曲線右移，也就是使勞動需求增加，如圖9.3中所示。勞動需求增加的結果使名目工資增加，且使就業水準提高，新的市場均衡點由E移到F。

二、總合供給曲線

（一）生產函數

從全社會的供給來看，產出的大小與生產要素的數目及使用量有關，包含勞動、資本、土地，以及企業家精神。為簡化起見，我們假設只有兩種生產要素，即勞動與資本。其中勞動數量可以在短期內任意調整，而資本存量則只有在長期下才能調整。此處先進行短期下的分析，即我們先假設資本存量是固定的。

若全社會的勞動量為N，資本存量固定為$\overline{K}$，則全社會的生產函數可寫成下式：

$$（9.4）\qquad Y = f\,(N, \overline{K})$$

（9.4）式中，Y為產出或國民所得，其大小由勞動量N與資本存量$\overline{K}$決定。在資本存量$\overline{K_1}$下，見圖9.4，當勞動量N增加時，會使產量沿著生產函數增加，如勞動投入量由N_0增加到N_1時，產量會由Y_0增加到Y_1。而長期下，當資本存量由$\overline{K_1}$增加到$\overline{K_2}$時，會使整條生產函數往上移動。這表示說，在相同的就業量下，產出會

增加，如圖9.4中同樣的勞動投入量 N_0 下，資本量由 $\overline{K_1}$ 增加到 $\overline{K_2}$ 時，產出由 Y_0 增加到 Y_2。

在短期下，資本存量的數目是固定的，所以全國的產出水準大小完全決定於勞動就業量的大小。另一方面，勞動就業量的大小則決定於勞動市場的供給與需求。當勞動市場的均衡就業量增加時，透過生產函數，全社會的產出就會增加；反之，當就業量減少時，再透過生產函數，全社會的產出就會減少。

不過，長期下增加產出的方式除了變動勞動數量以外，還可以經過對資本存量的累積，增加資本存量，使得整條生產函數往上移動，因此即使面對相同的就業量，仍然可以使全社會的產出增加。此外，在極長期的情況下，生產技術的進步也同樣可以使生產函數往外移動，使得同樣的勞動就業量仍然可以使產量增加。

（二）推導總合供給曲線

總合供給曲線（aggregate supply curve, AS）係從整個社會供給

圖9.4：生產函數

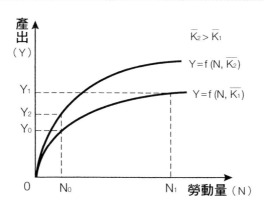

均衡的角度來看全社會總產出與物價之間的關係，它與總合需求曲線（AD）是總體經濟體系中的兩面。

一般來說，當物價水準上升時，廠商生產產品的價格上升，其收益會擴大。另一方面，工資水準由於契約的存在，使得工資調整較慢，更進一步來看，有些勞動供給者具有貨幣幻覺，他們的勞動供給與物價無關。故當物價上升，使實質工資下降時，廠商的勞動需求增加，使得全社會的均衡就業水準提升，透過全社會的生產函數，全社會的均衡產出會增加。

不過我們要強調的是，前述的 AS 曲線形狀只是短期下的情形。因為在長期下資本投入量可以改變，在更長期下，生產技術也可能變動。依圖 9.4 中的生產函數來看，如果資本存量 K 增加，則會使整體生產函數往上移動，如此可以使相同的勞動投入量卻可以有更多的產出，因此會使整條總合供給曲線也往上移動。若以圖 9.7 的情形來看，我們可以說，在長期下如果資本存量增加，則會使整條總合供給曲線產生右移的現象。同理，在極長期的情況下，如果生產技術提高，同樣的勞動投入量，或同樣的資本存量下，也可使產量增加，因此也會達成整條總合供給曲線右移的結果。產出會增加，所得會提高。因此，我們就可以看到在供給面的均衡下，即維持勞動市場均衡，均衡物價與均衡所得之間有一正向之間的關係，把這些均衡點連接起來，就可以形成一條具有正斜率的勞動供給曲線。以下我們就要詳細說明如何推導 AS 曲線。

在圖 9.5 中，我們利用四個圖形組合起來，說明如何用勞動市場的均衡條件來推導 AS 曲線，其中推導的過程與推導 IS 曲線和 LM 曲線十分類似，亦即這四個子圖形中的縱軸和橫軸都有相當關聯的。

圖9.5：推導AS曲線

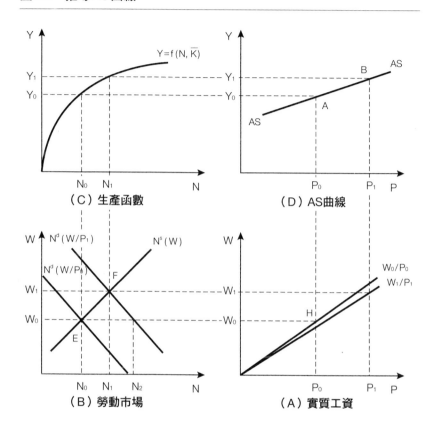

（C）生產函數　（D）AS曲線　（B）勞動市場　（A）實質工資

　　首先，在圖9.5（B）中，此處先說明勞動市場的均衡狀況。先假設物價水準為P_0，我們可以得到一條廠商的勞動需求線N^d（W/P_0）。

　　在勞動供給方面，我們假設勞動供給者具有貨幣幻覺，因此勞動供給大小只與名目工資有關，因此勞動供給曲線為N^s（W）。這條勞動供給曲線具有正斜率，表示說當名目工資上升時，勞動供給量會增加。最後，在勞動供給與勞動需求曲線相交的均衡點E上，

　　我們可以得到勞動市場的均衡（E點），此時均衡的名目工資為
W_0，均衡的就業水準為N_0。

　　由於原來的物價水準為P_0，現在的名目工資為W_0，因此我
們就可以得到實質工資為W_0/P_0。我們把實質工資圖繪於圖（A）
中，其中縱軸為工資，橫軸為物價，H點就是由W_0與P_0組成的
點，反映的是勞動市場的均衡。此時由原點經過H的射線就是代表
工資率為W_0/P_0的一條曲線。

　　另一方面，由於勞動市場的均衡勞動量為N_0，因此透過全社
會的生產函數，就可以得到全社會的總產出。我們把全社會的生產
函數繪在圖9.5的（C）中，其中我們假設全社會的資本存量是固
定的，即$\overline{K}$。當勞動市場決定均衡的就業量N_0之後，我們在（C）
圖中，把就業量N_0代入全社會的生產函數中，就可以得到全社會
的所得水準Y_0。

　　最後，再把圖（C）中的所得水準Y_0，與圖（A）中的物價水
準P_0同時放在圖（D）中，就可以得到一點A，A點是代表維持勞
動市場均衡下，供給面所決定的一個所得與物價所組成的點。

　　如果我們能在圖（D）中找到另一點，就可以把兩點連接起
來，形成AS曲線。現在我們再假設物價水準由P_0上升到P_1，然後
我們再看整個供給面會產生何種變化。首先，在勞動市場方面，如
果維持原來的名目工資水準，則物價上升會使實質工資下跌。由於
實質工資下降的結果（由W/P_0下降到W/P_1），會使整條勞動曲線
右移，即$N^d(W/P_0)$右移到$N^d(W/P_1)$。

　　比方說，在圖9.5（B）中，若名目工資仍維持在W_0，則勞
動需求量會由N_0增加到N_2。另一方面，由於勞動供給具有貨幣幻
覺，所以勞動供給曲線不會產生移動，仍然維持原來的曲線。

在勞動需求增加的情形下，使得名目工資上升，就業量也增加。在新的勞動市場均衡F下，名目工資上升為W_1，均衡就業量則增加到N_1，見圖9.5（B）。不過，雖然名目工資上升，但因為物價水準也上升，因此均衡的實質工資仍然是下跌的，因為如此才有可能使廠商雇用更多的勞動量。把W_1與P_1放入圖（A）中，我們可繪出曲線W_1/P_1應該落在W_0/P_0的下方，表示此時的實質工資是下降的。

當均衡勞動由N_0上升到N_1以後，再把N_1放入圖（C）的全社會生產函數中，在其他條件不變下，我們可以得到較原產出更多的產出水準，即Y_1。最後再把圖（C）中的Y_1與圖（A）中的P_1同時放在圖（D）中，我們可以得到在生產面均衡下的另外一個所得與物價的組合，即B點。然後再把A、B兩點連接起來，就可以得到一條總合供給曲線。

總合供給曲線具有幾個特性，需要再加以說明：第一，總合供給曲線代表的是在供給面均衡下，所有均衡所得與均衡物價所組成的組合。在該曲線上的每一點都代表一個使供給面能達到均衡的組合。第二，在圖（D）中，我們把物價水準放在橫軸，把所得水準放在縱軸，與我們得到總合需求曲線時的兩軸位置剛好相反。其實我們只要把兩軸轉置，並不會影響到AS曲線具有正斜率的形狀。第三，圖（D）中的AS曲線具有正斜率，表示說在物價水準上升時，全社會的均衡產出會增加。

（三）總合供給曲線的形狀

總合供給曲線代表在不同價格水準下，全社會生產量的大小。其大小一方面決定於勞動就業量的多少，一方面則與全社會的生產

函數有關。

　　在圖9.5（C）中，我們看到在資本存量固定下，全社會的產出會隨著勞動增加而增加。但由於生產要素投入都具有邊際報酬遞減的性質，因此生產函數具有上升速度漸減的現象，即圖（C）中的形狀。因此，當物價水準上升，而使就業量不斷增加時，全社會產出的邊際增加也就愈來愈少。所以再把物價水準與產出繪在（D）圖中時，AS曲線也會具有類似形狀的圖形，如圖9.6（A）所示。

　　比方說，如果物價由P_0上升到P_1，所得由Y_0上升到Y_1；當物價再由P_1上升到P_2（P_2P_1的距離等於P_1P_0的距離）時，所得由Y_1上升到Y_2，但我們看到Y_2Y_1的距離小於Y_1Y_0的距離。這表示說，維持供給面均衡下，物價上升導致產出增加的效果會愈來愈小。

　　如果我們再把圖9.6（A）中的兩軸變數交換，我們就可以得到圖9.6（B）的AS曲線。此即我們在本書第七章中所敘述的AS曲線形狀。

圖9.6：AS曲線的形狀

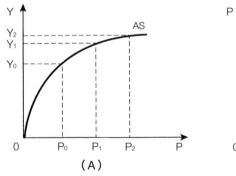
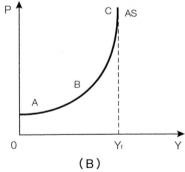

　　事實上，我們可以把AS曲線分成三部分，即水平、遞增與垂直的三段。當勞動投入很少，所得水準很低時，由於勞動的邊際生產力很高，因此產品價格只要略為上升，廠商就會有意願大量增加產出，所得水準便會增加很多。因此，總合需求曲線相當接近於水平的水準，如圖9.6（B）中的A段部分。

　　當勞動投入增加以後，勞動生產力會逐漸降低，此時物價上升對吸引廠商增加投入的誘因會減少。換句話說，此時物價水準必須上升更多，才足以吸引廠商增加產出，故此時總合供給曲線會呈現遞增的關係，此即圖（B）中的B段。

　　最後，當要素投入已達到充分就業的水準時，全體產業已無法再增加投入；另一方面，即使有新的要素進來，全國邊際生產力也很低，而對全體經濟的產出沒有太多貢獻。換句話說，此時不論物價再上升，也無法使廠商雇用更多的勞動，因為根本就已沒有多餘的勞動可供使用。此時，產出水準會固定在充分就業的產出水準之下，即Y_f。而總合供給曲線則會在Y_f的水準上，出現垂直的情況，此即圖9.6（B）中的C段。

　　最後我們要指明的是，在上述分析過程中，我們一直假設資本存量是固定不變的。在長期下資本存量是可以調整的，因此如果長期下的資本存量由$\overline{K_1}$增加到$\overline{K_2}$，則會使全社會的生產函數往上移動。在此種情形下，則會使整條AS曲線往右移動，如圖9.7。為節省篇幅，我們把上述的圖解過程留給讀者當成作業，讓讀者自行練習。

圖9.7：資本存量增加使AS曲線右移

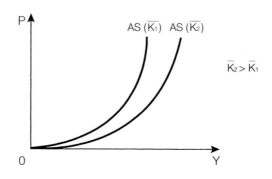

三、總體經濟體系下的一般均衡分析

（一）總合需求與總合供給的均衡

　　在第八章中，我們曾經很仔細的說明如何推導總合需求曲線，並說明總合需求曲線代表的是在維持全體經濟體系需求面均衡下，所有均衡所得與均衡物價的組合所形成的連線，故其曲線上的任何一點都代表著一個需求面的均衡情形。同樣的，我們在本章的上一節，也仔細的說明如何推導總合供給曲線。並指出總合供給曲線代表的是在維持全體經濟體系供給面均衡下，所有均衡所得與均衡物價的組合所形成的連線，故其曲線上的任何一點都代表著一個供給面的均衡情況。

　　然而，不論是總合需求均衡或是總合供給曲線，代表的都只是市場中的一部分均衡而已。市場上如果只有一部分在均衡水準上，另一部分沒有，則後者在不均衡下所產生的變動會波及到前者，所以前者的均衡也會受到影響，換句話說，此時前者的均衡水準並不

能算是真正的均衡。所謂均衡，是指在沒有其他外力干擾下，經濟
體系中的變數達到某一水準，而不再產生變動。因此，唯有在所有
市場或供給面與需求面都同時達到均衡時，整個經濟體系才算真正
達到最後的均衡，所有的變數也才不會再發生變動；否則，只要有
任何一個市場不再均衡，則此市場的變動就可能波及其他市場，使
大家都發生變化。

　　因此，要使總合需求面與總合供給面同時達到均衡，唯一的方
式就是找到一個均衡所得水準與均衡物價水準，使得需求面與供給
面能同時被滿足。總合需求曲線與總合供給曲線的交點E，正符合
此一要求，見圖9.8。在圖9.8中，兩條曲線的交點E，同時落在總
合需求曲線和總合供給曲線上，因此需求面和供給面的均衡都能同
時達成，此時市場的均衡所得水準為Y_0，均衡物價水準為P_0。

　　在圖9.8中，Y_0與P_0所形成的均衡是唯一的均衡，如果物價水
準及所得水準不在此點上，則無法滿足均衡的條件，因此經濟變
數就會有所變動，直到重新回到E點上為止。比方說，如果現在物

圖9.8：總合需求與總合供給的均衡（AD－AS）

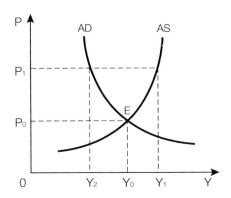

價水準為P_1，由於物價水準高，對廠商的產出有利，因此廠商希望
多生產一些產品，使得在P_1下的供給面均衡的產出水準為Y_1。但
另一方面，由於物價水準P_1太高，使得消費大眾的實質購買力降
低，他們的消費能力和意願都會降低，因此滿足需求面均衡的產出
和所得水準只有Y_2。在供給面的產出超過需求面的需要下，廠商
的商品會滯銷，存貨會增加。此時廠商要消化這些存貨，於是便會
設法調降產品價格；另一方面，廠商也會減少產出，以因應較低的
需求量。因此，在價格過高的情形下，我們看到市場的價格水準會
往下調整，直到重回均衡。在產出方面，廠商的原產出水準Y_1高
於均衡下的Y_0，此時廠商會減少產出，往Y_0調整；而消費面的原
消費購買量只有Y_2，小於Y_0的水準，現在由於價格水準下跌，刺
激社會大眾購買更多的產品，即由Y_2向Y_0調整，直到重回Y_0。在
E點下，供給面的產出為Y_0，而需求面的購買量也是Y_0，因此產出
量剛好都被消費完畢。此時，若沒有其他外力的干擾，物價水準就
會維持在P_0，產出水準維持在Y_0，不再發生變動，達到均衡的狀
態。

　　我們必須強調的是，總合需求與總合供給達到均衡時，是一個
一般均衡狀態。也就是說，此時的均衡不只是總合需求與總合供給
的均衡而已，而是全體經濟體系中所有的個別市場都達到均衡，包
括商品市場、貨幣市場及勞動市場等等，都會同時達到均衡。

　　在第八章中，我們曾利用商品市場與貨幣市場的均衡概念推導
出總合需求曲線。總合需求曲線上的任何一點都代表貨幣市場與商
品市場同時達到均衡，所以我們也聲稱這是一個需求面的均衡。因
此，在圖9.8的均衡E點上，由於E點落在總合需求曲線上，故Y_0
與P_0的組合可以同時滿足商品市場與貨幣市場的均衡。

如果把Y_0與P_0的水準放回第八章的IS與LM的分析架構下，我們就可以得到均衡的利率水準。而在此均衡的所得和利率水準下，貨幣市場上的貨幣需求會剛好等於貨幣供給，使得貨幣市場達到均衡。另一方面，在此均衡的所得和利率水準之下，商品市場上的有效需求，即消費加上投資的水準會剛好等於產出水準，因此商品市場也是達到均衡的。

至於在總合供給方面，如果把圖9.8中E點下的Y_0與P_0放回圖9.5中，我們就可以得到均衡的就業量與均衡的名目工資水準，故此時勞動市場也是達到均衡的。也就是說，此時要素市場也是達到均衡。由於在總合供給曲線與總合需求曲線相交的E點上，不但使總合需求面與總合供給面達到均衡，同時也使其後面所代表的其他市場也同時達到均衡，如商品市場、財貨市場與勞動市場。由於這些市場都同時達到均衡，故我們將之稱為全面性的均衡，或稱之為一般均衡。

（二）總體經濟的一般均衡分析

在第八章我們說明了IS與LM的架構，與如何推導AD曲線，在本章，我們說明如何利用勞動市場的均衡來推導AS曲線，最後我們說明如何用AD與AS曲線來達到整個經濟體系的一般均衡。至此，我們可說是已經把整個總體經濟體系的架構做了一個很簡單但是很完整的說明，讀者如果能把這些市場的運作與變數之間的關係研究的十分透澈，則總體經濟的變化便可以掌握大半以上。

現在我們就要利用IS與LM，以及AD與AS的架構，來討論當某種外在因素發生變化時，會對總體經濟產生什麼影響。由於我們已經知道整個經濟體系的架構，因此我們就利用一般均衡分析的概

念，來探討此一外生變數的變化如何影響總體經濟體系中所有的相關變數，以及所有市場會產生什麼樣的變化及波動。由於此一分析過程相當複雜，故我們擬舉一例來說明，讀者在讀完此一討論時，應自行再舉其他相關實例來嘗試分析。唯有在經過不斷的討論與分析之後，讀者才能很熟稔的運用此一複雜的模型，也才能對總體經濟中的各個市場的運作過程，以及各變數之間的影響效果有清楚的了解。

　　現在，我們的例子是假設由於國內景氣長期不振，為刺激經濟，政府宣布調降存款準備率，使得貨幣供給量大幅增加。請問此舉對國內的所得、利率、物價、就業，以及工資水準會產生何種影響？

　　首先，由於貨幣供給由 M_0/P 增加到 M_1/P 時，會使 LM 曲線右移，見圖9.9。我們利用第八章推導 LM 曲線的技巧，可以知道當貨幣供給增加時，會使 LM 右移。也就是說，當貨幣供給增加時，一方面可能使所得增加，一方面利率又會下跌。

　　在 LM_0 右移到 LM_1 的情況下，我們再考慮對總合需求的影響。因為貨幣供給增加立即使利率下跌，如圖9.10中的 i_0 下降到 i_1。

　　利率下跌的結果使得投資上升，造成所得的增加，如圖9.10中的 Y_0 上升到 Y_1。

　　貨幣供給增加亦造成全社會的總合需求曲線右移，由 AD_0 右移到 AD_1，見圖9.11。在總合供給曲線不變，而總合需求增加的情況下，均衡點由 E_0 移到 E_1，一方面使得所得上升，但也同時導致物價水準由 P_0 上升到 P_1。

圖9.9：貨幣供給增加對LM曲線的影響

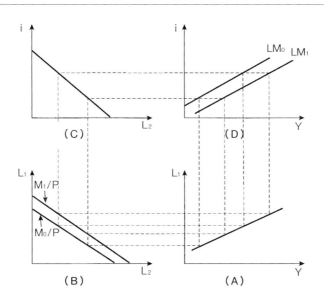

圖9.10：IS與LM的變化

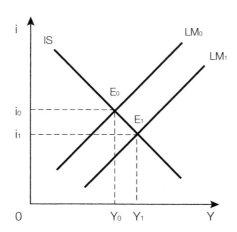

圖9.11：AD 與 AS 的變化

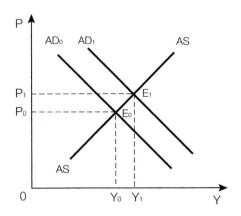

最後，在勞動市場方面，物價水準由P_0上升到P_1，使得實質工資率下跌，於是勞動需求由$N^d(W/P_0)$增加到$N^d(W/P^1)$，見圖9.12（B）。在勞動供給不變而勞動需求增加的情況下，使就業量由N_0增加到N_1，名目工資則上升到W_1。而就業量的增加（由N_0到N_1），剛好反映到所得由Y_0增加到Y_1，見圖9.12（D）。

要注意的是，圖9.12（D）的圖形與圖9.11是完全相同的，唯一差別只是兩軸的物價與所得互換，但均衡點E_0與E_1和均衡所得與均衡物價則是完全一致的。最後，由於物價上升，而名目工資也增加，所以實質工資（W_1/P_1）與原來的實質工資（W_0/P_0）相比是增加或是減少，則端視物價與工資的相對變化大小。

在以上的分析過程中，我們可以得到以下結論：當政府增加貨幣供給時，會使所得增加、利率下跌、物價上漲、就業增加、名目工資上升。另一方面，也會使投資擴大、儲蓄增加，以及貨幣需求增加。事實上，上述現象正是一個擴張性政策的典型結果。

圖9.12：勞動市場的變化

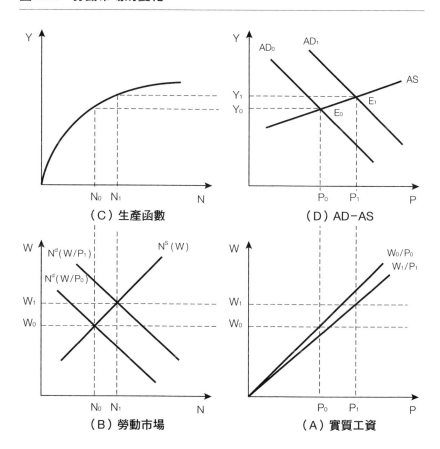

（C）生產函數　　　　（D）AD－AS

（B）勞動市場　　　　（A）實質工資

四、總合供需的長期均衡與充分就業

　　我們在前一節已經十分詳細的說明如何利用總合供給曲線與總合需求曲線的架構，來探討總體經濟如何達到全面的均衡，以及在調整至均衡的過程，總體經濟變數之間會如何的變化。

　　在分析的過程中，我們一再強調均衡的重要性，因為經濟體系中如果有任何一個市場沒有達到均衡，則某些變數會在這個市場中發生變化，從而波及到其他市場，於是其他市場也會發生變化。只有在所有的市場都達到均衡時，所有的經濟變數才是最後均衡下的數字，因為此時若沒有其他外力的干擾，這些變數不會再發生變動，此時我們稱整個市場達到一般均衡。

　　在前面說明的 AD 與 AS 及 IS 與 LM 的架構中，我們說明經濟體系如何達到一般均衡，其中我們尤其強調商品市場、貨幣市場與勞動市場的均衡。然而此處必須強調的是，上述的分析過程主要是以短期分析為主。當有外力干擾出現時，上述三個市場便會產生反應，使得一些主要的總體變數產生變化，如所得、利率、物價及就業水準等等。

　　然而，我們也指出有許多因素在短期內是不容易改變的，例如資本存量；而有些變數則需要更長期的時間才能調整，如生產技術。這裡要討論的是另外一個與長期有關的因素，即勞動市場的充分就業。因為在短期下，勞動工資通常並不容易調整，尤其在有貨幣幻覺下，經常出現名目工資只能往上調整，而不能往下修正的現象，我們稱之為工資僵固性（wage rigidity）。

　　在名目工資不容易調整的情況下，相對於其他變數而言，勞動市場上的勞動供給與需求的調整速度也會比較慢。因此，短期下當勞動供給等於勞動需求時，並不一定保證勞動市場達到充分就業。換句話說，由於工資調整較慢，使得勞動市場即使有超額供給存在，也無法立即反映在工資上面。在供過於求、而工資又無法立即下降的情況下，勞動市場上的失業情況就會出現。事實上，在大多

數國家中失業都是一個很普遍的現象，其主要理由就與工資不易調整有關。

　　在短期下，工資不易調整，尤其是通常名目工資都有往下調整的僵硬性，那麼長期下又會如何呢？我們前面曾經提及，廠商在乎的是實質工資，因此長期下如果物價上漲能導致實質工資下降，或是長期下失業工人無法再堅持一定的名目工資，則長期下的實質工資會下降，甚至名目工資也可以減少。如此一來，勞動市場如果原來有失業存在，則會因實質工資下跌，而使勞動市場的就業量調整回到充分就業水準，整體經濟的產出也就可以達到充分就業下的最大產出。本節就是要利用總合供需模型，來說明總體經濟在長期下如何達到充分就業的情況。

充分就業下的均衡

　　當經濟體系處於充分就業的均衡（full employment equilibrium），即表示在無外來干擾下，經濟體系最後將到達的狀態，見圖9.13。

　　首先看圖9.13（A），經濟在E點達成均衡，產出維持充分就業水準Y_f。短期總合供給曲線（AS），長期總合供給曲線（S）以及總合需求曲線（AD）皆相交於E點。

　　圖（B）說明經濟的支出面。假設物價水準為P_0，總支出曲線為AE。E'點在45°線上，代表總支出等於所得，並對應充分就業的產出水準Y_f。圖（B）的E'點即相當於圖（A）中AD曲線上的E點。

　　充分就業均衡的三個條件為：

圖9.13：充分就業的經濟體系

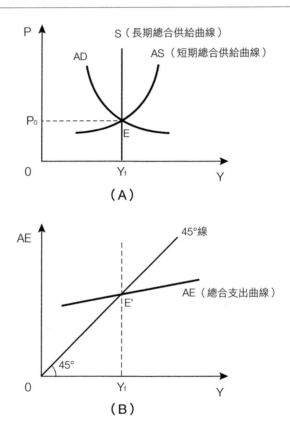

（A）

（B）

1. 支出等於所得

如圖9.13（B），總合支出曲線AE與45°線相交於E'點。依
AD曲線的推導過程，總合需求曲線AD上所有的點皆滿足此條件。

2. 所有的產出完全售出

在圖9.13（A）中，以短期總合供給曲線（AS）與總合需要曲
線（AD）的交點表示，此時全社會的總產出會等於總需求。

3. 達到充分就業

工人皆充分就業，失業率不過高，亦不過低，恰為自然失業率（natural rate of unemployment），均衡點反映在AS與AD交點上。可由圖9.13（A）看出經濟達到充分就業，AS與AD曲線的交點在充分就業產出水準的長期總合供給曲線S上，即Y_f。

由經濟衰退到充分就業

當AD與AS曲線相交點不在充分就業產出水準時，將會發生什麼情況呢？基本上，因為條件3未能滿足，工資以及其他因素成本就會變動，使AS曲線移向充分就業。

假定一國經濟正處於景氣衰退中，如圖9.14所示，長期下如何能重返充分就業呢？我們假設原先的經濟體系是在總合需求與總合供給曲線的交點上，即F點，此時物價水準為P_1，產出水準為Y_1，見圖9.14（A）。在物價水準P_1下，總合需求等於Y_1，見圖（B）。

在F點，條件1與條件2皆符合，但是產出未達充分就業水準。此時失業率太高，條件3未能滿足，因此經濟呈現衰退缺口（recessionary gap），即Y_f與Y_1之差距。

由衰退到充分就業的長期調整過程可說明如下：

1. 失業率太高

產出（Y_1）未達充分就業水準（Y_f），見圖9.15（A）。

2. 名目工資將降低

失業太高，勞動供給過剩，使名目工資下降（因為物價不變，所以實質工資也會下降）。

圖9.14：衰退的經濟體系

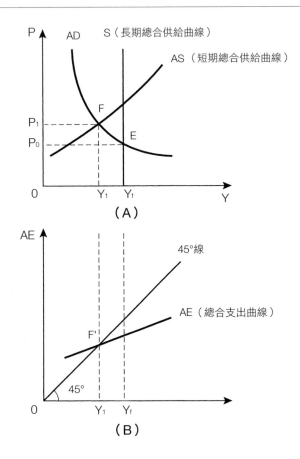

3. 總合供給將向右移

長期下，實質工資（以及其他因素成本）降低，使得廠商對勞動需求增加，而使產出增加，如此總合供給曲線向右移動，由AS移至AS'，見圖9.15（A）。

圖9.15：衰退中復甦的經濟

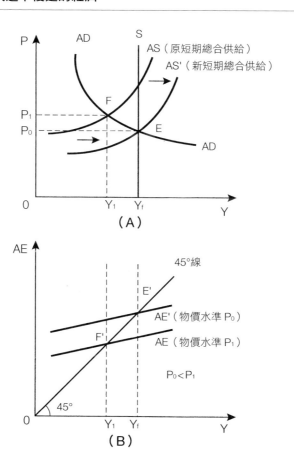

（A）

（B）

4. 較低的物價刺激總合需要

　　產出增加會導致物價下降，物價水準較低使消費者較為富有，因為他們擁有的貨幣購買力增加。圖9.15（A）表示當經濟由F點沿著總合需要曲線（AD）移向E點時，總實質支出增加。

圖9.15（B）表示較低的物價水準使總合支出曲線由AE向上
移至AE'，與45°線相交於E'，此時實質所得為Y_f，達到充分就業。

5. 經濟移向充分就業

實質工資與物價的調整直到工人皆充分就業，即Y_f點時為
止，皆呈下降趨勢。AS線向右下方移動，直到經濟達成充分就業
為止。

經濟一旦衰退，需要多久才能返回充分就業呢？典型的凱因斯
經濟學派認為，經濟的自我修正機能（self-correcting mechanism）
就是在沒有政府干預措施之下，經濟回到Y_f的過程太緩慢，因此
認為政府應當採取行動，擴張總合需要。

過熱經濟回歸至充分就業

一般來說，在景氣過熱時，失業率較低，或許這情況大多數的
人都樂見，但是失業率過低也意味著工作過多，當廠商增加產量並
使產出水準超過充分就業產出時，工人會覺得工作時間太長且報酬
太低。

「過度就業」（over employed）的情況如圖9.16（A）的G點，
此時產出水準為Y_2，物價水準為P_2，超過了充分就業的產出Y_f，
造成了過熱經濟。經濟中有膨脹缺口（expansionary gap）存在，即
Y_f與Y_2之差異。

由經濟過熱回歸至充分就業的過程如下：

1. 失業率過低

因為產出（Y_2）超過充分就業產出水準（Y_f）。

圖9.16：緩和過熱的經濟體系

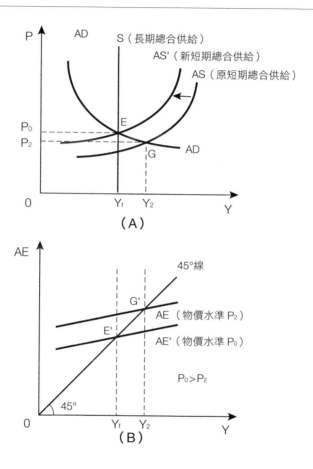

2. 工資將上升

因為勞動供給呈現短缺，工資將上漲。

3. 總合供給將向左移

當工資成本提高時，總合供給曲線 AS 向左移至 AS'，見圖9.16（A）。

4. 物價上升使總合需求降低

在圖9.16（B）中，總支出曲線AE向下移至AE'，均衡點由G'
移到E'。同時在上圖（A）中，均衡點由G點移至E點。

5. 經濟移向充分就業

由於工資成本及物價的上升，導致總合供給曲線向左方移動，
且總支出曲線向下方移動，使過熱的經濟冷卻，恢復到充分就業的
產出水準Y_f。

經濟名詞

貨幣幻覺	工資僵硬性	充分就業的均衡
名目工資	自我修正機能	過度就業
實質工資		

討論問題

1. 何謂貨幣幻覺？試舉一例說明之。貨幣幻覺在推導AS曲線上扮演何種角色？

2. 何謂總合供給曲線？其代表的經濟定義為何？並說明如何推導出AS曲線。

3. AS曲線的斜率如何決定？為什麼我們會說AS曲線具有三種斜率？其理由何在？

4. 民國98年8月莫拉克颱風過境台灣，造成八八風災的嚴重災情。假設在強風吹襲下，損壞了台灣地區一半的機器設備，慶幸的是對人員未造成任何傷亡。請問颱風過後，對台灣地區的所得、物價、利率與就業水準分別會造成何種影響？

5. 假設經濟部宣布在桃園外海發現油田，中油公司準備大量投資興建海上鑽油廠，這是一筆耗費龐大的投資。另一方面，由於預期國內產油增加，石化原料成本會降低，於是台塑公司及其他大型石化公司也準備擴大投資興建廠房，以充分利用廉價的石化原料，這是另外增加的民間投資項目。在國內經濟其他條件不變下，請問桃園外海發現油田所引發的自發性投資增加，對於國內的所得、利率、物價、就業及工資水準分別會有什麼影響呢？

6. 何謂一般均衡分析？為什麼在總體經濟中，我們一再強調一般
　　均衡分析的重要？

7. 全社會的生產函數對總合供給曲線有何影響？長、短期下會有
　　不同嗎？

8. 在2007年底，國際原油價格曾上漲到每桶140美元，高油價使
　　得總合供給曲線向左移。請說明對台灣經濟可能產生的影響有
　　哪些？

9. 如果經濟體系的產出低於其充分就業水準，工資與物價將如何
　　變動？如何使經濟重返充分就業？

10. 假設經濟體系最初位於長期充分就業的均衡下，若總合需要增
　　加，如何使經濟重返充分就業？

　　a. 短期下就業量如何變動？實質工資如何變動？

　　b. 長期下情況如何？

第十章

租稅與財政政策

一、政府支出與稅收的經濟效果

二、財政政策

三、預算政策

　　本章主要根據凱因斯模型，討論政府如何運用財政政策來達到充分就業及物價穩定的雙重目標。在過去幾章中，我們的分析只限於民間企業部門——個人消費、家庭消費及企業投資。若把政府納入討論，我們就跨進了總體經濟較完整的模型。

　　在經濟理論中，政府應扮演何種經濟角色總是爭論不休。例如租稅應增加或降低？政府支出應增加或削減？包括最近政府提出的「前瞻基礎建設計畫」，在民間引起討論。這些都是討論財政政策的基本問題，也都是每天從新聞中看到或聽到的問題，故把「政府部門」納入凱因斯模式，我們就可以較有系統地來評估政府在經濟活動中的重要性。

一、政府支出與稅收的經濟效果

（一）政府支出的影響

　　財政政策經由兩項主要變數（租稅收入及財政支出）來影響總合需求。假設租稅維持不變，政府對財貨及勞務支出（G）的增加就變成了總支出或總合需求的淨增加。也就是說，在基本凱因斯模型中，除了前章討論過的家計單位消費支出（C）及企業投資支出（I）之外，現在增添了政府支出（G）。

　　圖10.1中顯示出一個假想的例子，其中C＋I＋G曲線表示在每一國民生產淨額水準下的總支出，總合需求曲線AE與45°線相交的均衡點為E，其所對應的儲蓄及租稅則如圖（B）所示。

　　此時由於我們同時考慮政府支出（G）與租稅（T）的存在，因此在總合支出方面有三項組成：消費、投資與政府支出，即

圖10.1：政府支出增加對國民生產毛額之效果

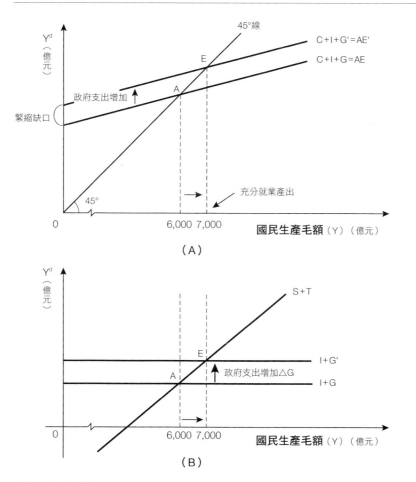

（A）

（B）

假設：邊際消費傾向（MPC）＝0.8，邊際儲蓄傾向（MPS）＝0.2；因此支出乘數
＝1／（1－0.8）＝1／0.2＝5

AE＝C＋I＋G。另一方面，國民生產毛額也有三項分配，即消費、儲蓄與稅負，即Y＝C＋S＋T。在總體市場均衡下，總合支出必須等於所得，即：

（10.1）　　　　　　　　　　　AE = Y

再把兩式分別代入，得到市場均衡條件為：

（10.2）　　　　　　　　　　　I + G = S + T

　　（10.1）式表示的即圖10.1（A）中的A點；而（10.2）式則為圖10.1（B）中的A點。

　　注意圖（A）中AE曲線包括政府支出。假設均衡的Y為6,000億元，仍低於達成充分就業產出水準所需的7,000億元。意即未達充分就業，必須提高總合支出曲線以消除「緊縮缺口」（deflationary gap）。提高AE的任何一個組成因素——消費（C）、投資（I）或政府支出（G），皆可達成目的。如果假設C與I曲線維持不變，政府支出（G）增加△G的數量，將可使總合需求曲線由AE提高至AE'，消除緊縮缺口。

　　圖10.1（A）政府支出增加△G，使總合需求由AE提高至AE'，產生對國民生產毛額的乘數效果。因為支出乘數為5，增加200億元的政府支出使Y增加5×200 = 1,000億元，即由6,000億元增至7,000億元（E點），消除了緊縮缺口。

　　圖（B）的儲蓄與投資圖，亦可以表示政府支出增加△G的乘數效果。政府支出增加200億元，均衡Y則增加1,000億元（200億元的5倍），由6,000億元增至7,000億元（E點）。

■乘數效果

　　乘數效果在說明政府支出增減對GNP所產生的綜合效果。在租稅維持不變下，政府支出增加對GNP的影響，正如民間投資增

加的效果相同。在圖10.1（A）中，總合需求因政府支出增加而增
加了200億元，由C＋I＋G增至C＋I＋G'，GNP增加1,000億元。
由此可推知政府需求增加，如同消費者需求增加有乘數效果。這是
因為當政府支出增加時，出售商品給政府的企業的銷售額也增加，
進一步造成整個經濟活動的連鎖增加。因此上例中的乘數可稱為
「支出乘數」（expenditure multiplier）。

　　透過政府支出增加的方式，可使總合需求水準由未充分就業提
升至充分就業水準。然而要注意的是，任何使總合需求超出充分就
業水準之上的政府支出增加，將會引起物價的上升。

　　乘數原理如何發生作用呢？由圖10.1中，從消費曲線固定的斜
率上，我們知道邊際消費傾向（MPC）為0.8，因此，支出乘數為
5。並知GNP必須提高1,000億元，才能達到充分就業，為達到此
目標，政府支出必須增加200億元，因為5×200億元＝1,000億元。

（二）租稅變動的影響

　　一般來說，增加租稅使得總合需求減少，減稅則使總合需求提
高。另一方面，租稅增加也會造成對GNP的乘數效果，但為反效
果。下面將對這二項推論做進一步的解釋。

　　當政府支出不變而租稅變動時，均衡水準的GNP會如何變動
呢？按照推理，租稅增加將減少可支配所得，進而導致消費減少，
再進而使產出減少及就業下降。

　　不同的租稅（包括直接或間接稅、比例或累進稅、個人或公司
稅）對所得及就業會產生不同的效果。為簡單起見，我們假設如
果消費者的個人所得稅負淨增200億元，將對經濟活動產生什麼影
響？（假設租稅增加淨額用T表示之，邊際消費傾向MPC為0.8。）

　　租稅增加200億的立即效果是使一般人的可支配所得減少200
億元。然而，因消費是由所得決定，當MPC為0.8時，消費的減少
是等於200億元的0.8（T×MPC），亦就是160億元，而另外的40
億則由儲蓄的減少來抵充。

　　租稅增加造成消費曲線向下移動，下移的數量等於160億元。
因為支出乘數為5，消費支出減少160億元，將使GNP減少5×160
億元＝800億元，見圖10.2。GNP均衡點由E點的4,000億元向下
移至E'點3,200億元，故政府增稅200億元，會使國民生產淨額減
少了800億。

　　同理可知，如果減稅200億，對GNP將有相反的效果。即減稅
將刺激消費者支出提高總合需求，從而使GNP增加800億元。

　　因租稅增加使消費曲線由C下移至C'，且均衡點由E移至E'，
變動額為MPC×T。

圖10.2：租稅增加對於消費及國民生產毛額的效果

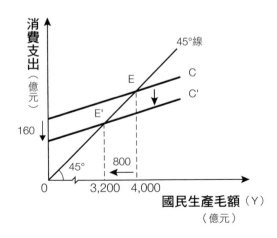

　　因為MPC＝0.8，且租稅增加為200億元，C曲線向下移0.8×200億元＝160億元的數量。因為支出乘數為5，橫軸上GNP的減少為支出減少的倍數，亦即5×160億元＝800億元。同時須注意，GNP減少數800億卻為租稅增加200億元的4倍。因此可稱「4」這數字為租稅乘數（tax multiplier）。

■ G 與 T 同時變動

　　假定現在讓政府支出G及租稅T，同時增加200億元，會產生什麼樣的結果呢？

　　首先，G的增加將使GNP增加5×200億元＝1,000億元，這種擴大的效果稱為「支出乘數」，其值為5。其次，T的增加會使所得降低4×200億元＝800億元，租稅變動帶來的擴大效果可稱為「租稅乘數」，其值為4。因此，G與T的「淨乘數效果」為5－4＝1，所以G與T等量增加的淨效果，將是使GNP增加1×200億元＝200億元，即原來G與T同時的增加額。

（三）平衡預算乘數

　　政府支出（G）及租稅（T）的乘數效果，交互影響了GNP。當「支出乘數」與「租稅乘數」相互結合計算時，產生了所謂「平衡預算乘數」（balance budget multiplier）。

　　其中支出乘數（M_E）係指總合需求提高帶來總支出增加，使GNP增加的倍數。租稅乘數（M_T）係指個人所得稅增加帶來總消費減少（同時使總合需求減少），使GNP縮減的倍數。

　　如果G與T同時等量的增加（或減少），會使GNP等量地增加（或減少）。例如，G與T同時增加200億元，會使GNP增加200億

元。因此，支出乘數 M_E 的數值減去租稅乘數 M_T 的數值，即是平衡預算乘數 M_B。

$$M_B = M_E - M_T = 1$$

綜合上面的討論，我們再複習一下影響財政政策的三個簡單公式：

1. 支出乘數：

這是邊際儲蓄傾向 MPS 的倒數：

$$M_E = \frac{1}{MPS}$$

2. 租稅乘數：

這是支出乘數的一分數（等於 MPC）：

$$M_T = \frac{MPC}{MPS}$$

為求平衡預算乘數，將上式代入平衡預算乘數的公式中，故：

$$M_B = M_E - M_T = \frac{1}{MPS} - \frac{MPC}{MPS} = \frac{1-MPC}{MPS}$$

但已知 MPS 等於 $1 - MPC$，代入上式即得：

$$M_B = \frac{1-MPC}{MPS} = \frac{MPS}{MPS} = 1$$

然而，這一理論之是否成立（也就是說，平衡預算乘數是否總

等於1）要看下面三個事實是否存在而定：

第一，政府支出必須是非競爭性的，政府支出增加不應與私人支出競爭。但事實上，當政府在教育、交通運輸、醫療保健等方面支出較多時，私人部門即可在這些方面支出較少。屆時，私人部門消費支出將減少，儲蓄將增加，這樣就將使擴張性效果減少。

第二，租稅必須不妨礙經濟活動，為支應政府支出擴張而增加的租稅，不應為反生產性，然而事實則不然。例如，如果人民認為稅負已偏高，進一步增稅可能減低個人工作及儲蓄的意願，以及廠商投資的誘因。若是這樣的話，平衡預算乘數擴張性效果即會減低，亦即可能會低於1。

第三，MPC必須相等，也就是說，接受政府支出增加者必須與租稅支付增加者的邊際消費傾向相同，事實上這是不太可能的。

因此，租稅乘數實際上可能大於、等於或小於支出乘數。這樣就影響擴張性效果。

由於平衡預算乘數的假設常與事實不相吻合，雖然在凱因斯模型中邏輯上是正確的，卻未必實用。例如，政府支出及租稅同時增加的話，有時可能妨礙而非刺激私人部門的成長，使失業率及物價膨脹率同時提高。

二、財政政策

（一）權衡式財政政策

權衡式的財政政策（discretionary fiscal policy）係指採用擴張性政策來對抗經濟衰退，或者是採用緊縮性政策對抗物價膨脹。也就

是說，在權衡式的財政政策下，政府可以針對不同的經濟情況而採取不同的政策，這是一種權衡式的作法，故稱之為權衡式財政政策。

財政政策是指政府在支出及租稅方面，以有計畫的政策，追求價格穩定、緩和景氣波動，使國民生產毛額及就業水準達到合理的境界。有了凱因斯的理論及其信徒的闡述，才有今天我們所討論的財政政策，而且財政政策會隨景氣波動而不同。

■擴張性政策：對付經濟衰退

在衰退期，政府目標是要將總合需求提高到充分就業與無物價膨脹水準。因此，需要採取擴張性財政政策，以消除緊縮缺口。此政策可能包括政府支出增加、租稅減少，或兩者的組合。如果原來政府預算是均衡的，擴張性財政政策將因政府支出會超過其收入而造成預算赤字。

■緊縮性政策：對付物價上升

在物價膨脹期間，政府目標是使總合需求降低至充分就業與低物價膨脹水準。此時需要採取緊縮性財政政策，以消除膨脹缺口。此政策包含政府支出減少、租稅增加，或兩者的組合。如果政府預算原已平衡，緊縮性財政政策會因為政府收入將超過其支出而造成預算剩餘。當然，微小的剩餘將不足以達到目的，較大的預算剩餘才易達到預計的效果。

■自動財政安定工具（automatic fiscal stabilizers）

財政政策並不全是要靠政府裁決的，其中一部分的政府支出及租稅在商業循環中是自動而顯著地變動的。

還有誰贊成「龐大的政府」？

一位美國著名的專欄作家安瀾德向她的讀者徵求最常聽到的謊言，在收到萬千的回函中，下面一則是她所選出的「最大謊言」：「我在政府機構任職，我是來幫助你們解決問題的！」

一位受人歡迎的美國總統，在競選前以及當選後常講的一句話是：「政府不是來解決問題的，政府的本身就是問題。」他的名字是雷根。

一位重要研究中心的負責人——美國傳統基金會的主席最近說：「你今天還能聽到誰贊成龐大的政府？」

當政府的角色與職能在市場經濟下還受到這樣嚴厲的諷刺時，在共產體系下的蘇聯、波蘭、匈牙利也終於開始嘗試一些勇敢的調整。蘇聯解體後，這些地區的人民終於看到了民主改革的一些步驟，與市場經濟的一些曙光。

如果說共產主義的號召在二十世紀中葉達到巔峰，那麼在二十世紀的末葉正面臨著窮途末路的瓦解。其中轉變的焦點即是：政府不能擁有絕對的政治權力，也不能對經濟活動有全面的控制。絕對的權力，必定帶來腐敗；全面的控制，必定帶來窮困。腐敗與窮困正是共產體系下的兩座活火山，正威脅著共產政權的存亡。

日本的例子

在市場體系下，日本已是一個經濟上的超級強國。可是近年來，「政府應當扮演什麼角色」仍然是重要的爭論。

戰後日本政府的經濟職能是資本主義色彩遠超過社會福利制度的傾向。近年來的民營化——鐵路、航空公司、電訊交通，更使日

本經濟走向市場經濟。

但是，日本著名的評論家大前研一在1989年10月25日的《華爾街日報》上寫著：「日本並沒有一個現代政府。政府仍然要坐在駕駛盤上，決定時速、踩上油門、剎車及控制方向，一億二千萬人民則放在後座上。」

大前研一舉例指出，健康與衛生部不是來維護人民健康，而是「醫生與藥廠部」；運輸部不是來服務乘客，而是幫助運輸業；教育部不代表學生，而是教師權益的結盟。因此，他指出：「日本政府不是為人民，尤其不是為消費者服務；他們是為產業及特別利益團體效勞。」

大前研一進一步認為，執政的自民黨在一連串貪污與女色的弊端下，必須面對現實，做大規模的自我調整。否則，他建議就讓自民黨分成二黨：一個黨代表消費者權益、自由貿易、國際化，使日本變成一個進步、開放的社會；另一個黨繼續其傳統，作為代表產業權益、龐大政府，繼續其控制、約束與保護的職能。

事實上，市場經濟體系就常有這些內在的安定器。這些自動的財政安定工具藉著延遲可支配所得的減少來緩衝經濟衰退，或藉著延遲可支配所得的增加來遏制物價膨脹。這種自動的調節不藉著人為干預或控制的方式，而有益於經濟體系的均衡，如同自動調溫器幫助維持室內溫度穩定一樣。

較重要的自動調節工具有三：

1. 租稅收入

政府收入的主要來源是個人或營利事業所得稅。這些租稅的稅率是累進的，尤其是個人所得稅。因此，當國民所得提高時，政府租稅收入增加的比例就高，這樣將會緩和經濟景氣過盛。另一方面，如果國民所得減少，政府租稅收入減少的比例也就更大，這樣將會減輕經濟的衰退。

2. 失業給付

在西方社會繁榮時期，失業者少，失業給付少，等於政府支出較少。在經濟衰退期，失業人數增加，失業者所獲得的失業金，可以減少個人所得大幅下降的衝擊，同時由於政府支出增加，有刺激經濟的效果。

3. 公司股利政策

公司股利通常在短期中相當穩定，因此公司保留盈餘或未分配利潤，在擴張及衰退期具有穩定力量。

整體而言，這些自動的調節可減低景氣循環的激烈程度。一些實證研究的結果顯示，所有這些自動的調節，所產生的效果大概可使循環波動的幅度減少三分之一，它的主要作用是減緩了景氣變動過程中的高峰及低谷。不過，凱因斯學派的經濟學者認為，僅僅靠這種自動調節是不足以有效對付景氣變動的，仍然必須要依靠權衡式的財政政策。

前瞻計畫缺乏總體經濟效益評估

　　最近，政府突然推出「前瞻基礎建設計畫」，預計將投入8,824億元的特別預算，來進行多項基礎建設計畫，包括軌道、水環境、綠能、數位，以及城鄉等建設。其實近年來，國際上包括美國在內的許多國家，已經把原先主要的貨幣政策改行為推動實體建設的財政政策，因此對於政府要增加財政支出進行更多的建設，相信國人不會有太多的意見。但是，問題在於這次推出的規模非常大，政府支出總額將超過1兆元新台幣，其中有8,824億元將會以特別預算的方式，未來8年以舉債來支應。相較於推動得如火如荼且引起重大爭議的公務員年金改革，每年只能省下80億元來說，這一次的大規模投資與大量舉債，當然會引起國人的關注。

　　由於此次推動如此龐大的投資計畫，事出突然，因此引發非常多的爭議，包括這些重大投資案件是否有事先做過可行性評估？舉債金額如此龐大，幾乎達到法律規定的舉債上限，未來8年之間如果出現其他重大突發事件，政府是否還有足夠財力來支應？而且，特別預算的規劃時間長達8年，如果下一任總統不是蔡英文總統，請問下一任總統如何再使用特別預算？更令人詬病的是，在這些計畫中，絕大多數建設經費都落在綠營執政的縣市，藍營縣市分到的很少，因此不得不令人有「為選舉綁樁」的聯想。

　　在這裡，我們想要問的是另外一個重要的問題，就是既然投資金額那麼大，那麼這些計畫可能產生的總體經濟效益會有多少？這與個別投資案的可行性評估有所不同，以軌道建設為例，個別投資案要考量乘載自量、自償率、經濟效益與地方配合款等諸多因素；而總體經濟效益則必須考量整體投資下，所能創造的經濟產值

（GDP）、所能帶動的投資及創造的就業等等。對於一個這麼大規模的投資，國人當然希望知道這些支出所帶來的整體效益有多少。

很不幸的是，在政府公布前瞻計畫的完整366頁報告中，關於總體經濟效益評估只有2頁！這個計畫將會花掉納稅人8,824億，但是經濟效益的評估卻只有2頁，讓人不得不懷疑，這個計畫真的是做得太倉促，標準的「先射箭、再畫靶」。

既然在這2頁對於總體經濟效益的簡單評估中，也存在著許多的問題。比方說，政府投入的特別預算總額為8,824億元，而預計未來8年累計可以提高實質GDP為9,757億元。我們先姑且不論此一實質效果是如何得到的，但是我們只要再看另外一項數據，就可以知道這些估計是如何的粗糙。報告中提到，在帶動公民營企業投資方面，預計可以帶動公民營投資達到1.78兆元。但是，依GDP的計算方式，公民營的投資本來就包含在GDP當中。也就是說，如果真的可以帶動1.78兆元的投資，那麼對於GDP的貢獻就絕對不只是9,757億元而已。也就是說，這兩頁的總體經濟效益評估如果不是前項太保守，就是後項在說大話！不然，就是這兩項是自己做自己的，才會前後兩頁根本對不起來！

總而言之，這一次推出這麼龐大的前瞻計畫，就好像突然從天上掉下來的計畫，完全沒有可行性評估，而且連一個完整的總體經濟效益評估也做得如此粗糙。也就是說，這些計畫看起來很像是由各縣市分別提出，再由中央直接買單，但是卻完全沒有經過事先的評估。不但政府專業部門的角色沒有了，甚至連掌管政府重大公共建設資源分配的國家發展委員會的角色也完全不見了。未來這些建設最終是否會成功，或是成為蚊子建設，實在很令人擔心！

資料來源：林祖嘉（2017），〈前瞻計畫缺乏總體經濟評估〉

圖10.3解釋自動調節如何減緩景氣循環的高峰及低谷。圖10.3顯示，由於累進稅的實行，在經濟不景氣時，$Y_2 < Y_0$，由於稅收不足，會出現政府預算赤字，而使經濟往Y_0方向推進。相對的，在經濟過熱時，$Y_1 > Y_0$，由於累進稅率，使政府稅收增加，出現預算盈餘。在政府支出相對較少之下，會使經濟過熱的情況減輕，使經濟往Y_0方向推進。

（二）充分就業預算

所謂充分就業預算（full-employment budget）是指當經濟運作達到充分就業時，每年政府支出及收入的估計數值。如果此預算出現剩餘（或赤字），則稱為充分就業剩餘（或赤字）。

需要指出的是，假設稅率及政府支出維持不變，如果經濟運作未達充分就業，政府預算可能出現赤字（$G > T$）。但是如果經濟運作接近或已達充分就業，同樣的稅率及同樣數量的政府支出，卻可能產生預算剩餘（$T > G$）。這是因為在高就業時期，國民所得

圖10.3：自動安定工具

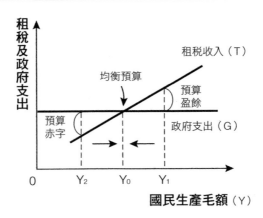

水準較高，政府的租稅收入就較多。

如同其他剩餘的效果一樣，充分就業水準下剩餘的效果也是具有收縮性的。這是由於政府經由租稅自所得流量中取走的購買力，因為小於支出，而使經濟體系中的購買力有淨流出。在物價上升情況下，這樣因剩餘而帶來的收縮，正可以緩和價格增加。

■財政拖累及財政紅利

「財政拖累」（fiscal drag）發生於租稅收入超過政府支出時，產生大量財政盈餘。要減少「拖累」，政府可設法增加支出或削減租稅，此即所謂以「財政紅利」（fiscal dividends）的方式來對付財政拖累。政府部門可以實行的方式如下：

1. 增加在各種社會公共財，如教育、區域發展及醫療衛生等方面的政府支出。
2. 減低私人部門的租稅，以促進消費及投資。
3. 中央政府增加對各級地方政府的補助，支應其支出需要。

這些減少財政拖累的方法都曾被各國政府在不同的時間中採用過，但是經濟學者對於這些方法的成效如何，仍然意見分歧。

■實際預算與充分就業預算執勝？

從上面的討論中，我們知道在凱因斯的架構裡，實際預算與充分就業預算兩者概念截然不同。那麼究竟應該用哪一種概念來判斷財政政策的有效性呢？讓我們提出三點觀察：

　　第一，「實際預算」表示政府在一特定年間的收入及支出。如果政府支出不變，赤字或剩餘大體上係由國民生產淨額的變動所決定，而與權衡式的財政政策無關。因此，由實際赤字或剩餘無法看出政府是在採取擴張性或緊縮性的財政政策。

　　第二，「充分就業預算」表示在充分就業下，政府收入及支出的情況。如果政府支出不變，充分就業預算赤字或剩餘則由租稅結構決定。因此，在充分就業狀況下，可能採用緊縮性的租稅政策產生預算剩餘，或採用擴張性的租稅政策，產生預算赤字。

　　第三，實際預算中出現的赤字及剩餘與充分就業預算中出現的赤字及剩餘無關。例如，在衰退期政府稅收可能減少，造成實際預算的赤字，但政府的財政政策可能是擴張性的。同樣地，充分就業預算中出現剩餘時，實際上財政政策可能是緊縮性的。

　　因此，凱因斯派的經濟學者認為：「充分就業預算」中出現的剩餘或赤字，較「實際預算」的赤字或剩餘更能反映財政政策之方向及成效。所以，他們的結論是：「充分就業預算」是唯一適合判斷財政政策是否具有有效性的預算。

（三）預算赤字的處理

　　權衡式財政政策的兩項基本策略是：第一，要擴張經濟，就用減稅及提高政府支出二個辦法，這樣就造成預算赤字。第二，要緊縮經濟，就用增稅及削減政府支出二個辦法，這樣就造成預算剩餘。

　　當財政赤字發生時，政府如何募措資金是一項極重要的課題。基本上，政府的收入來源有三：徵稅、發行公債、發行貨幣。

1. 徵稅

　　租稅是大家最熟悉的政府收入來源，因為每個人都負擔了某些形式及種類的租稅。當財政當局要變更租稅時，必須同時考慮到租稅的類型及稅率。租稅的類型很多，包括貨物稅、財產稅、所得稅等等。然而，對財政政策而言，個人及營利事業所得稅最為重要。這是因為所得稅變動，直接影響人民消費及投資意願，因此所得稅變動也就立刻影響了經濟活動的整體水準。

　　再進一步來說，所得稅稅率結構的改變，所產生的影響就要看被影響到的所得團體的邊際消費傾向而定。例如，假定把較低所得組的稅率降低，而把較高所得組的稅率提高，就可能有兩種後果：一方面由於較低所得者的邊際消費傾向較高，淨效果將是刺激總消費支出。另一方面，由於較高所得組的稅率增加，可能減少了他們的儲蓄，從而減少了他們的投資資金。

　　按照這種推理，上述的這類所得稅率變動，就可能會使政府租稅收入、國民生產毛額及就業水準同時降低。相反的，如果對較低所得者的稅率提高，而對較高所得者減輕稅率，就會有幾乎完全相反的效果。

2. 舉債

　　發生財政赤字時，政府籌措財源的第二個方法就是舉債。一個重要的工具就是出售國庫券，以吸取社會大眾的資金。當財政部從事這種活動時，兩種後果可能發生：第一，較高的利率：其他情況不變下，大量出售公債會使利率上升，使得政府與企業都必須支付較前為高的利率。第二，出現排擠效果：利率的上揚提高了借款成

本，使許多企業無法承擔，產生了所謂「排擠效果」，私人投資因此就大量削減。

在討論財政赤字時，很多學者認為，政府大量舉債可能是物價膨脹的一個重要成因。

「排擠效果」使民間部門的成長相對於公共部門減緩，資源由前者轉移至後者。在較長期間，除非民間部門能藉提高其生產效率來抵消相對的下降，否則容易由此產生物價膨脹的壓力。要改善這一情況，政府可以藉獎勵性條例，來激勵民間部門從事新的投資及生產，減稅則是常用的一個方法。

3. 發行通貨

政府籌集資金的第三個方式是印鈔票，這是貨幣政策而非財政政策。政府藉印鈔票進行赤字支出時，意即財政支出超過了徵收租稅。這種方法使政府得以支付其所需的資源，而不降低民間消費及投資支出。這似乎是一個融通資金很方便的方法，事實上，大部分的國家（美國則是少數的例外之一）為了支應社會福利、軍費等支出，而靠印鈔票方式來取得資金，這些國家往往缺乏妥善的租稅制度及有組織的金融市場體系。

靠印發鈔票來取得資金，其結果將是痛苦而慘重的。最顯著的結果就是通貨膨脹，因為通貨膨脹正是由於「太多的貨幣追逐太少的商品」所引起。發行通貨來融資赤字，在景氣循環的低谷及高峰期都會引起物價上漲。為什麼呢？

第一，在衰退期，大部分的廠商雖有閒置產能，然而產出擴張無法像放籠出來的鈔票那樣快速，造成錢多貨少的價格上漲。

第二，在繁榮期，除非民間消費能大量減低，否則發行新鈔的

效果是刺激消費，造成另一回合的物價上升。

第三，隱藏性租稅（hidden tax）。如果不徵租稅來抵消發行鈔票的刺激效果，物價勢必上升，這一種物價膨脹將如同「隱藏稅」一樣，造成每一個人的實質所得縮減。

根據上面的討論，印鈔票來彌補財政赤字是下策。至於是否要用增加租稅，減少支出，或者發行公債的方法，那就要看當時的景氣情況及經濟政策目標而定。

（四）權衡式財政政策有效嗎？

適當的權衡式財政政策固然可以減少物價上漲，或者刺激經濟擴張，但在實際執行上也有它的困難。主要理由述如下：

1. 景氣循環預測困難

建立經濟模型的技術多年來已大幅改進，但是景氣預測仍非精確的科學。經濟學者通常能夠十分合理地解釋為何過去衰退或繁榮會發生，及為何現在的趨勢會如此。然而，即使經濟學者使用複雜的電腦模型，卻不能正確或一致地預測未來景氣變動的轉折點。但是這些轉折點，如高峰及低谷，都還是必須加以預測，才可試圖以適當的財政政策來緩和經濟波動的衝擊。

因為預測景氣波動十分困難，因此如何採取反循環的權衡式政策的適當時機也就格外不容易。下列三類尤其重要：

第一，**認知落後**（recognition lag）：判定景氣循環性轉折點通常需要多用些時間。而在研判期中，經濟衰退或膨脹可能早已默默地在進行。第二，**行動落後**（action lag）：即使循環轉折點被判定後，政府亦須曠日費時才能決定應採取什麼對策。財經決策當局與

國會對重大財政政策決策的爭論及妥協似乎總是冗長的過程。第三，**乘數落後**（multiplier lag）：當政府支出及租稅政策最後終於執行時，其生效仍需經過一段時間。事實上，這些「支出乘數」及「租稅乘數」要發揮其影響，常常需要經過一年以上的時間。

　　因為這些因素的落後，反景氣循環的政策效果通常無法在短期內見效。

2. 未知的乘數效果

　　運用權衡式財政政策的第二種困難來自政府支出及租稅後果的不確定性。實際上，無人能確知「支出乘數」及「租稅乘數」的大小及其效果。主要的原因是我們對下列知識的缺乏：（1）家計單位的邊際消費傾向，以及（2）營利事業稅對投資的衝擊。

　　就租稅與投資間的關係來看，也十分複雜。如果公司所得稅增加一百元，企業投資是否會減少幾十元呢？是否景氣展望、國外市場、生產力或者利率比租稅的增減更重要呢？在沒有確定的答案前，就更增加了財政政策的不確定性。

3. 排擠效果

　　「排擠效果」會造成私人部門投資的減少。「排擠現象」發生於政府從事減稅及提高政府支出的擴張性政策時。為了融資預算赤字，財政當局藉出售公債，向金融市場告貸，於是政府與私人借款者競爭資金，使得利率（也就是資金的價格）提高，無法支付較高利率的私人借款者即被擠出市場。因此，在私人投資減少的範圍內，所造成的負乘數，將使由政府支出及租稅政策產生的正乘數減少。

把社會成本納入決策

無所不在的社會成本

　　觀察今天的台灣社會，小康之中仍然有根深柢固的貧窮心態，進步之中仍然四處散布著落後現象。如果我們要建立一個有嚴格社會紀律與競賽規則的現代社會，一個重要的經濟觀念——社會成本，必須全面推廣。

　　社會成本是泛指一種行為（或活動）對社會（或第三者）所造成的成本（或者費用），當事人不直接負擔，而由社會來負擔。試列舉愈來愈嚴重的社會成本例子：

　　消費行為的例子：如機車的噪音、停車占用人行道、抽菸對他人的妨礙、麻將聲與音響聲對鄰居安寧的影響。這些行為是犧牲了別人的權益來追求小我的滿足。

　　生產行為的例子：如空氣污染、污水排洩、偽藥、贗品、不安全的設計、失實的廣告。這些廠商是犧牲了別人的健康來賺取自己的利潤。

　　法律邊緣的自力救濟，更是使社會成本驟增令人憂慮的例子。

　　政府部門的例子：如國民住宅興建時的舞弊、工業區選擇的錯誤、大眾捷運系統推動的延誤。這些官員傷害了政府的形象而依然戀棧。

三方面的配合

　　落後的、閉塞的社會是不可能注重社會成本的。進步的、有紀律的社會是不可能忽視社會成本的。落後的社會被人情與私利籠罩；進步的社會則以法治與公利為常規。

　　介於落後與進步之中的台灣社會，消費者、企業家與政府官員必須要認清社會成本的嚴重性，進而共同減少社會成本，以及要求當事者盡量負擔這項成本。

　　減少社會成本的辦法不外三種。一是政府的：透過法律的制定與嚴格的執行，約束生產者與消費者的不當行為。一是企業的：由於對法律制裁的恐懼、媒體的報導與消費者意識的覺醒，要發揮企業良心。一是個人的：透過教育的灌輸與第六倫的推廣，來提升消費者的公德心。

　　減少社會成本的最有效辦法不在事後的追究與分攤，而在事先的預防與規範。要做好事先的預防與規範，就要靠政府官員的責任心、工商界的企業良心與消費者的公德心。

決策延誤的社會成本

　　政府決策的延誤是無形的，鮮為外界了解，但它是活生生的事實。如更換政府首長的延誤、外交彈性的延誤、公共工程推動的延誤、國內市場開放的延誤、探親範圍修訂的延誤。這些延誤都有深遠的不利影響。延誤愈久，社會成本就愈高，以後要付出的代價也愈大。

　　要減少這種延誤，只需要兩個條件：周延的決策過程與有擔當的政府首長。

　　如果消費者、工商界與政府部門在消費、生產與施政的過程中，都能把社會成本納入考慮，我們的社會才有可能變成一個高品質的社會；有蔚藍的天空、乾淨的空氣、清澈的河川；有寧靜的環境、守秩序的交通與安全的產品；更有周密的決策、明快的決策與有擔當的決策。

前瞻計畫的政治經濟分析

日前，行政院推出超過1兆元新台幣的「前瞻基礎建設計畫」，其中軌道建設是最重要部分。在經費來源方面，有八千多億將採特別預算匡列，剩餘金額利用這幾年超收稅收來支應。

另外，這些投資將在未來八年內完成，也就是說，政府的主要投資將完全著重在這部分，因為資金都已動用了，未來其他建設可能就不容易再支應了。

首先要說的是，近年來經濟成長慢，政府想用擴大支出刺激經濟，國人並不反對，就如同現在包括美國在內的國家，把經濟政策主軸，從貨幣政策改成具實質需求的財政政策。但是，要提醒的是，台灣是一個小型開放經濟體，政府支出對於經濟貢獻是有限的，這與美國主要依賴內需來帶動經濟的結構很不一樣。

比方說，台灣對外貿易依存度（即進出口總和占GDP比例）達到130%以上，而美國大約不到五成；另外，台灣政府支出占GDP約13%，美國則占兩成，因此我國財政政策對於經濟成長的力道，相對會比美國小很多，這是必須先了解的。

其次，要指出的是，這次的基礎建設絕大多數都投資在軌道建設上面，顯然未來八年的基礎建設，將會完全集中在軌道運輸。不知道行政院以軌道工程建設，做為國內基建的主要理由為何？因為過去聽到企業部門最憂心台灣五缺的問題，即「缺水、缺電、缺土地、缺工和缺技術」，政府如果真的想要拚經濟，應該大力投資在能夠改善這些投資環境的基建上面，才是正確的經濟戰略思維。

然而，現在行政院決定要大量投資在軌道建設，且是由各地方

政府自行提出計畫，再由中央挑選整合，感覺中央是想要改善地方縣市的交通方便性。這思維固然沒錯，但是這是否是現階段最需要的經濟建設？或是，政府應該利用有限資源做更有效率的投資？不知政府相關部門是否做過整體發展的評估，或是至少在行政院層級有做過相關討論？

第三，行政院長林全說，因為這些計畫有很多是新推出的，所以稱為「前瞻計畫」。但是，新北市副市長候友宜立即反對說，新北市早已規畫的「三環三線」卻只有一部分被列入，根本不能說是前瞻計畫。其實為爭取預算，各縣市本來就會提出許多計畫，尤其是現在政府提出一塊這麼大的大餅；再說，如果現在不爭取，未來八年可能就完全沒有機會了。

只是，面對各縣市提出的這許多龐大計畫，中央政府應該如何去選擇，或是應該由「政治考量」決定呢？在這次三十八項軌道建設計畫中，新北市的三條已規畫的捷運和輕軌被列入外，其他三十項新興計畫中，藍營執政的八縣市完全沒有任何一項在內！至於列入的新計畫中，幾個較大項目包括高雄捷運延伸環狀計畫（1,450

4. 公共選擇問題：政治性的景氣循環

除了上述三種經濟性的困難外，尚有政治性的考慮需要克服。在民主政治制度下，政治領袖為了要競選連任或當選，常常採取或建議採取在短期內見效的政策，而無視於其不利的長期後果。

在美國總統一任四年期間，初期循保守支出政策（以抑制物價膨脹），而稍後即採較放任的支出政策（以刺激就業），這種屢見

億）、大台中山手線（600多億）及捷運藍線（800多億）、桃園鐵路地下化（964億）、台南市先進運輸系統藍綠線（約400億），以及基隆輕軌等等。

其實，依過去推動重大建設過程來看，每項重大建設都要先做經濟效益評估和自償率評估等等。上述許多動輒近千億的軌道投資案看，人口密度、人口成長率和經濟發展狀況等因素，是幾個最基本的評估標準，從這幾個標準來看，可能只有新北市和桃園的軌道建設符合投資要件，而其他城市的軌道建設，未來可能都會面臨虧損。因為軌道建設支出，不是只有現在的建設經費而已，以後的維護費用是很高的，未來如果沒有足夠需求和人數支持，高雄捷運系統長期虧損，就會是一個標準的結果。

至於現在的前瞻計畫是否具有前瞻性？或是，行政院是基於經濟考量或是政治考量比較多？就由國人自行去判斷了。

資料來源：林祖嘉（2017），〈前瞻計畫的政治經濟分析〉，聯合報星期透視，2017.3.26

不鮮的例子變成了經濟學者及政治學者所稱的「政治性景氣循環」（political business cycle），即執政者為了討好選民，採用權衡式財政政策所造成的不穩定。

因為上述這些原因，權衡式財政政策就變成了凱因斯派所積極提倡的。根據美國的實證顯示，凱因斯學派所提倡的財政政策有助於減少經濟衰退的深度，但也同時產生了不可忽視的物價膨脹。

　　整體而言，權衡式財政政策對社會產生了利弊兼有的結果：第一，在利益方面，在移轉性支付（如社會福利）的幫助下，衰退的嚴重性已緩和，其頻率也減少。其次，在弊端方面，用來融資赤字支出的方法（尤其是靠發行通貨）常常產生嚴重的物價上升，而又未能達成充分就業。

供給面經濟學說中的減稅效果

　　在雷根執政時，供給面經濟學者的主張備受重視，雖然他們的見解一直受到大多數學者的責難。供給面經濟學是基於以下四個假設：

1. 當租稅增加時，勞動、資本與其他生產要素供給減少。
2. 生產要素供給量的多寡是由邊際稅率（marginal tax rate，人們所賺得最後一元所需支付的稅率）決定。
3. 邊際稅率提高，總合供給減少。平均稅率無關緊要。
4. 對於預測租稅的影響，總合供給的移轉遠較總合需要的移動來得重要。

　　圖10.4能說明這些假設。當租稅降低時，總合需求（AD）與總合供給（AS）增加，但是依據第四項假設，AS曲線向右移出較多，AD曲線向右移出較少。均衡點由E移至E'，在新的均衡點上，產出增加（由Q增至R），且物價下跌（由A降至B）。

　　在累進稅率所得稅制下，賺錢愈多，每多賺一元的收入必須按累進較高稅率納稅。採用較低累進稅率可使邊際稅率較低，而平

圖10.4：供給面經濟假設下的減稅效果

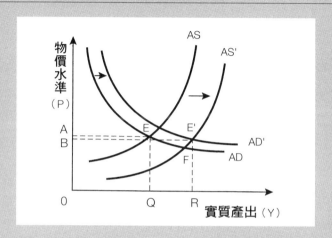

均稅率維持不變。因此，在這一情況下，總合供給曲線將向外向右移，但是總合需求曲線（由稅收總額決定）不移動。新的均衡點由E移向F。

　　就家計單位的邊際消費傾向而言，支出及租稅乘數是基於全家計部門有「平均的」邊際消費傾向的假設而計算。事實上，成千成萬家計單位的邊際消費傾向可能因所得水準、稅收階距及其他因素而相差很遠。這樣就造成兩項乘數的估計非常不確定。

　　2017年1月美國選出新的總統川普，他對於雷根總統非常崇拜，也強調減稅對於刺激景氣的正面效果。2017年4月26日，川普正式提出他的減稅方案，包括同時調降個人所得稅及企業所得稅的稅率等。至於減稅的最終效果，可能需要經過一段時間才可以證明。

| 三、預算政策

（一）四種不同的預算政策

　　不同類型的預算政策會帶來不同的經濟結果。例如凱因斯派財政理論主張，以預算赤字對抗經濟衰退，以預算剩餘對抗物價膨脹。這也就是反循環財政政策的要義。另一方面，也有人贊成預算或功能性財政。這些名詞的意義為何？政府預算究竟是否應當經常或偶然，還是從不需要維持平衡呢？

　　讓我們來逐一討論四項截然不同的預算政策，包含年度均衡預算（annually balanced budget）、循環性均衡預算（cyclically balanced budget）、功能性財政（functional finance），以及充分就業均衡預算（full-employment balanced budget）。

1. 年度均衡預算

　　有些人主張，預算在每十二個月內都應當平衡，也就是說每個年度的收入及支出應該相等。倡導這一政策的學者認為，唯有這樣才可限制不可收拾的支出及財政失序，使政府處於經濟上「中立」的地位。

　　這一主張正確嗎？答案是否定的。如果政府真的每年平衡預算，而不顧私經濟部門的波動，其政策就不會是中立性的。事實上，這種作法會加重循環的振幅，原因有二：第一，在衰退期間，租稅收入減少，為了平衡預算必須增加稅率，減少政府支出，使衰退更嚴重。第二，在物價膨脹期間，租稅收入增多，為了預算平衡，必須降低稅率及增加政府支出，這會使物價更上升。因此年度

與「所得分配」變化相關的三個問題

一個重要課題

　　「所得分配」不僅是現代社會中一個重要的經濟課題，也是幾世紀以來政爭的一個焦點。簡單地說，當魚與熊掌不能兼得時，經濟效率提升重要，還是所得分配公平重要？

　　共產主義標榜要追求一個公平的社會，資本主義標榜要追求一個有效率的社會。經過了七十多年的實驗，蘇聯前總統戈巴契夫不得不承認：蘇俄需要大幅度的經濟改革──要用市場經濟的法則來挽救破產的共產制度。

　　在這樣一個世界性競爭的舞台，台灣的經濟發展提供一個魚與熊掌可以兼得的經驗。這就是說，在台灣的經濟快速發展過程中，並沒有產生已故顧志耐教授的預測：所得分配會在高度成長的初期擴大，稍後會再改善。台灣的這段經歷，在林忠正教授的論文《近年來台灣所得分配惡化之探討》中，有很清晰的敘述與分析。在他文章中的一張附表指出：以最高所得組（20%）與最低所得組（20%）的相差倍數來衡量，在1976年到1988的十二年中，台灣所生產的所得變化是：

(1) 1976年：4.18倍

(2) 1980年：4.17倍

(3) 1982年：4.29倍

(4) 1988年：4.85倍

　　　　我們不想針對林教授認為「所得分配惡化」本身做進一步的評
述，卻想提出與所得分配相關的一些觀念與問題，供大家來討論。

表10.1：主要國家（地區）家庭所得分配狀況

國名		年別	五等分位組之所得分配比（％）		最高所得組為最低得組之倍數（倍）	古尼係數
			最低所得組（20％）	最高所得組（20％）		
一、每戶	Per household					
香港	Hong Kong	2011	–	–	20.70	0.521
日本	Japan	2015	6.6	41.6	6.30	–
中華民國	Republic of China	2015	6.6	40.2	6.06	0.338
美國	U.S.A	2009	4.6	44.4	9.59	0.388
美國	U.S.A	2014	3.1	51.2	16.62	0.480
二、每人	Per capita					
巴西	Brazil	2013	3.3	57.4	17.39	0.529
加拿大	Canada	2010	7.1	41.0	5.77	0.337
中國大陸	China	2010	4.7	47.1	10.02	0.421
哥倫比亞	Colombia	2013	3.4	58.0	17.06	0.535
芬蘭	Finland	2012	9.4	36.7	3.90	0.271
法國	France	2012	7.8	41.2	5.28	0.331
德國	Germany	2011	8.4	38.6	4.60	0.301
義大利	Italy	2012	6.2	41.7	6.73	0.352
日本	Japan	2009	7.7	39.4	5.13	0.313
南韓	Korea, Rep.	2015	–	–	5.11	0.295
盧森堡	Luxembourg	2012	7.1	41.9	5.90	0.348
馬來西亞	Malaysia	2009	4.6	51.4	11.17	0.463
墨西哥	Mexico	2012	4.9	54.1	11.04	0.481
荷蘭	Netherlands	2012	8.9	37.1	4.17	0.280
紐西蘭	New Zealand	1997	6.4	43.8	6.84	0.362
挪威	Norway	2012	9.3	35.3	3.80	0.259
中華民國	Republic of China	2015	9.6	37.6	3.91	0.279
新加坡	Singapore	2015	4.4	51.4	11.78	0.463
新加坡	Singapore	2015	–	–	–	0.410
瑞典	Sweden	2012	8.7	36.2	4.16	0.273
英國	United Kingdom	2014	6.0	44.0	7.80	0.390
美國	U.S.A	2014	3.3	50.0	15.15	0.464

資料來源：主計總處，《104年家庭收支調查報告》。

分配「惡化」還是所得「太低」？

第一：所得分配「惡化」？還是每人所得太低？當台灣的所得分配在1976年的4.18倍，變成1988年的4.85倍，這樣的上升是嚴重的「惡化」呢？還是當所得不斷提高中難免出現的「變化」？

讓我們來與世界上公認為社會福利完善、所得分配合理的先進國家（包括瑞典、挪威、英國、加拿大等）做一個比較。這些國家的所得分配，也以最高所得組為最低所得組之倍數來計算：

瑞典在1981年為5.64倍；

挪威在1982年為6.37倍；

英國在1979年為5.67倍；

加拿大在1981為7.55倍。

台灣與這些國家做橫切面的比較，他們的所得分配遠比我們惡化，這說明不是我們的所得分配惡化，而是我們每人的所得遠比他們為低。

因此，媒體的報導、學者的討論、政府的對策，到底應當著重在當前所得分配的變化，還是仍然要著重經濟成長的提升？

也許正因為台灣的每人所得只有上述這些國家的1/2或2/3，因此，一個現代國家應有的各種規模及規範（如第一流學府、研究中心、交響樂團、捷運系統），在台灣卻嚴重落後。嚴重落後的根本原因不是所得分配惡化，而是每人所得仍然趕不上現代先進國家，以及其他的一些因素（如公共政策缺少遠見）。

「公平」「效率」孰重？

第二：公平重要？還是效率重要？

在圖10.5中，我們指出四種可能：

甲：兩者同時提升：如教育普及。

乙：犧牲公平，如對大企業投資獎勵來增加效率。

丙：犧牲效率，例如以極高的累進所得稅來提升公平。

丁：兩個同時下降；如特權壟斷。

　　在這四種可能中，最會引起爭論的就是「乙」與「丙」之爭。這種爭論最後就是主觀的價值判斷之爭。認為所得分配「惡化」者，就會建議各種社會福利措施，來減少低所得者的衝擊。認為經濟效率「下降」者，就會建議對企業提供各種獎勵措施，來提高投資意願或工業升級。

　　近年來，台灣經濟曾面臨多種夾殺；例如既找不到工人，也找不到專才；又如既不易設廠，也不易關廠；再如與正派經營者競爭劇烈，與非正派經營者競爭也劇烈。現在從整體經濟來看，還可以再增加一項新夾殺：所得分配在惡化、經濟效率也在衰退。

圖10.5：經濟效果與所得分配

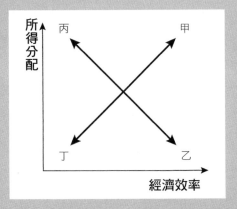

經濟與非經濟現象何者更令人擔憂？

　　第三：經濟現象還是非經濟現象更令人擔憂？不論從統計數字上或者學理上，我們仍然可以爭辯所得是否惡化，但對大部分的人民來說，在近年地價與股票狂飆之後，台灣已陷入貪婪的漩渦中，社會上也浮現了一股不平的怨氣。

　　當一些人以各種方式、各種關係、各種說辭，在短時期內累積了得來太容易的財富時，怎會不使人為之心動、心迷、心嚮往之！追求財富與累積財富本是市場經濟體制下最正常而又值得鼓勵的行為，但它有三項基本規範：不能不擇手段，不能過分熱中，不能人人強求。

　　不擇手段的結果就是社會沒有是非；過分熱中的結果就是風氣敗壞；人人強求的結果就是人心險惡。因此我們認為：以正當方法所產生的所得差異大家容易接受，以不正當方式獲得的財富就會引起社會的不安。

　　在公權力不振、公信力喪失、公德心衰退下，社會上流行的貪風已把台灣變成了一個「貪得無厭」的社會。因所得分配改變，而帶來的非經濟現象則是治安的敗壞、社會風氣的奢靡、價值觀念的改變。這二年來：

　　人心都散了，誰還肯認真工作？
　　人心都慌了，誰還肯按部就班？
　　人心都變了，誰還顧到是非善惡？

　　台灣所得分配「惡化」也許還可以忍受，不能忍受的是它帶來嚴重的非經濟影響。

均衡預算，不僅不能用作反循環財政政策的工具，而且反使經濟情
勢惡化。

2. 循環性均衡預算

　　另一派主張預算應在整個商業循環期間達到平衡。大部分凱因
斯派學者皆曾支持此信念，要求政府在衰退期以預算赤字來刺激經
濟。那些赤字必須要在繁榮期中，為遏阻物價膨脹壓力及清償政府
公債，而產生的預算剩餘所抵消。

　　這樣的政策是否能將預算轉變為反循環財政的工具，且達到長
期的預算均衡目標？理論上來說是可以的。可惜在實際上，景氣
循環會重複發生，且非規則性的，其高峰及低谷通常並不相等。因
此，事實上政府不可能預測它在整個景氣循環期間的收入及支出是
否可相互抵消。由於繁榮期間的剩餘非常不可能等於上一個衰退期
的赤字，因此循環性的均衡預算並不切實際。

3. 功能性財政

　　支持功能性財政者認為，政府應採取必須的財政措施，以達成
物價穩定下的充分就業及經濟成長，而不用顧慮預算的本身是否平
衡，這即是從功能性的意義來看政府預算。預算可以當做彈性的財
政工具，為了達成經濟目標，可以駕馭操縱，而不要把它看做維持
平衡的會計報表。

　　功能性財政的理念得到凱因斯學派最強烈的支持，但也有它的
批評者。批評者指出，接受了功能性財政作為預算政策後，均衡預
算的長期目標就置於腦後。這就是何以常常產生巨額赤字及物價上
升的雙重後果了。

4. 充分就業均衡預算

　　能不能有一項預算政策包含了前述提議中的優點呢？一些專家認為可以。他們的設想是如此：首先，只從長期考慮，無視於景氣變動，來決定支出的水準。其次，訂定稅率以支應在充分或高就業下的那些支出，或許還允許產生適度的剩餘。

　　這個構想有兩項主要優點：第一，在整個景氣循環期間，可產生大致平衡的預算。第二，拒絕採用時常因為政治上的權宜之計而使用的權衡式財政政策。相反的，應使用自動安定工具使經濟維持在高就業水準。

　　然而，批評者卻認為，充分就業均衡預算有兩項重大的缺點。首先，依賴自動安定工具，不足以阻擋微小的波動，而有可能演變成大振動。其次，有時民間經濟活動不是太弱或就是太強，以致必須採取權衡式對策，造成政府預算的赤字或剩餘。

（二）現實上的妥協

　　政府應該採行哪一種預算政策呢？哪一種政策最合乎實際呢？一般而言，大部分的學者同意下列各點：首先，在理想上，政府應該採取循環性均衡預算政策。但是因為上述理由，這一政策已被證實不可能做到。其次，從歷史經驗來看，政府經常奉行功能性財政，這已被證實在推行上是最可行的政策。

　　因此，最實際的措施是去努力達成「充分就業均衡預算」。大部分的經濟學家同意，如果一致去追求這一政策，在長期間，會比目前採取的預算政策帶來較佳的結果。

　　最後，實際預算及充分就業預算是不相同的。後者是充分就業時，政府收入及支出的估計值。因此，它可能顯露預算剩餘，而實際預算是呈現赤字。因為這樣，凱因斯派學者認為，充分就業預算提供了一個重要線索、判斷政府財政政策之方向及有效性。

經濟名詞

支出乘數	平衡預算乘數	財政紅利
自動財政安定工具	排擠效果	年度均衡預算
租稅乘數	權衡式的財政政策	循環性均衡預算
充分就業預算	財政拖累	隱藏性租稅
功能性財政	政治性景氣循環	充分就業均衡預算

討論問題

1. 在2017年4月政府提出的基礎建設前瞻計畫中，未來八年預計編列特別預算總金額為8,824.9億元新台幣，而預估可以提高實質GDP達到9,759億元。請問此一政府龐大支出的乘數效果是多少？你覺得此一乘數效果可能會高估，或是低估？為什麼？

2. 請說明租稅減少對於國民生產毛額有何影響？

3. 如果政府支出增加160億，稅收也同時增加160億，對GNP的影響為何？

4. 討論「平衡預算乘數」在現實生活中的三類限制因素。

5. 簡述三種自動財政安定工具及其效果。

6. 比較分析「實際預算」與「充分就業預算」。

7. 試說明推行反景氣循環政策可能會遭遇的困難。

8. 何謂權衡性財政政策？試舉一例說明之。

9. 何謂隱藏性租稅？試舉一例說明之。

10. 在其他條件不變下，若政府支出增加，會對IS與LM曲線產生何種影響？對AD與AS曲線又會產生何種影響？

11. 在上述例子中，請說明政府支出增加對總體經濟均衡下的所得、物價、利率、就業水準分別有何影響？

12. 在上例中，如果政府支出與政府稅收同時增加1,000億元，則在其他條件不變下，對總體經濟均衡下的所得、物價、利率及就業又分別有何種影響？

第十一章

中央銀行與貨幣政策

本章重點

▌一、中央銀行

在上一章中，我們詳細說明了財政政策的經濟效果以及相關的預算政策。一般而言，大多數國家財政政策都由財政部管轄，而除了財政政策以外，政府影響總體經濟的另外一項政策工具即貨幣政策（monetary policy）。貨幣政策是政府利用控制貨幣數量的方式，來達到影響經濟的目的。除了美國是以聯邦準備理事會（Federal Reserve System）和聯邦準備銀行（Federal Reserve Bank）的制度來控制貨幣政策以外，世界上絕大多數的國家都是由中央銀行（Central Bank）負責貨幣政策，我國也不例外。

事實上，中央銀行扮演的角色隨著金融體系的發達而愈形重要。在央行的諸多功能中，最重要的一個是所謂的最後貸放者（the lender of last resort），或是說央行是銀行中的銀行。我們在本書第六章中曾提及金融體系在現代總體經濟中的地位，因為它負責金融仲介的地位，掌握資金流通的方向，對於資源有效率的分配有很大的影響作用。當人們有多餘的錢時，可以把這些錢存到銀行，由銀行轉貸給其他人使用；反之，當人們需要錢用時，也可以向銀行周轉。然而，當一般銀行資金用完，沒有錢可以用時，如果存款者要向銀行領款，此銀行又該向誰融資呢？此時中央銀行的角色就出現了。央行一方面平時就會要求商業銀行存放一些存款準備於央行，以供不時之需；而當商業銀行臨時需要資金周轉時，則可以向中央銀行貸款。所以我們稱央行是銀行中的銀行，或是最後貸放者。

本節先說明中央銀行所具有的角色與功能，然後我們再說明中央銀行可以使用的政策工具有哪些。

（一）中央銀行的角色與功能

我們先看看我國中央銀行的業務範圍，然後就可以從中了解到央行的主要功能為何。

民國38年到50年之間，我國央行的業務是由台灣銀行代理。當時台銀代理央行的業務有：1.發行新台幣、2.接受存款準備、3.重貼現及轉抵押、4.代理國庫，以及5.辦理國際匯兌業務。民國50年央行在台復業，隸屬總統府，而其中大部分的業務仍然由台銀代理。直到民國68年，政府修正公布中央銀行法，規定中央銀行為國家銀行，隸屬行政院，至此中央銀行的地位與功能才真正確立。此時中央銀行的主要業務內容包含：1.發行通貨、2.對銀行融通資金、3.訂定重貼現率及其他融通利率、4.訂定各種存款最高利率，並核定各銀行放款利率、5.訂定各種存款準備率，並保管存款準備金、6.規定流動比率、7.進行公開市場操作、8.提供票據交換設施、9.持有國際貨幣準備，統籌調度外匯，以及10.代理國庫業務。

依據上述業務內容，我們大致上可將央行的功能歸類成五項，即發行通貨、對銀行融通資金、控制貨幣數量、管理外匯，以及經理國庫業務。以下我們就針對央行這些功能加以逐項說明。

1. 發行貨幣

發行貨幣可說是各國中央銀行最重要的功能之一，我國是由中央印製廠來負責印刷鈔票與鑄造銅板。發行通貨主要目的在提供現鈔供社會交易使用，因為即使是在高度開發的經濟體系中，以通貨來交易的方式都是絕對不可缺少的。為因應交易的需求，故央行有

必要來提供通貨。

　　然而印刷鈔票並不是一件太困難的事，為什麼要由國家來負責印製鈔票，而不放手給民間去做呢？這其中有兩個重要理由：第一，由於鈔票是紙做的，本身並無任何價值，因此若要讓大家願意接受鈔票做為交易的媒介，則鈔票的發行者必須具有足夠的公信力，政府正足以扮演此一角色。

　　其實很多歷史悠久的大企業也同樣具有優良信譽，為什麼他們不能發行通貨呢？這與第二個理由有關，即通貨是由紙張做成的，但其價值卻由其面額來決定。從另外一個角度來看，發行通貨的人或機構可以用這些通貨（或紙張）去與別人交換商品或勞務，這幾乎是一項無本生意！也就是說，發行通貨其實是有很大的利益在其中。我們也可以說，在外發行的鈔票等於是央行對社會大眾的負債，鈔票發行愈多則負債愈大。而此種負債一方面不用支付利息，另一方面又幾乎不必兌現。因此發行通貨者自然是有高額利益存在，在此情況下，政府部門當然希望是由自己發行通貨，以便享有其帶來的龐大利益。

2. 對銀行融通資金

　　此即所謂央行是銀行中的銀行。在現代金融體系中，民間向銀行的存款或貸款幾乎是每日都會發生的事。一般而言，商業銀行在借貸的過程中，存款者大都人數眾多，但平均存款金額較小；另一方面，一般商業貸款以廠商為主，故人數不多，但貸款金額較大且貸款時間較長。由於此種存款與貸款的不同特性，使得商業銀行本身也經常出現周轉有問題，而必須調頭寸的困境。

　　當商業銀行本身出現資金緊俏的情況時，它會先向其他家銀行

借款融通。而當所有商業銀行的資金都出現吃緊的狀況時，則可以向有最後貸放者之稱的央行進行融資。央行除了可以把資金直接貸放給商業銀行以外，還有其他方式可以增加商業銀行使用的資金，如果還不夠，央行最後還有印製鈔票的功能，因此央行最後貸放者的地位不會因資金用完而出現資金緊俏的困擾。

3. 控制貨幣數量

　　貨幣的主要功能是做為交易的媒介。有了貨幣的存在，市場商品的價格得以認定，交易也易於進行。貨幣如同人身上的血液，流到哪裡就可以把養分帶到哪裡。然而，另一方面，貨幣數量多寡與物價水準高低有密切的關係，當過多的貨幣在追逐有限的商品時，很容易就出現通貨膨脹的問題。因此，如何掌握適當的貨幣數量供社會交易使用，但又不至於有太多而導致通貨膨脹，這就是央行最重要的課題之一。

　　此外，由於貨幣數量的變化會使經濟體系產生重大的影響，因此央行也可以進一步利用對貨幣數量的掌控來達到影響經濟活動的目的。比方說，如果經濟不景氣，民間投資不振，則央行可以增加貨幣供給。當貨幣供給增加時，一般人口袋中的貨幣數量增加，會提高他們的消費意願；另一方面，貨幣供給增加會引導利率下降，從而刺激廠商擴大投資。上述兩種效果都會使經濟體系中的有效需求增加，從而提高經濟的景氣狀況。

4. 管理外匯

　　外匯（foreign exchange）就是外國貨幣，外匯與黃金都是央行的資產。當國內的廠商要向外國廠商購買商品時，此國內廠商必須

先向央行購買外匯，用來支付給國外廠商。相對的，當廠商出口商品到國外時，他就會有外匯收入（如美元），但由於美元不能在國內使用，因此該廠商就必須把美元賣給央行，以換成新台幣在國內使用。

所以外匯等於是國際貨幣，供國人從事國際上的交易所使用。但由於國人在國內市場交易時，無法使用外匯交易，因此廠商會把賺得的外匯交與央行換成新台幣，等到需要用到外匯時，再與央行購買即可。在此種情況下，管理外匯就成為央行的重要功能之一。

外匯的價格就是匯率（foreign exchange rate），匯率的變動就等於是國內外貨幣交易價格的變化，當然因此也會使進出口商品價格產生變動。所以央行在管理外匯時，對於外匯匯率的變化也必須十分注意。

以我國為例，2016年底央行擁有的外匯總額在4,342億美元上下，這是一筆非常龐大的資產，如何有效的利用這筆資產就是央行的重要工作之一。另一方面，央行如何利用對於外匯數量的調整，來維持穩定的新台幣對外幣的匯率，則是央行另外一個重要的工作。

5. 經理國庫業務

中央銀行最後一個重要的業務就是代理國庫業務。相對於整個經濟體系而言，政府的稅收與支出都是十分龐大的，如何有效的調度國庫收支，使得國庫收支不致產生問題，同時也不致對經濟體系造成太大的衝擊，這些都是央行日常的重要工作之一。

雖然國家的預算與實際收支是由財政部決定，但政府的存款卻都是由央行掌控。一般而言，政府收支數目十分龐大，萬一周轉出

了問題，則對經濟體系的影響常常無法估計。因此，央行在處理國庫的收支與資金調度時就必須十分小心。

（二）中央銀行的貨幣政策工具

　　一方面為提供足夠的貨幣數量供市場交易使用，一方面又不希望市場上有過多的貨幣數量導致通貨膨脹，中央銀行對於貨幣數量的控制就必須十分謹慎。一般來說，央行控制貨幣數量的工具有四種，即公開市場操作（open market operation）、調整重貼現率（adjusting rediscount rate）、調整法定存款準備率（adjusting required reserve ratio），以及道德勸說（moral persuasion）。以下我們就分別加以說明：

1. 公開市場操作

　　在金融市場上有許多政府發行的有價證券，例如財政部發行的國庫券（treasury bills）和公債（government bonds）。政府發行國庫券和公債的主要目的是向民間借款使用，如興建大型公共建設等等。這些有價證券通常由民間持有，而且經常在金融市場上交易。比方說，需要資金的一方會在市場上出售持有的國庫券，手頭有閒置資金的一方就會購買，以賺取利息。

　　當中央銀行覺得市場上的資金不足時，它就可以進場買回國庫券或公債，如此一來它就可以把資金釋放到經濟體系當中。反之，如果央行覺得經濟體系中的游資過多，它就可以把手中持有的國庫券或公債出售，如此可以收回部分資金，以減少市場上的游資。

　　由於此種增加資金或減少資金的方式係直接在金融市場上運作，故我們稱之為公開市場操作。

　　一般來說，公開市場操作可說是央行最常使用的政策工具，因為它具有多項優點：第一，公開市場可以隨時運用，且金額可大可小，非常有彈性。第二，公開市場操作通常不會引起社會大眾的注意，故除了對貨幣數量有影響以外，並不會造成社會大眾對央行的行為產生預期的效果。

2. 調整重貼現率

　　當一家廠商缺乏資金時，可以直接向商業銀行借款；但有時也可以拿其他廠商交給他們尚未到期的商業本票向銀行質押貸款，我們稱為貼現（discount），此時支付的利率稱為貼現率（discount rate），由於有本票做為抵押，故貼現率會略低於一般貸款的利率。當商業銀行缺乏資金時，也可以向中央銀行借款，因為央行是最後的貸放者。如果商業銀行把廠商向他們質押貸款的本票再轉交給央行，做為向央行融資的抵押，則我們稱之為重貼現（rediscount），而重貼現所須支付的利率就是重貼現率（rediscount rate）。

　　重貼現率等於是商業銀行向央行貸款時所必須支付的成本，因此當央行提高重貼現率時，就會減少商業銀行向央行貸款的金額；反之，當央行降低重貼現率時，就會增加商業銀行向央行的貸款。因此，央行就可以利用調升或調降重貼現率，來達到控制貨幣數量的目的。

　　然而，一般來說調整重貼現率的效果比較差，因為雖然央行可以調整重貼現率，但是否執行貼現的主控權仍在商業銀行，央行處於被動狀態。因此，即使央行調升重貼現率，如果商業銀行仍然認為有利可圖，則他們在較高的重貼現率情況下仍然可能向央行融資，所以無法達到降低貨幣數量的目的。事實上，很多人認為央行

調升或調降重貼現率的作法，較大成分是有政策宣示的作用在內。也就是說，當央行宣布調升重貼現率時，其實它已經十分明確的告訴大眾央行決定要減少貨幣供給。

雖然調整重貼現率的實質效果並不大，但由於具有重要的政策宣示效果在內，故央行仍然會經常採用此種政策。

3. 調整法定存款準備率

我們在本書第六章中，曾經說明商業銀行創造信用的過程，其中有很明顯的乘數效果在內，至於乘數的大小則與存款準備率有關。當存款準備率愈高，在固定的存款金額下，商業銀行可使用的資金較少，資金滾雪球的效果也較少，因此乘數較小。反之，若存款準備率較低，則信用創造的乘數效果也會比較大。

就商業銀行的立場來看，為追求利潤最大，當然希望能盡量多貸放一些錢出去，因此他們留存的存款準備會很少，只要足以應付日常交易與周轉所需即可。央行為避免商業銀行的準備金不足，於是會要求商業銀行要有一定比例的準備比例，此即法定存款準備率。當此法定存款準備率愈低時，商業銀行有愈多的資金可供使用，故信用創造會增加；反之，當法定準備率愈高時，商業銀行創造信用的能力就會減少。所以，央行就可以利用控制存款準備率的方式，來達到變動貨幣供給量的目的。

由於法定存款準備率影響到的是信用創造乘數的大小，故其對貨幣數量的影響是非常巨大的，它可說是央行貨幣政策工具中最有力量的一種工具。也就是因為其效果很強，因此中央銀行通常都不太採用此種工具，除非經濟情勢真的需要下猛藥，否則央行是不會輕易更動法定存款準備率的。

央行有說謊的權利!?

　　1997年年中，東南亞國家出現金融風暴，再加上國際美元對世界各國貨幣的匯率都走強，因此國內金融界也盛傳新台幣也會對美元貶值。8月初，央行把台幣對美元匯率貶值到28.6:1，然後宣示這是台幣貶值的底限。

　　8月初，東南亞國家金融風暴完全沒有停息的跡象，國際投機客見機不可失，於是轉到台灣來炒作新台幣與美元的匯率。他們的作法是在台灣的外匯市場上大買美元，拋售新台幣。由於國內進出口順暢，經濟體質良好，央行認為28.6:1的新台幣匯率是合理的，於是決定力守此一價位。另一方面，央行決定要以其900億美元外匯存底做為後盾，準備要好好修理國際投機客。

　　10月初，國內的外匯市場交易突然大增，每天交易量都高達10億美元左右，遠超過平日水準。央行為維持新台幣價位，在短短數天內拋售超過50億的美元。第一回合大戰結果，央行小勝，新台幣匯率仍堅守28.6:1的水準上。另一方面，因為央行大量賣出美元收回台幣的結果，使得國內資金吃緊，短期利率飆漲到15%，創下近年來的新高。在資金緊縮之下，股市失血，造成了股市大跌，由10,000點下跌，且跌破9,000點大關。

　　10月8日，央行宣布調降法定存款準備率，預計可放出多達800億的新台幣，央行希望藉此來刺激股市。不幸的是，同日美國政府宣布要對某些台灣電子產品課徵傾銷稅，此項利空消息立即使得央行的美夢消失，10月9日當天，台灣股市又大跌近200點。

　　此後數日，股市持續長黑。東南亞金融風暴也頻頻傳出更多不幸的消息，國內的外商銀行持續在外匯市場上賣出新台幣，買入美元。央行於10月16日宣布再度調降三碼的的法定存款準備率，以

供應更多的資金供市場使用。其目的當然在於希望拯救股市，預計此舉可以釋放出超過900億元的新台幣。同時，於10月17日放手讓新台幣對美元匯率由28.6:1大幅下跌至29.5:1。10月18日又再跌到29.8:1，接近30:1的大關。

另一方面，央行調降存款準備率的利多消息仍然對股市起不了作用。就在10月17日，美國股市傳來高科技股今年獲利不如預期的利空消息，使得國內電子股又再受打擊。國內股市連續幾天長黑，跌破8,000點大關，甚至將近7,500點。

在一連串動作中，央行對新台幣匯率的操縱時緊時鬆，一下宣稱要緊守28.6:1的匯率，一下又放手讓匯率大貶。結果聽話且沒有去買美元的廠商都吃了大虧，大量買入美元的投機者則大賺其錢。央行說要修理投機客，結果卻反而使投機者大賺差價。另一方面，股市又更是雪上加霜，從9,000多點一路下滑至7,500點，據估計股票市值縮小近1.5兆元新台幣！

總而言之，央行捍衛匯市不成，又賠上了股價。再說，政府要讓台灣成為亞太金融中心，在央行此種干預之下，金融市場的自由何在？亞太金融中心的前景又何在？此次經驗告訴我們兩個教訓：第一，央行不要過度干預匯率，尤其不要太在意投機客的行為，新台幣應當貶值，就讓它貶值。在市場自由運作之下，新台幣匯率會自然的調整到均衡水準。第二，股票市場千變萬化，貨幣供給只是其中的影響因素之一，並非萬靈丹。尤其重要的是，在央行的諸多業務中，股市的好壞是完全與央行無關的。央行應該獨立超然於股市之外，絕對不可以因政治因素，只為一、二個上位者的言語而干預股市，結果弄得央行灰頭土臉，央行總裁還能再堅持「央行有說謊的權利」嗎？

4. 道德的勸說

　　央行的另外一種政策工具是道德的勸說。

　　在此種方法下，央行並不會直接變動他們的任何一種與貨幣數量有關的工具，而是直接請各家商業銀行配合央行的政策，減少或增加對人民的放款，以達到變動貨幣供給的目的。

　　以前，我們經常在報章雜誌上看到的說法，就是有些業者被央行或財政部請去「喝咖啡」，一方面可能勸他們遵守或採取與政府政策一致的方向，一方面也可能警告他們不要與政府政策作對，否則會受到某種待遇等等。無論如何，央行總是可以採取一些非經濟的手段，來達到影響貨幣供給的目的。

排除操縱匯率惡名，央行仍須努力

　　日前，我國一如預期的被美國持續列入匯率操縱國的觀察名單中，因為我國在幾個主要指標的表現下無法達到美國所設定的標準，其中三個最主要的指標包括：第一，過去一年該國對美貿易順差超過200億美元（我國順差為133億美元）。

　　第二，過去一年該國經常帳順差超過其GDP的3%（我國為13.4%）。

　　第三，過去一年央行淨買匯占該國GDP的2%以上（我國為1.8%）。

　　另外，該國央行過去十二個月當中淨買匯達八個月以上（我國央行買匯超過此一標準）。也就是說，在上述三個主要指標中，我們有一個半的指標沒有達標，因此持續被美國列入操縱匯率國家的

觀察名單當中。

其實，這三個指標中有幾個純粹是經濟結構的問題，與央行是否操縱匯率可能根本沒有關係。

比方說，第一個指標關於我國與美國貿易順差的問題，長久以來，美國都是我國最大的出口國，也是主要的順差來源。一直到中國大陸市場出現後，許多台商到大陸投資生產，形成台灣出口零組件和半成品到大陸組裝，然後再賣到美國。所以，現在台灣對美貿易順差減少了，變成了台灣對大陸的順差，而大陸對美國的貿易順差卻增加了。這是因為兩岸產業分工的結果，與央行是否有操縱匯率無關。

另外，台灣經濟體系中的一個特色就是，長久以來台灣人們的儲蓄率一直很高，而投資率則相對較低，在持續維持很高的超額儲蓄下，導致我們的出口遠大於進口，因此台灣才會有很大的順差。

這也主要肇因於國人節儉的消費習慣，受到匯率的影響較小，所以與央行有沒有操縱匯率也沒有多大關係。

真正有關的是第三項，即央行每年外匯的淨買入金額和是否超過八個月的淨買入。而雖然去年一年央行淨買入美元不到GDP的2%，但是因為淨買入的月份超過八個月，所以才被列為觀察名單，因此未來央行可能必須更細緻的處理外匯買賣和匯率變動的問題，才能滿足美國的標準。

所以，讓台灣脫離觀察名單最好的方式，當然是讓外匯市場完全自由的浮動，央行的干預要愈小愈好。

但是，我們也知道，幾乎全世界每一個央行多多少少都會對匯率有些干預，因此我們的央行也不可能放任新台幣匯率完全自由的

浮動。因此，一方面，外匯存底的變化要小心掌控；更重要的是，外匯買賣的次數和每月淨額也要能更細緻的拿捏。

也就是說，除非真的有很大的不確定或國際動盪因素，否則就應該要盡量維持外匯的收支平衡和匯率的長期穩定，而短期下應該允許匯率有較大幅度的波動。尤其是一些主觀上容易引起注意的政策，例如央行經常在外匯市場上拉尾盤，這是很容易就被看到問題的地方，所以在這方面的處理應該更細緻。

重點是，央行應該要維持新台幣匯率的動態穩定，一方面要符合美國的要求，另一方面也不應該被市場上看出央行的動作方向，因為無法被預期到的政策才是有效的政策。所以，央行最好能多留一點空間讓市場充分運作，讓匯率自由反應和波動，只要能維持匯率的長期穩定即可，短期波動就不必太在意。

最後，在央行干預減少的情況下，未來新台幣匯率的波動可能會變大，這是正常現象，進出口商都應該認真的面對此一不確定及風險，因此避險是一定要做的事。

以台灣一年出口超過3,000億美元來看，若新台幣升值1元，出口商就會損失3,000億新台幣，這當然是很嚴重的事；反之如果貶值1元，進口商也會有同樣的損失。未來這些風險將會隨新台幣匯率波動變大而增加，因此廠商一定要有規避匯率風險的認知與規畫，這是每一個進出口廠商都絕對不可逃避的。

資料來源：林祖嘉（2017），〈排除操縱匯率惡名，仍須努力〉，《中國時報》，2017.4.18.

▌二、貨幣政策的效果

（一）貨幣供給、利率與所得

　　我們在第六章中已經指出，人們持有貨幣的動機有三種，即交易動機、預防動機、投機動機。而這三種動機大致上來說都與人們的所得和市場利率的高低有關。一般而言，所得愈高的人，平常的交易較多，金額較大，故對貨幣的需求也較高；反之，所得較低者其貨幣需求也較低。另一方面，利率是持有貨幣的成本，利率高時人們的貨幣需求會減少；反之，當利率低時，人們的貨幣需求就會增加。

　　當央行增加貨幣供給時，每家商業銀行可供貸放的貨幣數量較多。為吸引顧客前來借錢，商業銀行必須降低利率，才能達到目的。因此，貨幣供給增加，貨幣市場會出現利率下跌。

　　利率下跌以後，廠商貸款成本降低，於是會向銀行借更多的錢。同時，由於資金成本降低，所以投資意願擴大。另一方面，貨幣供給增加的結果，使得一般人感覺口袋中的錢好像比以前多，所以也會增加消費的意願。在投資與消費同時增加的情況下，總合支出會增加（LM右移），進而導致所得上升，見圖11.1。

　　在圖11.1中，原來的IS_0與LM_0相交於E_0點，在此均衡下，均衡的所得水準為Y_0，均衡的利率水準為i_0。在貨幣供給增加下，使得LM_0往右移動至LM_1，此時均衡利率水準下降到i_1，而所得水準則上升到Y_1，新的均衡點為E_1。至於利率下跌與所得上升的幅度，則與IS和LM的斜率有關。

圖11.1：貨幣供給增加對IS-LM曲線的影響

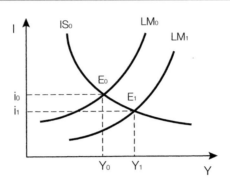

在圖11.1中，我們看到貨幣供給增加會產生兩個效果，即市場利率下跌與均衡所得增加。而利率下跌與所得增加都會使人們對貨幣需求增加，如此才得以使原先增加的貨幣供給被市場所吸收。

（二）貨幣供給與物價

貨幣供給不但會與利率及所得有關，更與物價高低緊密的結合在一起。若市場上的商品數量不變，則當貨幣供給增加時，會造成過多的貨幣追逐同樣數量的商品，其結果會導致物價上升；相反的，若貨幣供給減少，則出現較少的貨幣追求同樣數量的商品，其結果易出現物價下跌。因此，我們可看到貨幣數量與物價之間的正向關係，即一般而言，貨幣數量增加會使物價上升；反之，貨幣數量減少時，則會使物價下跌。

我們可以再利用AD-AS架構來探討貨幣供給變動對物價的影響。首先，在前一小節我們已說明，貨幣供給增加會使總合需求增加（LM曲線右移）。由於總合需求增加的結果，會使AD曲線右移，見圖11.2。

圖11.2：貨幣供給增加對AD-AS曲線的影響

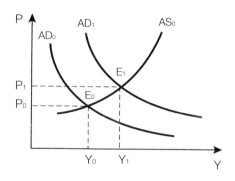

在圖11.2中，原先的總合需求曲線 AD_0 與總合供給曲線相交於均衡點 E_0，此時的均衡所得與物價水準分別為 Y_0 與 P_0。貨幣供給增加時，使總合需求曲線右移到 AD_1，此時新的均衡點為 E_1，新的所得水準增加到 Y_1，新的物價水準上升為 P_1。

上述結果顯示，貨幣供給增加的結果使總合需求增加，固然造成產出的擴大，但也同時使得物價上升。至於說，會使所得增加多少，使物價上升多少，則與AD與AS的斜率大小有關。一般來說，如果經濟體系處在衰退期，國民所得較低、失業率較高，則此時增加貨幣供給的結果可以使所得上升較大，而對物價影響較小；反之，如果經濟已經處在繁榮的情況下，國內失業率很低，則貨幣供給增加的結果會使物價上升，對所得的貢獻較小。

（三）流動性陷阱與充分就業

在前面我們已說明，貨幣供給增加會導致利率下跌、所得增加與物價上升；反之，貨幣供給減少，則會使利率上升、所得減少、物價下跌。然而，我們也提及貨幣供給變動對這三種變數影響的效

果，則取決於 IS、LM 曲線的斜率，以及 AD 與 AS 曲線的斜率。

事實上，這些斜率的大小會影響到貨幣變動與財政支出變動所產生的效果，從而使得貨幣政策與財政政策的效果有所不同，因此這些斜率的大小，有很重要的政策含意在內。另一方面，由於斜率大小不同，使得貨幣政策與財政政策的影響不同，也因此使得注重財政政策的凱因斯學派與強調貨幣政策重要的貨幣學派之間產生了重大的爭論。此一項爭論在經濟理論發展的思潮中，占有非常重要的地位。我們會在後面的相關章節中，再一一加以闡述。此處我們先針對兩個重要且被一般人接受的觀念加以介紹。

1. 流動性陷阱

流動性陷阱（liquidity trap）是由凱因斯首先提出來的。他認為人們對於貨幣需求除了交易和預防以外，以投機動機最重要。因投機動機而持有貨幣的成本就是利率，當利率下降時，人們對貨幣的需求會增加；反之，利率上升，則貨幣需求會減少。但是當利率下跌時，人們的貨幣需求會不斷迅速增加，因此當利率下降到某一底限時，人們的貨幣需求彈性會無限大，也就是說此時的貨幣需求曲線會呈現水平，如圖 11.3。

在圖 11.3 中，當利率水準下降到 i_1 時，貨幣需求曲線會呈現水平，其彈性為無限大。

換句話說，此時無論再增加多少貨幣供給，都會被人們的貨幣需求所吸收，故利率不會再因貨幣供給增加而下降。這一段水平的貨幣需求部分，就稱為流動性陷阱。凱因斯稱之為陷阱，是因為這時利率水準很低，且不會再下降。因此，如果政府想利用增加貨幣供給的方式來引導利率下降，進而刺激投資增加，此作法會完全失

圖11.3：流動性陷阱

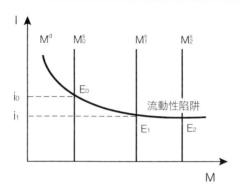

效，而且反而會因為貨幣供給過多，而使物價上升。

　　在圖11.3中，原先貨幣供給M_0^s與貨幣需求M^d相交於E_0，此時均衡利率水準為i_0。當貨幣供給增加時，假設貨幣供給增加到M_1^s，則均衡利率水準下降到i_1。若再把貨幣數量增加到M_2^s，則此數量會完全被貨幣需求所吸收，對利率不會產生任何影響效果，而仍維持在i_1，此時由於貨幣數量已經太多，經濟體系已經落在流動性陷阱內。

　　一般而言，流動性陷阱大多出現在經濟景氣不佳、失業率很高的情況下。此時利率水準雖然很低，但人們投資意願也仍然很低，故凱因斯認為此時貨幣政策會失去作用。

　　如果我們再把有流動性陷阱的貨幣需求放入LM曲線中，相對應流動性陷阱的一段也會呈現水平，見圖11.4。在圖11.4（C）中，我們看到流動性陷阱下的利率水準為i_1，因此對應的LM曲線也會有一段水平的曲線。

全球金融海嘯與貨幣寬鬆政策

　　2008年9月，從美國不動產泡沫開始，引發了全球金融海嘯，導致許多國家的金融機構倒閉、股市大跌，以及失業率高漲等諸多問題。為了拯救銀行資金不足的問題，美國政府立即提供大量的資金來支助還有機會存活的銀行，自然的就形成了貨幣寬鬆政策（quantity ease, QE）。由於受到影響的金融機構太多，而且損失規模又大，使得美國聯準會必須多次的擴大對於這些金融機構的協助，因此後來出現所謂的QE1、QE2和QE3等貨幣寬鬆政策。直到2015年底，美國聯準會宣布在金融海嘯後第一次調升利率，才正式讓QE退場。

　　事實上，採用貨幣寬鬆政策的不是只有美國而已，日本及歐盟也都推出類似的政策。比方說，日本央行從2010年10月開始多次的買進債券、放出貨幣，而日本首相安倍晉三在2013年提出所謂「三支箭」的政策（亦即寬鬆貨幣政策、擴大財政支出，以及結構性經濟改革與成長策略），其中寬鬆貨幣政策包括日幣大幅貶值及通貨膨脹率訂在2%等政策，日本央行增加日幣供給去購買美元，就會造成日幣貶值；同時，日幣供給增加，就有可能帶動日本的通貨膨脹。

　　歐盟也有類似的動作，之前歐洲央行也是多次的買進債券，釋放出歐元。甚至到2015年初，歐洲央行還宣布要買入1.1兆歐元的計畫。直到2017年3月，歐元的隔夜存款利率降到 −0.3%，是歷史上的最低點。顯示到這時為止，歐洲央行的貨幣寬鬆政策都還沒有退場。

資料來源：作者整理。

圖 11.4：考慮流動性陷阱與充分就業下的 LM 曲線

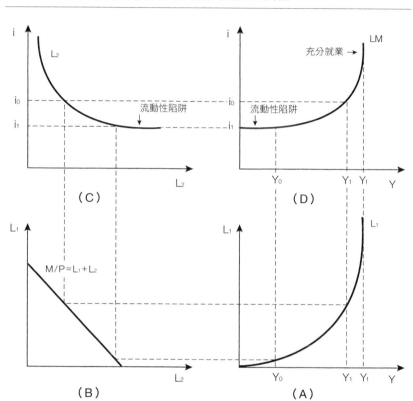

2. 充分就業

另一方面，與流動性陷阱相對應的是充分就業。在充分就業下，國內所有的生產因素都已被使用完畢，因此所得水準不可能增加。換句話說，如果我們假設充分就業下的水準為 Y_f，則在圖 11.4（A）中的交易需求曲線 L_1 與圖（D）中的 LM 曲線都會出現一段垂直的部分。

在同時考慮流動性陷阱與充分就業的情況下，我們就可以得到

一條完整的LM曲線，見圖11.4（D）。其中當所得水準低，且利率水準也很低時，經濟體系容易出現流動性陷阱，這時LM曲線是水平的；另一方面，當所得達到充分就業水準時，LM曲線則會呈現垂直，因為所得不可能再增加。不過，流動性陷阱與充分就業都是較特殊的情況，在正常情形下，LM曲線應該介於兩者之間，換句話說，在正常情況下，LM曲線應該是一條具有正斜率的曲線。

三、貨幣政策與財政政策的比較

（一）貨幣政策與財政政策的五種遲延

貨幣政策的主要目的是透過對貨幣供給與利率的調節，來促進經濟在物價安定中成長。可是在中央銀行執行貨幣政策時，需要面臨到一個十分複雜的過程。因為決策過程牽涉到五種可能的遲延：認知遲延、決策遲延、轉變遲延、支出遲延及效果遲延，見圖11.5。

不論是推行財政或貨幣政策，執行的時機、對策的幅度及對策所產生的影響，都是調節經濟波動的重要因素。在任何政策方面的討論中，「遲延」都是個基本而常難以捉摸的問題。圖11.5陳示推動貨幣及財政政策時的一般過程，及各種可能產生的遲延。由最左邊時間t_0開始，從左向右的箭頭代表衡量所需時間的過程。

經濟預測還不是精確的科學，所以當經濟活動已經發生變化時，總還需費一段時間才能認知它變化的方向及程度。這一段等待與觀察的時間，就產生了在認清問題上的遲延，此即稱為「認知遲延」（recognition lag），由圖中t_0到t_1的時期表示。

圖11.5：推行貨幣政策可能的五種遲延

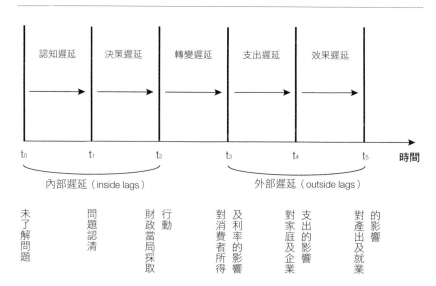

一旦問題已經被確認，財經當局還是需要一段時間，與國會溝通或選擇決策，這其間所花的時間稱為「決策遲延」（decision lag）。一般來說，貨幣政策這種遲延為時較短，因為中央銀行本身可以迅速決定其政策工具，如增減利率。然而財政政策涉及租稅及預算，均需經過國會冗長的辯論，通常費時甚久，這種「決策遲延」由t_1至t_2的時期代表，由t_0至t_2的整個遲延稱為「內部遲延」（inside lag），這是指在貨幣政策上，中央銀行內部可能產生的遲延。

一旦金融當局決定貨幣政策或國會決定財政政策後，就會有「轉變遲延」（transition lag）的出現，由t_2至t_3時期代表。這是指決策實際開始到產生效果需花費的時間，比方說，貨幣供給變動後，最後會影響利率；減稅或政府支出增加後，會影響消費者所

得及企業收益。這段所需的時間，由t_3至t_4表示，稱為「支出遲延」（spending lag）。當消費者所得及公司收益受到影響後，經過一段時間勢必對產出及就業也會發生影響，這種遲延即是「效果遲延」，由t_4至t_5表示，有時也稱為「衝擊遲延」（impact lag）。這是因為利率、信用、貨幣供給、租稅或政府支出的改變對就業及產出水準發生衝擊所需的時間。t_3至t_5這段時間也被稱為「外部遲延」（outside lag），這是指金融當局及有關機構的內部決策之後，到外部的經濟活動產生效果所需的時間。

我們再進一步對貨幣及財政政策的五種遲延做一個簡單的比較。

1. **內部遲延**：貨幣政策及財政政策中之「認知遲延」相似。「決策遲延」在貨幣政策上接近於零，因為央行幾乎隨時都可以採取一些立即的行動，但是財政政策因要透過立法辯論，「決策遲延」為時就長。

總括來說，貨幣政策的「內部遲延」較財政政策為短。

2. **轉變遲延**：財政政策在這方面的遲延較短。一旦採取對策（如減稅或增加支出），較易見效。而貨幣政策則需要一些時間，經由金融體系的逐步運作，才能開始對家庭及企業之支出產生效果。

3. **外部遲延**：財政政策的支出遲延，特別在租稅改變方面，較貨幣政策為短。然而有些政府支出遲延（如興建公路、水壩）未必會較貨幣政策誘發的支出為短。至於效果遲延，一旦支出開始，無論是由何種政策誘發的支出，其遲延是相似的。整體而言，財政政策的外部遲延較貨幣政策為短，但因牽涉因素複雜，這個結論並不十分肯定。

（二）貨幣政策的優缺點

在市場經濟下，政府部門決定財政政策，中央銀行決定貨幣政策。在決策過程中，當然也受國會的牽制、輿論的督導，以及國際情勢的影響。現在我們分述這兩種政策的優劣點。

貨幣政策的優點

貨幣政策的「內部遲延」較短，而「轉變遲延」及「外部遲延」通常較財政政策為長。下面提供一些說明：

1. 金融當局在做決策時，不容易直接受到立法部門的政治壓力。
2. 金融當局容易達成決策共識，因此它的決策遲延較短。
3. 透過公開市場的操作（買賣債券），可以逐步操縱貨幣供給，進而影響利率。
4. 金融當局決策者易公正，因為它的政策影響是總體性，較少區域性的差異，同時對私人及民營企業的經濟活動並不直接干預。
5. 貨幣政策的效果在緩和景氣過熱方面，似乎較促進經濟復甦方面有效。

貨幣政策的缺點

1. 貨幣政策含有人為判斷，可能造成錯誤。財經當局關於物價膨脹及失業二者的抉擇上，通常較為注重前者。
2. 貨幣政策的「外部遲延」較長。同時，這些遲延的長度可能在六至二十四個月間，它們的效果差異更大。

3. 中央銀行總盼望同時能達成穩定的貨幣供給目標及穩定的利率目標。事實上，這二個目標相當難同時達成。

4. 因為貨幣流動速度在短期間確有變動，在貨幣存量增加及國民所得之間並不存在直接短期的關聯，因此貨幣政策有時在短期中就失效。

5. 貨幣政策的效果並不是全體一致的。當貨幣政策緊縮時，利率上升對大企業影響較小，對中小企業則影響較大。且由於產業結構的差異，有些產業對利率改變較為敏感，如住宅業；有些則受影響較小，如餐飲業。

（三）財政政策的優缺點

財政政策的優點

1. 財政政策在租稅改變方面的「外部遲延」較貨幣政策短，但在政府支出改變方面未必如此。

2. 在累進所得稅制度下，稅負增加比例高過所得增加，而稅負減少比例低於所得減少，因此乘數效果變得較小，使得經濟的波動較為緩和。

3. 許多政府計畫及支出在本質上是穩定的，且長期計畫常常不受短期總體經濟的變化而影響。

4. 如有必要，政府支出及租稅可集中於某特定區域及經濟活動，減少對整體經濟的影響，例如助學貸款、租稅抵減、賑災基金等。

5. 財政政策有時可促進公平與效率。政府在教育、就業訓練、傷殘補助等方面的資助，有助於社會生產力的提高及所得分

配的改進。

6. 在刺激衰退的經濟上，財政政策容易較快產生效果。

財政政策的缺點

1. 權衡式財政政策也含有人為判斷，所以有時政策也可能失當。財政政策的運作十分複雜，且財政立法通常帶有權宜政治的色彩，因此常常難以推行真正合乎全民利益的政策。

2. 決策過程可能因採取對策之爭論，產生較長的「決策遲延」。有時當決策取得共識時，因經濟情況改變，已無法適用。

3. 公正及效率受到影響，因為財政政策，尤其是政府支出，常含有二項競爭的目標，即公平與效率。對某團體（如產業）的獎勵就變成對另一團體的忽視，造成不公平。

4. 民主的本質讓人們相信他們對於國庫收支有權過問。如果政府支出運用失當，就會造成超額總需求及貨幣的膨脹，產生物價上升、外貿下降、購買力受損等現象。

四、凱因斯學派與貨幣學派的爭議

（一）人為調整或遵循規則

前面已討論過，隨著不同的財政或貨幣政策，而帶來的各種遲延及副作用。正因為如此，有些經濟學家強調只需要貨幣政策，就可獲得經濟穩定與成長，而有的則主張需要同時採用財政及貨幣政策，由於立場的不同，產生了所謂凱因斯學派（Keynesians）及貨

幣學派（Monetarists）。

凱因斯學派認為，政府有責任要謹慎地兼用貨幣及財政政策，以減少投資、消費及貿易收支等總體經濟波動的影響。如果這些波動能夠小心地被抵消，經濟成長就可以繼續沿著較平穩的路徑前進。

凱因斯學派倡導人為調整的財政政策，以達成貨幣及財政政策適當的均衡，這種主張亦被稱為行動派政策。它暗示透過貨幣及財政政策的操縱，以確保經濟中適當的總需求數量，而這數量足以使經濟達充分就業，但不會造成物價膨脹。

對付失業與物價的貨幣政策

（一）面對難題：失業與通貨緊縮

對策：增加貨幣供給以降低利率，刺激支出增加

寬鬆貨幣政策的作法

1. 在公開市場購買債券

2. 降低存款準備率

3. 降低重貼現率

（二）面對難題：通貨膨脹

對策：緊縮貨幣供給，藉此提高利率，減少支出

緊縮貨幣政策的作法

1. 在公開市場賣出債券

2. 提高存款準備率

3. 提高重貼現率

　　另一方面，貨幣學派傾向於拒斥人為調節的財政政策。他們同意在理論上財政政策有些影響力，但只有短期效果。對於貨幣政策，他們相信與其逐月調整貨幣供給，以設法調節經濟，遠不如簡單地讓貨幣供給依穩定的比例增加，即允許貨幣供給按接近GNP的成長率增加。在美國歷史上，過去的一世紀中，此成長率平均約為每年3.2%，有時稱為「近似啤酒成長率」，因為美國有些州限制酒精含量超過3.2%的啤酒的銷售。有的貨幣學派學者堅持貨幣供給成長率，長期間就應維持3.2%。

　　將經濟學者分為貨幣學派及凱因斯學派，也會有助於對他們立場的了解，但是也會掩蓋爭論的實質。下面的討論再做進一步的說明。

　　貨幣學派是主張固定貨幣供給成長率，以求穩定經濟的學說。這些貨幣學派者相信，影響經濟產出及物價水準最主要變數是貨幣供給，他們也相信中央銀行權衡式的貨幣政策是經濟不穩定的主要來源。最著名的唯貨幣論學者首推傅利曼教授（Milton Friedman）。這位1976年諾貝爾獎得主，他曾孜孜不休地勸說美國金融當局，主張以貨幣法則來代替人為調節的貨幣政策。美國在一九七〇年代貨幣供給成長率逐月逐年變動範圍高達10%。傅利曼的建議是將此成長率逐年減低：次年降至8%，再次年7%，然後6%、5%，直降到4%為止。

　　換句話說，傅利曼認為金融當局應當提供經濟穩定的貨幣額，以支應穩定成長的交易量。他認為這樣的作法，可以消除大部分因為金融當局操縱貨幣供給，而引起預期物價及利率的不確定性。在這一較確定情況下，廠商及家庭即能夠建立有秩序的支出及投資型態，因為過去這些型態的不一致，正是助長了景氣循環的重要因素。

（二）遲延

　　貨幣學派堅持貨幣遲延時間頗長，且效果多變。根據美國經驗，產出效果的遲延約為九個月，而物價效果約二年後才發生。貨幣政策的效果不會在一定時間內立即感受到，而是逐漸擴散的。每項貨幣政策決定也不會帶來相同、可衡量的結果，各種效果的大小如同遲延長短般多變；傅利曼相信，有時名目貨幣供給變動要二年後才影響到一般物價水準。幾乎所有的經濟學家皆同意長期間物價膨脹率直接與貨幣存量（money stock）成長率有關，貨幣存量過度的成長將引起物價膨脹，或加重由其他原因產生的物價膨脹。某一水準的貨幣成長率，可用來調節為避免失業所採措施而引起物價上升的威脅。在短期中，貨幣供給與物價水準未必有直接關聯，因為先有產出效果，然後才有物價效果。

　　我們再來研讀一下大家熟知的交易方程式：MV = PQ 或 M = KPQ（因 K = 1/V），其中 PQ 是所得（Y）的貨幣價值，因為 PQ = Y。貨幣學派相信，流動速度 K（或 V）會相對地穩定，因為如果貨幣數量 M 增加，依上式，物價（P）或產出（Q）二者中至少有一項會增加。在長期中，所有的改變都發生於物價水準上。

　　理由是這樣的：當名目貨幣存量過度膨脹時，實質貨幣餘額 M/P 起初增加，因為貨幣供給較多時，物價仍暫時不變。物價水準維持不變，而人們持有的貨幣餘額較他們想要的多，人們就增加消費以恢復他們想要的實質餘額。

　　這樣的變化，首先就出現產出增加的效果，因為總需求增加，但價格調整有遲延。所以在短期中，支出及產出增加，但價格仍不變，因此短期下貨幣供給與價格水準之間的直接關聯顯得微弱；

在長期中，產出受到經濟資源供給的限制，所以物價水準就會反映貨幣增加而上升。當然，如果有大量失業的存在，同時產出水準低落，那麼貨幣供給增加可能不會或僅很少的造成物價變動，而會造成產出大幅增加。

（三）傳遞過程

　　貨幣學派及凱因斯學派，對於貨幣供給改變如何傳遞至實質部門意見相左，因為他們對貨幣需求的敏感性及投資對利率變動的敏感性有所爭執。

　　如前面所說的，貨幣學派主張 M 改變導致 P 及 Q 影響的大小，會依照 M = PQ/V 的公式而改變，該式亦可寫成 M = KY，因為 PQ = Y 且 K = 1/V。

　　今日較複雜的貨幣學派交易方程式中，K 不是常數，而是穩定的數值，也就是說，它不會無法預測地跳動。雖然它會改變，但變動的方向是可以預測的。例如，如果出現大幅的物價膨脹，人們很可能將所持有現金轉換為購置物品，如此可降低實質貨幣餘額。物品的實體資產，在物價膨脹期間的價值相對於現金可能增加，所以人們以某些物品替代現金，希望這樣能夠保值。

　　因此 K（或 V）相對穩定，由貨幣部門到實質部門傳送過程是相當直接的。也就是說，當金融當局增加貨幣供給時，傳送到實質部門的效果是直接的。因此，在貨幣學派的見解中，傳送過程是貨幣供給的變動使所得變動。我們可以簡單符號表示如下：

$$\triangle M \xrightarrow{\text{直接影響}} \triangle Y$$

在這見解下，因投機動機持有貨幣餘額是次要的，現金需求基本上不是交易需求動機，因此現金餘額需求對利率的改變相對地不敏感。

凱因斯學派的說法則不同。他們認為由貨幣部門至實質部門的傳遞過程是較不直接的，因為它必須經由利率（i）變動，從而影響投資（I），並經由乘數效果（m）影響所得（Y），再進而改變消費（C）。可以符號表示如下：

$$\triangle M \rightarrow \triangle i \rightarrow \triangle I \rightarrow m \triangle Y 及 \triangle C$$

我們都是自由人！

貨幣學派的宗師傅利曼（Milton Friedman）自一九五〇年代後半期，就大力鼓吹貨幣的重要性，且強調自由經濟才是長期下維持經濟發展的不二法門。傅利曼最有名的一句話是：「只有貨幣是重要的！」（Only money matters!）

不但如此，他也強調法則重於權衡式政策的重要性，所以他建議美國政府應每年維持固定的貨幣供給成長率在3.2%即可。他甚至認為中央銀行應該裁撤，不要再有任何權衡式的貨幣政策。

一九八〇年代初，傅利曼教授首次來台灣訪問，由當時央行總裁俞國華先生接待。在一場演講中，傅利曼教授又再次強調維持貨幣供給法則的重要，而貨幣政策與財政政策的干預應該愈少愈好。

演講完後，俞總裁就對傅利曼教授說：「如果我國採取您的建議裁撤央行的話，我也會跟您一樣成為『自由人』（freeman）！」

但是凱因斯學派進一步認為，透過乘數效果m，政府支出（G）及租稅（T）的改變對所得及消費方面的影響更為重要：

$$\triangle G 及 \triangle T \xrightarrow[m]{\text{直接}} \triangle Y 及 \triangle C$$

因此，凱因斯學派強調金融當局必須採取行動，不能消極的訂定一個貨幣成長率而已。

（四）長期與短期

基本上，財政學派強調權衡式的決策，他們認為當經濟出現失衡時，政府就應採取貨幣政策或財政政策加以干預，使得經濟能迅速回到均衡。凱因斯最有名的名言之一就是：「長期下，我們都死了。」（In the long run, we are all dead.）換句話說，即使凱因斯相信經濟體系有自動調整的功能，但他也覺得經濟體系調整回均衡所需的時間太長，因此政府應該加以干預。

貨幣學派的觀點則比較遵守自由市場的法則。一來他們不相信政府對於市場的掌握到底有多大能耐，而且就算政府能認知經濟體系有失衡出現，等到他們真正採取行動，而這些政策效果出現時，可能經濟體系早已經回到均衡。此外，根據以往美國政府採取的多數刺激與收縮的決策來看，為了選舉目的而刺激經濟的時候遠多於真正在解決經濟問題所採取的權衡式政策。

因此，貨幣學派強調長期下維持法則的重要，再把其他短期的調整交給經濟體系去自由運作即可。從此一角度來看，貨幣學派對於自由市場的尊重是遠超過凱因斯學派的。

經濟名詞

貨幣政策	公開市場操作	決策遲延
財政政策	貼現率	轉變遲延
聯邦準備銀行	重貼現率	支出遲延
聯邦準備理事會	道德勸說	效果遲延
中央銀行	國庫券	內部遲延
最後貸放者	公債	外部遲延
外匯	匯率	流動性陷阱
認知遲延		

討論問題

1. 試說明中央銀行在經濟體系中所扮演的角色與功能。

2. 試述中央銀行的貨幣政策工具有哪些？請分別評述這些政策工具的效果大小如何。

3. 何謂流動性陷阱？為什麼會有流動性陷阱出現？

4. 請說明財政政策與貨幣政策所出現的五種遲延。這些遲延對於不同的政策效果會有何影響？

5. 請敘述貨幣政策的優缺點。

6. 請敘述財政政策的優缺點。

7. 1997年10月16日，央行宣布大幅調降法定存款準備率，請問此舉對於國內的利率、物價、所得可能會造成何種影響？

8. 試評述貨幣學派與凱因斯學派的爭議。

9. 凱因斯學派強調財政政策的重要，貨幣學派則強調貨幣數量的重要，請問他們的爭議與IS和LM曲線的斜率有何種關係？

10. 1997年10月，央行一方面要穩定新台幣的匯率不使其貶值，一方面又想增加國內貨幣供給，以支持股市。請問央行該如何操作？

第十二章

總體經濟思潮

　　總體經濟體系中所探討的經濟變數，如所得、物價、就業與利率等等，可說彼此都息息相關。不但如此，由於貨幣政策與財政政策也會對這些變數產生重大影響，因此，政府也經常會運用這些政策去影響經濟體系及其中的變數，以達到他們希望的經濟目標。

　　然而，我們看到實際經濟體系中，經濟現象的變化可說是複雜萬分，非常不容易掌握。即使經濟理論在過去二百多年之間，已有長足的進步，但對於經濟體系的了解與預測仍然十分有限，否則任何一個國家的失業與通貨膨脹都不會再發生。

　　事實上，在過去不到一百年的時間內，國際上的主要國家之間，經濟體系曾出現幾次重大的波動與變化，而每次總體經濟出現大幅度的變動，無法被當時的主流經濟理論所解釋時，就會有經濟學家嘗試以另外一些嶄新的理論來加以說明。由於此種現象出現過好幾次，因此總體經濟理論的演進與總體經濟體系變化有密切關係。

　　另一方面，由於在不同總體經濟理論之下，其代表的總體經濟政策也會有很大差異。因此，經濟學家莫不希望自己建立一套完整的總體經濟理論，以說服政策執行者來實現其理論。不幸的是，在總體經濟理論的發展過程中，曾經出現過兩個幾乎截然不同的觀點，即凱因斯學派與貨幣學派。他們不但在理論上有很大的差異，在政策含意與建議上也幾乎完全是南轅北轍。在一九六〇年到一九七〇年代之間，這兩個學派之間的激烈爭辯，不但在經濟思潮的發展過程中僅見，相信在其他學門領域中也很少見。

　　為使讀者對於總體經濟的運作有較清楚的認識，同時也對經濟政策的效果能有更進一步的認識，我們將在本章中對於總體經濟思潮的發展做簡略的介紹。另一方面，我們也會仔細說明凱因斯學派

與貨幣學派之間的爭議之處。

▌一、古典學派

　　自從亞當‧史密斯於1776年出版《國富論》以來，直到凱因斯於1936年寫成《就業、利息與貨幣的一般理論》（*The General Theory of Employment, Interest, and Money*）為止之間的經濟學者，我們大都可將之歸類成古典學派的學者。事實上，在凱因斯之前，總體經濟理論並未成型，因此在凱因斯之前的經濟學內容主要探討的仍是以生產、消費與分配等個體經濟學的內容為主。

　　傳統的經濟學家皆相信，完全競爭可以帶給社會最大的福利，政府只要建立一個良好的經濟環境，每個人在追求自身福利最大的情況下，全社會就可以達到最大的福利。所以，亞當‧史密斯等人一直強調經濟體系中自由放任（laisser faire）的重要性。

（一）完全競爭與充分就業

　　古典學派強調完全競爭與自由放任的重要，係基於一個很基本的假設，即他們相信市場上的價格與工資是可以完全自由變動的。因此，只要價格能自由調整，不論商品是供過於求，或是供不應求，在市場自由調整下，價格與數量最後都會調整回到充分就業的水準上。

　　在完全競爭下，包括每一個消費大眾與廠商在內的經濟個體，對於市場的狀況與訊息都充分了解。比方說，廠商在意的產品價格是實質產品價格，其在意的工資也是實質工資。同樣的，勞動供給者看的也是實質工資，而不是名目工資，因為這些人對於經濟情況

充分了解，所以不會有只看到名目工資的貨幣幻覺問題出現。

由於勞動市場上的供給與需求都是實質工資的函數，在勞動市場屬於完全競爭的假設，而且市場可以充分自由調整的情況下，勞動市場的就業量就一定可以達到充分就業水準，且實質工資也會維持在充分就業的實質工資率上。

在圖12.1中，我們假設廠商的勞動需求為實質工資的函數，即 $N^d = N^d(W/P)$；另一方面個別勞動者沒有貨幣幻覺，即勞動供給也是實質工資的函數，即 $N^s = N^s(W/P)$。在圖12.1中，均衡點為 E_0 點，名目工資為 W_0，均衡就業水準為 N_0。

現在如果有某個突發事件，使得物價水準由 P_0 上升到 P_1。在物價上升下，實質工資率下降，於是廠商的勞動需求曲線會往右移動到 $N^d(W/P_1)$。依本書在第九章分析 AD－AS 的模型中，我們假設勞動供給具有貨幣幻覺時，物價上升不會使勞動供給產生變化，則此時均衡點為 a 點，名目工資會上升到 W_1，而就業量會增加到 N_1，故實質產出也會跟著增加。

圖12.1：古典學派的勞動市場均衡

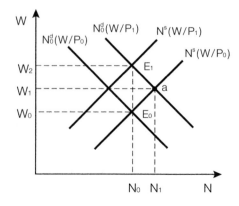

　　但在此處我們依古典學派的假設，即勞動供給也是實質工資的函數，所以當物價水準由P_0上升到P_1時，由於實質工資下降，於是整條勞動供給曲線會左移到N^s（W/P_1）。此舉使得名目工資也跟著上升，只要實質工資仍低於以前，勞動供給曲線就會不斷左移，直到實質工資恢復到以前的均衡水準為止，均衡點E_1點。

　　依古典學派的看法，由於廠商的勞動需求與社會大眾的勞動供給都具有充分訊息，所以物價上升對勞動市場的影響最後一定會被名目工資的上升所抵消。換句話說，最後的實質工資（W_2/P_1）必然會等於物價變動以前的實質工資（W_0/P_0）。由於實質工資不變，因此，最後的就業水準仍然會維持在N_0的水準下。

　　上述的推理有兩個很重要的含意在內：第一，N_0必然是一個充分就業水準，因為這是在市場自由調整下所得到的結果。如果勞動市場不是充分就業，則實質工資必然會繼續調整，直到重回均衡為止。第二，由於N_0是充分就業水準，而且經濟體系調整以後，仍然會回到此一均衡水準，所以物價的變動對均衡的就業水準是沒有影響的。由於全社會的產出是由勞動市場的就業量所決定，在就業量固定在N_0的充分就業水準下，產出也就固定在充分就業的產出水準。

　　如果把物價水準放在縱軸，把產出放在橫軸，則古典學派的總合供給曲線會是一條垂直的曲線，見圖12.2。而該曲線的產出，就是充分就業下的產出水準，Y_f。

　　從古典學派的觀點來說，勞動市場與其他市場相同，可以完全自由的調整。因此只要勞動市場上的價格可以充分變化，勞動市場就可以經過自由調整而達到充分就業的水準，而經濟體系也可以維持在最適的狀態下。所以，古典學派認為政府對經濟體系應採取自

圖12.2：古典學派的總合供給曲線

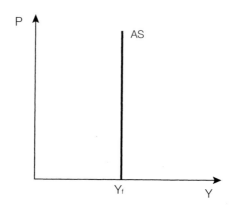

由放任的態度，讓市場自由的去運作。

（二）二分下的市場

　　在前面的討論中，我們知道古典學派認為產出完全是由勞動市場的供需而決定的。在總合供給曲線垂直的情況下，總合需求的變化及物價的變化都無法影響到實質產出，那麼物價水準又該如何決定呢？

　　在圖12.3中，在總合供給曲線為垂直的情況下，我們看到當總合需求為 AD_0，均衡的物價水準為 P_0，此時的產出水準為充分就業下的 Y_f。如果總合需求增加，使 AD_0 右移到 AD_1，則均衡物價水準上升到 P_1，而均衡產出沒有變化，仍然為 Y_f。此結果顯示均衡所得是由總合供給所決定，而均衡物價則由總合需求的大小所決定，這就是古典學派有名的二分體系（dichotomy）。

　　在本書第八章中，我們說明總合需求曲線是由商品市場與貨幣市場的均衡推導出來。

圖12.3：古典學派下的總體市場

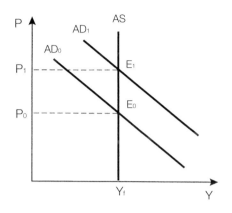

　　由總合需求曲線上，我們看到所得與物價之間有負向的關係。
當某些外生變數發生變動時，就會使整條總合需求曲線產生位移，
從而對物價與所得造成影響。然而，古典學派的學者認為，實質所
得應該是由要素市場上投入的大小所決定，例如充分就業。因此即
使某一個重要的總體外生因素對總合需求曲線產生影響時，只會影
響到物價，不會使實質所得發生變化。

　　影響物價與所得的最主要因素是貨幣數量。古典學派的學者很
早就提出交易方程式（exchange equation）的概念，即：

（12.1）　　　　　　　　$M \times V = P \times Y$

其中Y代表實質所得，P為物價，M為貨幣數量，V為貨幣流通速
度（velocity of money）。古典學派的學者一方面認為實質所得Y是
由總合供給決定，且長期下應固定在充分就業的水準；另一方面，
他們認為貨幣流動速度V是由經濟體系所決定，應該也是固定不變
的。所以，貨幣數量M變動時，其效果只完全反映在物價P的變動

上。事實上，在交易方程式中，若假設Y與V是固定的，則貨幣數量M與物價P會呈現一對一的關係。也就是說，貨幣數量只會影響物價水準，不會影響實質所得，因此古典學派認為貨幣是一層面紗（veil），對經濟體系的實質面不會產生任何效果。

我們可以簡單的說，古典學派學者認為要素市場與產品市場相似，其價格與數量都可以充分調整，因此它可以始終維持在充分就業的水準。在此種情況下，總體經濟的總合供給曲線會是一條垂直線，全社會的均衡實質所得會維持在充分就業的所得水準上。另一方面，產出既然固定，因此貨幣數量變化造成總合需求的移動時，只會使物價發生變動而已，對實質所得不會有任何影響。因此，經濟體系是二分的，其中實質部門決定實質產出的大小，而貨幣只是一層面紗，它只能決定物價水準的高低，對實質產出不會有任何影響。

┃ 二、凱因斯學派

在1929年到1933年之間的世界經濟大恐慌（the great depression）發生之前，全世界的經濟體系曾經出現過幾次經濟不景氣，但經過經濟體系的自動調整，並沒有出現大問題。但是當1929年世界性的經濟大恐慌出現以後，一直延續了好幾年，包括美國在內的西方先進國家都面臨非常顯著的失業、所得降低、物價下降等經濟蕭條問題。在此種嚴重情況下，經濟學家開始懷疑經濟體系到底是否有足夠能力，以自行調整的方式重新回到均衡。

（一）凱因斯的一般均衡理論

事實上，在凱因斯於1936年出版其巨著《就業、利息與貨幣的一般理論》（以下簡稱為《一般理論》）之前，經濟學領域中根本還沒有所謂的個體經濟學與總體經濟學之分，也根本沒有所謂的國民所得的觀念，更不必說如何去衡量經濟大恐慌當時所得發生何種變化。直到凱因斯的《一般理論》出版以後，人們才注意到總體經濟理論的重要，其後才有美國經濟學家顧志耐（Simon Kuznets）依凱因斯的總體模型來估計美國的國民所得水準。

當凱因斯面對嚴重的世界性經濟蕭條，且久久不能恢復時，他的第一個念頭就是，懷疑古典學派認為經濟體系具有自動調整功能的觀念是不正確的。凱因斯認為，如果經濟體系具有自動調整功能，為什麼還會有大量失業存在？為什麼經濟體系會持續的出現不景氣的狀態？

在面對嚴重的經濟蕭條的情況下，凱因斯自然會認為也許失衡（disequilibrium）才是經濟體系的正常狀態。或者說，如果經濟體系離開均衡，要花上很久的時間才會重回到均衡，因此平常我們會經常看到經濟體系處在失衡的狀態下。所以，凱因斯就試圖找出一些理由來說明為什麼市場會缺乏自動調整的機能，而由於市場缺乏自動調整的功能，因此當有外力干擾，使市場脫離均衡時，市場就不容易重回均衡。

凱因斯提出兩個主要理由，來解釋為什麼總體經濟體系缺乏自動調整的功能：第一，凱因斯認為一般的勞動供給者具有貨幣幻覺，他們只重視名目工資（W），而不注意實質工資$\left(\dfrac{W}{P}\right)$。在貨幣幻覺的情況下，一般勞動的名目工資只可以往上調整，而不易

往下調整，因此名目工資具有向下的僵硬性。在經濟蕭條時，一般而言，物價水準會因市場需求減少而下跌。物價水準下跌時，若名目工資不變，則實質工資會上升，所以廠商會減少勞動使用量，因此使得失業更形增加。此時勞動市場上的名目工資若能立即往下降低，則可以刺激勞動需求增加，從而再使勞動市場重回均衡。但不幸的是，由於一般勞動供給者具有工資僵硬性，即使面對下降的物價水準，他們仍然不會輕易的降低名目工資，於是勞動市場就不容易重新回到充分就業下的水準。

第二，凱因斯認為在經濟不景氣時，貨幣市場上會存在流動性陷阱。凱因斯認為在市場利率低到某一水準的時候，人們的貨幣需求會趨近無限大。此時無論貨幣供給再如何增加，都會被人們的貨幣需求所吸收，因此市場利率就不可能再降低，此即流動性陷阱。在經濟不景氣時，廠商投資意願很低，向銀行貸款投資的需求不大，因此市場利率會降低。當市場利率低到某一水準時，就不會再降低，此時貨幣市場的自動調整功能會喪失。

由於總體市場基本上屬於失衡的狀況，總體市場一方面不是無法自動調整回均衡狀態，就是要花上很長的時間才能回到均衡。在此種情形下，凱因斯認為政府應積極採取財政政策或貨幣政策來干預經濟體系。

（二）菲律普曲線與均衡性政策

自從凱因斯的《一般理論》出版以後，世界先進國家的政府競相採用財政政策與貨幣政策來解決所面對的各種經濟問題。同時在二次大戰後，由於各國政府積極投入戰後的重建工作，政府大量投入興建，此即類似於財政政策中的擴張性政策。事實上，1940年

到 1970 年之間的三十年當中，世界上各主要國家的經濟都相當順利的成長，且不曾出現過嚴重的經濟波動。因此有些樂觀的凱因斯學派經濟學家甚至認為，只要有積極且適當的經濟政策存在，景氣循環將永遠不會再出現。

　　造成凱因斯學派學者對於權衡性政策十分樂觀的主因之一，在於他們相信總體經濟中物價與產出之間應該有某種關係，而非如同古典學派所言，實質產出與物價之間的關係是二分的。換句話說，只要物價與產出之間有某種關係，則政府就可以利用經濟政策來影響物價與產出，所以權衡性政策是有必要的。

　　英國倫敦政經學院的菲律普教授（A.W. Phillips）檢視英國於 1861 到 1957 年將近一百年的資料發現，物價上漲率與失業率之間有一個明顯的負向關係。在圖 12.4 中，如果以物價上漲率（$\dot{P}$）為縱軸，以失業率（U）為橫軸，菲律普發現兩者之間呈現明顯的負相關關係。菲律普曲線（Phillips curve）說明，在經濟景氣時，失

圖 12.4：菲律普曲線

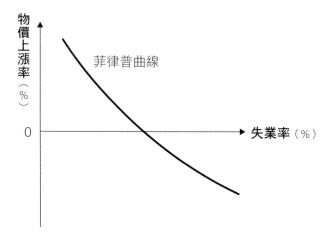

業率低，產出水準高，此時通貨膨脹率較高；反之，當經濟不景氣時，失業率高，所得水準較低，物價上漲率也會較低。

由於菲律普曲線充分支持物價變動與失業率（和所得）之間的關係，因此其結論支持凱因斯學派的觀點，即政府在不同的經濟情況下，應該積極的採取一些經濟措施來對抗，以便抵消經濟波動的影響。

（三）財政政策與貨幣政策

由於凱因斯學派的學者們強調經濟政策的重要性，所以他們對於財政政策與貨幣政策都十分重視。我們從標準凱因斯學派的IS-LM模型中，就可以知道財政政策與貨幣政策的效果，同樣都可以使總體經濟體系中的總合需求曲線產生位移，從而對均衡的物價和所得產生影響。

但是從財政政策與貨幣政策的效果大小來看，凱因斯學派明顯較偏愛財政政策。主要理由如下：第一，凱因斯學派認為財政支出為總體經濟體系中總合需求的一部分，故政府支出的變化對經濟體系的影響最直接。即使是在平衡預算的情況下，財政政策仍然有其效果。

第二，貨幣政策則必須先影響到市場的利率水準，然後再影響到人們的消費與廠商的投資，其效果不若財政政策來得直接有效。財政政策由於可透過政府購買的增加或減少，故其政策的遲延時間很短；相反的，貨幣政策變動的遲延則有一段較長的時間，且效果也不確定。

第三，凱因斯學派的學者認為，一般而言，廠商投資對於利率的彈性很小，所以採用貨幣政策使利率下降而達到刺激投資的效果

不會太大。凱因斯認為，影響廠商的是廠商對未來經濟狀況的直覺預期，這是一種動物本能（animal spirit），因此利率對投資行為的影響並不大。

第四，由於凱因斯學派基本上看到的是經濟大蕭條的情況，在經濟十分不景氣的情況下，貨幣市場很容易出現流動性陷阱，故此時利用增加貨幣供給以達到刺激經濟的目的會完全失效。在流動性陷阱下，只有財政政策才是有效的。

三、貨幣學派

一九四〇年到一九七〇年代之間的三十年，可說是凱因斯學派的黃金時期，其間經濟學者都一致認為政府應積極的利用經濟政策來干預經濟體系，從而使得經濟能更為成長，使經濟波動更為減少。事實上，在二次大戰後，直到一九六〇年代結束之間的三十年，全球經濟體系也的確呈現一片繁榮，而沒有很大波動的時期，因此凱因斯的學說也一直被大多數經濟學者奉為圭臬。

但是只有芝加哥大學教授傅利曼有著不同的聲音。傅利曼教授於一九五〇年代末期提出貨幣數量學說（the quantity theory of money），強調貨幣的重要，他甚至認為貨幣是影響總體經濟的唯一因素。他曾經說過的一句名言是：「只有貨幣是重要的！」（Only money matters!）一九六〇年代有幾位經濟學家追隨傅利曼的觀點，由於這些學者強調貨幣的重要，故我們稱其為貨幣學派（Monetarists）。

在當時仍以凱因斯的學說占有最大的學術市場，因此貨幣學派的聲音並不能引起太多人的注意，直到1973年發生第一次全球性

的石油危機為止。因為石油危機一方面造成全球性的經濟蕭條，一方面又使全球出現嚴重的通貨膨脹，此種經濟蕭條與通貨膨脹同時出現的現象，稱為停滯性通貨膨脹（stagflation）。停滯性通貨膨脹打破了凱因斯學派長久以來就一直持有的一個重要觀點，即通貨膨脹與失業應該是互為代替的。因為菲律普曲線告訴我們經濟景氣好的時候，物價會上升；反之，當經濟不景氣時，物價則較低。第一次石油危機以後，經濟不景氣與高通貨膨率同時出現的現象，是菲律普曲線無法解釋的。在凱因斯學派無法解釋停滯性通貨膨脹的情況下，人們開始尋找其他的理論來解釋，貨幣學派的觀點就逐漸被大家所接受。

（一）貨幣數量學說

貨幣學派的宗師傅利曼不斷強調貨幣的重要性，其根本的理論基礎仍然是古典學派下的貨幣數量學說。基本上，傅利曼認為貨幣流通速度應該是相當穩定的，所以當貨幣數量發生變動時，只會對物價產生影響。不但如此，他還認為只有貨幣數量會影響物價，所以他說通貨膨脹完全是個貨幣現象。

事實上，貨幣學派不但認為貨幣會影響物價水準，而且貨幣數量對實質面也會產生影響，這可說是貨幣學派與古典學派的一項主要差別。貨幣學派認為當人們持有較多的貨幣時，會有意願再消費更多的東西，我們稱此效果為實質餘額效果，或稱財富效果。因為貨幣可以看成是財富的一種，因此當人們持有的貨幣數量增加時，形同人們握有更多的財富，所以會使人們提高消費意願。

貨幣學派與凱因斯學派在貨幣數量學說中的主要爭議之一，在於貨幣流通速度到底是否是固定的。貨幣學派認為流通速度與一

個國家的金融體系和制度有關，因此流通速度不會輕易改變。但凱因斯學派卻認為流通速度會受到利率的影響，因此當貨幣數量變動時，利率受到影響，因此流通速度也受到影響。所以當貨幣數量變動時，影響的不只是物價而已，而且同時會影響到流動速度。

（二）權衡與法則

不論從實質餘額效果或貨幣流通速度的利率彈性來看，凱因斯學派和貨幣學派對於貨幣的重要性都不曾忽視。兩個學派的爭議，主要出現在政策效果的預測與效果的延遲上面。

1. 財政政策

基本上，兩學派都同意財政政策在短期下對總體經濟的效果，但是凱因斯學派強調財政政策的效果，而貨幣學派則較不重視。貨幣學派持有的理由，在於他們強調財政政策可能帶來的排擠效果。由於政府的財政支出要使用經濟體系的資源，因此財政支出的增加會提高經濟體系中資源的價格。比方說財政支出增加可能會使利率上升，而資源價格上升的結果，會使民間的實質支出減少，這就是排擠效果。比方說，財政支出增加而導致利率上升時，則民間的投資會因此而減少。

顯然，貨幣學派與凱因斯學派的爭議之二，出現在民間投資的利率彈性大小。凱因斯學派認為廠商投資大小取決於他們對未來經濟的預期，受到利率影響較少；而貨幣學派則覺得投資的利率彈性很大，所以政府支出增加會有很大的排擠效果，因此財政政策的有效性會受到限制。

2. 政策遲延

　　除了對貨幣政策與財政政策的效果大小看法不一致以外，貨幣
學派與凱因斯學派對於政策遲延的觀點也不一致。基本上，凱因斯
學派覺得財政政策的遲延時間較短，因此他們較偏好財政政策。貨
幣學派並不否認財政政策在短期下的效果，但是他們質疑的是財政
政策短期效果的大小與實際效果所產生的時間。

　　至於貨幣政策的效果則更無法確定，一方面貨幣學派認為貨幣
政策的效果不但很大，政策遲延的時間很長，而且更重要的是，我
們很難掌握政策效果的大小與出現的時間。

　　此外，貨幣學派認為政府決策當局往往為了政治目的（如選
舉）而特意去採取某些擴張性政策。而在政治目的達到以後，如選
舉以後，則又採取另外一種經濟政策來試圖抵消前者的效果。但問
題是，由於經濟政策的遲延時間難以掌握，因此當前者的效果還沒
有出現，下一個政策又出現，對經濟體系又產生另一種衝擊。於是
在兩種政策變動之下，經濟體系最終受到的影響難以推估。

　　為避免政府部門因政治目的而任意採取權衡式的經濟政策，因
此貨幣學派認為政府應採取某一種固定的經濟法則（rule），而不
應採取任意變動的權衡式政策，如此經濟體系在長期下才能保持穩
定。比方說，傅利曼就建議美國政府把每年的貨幣供給增加率固定
在某一定水準上，以配合長期經濟成長所需，而不會任意變動貨幣
數量，以免造成經濟體系更多的波動。

　　從以上的分析可知，大致上來說，凱因斯學派的學者較強調短
期的效果，他們企圖以權衡式的經濟政策來干預經濟體系，從而希
望經濟體系能在干預下得到穩定的結果。但貨幣學派則從較長的時

期來看，他們雖然不排除經濟政策的短期效果，但他們認為短期效果一方面難以確定，一方面時間又不容易掌握。更重要的是，很多時候經濟決策者並不一定完全是依經濟的需要來做最適的決策，因此貨幣學派的學者認為政府應採取長期而穩定的政策法則，以避免不當的經濟政策造成更大的長期波動。

（三）自由放任主義

　　貨幣學派認為政府應採用政策法則，對經濟體系的干預應盡量減少，所以他們認為自由放任主義是最好的政策，此種觀點與古典學派的觀點可說是不謀而合的。不過，雖然貨幣學派與古典學派的政策建議是一致的，但是他們的立論基礎卻有很大的不同。

　　古典學派認為經濟體系是二分的，貨幣數量的變動只會影響到物價，對經濟體系的實質面不會產生任何影響。而經濟體系的實質均衡所得會經過經濟體系的自由運作之下達到最適水準，所以政府對於經濟體系的干預應該愈少愈好。

　　貨幣學派則不排除貨幣數量對於經濟體系實質面的影響，且在短期下與長期下都會有影響。但問題在於，我們無法確定這些影響的大小，以及其出現的時程。為避免政府操縱經濟政策不當而帶來更大的波動，因此最好的經濟政策就是採取一個固定的法則，然後再讓經濟體系自由的去運作，最終可以使人們的經濟福利達到最大。

四、新興古典學派

　　一九七〇年代中期，以芝加哥大學教授魯卡斯（Robert Lucas）為首的一些經濟學家延續貨幣學派的觀點，對凱因斯學派的論點提

出更強烈的質疑。基本上，他們認為凱因斯學派的權衡性政策要能
適用，則政府必須先有一個理想的模型，這個模型不但要能說明過
去發生的現象，也要能預測未來。然後，政府才可以根據此一模
型，來決定適當的政策。然而，魯卡斯等人認為，人們的行為決定
於其對未來的預期。而當政府採取某種政策以期達到某種效果時，
人們的行為往往會針對政府的政策加以調整，因此使得政府政策大
打折扣，甚至完全失效。

此外，魯卡斯認為，人們的行為對政府政策變動的反應在短期
內就會立即發生，因此政府政策不但在長期下無效，即使在短期下
也是無效的。因為政府政策完全無效，所以政府應採取自由放任的
政策，讓經濟體系自由的去運作。由於魯卡斯等人的觀點及政策建
議與古典學派的論點幾乎一致，因此我們稱魯卡斯等人為新興古典
學派（New Classical Economists）。

（一）理性預期

因為新興古典學派強調理性預期的重要性，故有時候又被稱為
理性預期學派（Rational Expectationists）。理性預期學派的理論很
簡單，他們認為人們的行為都是理性的，而且人們的行為都會依其
對未來的預期而採取最適行動。而理性的人們在形成對未來的預期
以前，一定會把所有知道的訊息都考慮進去。由於人們會把所有的
訊息都考慮進去，因此他們對未來的預期，「平均而言」都會是正
確的。也就是說，也許有時候人們的預期過於樂觀，有時候則會過
於悲觀，但平均而言則會是正確的。或者說，有些人過於樂觀，有
些人過於悲觀，但大多數人的預期會是正確的。因此，理性預期雖
然不排除某些人在某些時候的預期會有錯誤，但就整個經濟體系來

看，並不會產生系統性的錯誤（systematic error）。

　　由於人們的理性預期會把所有可能的訊息考慮進去，因此當政府採取某種經濟政策企圖影響經濟體系時，人們會把政府政策的改變放到他們的訊息中，因此他們的行為也隨之改變，從而使得政府的政策效果失效。比方說，政府企圖以貨幣供給增加來刺激經濟，但若人們知道政府要增加貨幣供給，而且人們知道貨幣供給增加會導致物價上升，因此人們會立即要求名目工資上漲以因應物價上升。名目工資上升，導致就業量減少，抵消了貨幣供給增加的擴張效果，因此貨幣供給增加的效果就消失不見了。

　　傅利曼教授在他於1979年的諾貝爾經濟學獎得獎演說中，曾說了一句名言，他說：「只有意外才是有效的！」（Only surprise matters!）他支持理性預期學派的觀點，即當政府政策被人們知道時，其政策效果會因人們的反應而失效。因此，只有突如其來的政策，或是令人意外的政策，才會產生政策效果。

　　魯卡斯進一步的把上述觀點寫成模型，他認為總體經濟中的總合供給決定於實質物價水準（P）與預期物價水準（P_e）之間的差異，即：

（12.2）　　　　　　　　　$y = f(P - P_e)$

　　我們稱上式為魯卡斯供給曲線（Lucas supply curve）。上式顯示，當實質物價水準等於預期物價水準時，產出不會變動。而當兩者之間的差異愈大，產出水準也愈大。

　　我們可以利用圖12.5來說明理性預期學派對總合供給曲線的觀點。假設在短期下，原來的總合需求曲線為AD_0，總合供給曲線為AS_0。兩者的均衡點為E_0，此時市場均衡的產出水準為Y_0，物價

理性預期的實踐者

芝加哥大學的魯卡斯教授可說是理性預期學派的宗師，他認為人們的行為會依理性預期而為。魯卡斯的妻子麗塔在耳濡目染之下，當然對於理性預期有深刻的認識。

1988年魯卡斯與其妻子協議離婚，麗塔要求在協議書上明列一項要求，如果魯卡斯在1995年10月31日以前獲得諾貝爾經濟學獎，則其所領到的獎金有一半應歸其所有。結果魯卡斯果然在1995年9月獲得瑞典皇家學院所頒發的諾貝爾經濟學獎，麗塔也理所當然的分到獎金的一半。

芝加哥大學經濟系的師生們都認為，魯卡斯教授只是理性預期的理論家，麗塔才是理性預期的真正實踐者。

資料來源：《遠見雜誌》，1995年12月號。

圖12.5：垂直總合供給曲線

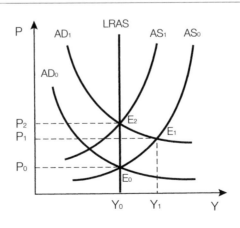

水準為 P_0。現在假設政府採用擴張政策，使總合需求曲線右移到 AD_1，如此會使產出增加到 Y_1，物價水準上升到 P_1。

　　但由於人們看到物價上升到 P_1，於是要求工資也要往上調整。此舉使得總合供給曲線往左移動，由 AS_0 左移到 AS_1，使得最終的產出又回到 Y_0 的水準，而物價則上升到 P_2。此時，擴張政策的效果只出現在物價水準上，而對產出不會有任何作用。

　　上述的分析過程中，我們仍區分短期與長期的不同，因此擴張政策在短期下仍然有使產出增加的效果。事實上，理性預期學派認為產出由 Y_0 到 Y_1 再回到 Y_0 的調整快慢，完全決定於人們對未來預期如何形成。如果一項擴張政策在實行之前，人們已經充分預知，而且人們也預期物價會上升，人們對預期物價上升的立即反應是同時要求提高工資。此時，AS 的左移會與 AD 的右移同時發生，以至於物價水準會立刻由 P_0 上升到 P_2，而擴張政策對產出的效果會完全消失。此時，即使在短期下，政府政策也會是無效的。

（二）垂直的菲律普曲線

　　凱因斯學派強調，採取權衡性政策的主要論點之一是，他們發現通貨膨脹率與失業率之間具有負向關係，也就是說菲律普曲線是具有負斜率的。由於失業率與通貨膨脹率之間有交互關係，因此政府可以視情況所需，採取不同政策，而得以在兩者之間選擇該如何取捨。

　　然而，依據新興古典學派的觀點，長期總合供給曲線（long-run aggregate supply curve, LRAS）是一條垂直線，亦即產出是固定的，見圖12.5。既然產出是固定的，因此失業水準也應該是固定的，所以物價與失業之間的關係並不存在。換句話說，新興古典學

派認為，菲律普曲線在長期下應該是一條垂直的曲線，見圖12.6，而且其失業率會維持在充分就業下的自然失業率，U_f。

新興古典學派的學者發現，雖然以一九五〇到一九七〇年代之間二十年的美國資料顯示出菲律普曲線呈現負斜率，但若把資料再延伸到一九八〇與一九九〇年代，則菲律普曲線卻呈現垂直的狀態。換句話說，長期下的菲律普曲線應該是垂直的。

此外，新興古典學派認為人們都具有理性預期，他們會運用充分的資訊去做出最適的決策。雖然這些決策有時候會有誤差，但平均而言卻是對的。因此，他們認為人們所有的經濟行為都應該是自動自發下的選擇。比方說，他們認為所有的失業應該都是自願性失業（voluntary unemployment），因為這是人們在考慮所有訊息下的自願選擇。由於人們的行為都符合理性預期，所以市場也可以因此而自由調整，最後回到均衡。

圖12.6：垂直的菲律普曲線

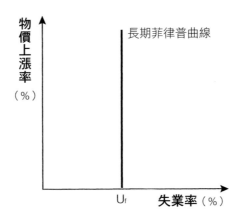

以勞動市場為例，人們會依本身對工資的預期而決定是否接受一項工作，如果不接受就成為自願性失業。所以，在勞動均衡下，所有的失業都是自願性的，因此該失業率就是自然失業率。由於圖12.6中長期菲律普曲線是垂直的，即失業率會固定在某一失業水準上，該失業水準就是自然失業率（U_f），因為這是勞動市場自由運作的結果。

▍五、新興凱因斯學派

雖然凱因斯學派的觀點在一九七○年代以來受到質疑，但無可否認的，凱因斯模型仍然是任何一個總體理論中的基本架構。無論貨幣學派與新古典學派的觀點與凱因斯學派有多大不同，仍須以凱因斯的基本模型做為他們理論架構的基礎。

另一方面，貨幣學派與新興古典學派的一個重要結論是，政府政策干預應該是愈少愈好，雖然他們的理由並不完全相同。但是不可否認的，我們在現實社會中看到的是，幾乎每一個先進國家政府部門在經濟體系中所扮演的角色的確是愈來愈重。而且，我們也無法否認各國所採用的財政政策與貨幣政策的確都對經濟體系產生重大的影響，不論此種影響與決策人員一開始的想法是否相同。更重要的是，如果貨幣學派與新興古典學派的觀點完全正確，而如果政府也完全採取他們的觀點，則政府決策當局必須完全放棄所謂的財政政策與貨幣政策，此舉等於是要政府決策當局自廢武功。這些決策人員大都是經過選舉或其他方式獲得政治權力的政治人物，他們會如此甘願的放棄他們對經濟體系的影響力嗎？答案自然是否定的。

　　有鑑於政府部門仍然經常在使用經濟政策，而且經濟政策的確
對經濟體系有重大影響，因此仍然有不少學者認為凱因斯學派的
觀點是有用的。不過這些學者也不排除貨幣學派和新興古典學派的
部分觀點，例如貨幣政策效果的不確定性及理性預期。因此，這些
學者一方面試圖把這些新興的觀點加入凱因斯模型中，更重要的，
他們試圖為凱因斯學派的觀點找出更具有說服力的理由，即提出個
人行為基礎來解釋凱因斯學派的觀點，將這些觀點稱之為總體經
濟理論的個體基礎（micro foundation）。我們將這些學者稱為新興
凱因斯學派（New Keynesiens），其中以美國西北大學的戈登教授
（Robert Gorden）和麻省理工學院的費雪教授（Stanley Fisher）為
首。

（一）個體基礎

　　凱因斯學派的立論基礎之一在於市場運作的調整機制有問題，
比方說勞工有貨幣幻覺，使得工資具有僵硬性。在工資調整不易的
情況下，當物價變動時，經濟體系的產出就會發生變化，所以菲律
普曲線有負斜率。因此，政府可以採取權衡性經濟政策，以便在通
貨膨脹率與失業率之間有所取捨。

　　新興凱因斯學派延續上述看法，但企圖找出其他理由來解釋為
什麼勞動市場上工資的調整會如此緩慢。基本上，他們希望從勞工
個人追求最大效用，而廠商追求最大利潤的角度，來提出解釋的理
由。而由於這些理由屬於個體行為，因此他們等於在為總體經濟中
的勞動市場變化尋找個體的行為基礎。

　　新興凱因斯學派認為有幾個理由可以說明為什麼工資調整需要
花費較長的時間：第一，長期契約（long-term contract）。基本上

而言，勞動契約都屬於長期的，至少都在一年以上。也就是說，通常企業不會隨時調整員工的薪資，一般都是以年為單位，每年調整一次，在某些長期契約下，可能很久才會調整一次。無論如何，工資由於契約的限制，其調整的速度與頻率會遠低於產品價格或物價的調整速度。

第二，默契契約（implicit contract）。很多時候，企業與員工之間的契約關係不只是在工資與工作內容方面，還包含一些無形的契約在內，這些契約我們稱為默契契約。比方說，廠商通常都會把新進員工送去受訓，此時廠商要為員工支付很多的受訓費用，而員工本身則需要花很多的時間去學習，因此雙方都投下很多的成本。另一方面，這些訓練大都只與公司本身的工作有關，我們稱這種訓練為特殊訓練（specific training）。由於此種訓練只與這家公司的工作有關，因此如果員工在接受訓練以後立即跳槽，他也不容易把這些知識運用到其他公司去。

由於廠商花費許多成本來訓練員工，而員工也花了許多成本來學習這些技能，同時這些技能又無法在其他公司發揮，於是當員工受訓完成之後，他較不會有誘因離開此公司，同時廠商也較不會有誘因去解雇此員工。因此，此時類似雙方簽署了一項默契契約，在此契約下，雙方都有所保障。同時，既然雙方都有保障，工資調整的狀況也就比較少。

第三，效率工資假說（efficiency wage hypothesis）。新興凱因斯學派認為，勞動市場上的工資不容易使勞動市場達到均衡的另外一個理由是效率工資的存在。傳統上，企業如果支付其員工在競爭市場下的工資，則雖然可以雇用到員工，但卻無法保證員工會努力工作。效率工資的說法則是，如果企業可以支付員工高於邊際工

資的水準，則可以促使員工們努力工作。一方面因為報酬較高，可以激勵他們努力工作；另一方面，由於工資較高，員工也不願意因為偷懶而失去這一份高薪的工作。在效率工資存在的情況下，勞動市場則不會是供需相等的，因為此時的工資會高於市場均衡下的工資。而且即使在市場不景氣的情況下，企業也不會輕易降低效率工資，以避免使員工產生摸魚的心理。

　　除了上述說明勞動市場上工資調整較慢的理由以外，新興凱因斯學派也提出兩個理由來解釋，物價調整也可能不是如同新興古典學派認為的那麼自由。第一個理由在於很多產品的市場不屬於完全競爭市場。比方說，汽車、電腦、啤酒、可樂等，由於這些商品都屬於不完全競爭市場，因此這些產品的價格其實是很穩定的，不論在經濟不景氣或經濟熱絡的時候，這些產品的價格都不會有太大的變化。

　　第二，新興凱因斯學派認為廠商在調整價格時，本身就會因此產生成本，所以他們不會任意調整價格。最簡單的例子是餐廳在調整價格時，必須重印菜單，而印刷費用就是調整價格的成本，我們稱之為菜單成本（menu cost）。再比方說，我們經常看到超市的員工整天在為上架的產品貼上價格標籤。當產品價格變動時，這些人就必須把標籤重新更正，這需要花費很多的人力，因此廠商在更動產品價格時也必須考慮這些成本。

（二）政策建議

　　新興凱因斯學派認為工資具有僵固性（wage sticky），調整不易，且市場價格也不易經常調整，所以當外力出現使市場不均衡時，要讓市場自動的調整回均衡很不容易。在此種狀況下，他們建

議政府應積極的更改經濟政策來協助經濟體系重回均衡。

　　另一方面，由於工資調整很慢，在勞動市場不均衡下，會使某些想工作的人找不到工作，因此，新興凱因斯學派的學者認為，有些失業是產生於非自願性失業（unvoluntary unemployment）。比方說，在效率工資下，廠商支付較高的工資給予其員工，但這時也有一些失業的勞工可能願意以較低的工資為此工廠工作，對他們而言只要能有工作就好。但是基於效率工資的觀點，這些廠商寧可雇用較少的員工，支付他們較高的工資，並要求他們努力的工作，而不會降低工資以擴大雇用員工人數。在此種情況下，就會有一些失業人員想要找工作卻找不到，因此他們屬於非自願性失業。

六、實質景氣循環模型

　　新興古典學派一方面認為人們會依他們對未來的預期採取行動，一方面認為政府政策會因此而失效。所以他們建議政府應盡量減少干預，讓經濟體系自由運作。

　　新興古典學派與凱因斯學派的爭議重點之一，在於政府應如何因應景氣循環。凱因斯學派認為政府應積極的採取經濟政策，以便於抵消經濟景氣循環帶來的衝擊。事實上，在1929年的經濟大蕭條與二次大戰之後，直到一九六〇年代末期，世界先進國家經濟都呈現相當繁榮的情況，幾乎沒有任何嚴重的不景氣，所以這可以說是凱因斯學派的黃金時代。

　　然而1973年與1979年出現的兩次世界性石油危機，造成許多先進國家嚴重的經濟衰退。不但如此，他們也發現這些國家面對的是高失業率與高通貨膨脹率同時出現的狀況，這是凱因斯學派所無

法解釋的。此時，貨幣學派與新興古典學派開始從另外的角度，來
說明此種停滯性通貨膨脹的理由。

　　由於他們認為經濟政策的效果不是不確定，就是根本無效，因
此他們建議即使在面對景氣循環時，政府也不應加以干預，而應讓
市場自由的去調整。

　　在一九八〇年代末期到一九九〇年初期，以美國明尼蘇達大學
普利史考教授（Edward Prescott）為首的一些新興古典學派學者，
進一步認為造成經濟循環的主因在於實質面的變動，我們將其模型
稱為實質景氣循環模型（real business cycle model）。

（一）實質面的衝擊

　　實質景氣循環模型認為，經濟循環不是由需求面或貨幣面所造
成的，他們認為其實景氣循環完全是因為經濟體系在反應實質面的
衝擊所出現的自然反應結果。這些實質面的衝擊變動包括生產技術
的進步、自然資源供給的變動，甚至於天氣的變化等等。這些變動
又稱為供給面的衝擊（supply shock）。

　　如圖12.7中，在長期總合供給曲線為垂直的情況下，經濟體系
若要使物價與實質產出發生變化的唯一可能就是總合供給曲線發生
變動。比方說，在原來的總合需求（AD_0）與總合供給（$LRAS_0$）
下，經濟體系的實質所得為Y_0，物價水準為P_0。如果此時有不利
的供給面衝擊出現，例如石油輸出國家組織（OPEC）聯合減產，
造成全球油價上漲，則會使總合供給曲線左移至$LRAS_1$，結果會使
實質所得減少為Y_1，物價水準上升至P_1。此現象充分說明了兩次
石油危機下，全世界都出現物價上升與所得降低的停滯性通貨膨
脹。

圖12.7：供給面的衝擊

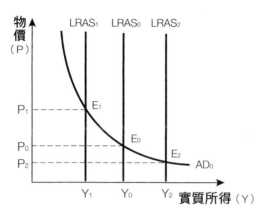

　　另一方面，如果有一個有利的供給面出現，例如近年來美國頁岩油的新生產技術出現，使國際油價大跌，造成總合供給曲線右移至$LRAS_2$，因此會使物價下跌到P_2，所得增加到Y_2。

（二）景氣循環與經濟成長

　　實質景氣循環模型的另外一個重要論點，就是他們認為景氣循環與經濟成長之間應該具有密切的關係。因為他們認為一些造成實質景氣循環變動的變數，在長期下，這些因素也就是造成實質經濟成長的主因，例如技術進步、人力資本累積等等。

　　事實上，在目前最新的總體經濟領域中，經濟成長模型已經成為最熱門的課題，此理論基礎自然與實質景氣循環密不可分。我們會在第十三章中再詳加說明經濟成長與經濟發展的內容。

經濟名詞

古典學派	停滯性通貨膨脹	特殊性訓練
自由放任主義	新興古典學派	默契契約
二分體系	理性預期	效率工資
交易方程式	系統性錯誤	菜單成本
貨幣流通速度	魯卡斯供給曲線	非自願性失業
菲律普曲線	自願性失業	實質景氣循環模型
凱因斯學派	新興凱因斯學派	供給面的衝擊
貨幣學派	個體基礎	實質面的衝擊

討論問題

1. 何謂二分化的經濟體系？其在古典學派強調自由經濟體系的重要性中扮演什麼樣的地位？

2. 何謂菲律普曲線？為什麼物價與失業之間會有負向關係？

3. 試比較凱因斯學派與貨幣學派對下列事項的觀點有何異同：

   (1) 貨幣流通速度

   (2) 權衡式政策與法則式政策

   (3) 貨幣政策的效果

   (4) 財政政策的效果

   (5) 長期與短期

4. 何謂停滯性通貨膨脹？請舉出一例說明如何造成停滯性通貨膨脹。

5. 請說明新興古典學派與貨幣學派有何異同。

6. 何謂理性預期？你可以舉出一個自己符合理性預期行為的例子嗎？

7. 為什麼理性預期學派認為所有的失業都是自願性失業？你同意他們的觀點嗎？為什麼？

8. 何謂默契契約？請舉一例說明之。

9. 何謂菜單成本？你覺得這些成本在廠商的生產成本中所占的比重是否很高？

10. 何謂新興凱因斯學派？其與傳統的凱因斯學派有何異同？

11. 何謂效率工資假說？為什麼在效率工資存在的情況下，勞動市場可能會有非自願性失業存在？

12. 何謂實質景氣循環模型？其與新興古典學派有何關係？

13. 我國的中央銀行總裁常常喜歡說：「央行有說謊的權利！」你覺得他說這一句話的時候，比較偏向哪一個總體經濟學派？為什麼？

14. 凱因斯學派強調需求面的重要性，其理論形成的背景與1929年的世界性經濟大恐慌有何關係？

15. 一九七〇年代以後，很多經濟學家都不再承認他們是凱因斯學派的學者，為什麼？與當時世界上的總體經濟情況有沒有關係？

第十三章

經濟成長與經濟發展

　　大致上來說，一個國家經濟成長（economic growth）的程度可以用該國每人平均的國民所得及其成長率來表示。例如2015年美國每人平均國民生產毛額為55,980美元，為高度開發國家；我國2015年的每人平均國民生產毛額為22,362美元，為中度開發國家；馬拉威的每人平均國民生產毛額只有340美元，為低度開發國家。隨著時間過去，每個國家的國民所得會發生變化，大部分時候都會有所增加，是為經濟成長。我們會在本章第一節中討論一國的經濟成長是如何決定的，並介紹不同的經濟成長理論。

　　然而，在經濟進步的過程中，以每人所得計算的經濟成長固然是我們所關心的，但是整個社會同時在各方面也會出現明顯的變化，例如人口結構、教育程度、所得分配、產業結構等等。一般人把研究所得變化的領域稱為經濟成長，而把研究所得、人口、教育、所得分配、產業結構及其他相關社會指標變化的領域，統稱為經濟發展（economic development）。

　　當然，在經濟成長過程中，國民所得的增加固然是最重要的指標，但其他代表經濟發展的指標也值得我們進一步的探討。我們會在本章第二節的經濟發展中，說明經濟成長與這些重要經濟指標之間的關係。最後，第三節介紹我國的經濟發展過程，其中一方面介紹我國穩定中成長的模型以外，也同時說明我國經濟發展中的經濟成長與公平的特性。

一、經濟成長

　　隨著人類經濟社會的進步，各個國家人民的產出與所得也隨之增加，我們稱為經濟成長。一個國家產出增加的來源可分成二大因

素,一個是由於生產要素數量增加,例如人口增加、資本數量的累積等等。另外一個因素則來自於生產力的提升,例如高等教育程度提升,使得勞動的生產力增加;又比方說生產技術與生產方法的進步,使得勞動或資本的生產力提高。

在圖13.1中,假設甲國只生產兩種財貨X財與Y財,若全部生產要素都用來生產X財,則最大產量為X_1;若全部用來生產Y財,則可以生產Y_1。圖13.1中所示的X_1Y_1曲線就是甲國的生產可能曲線,表示甲國在生產X財與Y財所能達到的最高生產組合。

現在假設甲國的生產要素數量增加(例如人口增加),甲國生產X財和Y財的最大數量分別增加為X_2與Y_2,亦即其生產可能曲線由X_1Y_1外移到X_2Y_2。由於甲國的總產出增加,這就表示甲國出現了經濟成長。

不過生產可能曲線外移代表的是整個國家總產出的增加,但並不一定保證「平均」每個人的產出或所得都是增加的,因為其總產

圖13.1:經濟成長

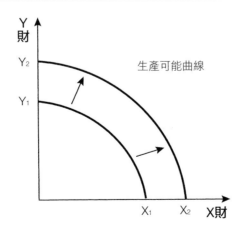

出的增加可能完全肇因於人口數量的增加，而有可能也許每一個人
的平均產出卻是減少的。所以，我們在討論經濟成長時，習慣上以
每人平均國民所得的變化當成衡量經濟成長的指標。以下我們介紹
幾個重要的經濟成長理論。

（一）憂鬱的科學

十九世紀的經濟學家當中，大都篤信邊際生產力遞減的原則，
不論是勞動或是資本，其邊際生產力都是遞減的。所以，雖然人口
數量與資產數量可以累積，但其生產力的增加都是有限的。既然生
產力增加受到限制，因此經濟社會進步也會受到限制。

對於人類經濟進步的悲觀論點，以英國經濟學家馬爾薩斯
（Thomas Multhus）最具代表性。馬爾薩斯在其1798年出版的巨著
《人口論》（*Essay on the Princilpe of Population*）中指出，人口的成
長是以幾何級數的速度增加，而糧食與財貨的成長卻是以算數級數
的速度增加。

因此，雖然有時候也許某地的經濟情況良好，但在人口快速成
長下，這些人口會消耗掉所有的生產產品，所以使得該地區的經濟
情況又回到僅僅足以維生的地步。由於人口成長速度會一直超過產
品成長速度，因此每個工人的工資在長期下只能達到維生所需的最
低標準，馬爾薩斯稱之為工資鐵律（the iron law of wage）。

英國的另外一位經濟學大師李嘉圖（David Ricardo）基本上持
相同的看法。他認為勞動的邊際生產力是遞減的，所以勞動力增加
並無法帶來足夠的產品，因此人口迅速成長的結果會使經濟體系最
終會停留在最低生活水準之上。

依照馬爾薩斯的觀點，由於人口成長速度超過糧食增產的速

度，因此人類將永遠活在貧窮的邊緣，人類的經濟永遠無法提升到較高的水準。因此，人們把悲觀的經濟學看法當成是一種憂鬱的科學（dismal science）。

　　然而，經過一百年後的經驗證明，馬爾薩斯和李嘉圖等人對經濟成長的悲觀看法並不正確。因為有很多先進國家人們的生活水準大有起色，世界上的人們很多都已擺脫每日僅能溫飽的日子，而能追求其他更多的目標。基本上馬爾薩斯的論點有兩個謬誤：第一，世界人口固然成長十分快速，但先進國家經濟發展的經驗顯示，人口成長率會隨著經濟成長而迅速減緩。第二，更重要的是，糧食與其他財貨的增加速度則遠超過算數級數的增加，也就是說馬爾薩斯忽略了技術進步所帶來的效果。尤其在十八世紀末，英國工業革命之後，人類拜科技技術快速進步之賜，糧食與財貨供應增加之速度遠超過馬爾薩斯之想像。

　　同樣的，李嘉圖所持勞動邊際生產力遞減的觀念並沒有錯，但這種觀念必須在維持其他生產要素數量不變下才能成立。依據先進國家經濟成長的經驗告訴我們，當人口在增加的同時，資本、機器等重要的生產因素也在迅速累積。在資本大量累積與生產技術進步的配合下，勞動的邊際生產力不但沒有下降，反而是大大提升的。

　　因此，雖然傳統經濟學家如馬爾薩斯與李嘉圖等人對經濟成長抱持非常悲觀的看法，但事實證明他們的觀點並不正確。先進國家經濟成長的經驗告訴我們，除了勞動的增加以外，資產累積與技術進步都是造成經濟成長的重要因素，不可輕易忽略。

（二）哈羅德─道瑪成長模型

　　近代經濟成長模型起源於哈羅德（Roy Harrod）與道瑪（Evsey

Domar）兩人，他們於一九四〇年代初分別提出勞動成長、資本累積，與經濟成長之間關係的成長模型。基本上，他們認為經濟在成長中若要保持長期均衡，則勞動及資本必須同時保持充分就業。一方面，投資會造成資本累積與產出的增加，一方面產出增加也會使儲蓄增加，而此儲蓄增加量必須滿足投資所需的資金。另一方面，這些產出的增加也必須要與勞動成長率相配合，如此才能保證勞動亦能在長期下維持充分就業。

1. 固定係數下的生產函數

　　哈羅德與道瑪假設為生產一單位產出Q，必須有固定α單位的勞動投入（L）與固定σ單位的資本投入（K）。所以，其生產函數型式是一種固定比例投入形式的李昂鐵夫生產函數（Leontief production function），其函數型式如下：

$$（13.1）\qquad Q_t = \min\left[\frac{L_t}{\alpha}, \frac{K_t}{\sigma}\right]$$

　　其中t代表第t年的數值。在此固定係數的生產函數下，勞動與資本皆達到充分就業的最適產出水準會是：

$$（13.2）\qquad Q_t = \frac{L_t}{\alpha} = \frac{K_t}{\sigma}$$

$$其中，\alpha = \frac{L_t}{Q_t} = 勞動產出比$$

$$\sigma = \frac{K_t}{Q_t} = 資本產出比$$

2. 儲蓄、投資與成長

對每一個國家而言，每年的投資 I_t 就是當年資本數量的變化，即：

$$I_t = \frac{dK_t}{dt}$$

另一方面，假設該國的儲蓄率 s 是固定的，所以 $S_t = s \cdot Q_t$。因此，在維持財貨市場均衡的條件下，每年儲蓄金額必須等於投資金額，故：

（13.3）$\qquad I_t = \frac{dK_t}{dt} = S_t = s \cdot Q_t$

上式可改寫成 $Q_t = I_t / s$。所以，在維持需求面均衡的條件下，每年產出的變化為：

（13.4）$\qquad \frac{dQ_t}{dt} = \frac{1}{s} \cdot \frac{dI_t}{dt}$

另一方面，投資會使資本累積，從而長期下導致產出的增加，因為 $Q_t = K_t / \sigma$，所以投資對產出的影響為：

（13.5）$\qquad \frac{dQ_t}{dt} = \frac{1}{\sigma} \cdot \frac{dK_t}{dt} = \frac{1}{\sigma} \cdot I_t$

因此，要維持在長期下資本的充分就業，必須使資本帶動的需求增加會等於其導致的產出增加量。換句話說，（13.4）與（13.5）

兩式必須同時成立，即：

$$（13.6）\qquad \frac{1}{s} \cdot \frac{dI_t}{dt} = \frac{1}{\sigma} \cdot I_t$$

上式加以移項後，得：

$$（13.7）\qquad g_I = \frac{\dfrac{dI_t}{dt}}{I_t} = \frac{s}{\sigma}$$

式中 g_I 代表每年的投資成長率。同時，在（13.3）式財貨市場均衡下，由於投資與產出要保持固定比例，所以上式的投資成長率 g_I 必須要等於每年產出的成長率 g_Q。因此，（13.7）式又可寫成：

$$（13.8）\qquad g_Q = g_I = \frac{s}{\sigma}$$

（13.8）式說明若要維持長期下資本的充分就業，則投資與產出必須依 $s／\sigma$ 的速率成長。

3. 勞動成長率

　　傳統上在考慮經濟成長時，都只考慮產出與勞動的關係，現在我們同時考慮勞動數量和勞動生產力對產出的影響。在固定係數生產函數下，

$$Q_t = \frac{1}{\alpha} \cdot L_t$$

產出（Q_t）決定於勞動數量（L_t）與每單位的勞動產出（即勞動生

產力 $q_t = \dfrac{Q_t}{L_t}$ ），因此上式可改寫成：

（13.9）　　　　$Q_t = \dfrac{1}{\alpha} L_t \cdot \dfrac{Q_t}{L_t} = \dfrac{1}{\alpha} L_t \cdot q_t$

其中 q_t 代表第 t 年每單位的勞動產出，即 $q_t = Q_t / L_t$。把（13.9）式對時間 t 微分，兩邊再分別除以 Q_t 和 $L_t \cdot q_t / \alpha$ 再加以整理，得：

$$\dfrac{\dfrac{dQ_t}{dt}}{Q_t} = \dfrac{\dfrac{dL_t}{dt}}{L_t} + \dfrac{\dfrac{dq_t}{dt}}{q_t}$$

　　上式等號左邊表示產出增加率 g_Q，等號右邊第一項為勞動增加率 g_L，第二項為勞動生產力增加率 g_q。換句話說，從勞動力充分就業的條件來說，產出增加率（g_Q）必須等於勞動增加率（g_L）與勞動生產力增加率（g_q）的加總，即：

（13.10）　　　　　　$g_Q = g_L + g_q$

4. 均衡成長的條件

　　哈羅德與道瑪認為，長期下若要使資本與勞動都能維持充分就業，則產出一方面要按（13.8）式的速度成長，一方面要依（13.10）式的速度成長。因此長期下要使資本與勞動同時達到充分就業，則下列條件必須成立，即：

（13.11）　　　　$g_Q = g_L + g_q = g_I = \dfrac{s}{\sigma}$

　　哈羅德與道瑪兩人把儲蓄、投資與勞動力的增加同時考慮在成

長模型中，可說是第一次充分說明了這些總體變數與經濟成長之間的關係。同時他們也明確的指出，要維持資本與勞動力充分就業的條件下，經濟成長必須維持在某一固定速度。然而，在（13.11）式所代表的均衡成長條件中，儲蓄率 s、資本產出比例 σ、勞動成長率 g_L、勞動生產力增加率 g_q 都是外生決定的。換句話說，這些變數都是固定的，因此（13.11）式只有在恰巧的情況下才會成立。而當 $g_L + g_q$ 剛好等於 s／σ 時，經濟體系可以在資本與勞動都維持充分就業下成長。相反的，萬一 $g_L + g_Q$ 不等於 s／σ，則經濟成長的結果將永遠無法使資本與勞動同時達到充分就業。

（三）新古典成長模型

　　哈羅德與道瑪兩人雖然說明了勞動成長、資本形成對經濟成長的影響，但由於其模型的特殊性，使得其結論難以與現實社會相結合。美國麻省理工學院的梭羅（Robert M. Solow）教授認為，勞動力的增加是由人口成長來決定，但資本形成與儲蓄率的高低則與經濟發展的狀況有關。換句話說，資本形成的速度其實是由經濟體系來決定，而不是如同哈羅德與道瑪所說由外生決定的。梭羅教授提出的成長模型對日後經濟成長理論的演進有很大影響，故我們稱之為新古典成長模型（neoclassical growth model）。

1. 生產函數

　　哈羅德與道瑪模型中造成資本與產出成固定比例的主要原因，在於其假設生產函數是李昂鐵夫型式的固定比例生產函數。因此，新古典成長模型中首先就放棄此一假設，而以一般化的生產函數來取代，即 $Q = f（K，L）$。如果兩邊同除以勞動數量 L，我們可以

得到以每人為單位的產出（q），即：

（13.12）　　　$q = \dfrac{Q}{L} = f\left(\dfrac{K}{L}\right) = f(k)$

上式中，q為每單位勞動的產出，k為每單位勞動的資本投入，即
（k = K/L）。

2. 均衡成長

在新古典成長模型中，資本累積扮演很重要的角色，因為依
（13.12）式，每人產出是由每人所擁有的資本數量所決定。如果我
們把每人資本存量對時間微分，可以得到：

$$\frac{dk}{dt} = \left(L\frac{dK}{dt} - K\frac{dL}{dt}\right)\frac{1}{L^2}$$

兩邊再分別除以k和K/L，上式可改寫成：

$$\frac{dk/dt}{k} = \frac{dK/dt}{K} - \frac{dL/dt}{L}$$

若以g_k，g_K，$g_L + \lambda$分別代表每人資本數量（k）、資本總量
（K）與勞動數量（L）的成長率，其中g_L為勞動人口增加率，λ為
勞動技術進步率。則上式可寫成：

（13.13）　　　　　$g_k = g_K - (g_L + \lambda)$

然而，資本存量的變動決定於每年投資的大小，而後者又決定
於儲蓄率和產出的大小，即：

$$g_K = \frac{dK/dt}{K} = \frac{1}{K} = \frac{s \cdot Q}{K}$$

$$= \frac{s \cdot Q/L}{K/L} = \frac{s \cdot q}{k} = \frac{s \cdot f(k)}{k}$$

代入（13.13）式，得：

（13.14）　　　　　$g_k = \frac{s \cdot f(k)}{k} - (g_L + \lambda)$

　　在長期均衡下，勞動與資本都要長期就業，也就是每個人所擁有的資本存量必須是固定的。因此，在長期下，每個單位勞動所擁有的資本存量不能再變動，即 $g_k = 0$。若以（13.14）式來表示，則均衡成長的條件為：

$$g_k = \frac{s \cdot f(k)}{k} - (g_L + \lambda) = 0$$

故：

（13.15）　　　　　$s \cdot f(k) = (g_L + \lambda) \cdot k$

　　上式左邊代表的是每年每人資本的供應量，其大小是由儲蓄率的高低來決定，而右邊則代表每人資本的需求。在均衡成長下，兩者必須相等。我們可以用圖13.2來解釋上式所代表的經濟意義。在圖13.2（A）中，我們以每人資本（k）當橫軸，以每人產出（q）為縱軸，（13.15）式左邊的是資本供給 sf（k），右邊是每人資本的需求（$g_L + \lambda$）k。兩條曲線相交點E，表示在均衡成長下的每人資本存量k*為均衡存量，此時的每人產出為均衡產出q*。

圖13.2：新古典學派的均衡成長

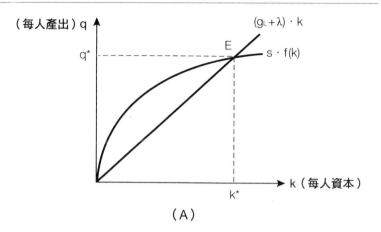

（A）

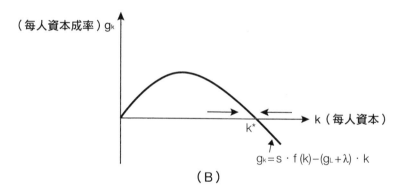

（B）

　　在圖13.2（B）中，我們再繪出每人資本成長率g_k與每人資本存量k之間的關係。當k＜k*時，表示$s \cdot f(k)$＞$(g_L + \lambda) \cdot k$，此時由於資本存量增加速度超過每人現有的資本數量與勞動增加速度，因此每人所擁有的資本在增加，即g_k＞0。由於g_k＞0，所以每人擁有的資本存量會增加，直到k*。相反的，當k＞k*時，每人所擁有的資本存量會減少，即g_k＜0。由於每人資本成長率小

於0，所以每人擁有的資本存量會減少，直到重回k*。所以，k*不
但是一個均衡，而且長期下經濟體系調整的結果，最終一定會回到
k*。

　　與哈羅德和道瑪的成長模型相比，新古典成長模型的最大不同
在於，資本與產出比例是可以變化的，而非如同前者要求資本與產
出必須維持固定比例，即：

$$\left(\frac{Q}{K} \right) = \frac{1}{\sigma}$$

　　在新古典成長模型中，我們可以把代表均衡的（13.15）式改
寫成：

$$\frac{f(k)}{k} = \frac{g_L + \lambda}{s}$$

上述均衡式是說在長期下，維持勞動與資本充分就業時，每人資本
長期固定，即每人資本成長率為零時，經濟體系所自動達到的結
果。換句話說，新古典成長模型的結論是經濟體系可以經過自動調
整，而達到一個長期均衡的狀態。而哈羅德與道瑪的成長模型，在
限制條件太多的情形下，無法說明經濟體系自動調整向長期均衡的
成長狀況。

　　由於資本的增加來自於儲蓄所提供的資金，所以儲蓄增加可提
供更多的資金供廠商投資使用。在每人資本擴大的情況下，每人的
產出也會增加。如圖13.3中，如果儲蓄率由s_0增到s_1，由於提供的
資金增加，故每人可使用的資本量也會提高，全社會均衡下的每人
資本存量會由k_0*增加到k_1*，每人的產出也會由q_0*上升到q_1*。

圖13.3：儲蓄率增加對均衡資本量及均衡產出的影響

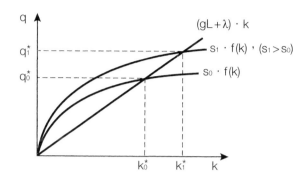

儲蓄率與經濟成長

　　新古典成長模型強調儲蓄與經濟成長的關係。在一個高儲蓄率的國家，由於有充沛的資金供投資使用，故長期下會加速該國的資本累積。在每人可使用資本擴大下，每人生產力會增加，從而提高經濟成長率與每人國民所得。日本與亞洲四小龍就是一個最典型的例子。

　　表13.1顯示1980到1994年，亞洲的四小龍、歐美先進國家，與中南美洲國家儲蓄率與經濟成長率之間的關係。在表13.1中，我們看到亞洲四小龍與日本的儲蓄占GNP比例都在30%上下，歐美先進國家20%左右，中南美洲國家則略低於20%。在經濟成長率方面，亞洲四小龍在過去十五年的經濟成長率則遠高於歐美及中南美洲等國家，只有日本在九〇年代以後經濟成長才出現明顯降低的情況。

表13.1：儲蓄與經濟成長

國家	平均每人實質所得	儲蓄占GNP比例 %		平均每年每人實質經濟成長率 %	
	1995	1980	1994	1980-90	91-94
歐美先進國家					
美國	27,551	19	15	3.0	2.5
英國	19,193	19	15	3.2	0.8
德國	26,369	20	22	2.2	1.1
法國	29,450	23	20	2.4	0.8
加拿大	18,452	25	18	3.4	1.4
日本與亞洲四小龍					
日本	40,819	31	32	4.1	1.2
中華民國	12,396	32	26	7.9	6.5
香港	23,270	34	33	6.9	5.7
新加坡	28,666	38	51	6.4	8.3
韓國	10,068	25	39	9.4	6.6
中南美洲國家					
墨西哥	3,089	25	18	1.0	2.5
宏都拉斯	570	17	14	2.7	3.8
尼加拉瓜	1,379	–2	–9	–2.0	0.5
薩爾瓦多	1,640	34	20	0.2	6.2
多明尼加	1,437	19	24	2.7	4.2
委內瑞拉	3,454	–	–	1.1	3.2
巴拿馬	2,692	–	23	0.3	7.0

資料來源：經建會，《*Taiwan Statistical Data Book*》，1997

　　另外，尼加拉瓜則是一個反面教材，由於其儲蓄率呈現負的，故在缺乏資金供投資使用的情形下，長期經濟成長也出現負的現象。

與哈羅德—道瑪模型相比，新古典成長學派的上述結論較符合吾人一般的觀念。因為儲蓄增加，可以透過金融機構把資金供投資使用。在投資擴大下，由於每個勞動可以使用更多的機器，因此會使勞動的生產力擴大，從而增加每個人的產出。

▊ 二、經濟發展

我們在前節中詳細說明經濟成長是如何決定的，以及一個經濟體系如何達到長期的均衡成長。然而，通常經濟成長只是以單一的個人所得增加做為指標，而沒有考慮其他經濟變數，以及其他社會因素的變化。事實上，我們知道在經濟成長的過程中，整個經濟個體中的每一個部分幾乎都同時在發展，而不單只是個人所得的增加而已。比方說，在經濟成長時，人口數目會隨衣食住行等基本條件的改善而迅速增加，老人人口數目開始擴大，人口結構會有明顯的變化。當社會在豐衣足食後，人們會有更多的心思投入在年輕人的教育之上，因此通常在經濟發展的同時，人們平均受教育的程度會上升。

最後在經濟結構方面，農業、工業、服務業等三級產業在經濟體系中的比例也會有明顯調整。一般而言，在一個較落後的經濟體系中，農業產值通常都占有較高的比例。但隨著經濟發展，工業產業會很快的跟上，相對而言，農業部門便開始萎縮。在經濟發展到一定水準以後，服務業部門開始擴大，工業部門在經濟體系中的地位則會降低。

由於經濟成長理論通常只局限在對於個人所得增加的速度上，所以我們伴隨經濟成長而來的一些主要經濟結構的變化，都歸於經

濟發展所探討的範圍。我們在本節中，就將針對先進國家、中度開
發國家與低度開發國家之間，除了分析他們個人所得的差異與經濟
成長速度的差異之外，也分別針對他們的人口結構、所得分配，以
及產業結構的變化加以說明。

（一）經濟發展與人口結構

　　當一個國家由極端貧窮開始走向穩定發展時，人口數目的增加
是最先出現的。在一個非常貧窮的國家或地區，一方面由於人們十
分貧窮，很多人食物不足與營養不良，再加上通常生活環境衛生
條件不佳，因此一般人民的壽命較短，兒童的死亡率也比較高。所
以，在經濟開始發展之初，填滿國人的肚子大概都是第一要務。因
此，在經濟穩定發展的初期，我們會看到由於人們食物充足，營養
也夠，於是人口死亡率會急速下降，人口成長率則迅速上升。

　　在經濟發展的初期，如果養育兒童上的問題獲得解決，則每個
家庭都會設法多生一些小孩，因為可以增加他們對家庭生產的貢
獻，此舉將會更加速一國人口的成長。此種高速的人口成長率會維
持一段相當長的時間，直到一個經濟體系已經發展到相當的地步，
當一國的人民覺得養育小孩要花費太多精神與時間時，人們才會開
始減少小孩的數目，這時也才是人口出生率下降的時候，當然，此
時人口成長也會逐漸下降。在表13.2中，以不同經濟發展程度的情
況來看，我們的確看到人口成長率與經濟發展程度的負向關係。比
方說，非洲國家的收入較低，經濟發展落後歐美先進國家與亞洲國
家很多，他們的平均每年人口成長率大都超過2%以上，剛果甚至
到達3.2%。中南美洲國家經濟發展程度介於歐美先進國家與非洲

表 13.2：經濟發展與人口結構

		每人GDP （PPP，美元） 2015	平均人口 成長率 2000-2015	人口結構（2015）			平均壽命 （年） 2015
				15歲 以下	15-64歲	65歲 以上	
高所得國家	瑞士 Switzerland	63,990	0.9	15	67	18	83
	美國 United States	57,540	0.9	19	66	15	79
	荷蘭 Netherlands	49,410	0.4	17	65	18	82
	德國 Germany	49,090	0.0	13	66	21	81
	加拿大 Canada	43,580	1.0	16	68	16	82
	英國 United Kingdom	41,230	0.7	18	64	18	82
	法國 France	41,680	0.6	18	62	19	83
	日本 Japan	42,310	0.0	13	61	26	84
	韓國 Korea	34,810	1.5	14	73	13	82
	新加坡 Singapore	81,360	2.1	16	73	12	83
	台灣 Taiwan	46,833	0.0	13	73	13	80
中所得國家	馬來西亞 Malaysia	26,190	1.7	25	69	6	75
	阿根廷 Argentina	19,980	1.1	25	64	11	76
	泰國 Thailand	15,520	0.5	18	72	10	75
	巴西 Brazil	15,140	1.1	23	69	8	75
	中國大陸 China	14,320	0.5	17	73	10	76
低所得國家	菲律賓 Philippines	8,940	1.7	32	63	5	68
	印度 India	6,030	1.5	29	66	6	68
	越南 Vietnam	5,720	1.1	23	70	7	76
	奈及利亞 Nigeria	5,810	2.6	44	53	3	53
	馬拉威 Malawi	1,140	2.9	45	51	3	64
	剛果 Congo	720	3.2	46	51	3	59

資料來源：(1)World Development Indicators, The World Bank. (2) 主計總處。

國家之間，其人口成長率也介於兩者之間，大約略高於1%。而歐
洲先進國家的所得最高，平均人口成長率最低。

　　隨著經濟發展，人口出生率會逐漸降低，於是年輕人口的比例會減少。另一方面，由於營養充足及醫療進步，高齡人口比例也會隨著經濟發展而提高。在表13.2中，我們看到經濟最落後的幾個非洲國家，其15歲以下人口比例都超過40%，剛果甚至達到46%。亞洲的越南、菲律賓和印度15歲人口比例則在20%到30%之間，而先進國家的15歲以下人口比例最低，德日最低只有13%，台灣少子化的問題也很嚴重，導致我們青少年人口比例也只有13%。65歲以上高齡人口的比例變化趨勢則與青少年比例恰恰相反，歐美先進國家高齡人口的比例都超過15%，其中以日本的26%最高。其次，亞洲四小龍則在12%左右；而非洲低所得國家的高齡人口比例最低，大約只有3%左右。

　　如果把平均每人所得當成橫軸，把人口成長率放在縱軸，我們可以繪出經濟發展與人口成長率之間的關係。圖13.4（A）很清楚的顯示出經濟發展與人口成長率之間的負向關係，一般而言，經濟發展程度愈高，人口成長率則會愈低。

　　歐美先進國家不但高齡人口比例較高，而且由於營養攝取充足，且生活環境與衛生條件都比其他地區來得好，因此其預期壽命也較其他國家為高。在表13.2中，先進國家的平均壽命幾乎都達到80歲以上，其中以日本的84歲最高；中所得國家代表的馬來西亞和巴西等國，預期壽命則在75歲附近；所得較低的非洲國家，則在60歲上下，其中奈及利亞的平均壽命最低，只有53歲。

　　如果把平均每人所得當成橫軸，把平均壽命放在縱軸，我們可以繪出經濟發展與平均壽命之間的關係。圖13.4（B）很清楚的顯示出經濟發展與平均壽命之間的正向關係，一般而言，經濟發展程度愈高的，其人口的平均壽命也會愈長。

圖13.4（A）：經濟發展與人口成長率

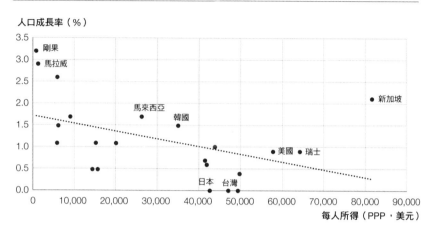

資料來源：同表13.2。

圖13.4（B）：經濟發展與平均壽命

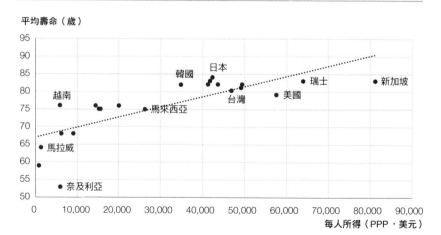

資料來源：同表13.2。

（二）經濟發展與所得分配

　　在前節討論經濟成長的內容中，我們知道投資是經濟成長的主要動力，而投資資金的主要來源是民間儲蓄。通常在經濟體系從一個貧窮的社會開始邁進時，第一要務就是要先累積資本。換句話說，在經濟成長的同時，一定要先出現一些有錢的企業家，經由這些企業家使用自己的財富或借用別人儲蓄下來的資金，不斷的累積資本，如此才能促使經濟體系持續的成長。因此，在經濟發展的初期，我們會看到許多新興的企業家出現，這些企業家一方面迅速的累積資本，一方面也不斷的為自己或企業創造利潤，使他們的收入不斷提高。雖然他們帶給經濟體系很多成果，但他們自己卻同時享有更多的所得。此種結果使得大多數經濟體系在經濟發展之初，所得分配會呈現較大的不均狀況。

　　隨著經濟發展的同時，勞動者的收入也會逐漸成長，等到他們豐衣足食之後，他們會開始儲蓄並累積一些財富。這些人逐漸成為中產階段，同時變成社會的主幹。等到經濟體系成熟之際，由於中產階級人數眾多，全經濟體系中，高位收入者的差異不是那麼大，此時社會的所得分配狀況才會漸趨改善。

　　在表13.3中，我們看到世界上不同國家經濟發展程度與所得分配平均的狀況。我們以吉尼係數為所得分配的指標，簡單來說，吉尼係數介於0與1之間，吉尼係數愈大表示所得分配愈不平均；吉尼係數愈小，表示所得分配愈平均。有關吉尼係數的詳細說明，請參閱《經濟學的世界（上）》第十四章。在表13.3中，我們看到所得最低的馬拉威之吉尼係數為0.46；情況較好的奈及利亞的吉尼係數與馬拉威十分相近，為0.43。中所得國家的吉尼係數差異頗大，

表13.3：經濟發展與所得分配

			每人國民所得 （美元） 2015	經濟成長率 （％） 2015	吉尼 係數 2015
高所得國家	瑞士	Switzerland	84,550	0.8	0.32
	美 國	United States	55,980	2.6	0.41
	荷蘭	Netherlands	48,850	2	0.28
	德國	Germany	45,790	1.7	0.30
	加拿大	Canada	47,250	0.9	0.34
	英國	United Kingdom	43,700	2.2	0.33
	法國	France	40,710	1.3	0.33
	日本	Japan	38,840	1.2	0.32
	韓國	Korea	27,450	2.6	–
	新加坡	Singapore	52,090	2	–
	台灣	Taiwan	22,362	0.72	0.34
中所得國家	馬來西亞	Malaysia	10,570	5	0.46
	阿根廷	Argentina	12,450	2.6	0.42
	泰國	Thailand	5,720	2.8	0.38
	巴西	Brazil	9,990	–3.8	0.53
	中國大陸	China	7,900	6.9	0.42
低所得國家	菲律賓	Philippines	3,550	5.9	0.39
	越南	Vietnam	1,990	6.7	0.35
	印度	India	1,590	7.9	0.43
	奈及利亞	Nigeria	2,790	2.7	0.46
	馬拉威	Malawi	340	2.8	0.43
	剛果	Congo	410	6.9	0.42

資料來源：(1)World Development Indicators, The World Bank.
(2)主計總處，家庭收支調查報告。

巴西與阿根廷分別為0.53與0.46，這兩個國家都是較典型的資本主義國家。我國與日本的吉尼係數都很低。歐美先進國家中，美國的吉尼係數較高，達到0.41，荷蘭與德國的吉尼係數較低。

　　前述結果顯示，在經濟發展較落後的國家，所得分配的情況也比較差。而在經濟發展到一定程度以後，所得分配情況就會改善。

（三）經濟發展與產業結構

　　每個國家的產業結構（industry structure）大致上可分成三種，第一級產業（primary industry）為農業，第二級產業（secondary industry）為工業，第三級產業（tertiary industry）為服務業。

　　傳統上，絕大多數的國家都是以農立國。在經濟發展之初，農業產出一定會先擴大，因為唯有如此才能填飽國人的肚子。等到糧食產出不虞匱乏以後，人們的需求會轉向衣服、房屋、交通工具，甚至電子產品等等。換句話說，在農業增產以後，隨之而來的才是工業部門的擴大。

　　在經濟發展過程中，一般而言，工業部門的擴大具有多重的意義。由於農業生產通常需要花費相當長的時間，因此要增加產出並不容易；另一方面，農業生產需要很多的土地資源，對於任何一個國家而言，土地資源的數目是有限的，因此農業生產不容易長期下不斷的擴大。但工業產品的情況則十分不同，工業產品只需要有工人，集中在一個不需要太大面積的廠房中，再配合一些機器就可以生產，因此，只要有充足的勞動，幾乎產出都可以迅速擴大。同時，工業產品在生產過程中，除了勞動以外，還需要用到機器，即使勞動投入數量固定，只要更新的機器，產出就可以不斷增加。

　　換句話說，一個經濟體系想要長期維持高速成長，擴大工業部門要遠比擴大農業部門來得有效。因此在世界各國經濟發展的過程中，我們都看到農業部門萎縮，而工業部門放大的現象。

　　在表13.4中，我們比較不同經濟發展程度的國家，就可以明顯

表 13.4：經濟發展與產業結構

			1990			2015		
			農業	工業	服務業	農業	工業	服務業
高所得國家	瑞士	Switzerland	2	31	66	1	26	74
	美國	United States	3	34	64	1	21	78
	荷蘭	Netherlands	4	29	67	2	20	78
	德國	Germany	3	49	47	1	30	69
	加拿大	Canada	4	36	60	2	29	69
	英國	United Kingdom	1	29	69	1	19	80
	法國	France	4	27	70	2	20	79
	日本	Japan	2	38	60	1	25	73
	韓國	Korea	8	38	54	2	38	60
	新加坡	Singapore	0	32	67	0	26	74
	台灣	Taiwan	4	39	57	2	35	63
中所得國家	馬來西亞	Malaysia	15	42	43	8	36	55
	阿根廷	Argentina	8	36	56	6	28	66
	泰國	Thailand	12	37	50	9	36	55
	巴西	Brazil	8	39	53	5	22	73
	中國大陸	China	27	41	32	9	41	50
低所得國家	越南	Vietnam	–	–	–	19	37	44
	印度	India	29	26	44	17	30	53
	菲律賓	Philippines	22	34	44	10	31	59
	馬拉威	Malawi	45	29	26	29	16	55
	奈及利亞	Nigeria	32	45	23	21	20	59
	剛果	Congo	31	29	40	21	32	47

資料來源：(1) World Development Indicators, The World Bank.
　　　　　(2) 主計總處。

看到農業部門與經濟發展呈現反向關係。比方說，在1990年時，經濟發展較落後的非洲國家中，馬拉威、奈及利亞與剛果的農業部門占GDP的比重仍然超過30%；相對的，中所得國家的農業部門占GDP約10%左右，西方先進國家則在5%上下。但是，到了2015

年，隨著經濟發展，各國農業部門的比例都呈現下降的趨勢，其中非洲國家的農業部門占比仍然是最高的，但是其比例降到30%以下；同時，中所得國家農業占比則不到10%；而先進國家的農業幾乎都只剩下2%左右。

工業部門的表現也有一些類似，即隨著經濟發展，工業部門也逐漸出現減少的趨勢，只是變化的幅度沒有農業那麼明顯。其中一九九〇年代時，先進國家與中所得國家的工業占比較高，最高的德國工業可以達到GDP的49%，其他如中所得的馬來西亞和中國大陸工業占比也超過40%。但是，隨著經濟發展，這些國家的工業占比也呈現下降的趨勢，比方說，德國工業比例由49%下降到30%，馬來西亞也由42%下降到36%。中國大陸仍然維持在41%，算是少數的例外。此外，即使是低所得國家，其工業占GDP的比例也呈現下降的趨勢。然而，自從工業革命以來，工業就一直是帶動先進國家經濟發展的最重要因素，為什麼隨著經濟發展，現在先進國家中的工業比重卻會逐漸減少呢？

答案與服務業的成長有關。在經濟成長過程中，工業原來扮演著最重要的角色，因為它可以持續大量生產，且藉由資本累積和技術進步，而使經濟保持快速成長。另一方面，服務業傳統上只是扮演著使經濟體系順利運作，故其產值是由一些必須存在的產業所構成，如貿易、交通、金融等等。然而，隨著經濟不斷發展，人們所得不斷提高，人們對於服務業的需求的數量與種類都開始擴大，而且不再局限於傳統的服務業之上。

此時新興的服務產業也隨之出現。例如當人們所得提高時，人們對於旅遊的需求會增加，於是旅遊業的產值會上升；當社會的年齡結構隨著經濟發展而漸趨老化時，人們對醫療的需求會增加，因

此醫療服務的市場會擴大。以美國為例，在1996年時，其醫療產業的淨產值占GNP的比例超過20%，已經成為最大的單一產業。此外，當人們所得增加，財富不斷累積時，金融業扮演的角色也不再只限於傳統銀行業務而已，股票、債券與其他金融資產的交易與買賣在先進國家中早已成為最熱門行業之一。

由於在經濟體系成熟之後，服務業不斷擴大，因此使得工業產值相對縮小，同時服務業產值相對放大。從表13.4顯示，2015年時，先進國家服務業產值已接近超過七成以上，甚至接近八成；而低所得國家的服務業則只有五成上下。不過，與1990年相比，所有的國家服務業占比都在上升當中，表示隨著經濟發展，各國的產業結構都會往服務業調整。

最後，我們在圖13.5和圖13.6中，分別繪出經濟發展與工業結構和服務業結構的關係，讀者就可以很清楚的看到隨著經濟發展，各國產業結構調整的方向是非常一致的。

圖13.5：經濟發展與工業結構變化

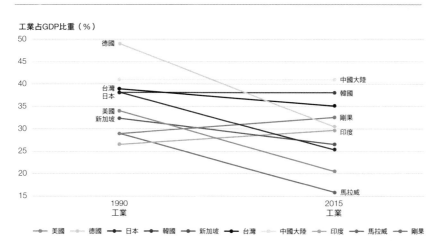

圖13.6：經濟發展與服務業結構變化

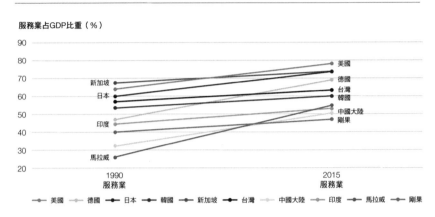

服務業占GDP比重（%）

三、我國的經濟發展

（一）我國的經濟發展與人口結構

1. 人口成長率

　　在世界先進國家經濟發展的經驗中，當一個貧窮國家政經都趨於安定，經濟開始走向穩定發展之路時，最先被解決的問題一定是食、衣、住、行等基本民生問題。當全國人民的衣食問題都不成問題時，首先看到的現象就是全社會中的人口死亡率急速下降，於是人口的自然成長率會立即增加。等到所得持續上升到相當程度以後，人口出生率才會開始下降，於是人口成長率也會開始減少。

　　我國政府於民國38年遷台之際，由於一方面政治尚稱穩定，且經濟也開始起步，雖然當時每人所得只在100美元左右，但台灣的豐富農產仍足以支持全國人口的食物所需。在衣食皆不虞匱乏之

下，民國四〇年初我國人口就以相當高的速度成長。表13.5顯示，民國40年代我國每年人口的成長率都超過3%以上，其中又以民國44年的3.8%最高。

此種高人口成長率一直維持到民國54年以後再開始下降，而造成下降的主因在於人口出生率的減少。隨著台灣地區經濟迅速成長，人口出生率也不斷下降，到104年時，每年人口成長率只剩下0.2%。

2. 人口結構

隨著經濟成長，人們每日攝取的食物與營養愈來愈好，而且生活環境也普遍改善。一方面公共衛生條件改善，一方面傳染病則逐漸減少。比方說，多年前經常聽到的小兒麻痺症和烏腳病，現在已很少再見到。此外，每千人的醫生數目與病床數目等都不斷的增加，也提供人們更好的醫療機會。

在人們普遍受到更好的醫療照顧下，國人的平均壽命則不斷增加，比方說，民國41年的平均壽命為58.8年，到民國104年時，平均壽命則增加到80.2年，已經非常接近西方先進國家的水準。

由於人口出生率下降，使得兒童數目減少，另一方面，由於營養充足、醫療環境已好，使得高齡人口不斷增加。表13.5顯示，民國41年時，15歲以下人口占全部人口的42.3%，65歲以上人口則只占2.5%。由於民國四〇年代人口成長快速，使得兒童數目不斷增加。到民國49年時達到高潮，當年兒童人口數占全體人口的49.4%，占了全國人口的一半。其後由於人口出生率趨緩，使得兒童人口比例逐年迅速下降，到民國104年時，15歲以下人口只剩13.6%。另一方面，高齡人口比例則不斷上升，由民國41年的2.5%

表13.5：我國經濟發展與人口結構

		人口成長率(%)	平均年齡（歲）	人口結構			教育程度		
				15歲以下	15~64歲	65歲以上	國小以下	國中及高中以上	大學以上
民國41年	1952	3.3	59	42.3	55.1	2.5	89.8	8.8	1.4
民國44年	1955	3.8	61	43.4	54.1	2.5	88.7	9.6	1.7
民國49年	1960	3.5	64	49.4	52.1	2.5	85.7	12.4	1.9
民國54年	1965	3.1	68	44.9	52.5	2.6	82.5	15.2	2.3
民國59年	1970	2.4	69	39.6	57.4	3.0	69.8	26.5	3.7
民國64年	1975	1.9	71	35.4	61.1	3.5	41.1	39.4	6.7
民國69年	1980	1.8	72	32.1	63.6	4.3	36.0	48.6	9.1
民國74年	1985	1.3	73	29.6	65.3	5.1	31.3	56.7	11.3
民國79年	1990	1.2	74	27.1	66.7	6.2	27.5	63.4	13.4
民國84年	1995	0.8	75	23.8	68.6	7.6	25.9	67.2	12.1
民國89年	2000	0.8	76	21.1	70.3	8.6	22.1	73.0	20.4
民國94年	2005	0.4	77	18.7	71.6	9.7	17.1	79.9	31.6
民國99年	2010	0.2	79	15.6	73.6	10.7	14.7	83.1	37.1
民國104年	2015	0.2	80	13.6	73.9	12.5	12.5	85.9	42.7

資料來源：《內政統計年報》，內政部。

增到民國104年的12.51%。雖然此一比例不斷增加，但以西方國家的比例來看，我國高齡人口比例仍然不算高。據此，我們可以預期我國人口在未來仍將繼續呈現高齡化的現象。

　　由於人們的生產力平均而言是以15歲到65歲之間為最高，當中層年齡人口比例較高時，對國家的經濟發展而言，是最為有利的。在過去四十餘年中，我國一方面兒童人口數目快速減少，一方面高齡人口上升比例較慢，使得中層人口比例由民國41年的55.1%上升到民國104年的73.9%。換句話說，在每1,000人當中，有739

人來照顧261人，此一比例可說是很高的比例。我們預期未來在人口出生率穩定之後，且高齡人口逐漸增加之下，上述比例會不斷下降。很多人擔心在一個高齡化的社會之中，由於中層年齡的人口比例不足，會造成一項隱憂。

其實在經濟發展的同時，人口結構調整應該是很正常的現象，只要每個人的生產能力能隨著經濟發展與技術進步而同時增加，且此增加速度超過人口高齡化的速度，則長期下中層年齡人口比例減少並不會對全社會造成太大的問題。

3. 教育

人力資源是生產活動中的主要投入之一。隨著經濟發展，人口數量會迅速成長，提供經濟體系更多的勞動。但另一方面，人口增加也會消耗資源。馬爾薩斯就曾悲觀的認為，因為人口增加速度超過糧食生產增加速度，使得人類長期下永遠無法脫離貧窮的邊緣。

馬爾薩斯觀點的主要問題在於，他忽略了生產技術的進步，以人力資源為例，勞動生產力一方面決定於勞動數量的多寡，一方面則與勞動的品質有關。馬爾薩斯只看到勞動的數量，卻忽略勞動品質的提升。

在大多數國家的發展經驗中，當人們的衣食無虞之後，教育投資都是一項被政府重視的工作之一。我國的情況也不例外，在中國人的傳統觀念下，當人們所得到達某一地步之後，家長都會努力的設法讓其子女接受更好的教育。以表13.5為例，民國41年時，國小人口比例高達89.8%，大（專）學以上人口比例只有1.4%。直到民國57年政府開始實施九年國民義務教育，使得國中及高中畢業以上人口比例迅速跳升，由民國54年的15.2%跳升到民國59年

的26.5%；國小畢業以下人口則由82.5%減少到69.8%，九年國民義務教育對提高國人教育素質而言，可說是有絕對而不可抹滅的貢獻。

另一方面，大（專）學畢業以上人口比例則呈現穩定的增加，從民國41年的1.4%，增加到民國104年的42.7%。近年來，教育部大量開放大學設立，同時將專科學校升格為科技大學或技術學院，我們可以預期未來我國人民的教育素質將會有更顯著的提升。

（二）經濟成長與所得分配

我國在過去四十餘年來的經濟發展成果，可說是舉世皆知，尤其經濟成長的速度更是令人矚目。表13.6顯示民國41年時我國每人每年的實質國民生產毛額只有新台幣2.1萬元；到了民國89年時，每人實質國民生產毛額增加到41.3萬元。在近50年之間，每人實質國民生產毛額增加了19.7倍，平均每年的實質增加率為6.3%。在人類經濟發展歷史中，如同台灣此種長時期的高經濟成長率可說是非常罕見的。不過，進入2000年以後，台灣經濟成長率就明顯的放緩。

然而，經濟發展固然使國人的平均收入增加，但這些收入是否集中到某些人身上，或是由大多數人所共享，這是另外一個嚴肅的課題。依西方先進國家的經濟發展經驗來看，經濟成長之初，大部分的經濟成果會由少數人所享有，其後才會慢慢由大眾所分享。因此，在經濟開始成長時，所得分配會先惡化，然後再經過一段長期成長之後，所得分配才會逐漸趨於平均。

我國的所得分配變化與先進國家的情況不盡相同。事實上，我國在經濟發展開始之際，所得分配就是相當平均。以吉尼係數

表13.6：我國經濟成長與所得分配

		每人實質GDP （2011＝100） （新台幣元）	實質GDP 成長率 （％）	吉尼 係數	第五分位組所得為 第一分位組的倍數 （倍）
民國41年	1952	21,665	12.00	–	–
民國44年	1955	24,900	7.72	–	–
民國49年	1960	30,000	7.20	–	–
民國54年	1965	43,126	11.89	0.321	–
民國59年	1970	64,828	11.51	0.294	4.58
民國64年	1975	92,257	6.19	0.280	4.24
民國69年	1980	141,056	8.04	0.278	4.17
民國74年	1985	160,133	4.81	0.291	4.50
民國79年	1990	236,368	5.65	0.312	5.18
民國84年	1995	323,374	6.50	0.317	5.34
民國89年	2000	413,358	6.42	0.326	5.55
民國94年	2005	491,638	5.42	0.340	6.04
民國99年	2010	595,840	10.63	0.342	6.19
民國104年	2015	666,614	0.72	0.338	6.06

資料來源：《國民所得摘要》，主計總處。

為例，見表13.6，民國59年的吉尼係數只有0.294，這與西方國家的水準十分接近。其後隨著經濟發展，我國的吉尼係數不斷下降，以民國69年的0.278最低。民國79年則又開始上升，到民國104年時，吉尼係數又上升到0.338，比民國59年的水準高了不少。如果我們以所得最高的20％一組家戶的平均所得與最低20％一組家戶的所得倍數來看，此倍數也呈現先降再升的現象。

　　上述結果顯示在我國經濟發展過程中，所得分配是先平均再變成不平均，吉尼係數先變小再放大，此一結果與西方先進國家倒U型的吉尼係數變化不盡相同。造成近年來我國所得分配惡化的原因

很多，其中之一與民國76年到78年之間股價指數暴起暴跌及房價大漲有關。因為股價指數暴漲暴跌通常都對原來就很有錢的股票大戶有利；另一方面，房價大漲則對原來就擁有多棟房屋的有錢人有利。因此，通常在驟烈的金錢遊戲之後，所得分配都會更形惡化。

（三）儲蓄、投資與進出口

1. 儲蓄與投資

我們在本章第一節中曾提及投資是技術進步的主要原因，但長期下投資資金的來源則必須由一國的儲蓄來提供。因此，當一國擁有較高的儲蓄率時，長期下就可以帶動較高的經濟成長。然而，儲蓄是把今日的消費減少，而把資金用在未來的生產之上。就一個經濟已開發國家而言，人們除了衣食住行育樂的支出以外，可以剩下較多的錢來儲蓄。相對的，就一個很貧窮的國家而言，他們必須把大部分的收入都用在日常生活上，因此就不容易有足夠的錢供投資使用。所以，我們經常在世界各國的經濟成長歷史中看到貧窮與成長的惡性循環，即窮國沒有足夠的儲蓄來支應投資，於是在長期下經濟都不會有起色；反之，富有國家的人們可以有較高的儲蓄，支應較多的投資，長期下的經濟成長率也會較高。

我國在民國四〇年代，國民所得較低，人民的收入除了支應日常消費以外，剩下的錢並不多，於是全國的儲蓄率並不高。表13.7顯示，在民國四〇年代，我國的儲蓄率只有15%左右。進入五〇年代，人們收入逐漸增加，這些所得除了支應日常消費以外，也使人們有更多的能力去儲蓄，於是我國的儲蓄率便逐漸上升。到民國七〇年代時，全國儲蓄率達到33%左右，這是非常高的比例。進

入民國八〇年代，經濟體系進入較成熟的階段，人們消費傾向提高，因此儲蓄率逐漸降低，到民國84年時，降到29.6%左右的水準。不過，2000年以後，台灣儲蓄率有回升的現象，到民國104年時，台灣的儲蓄率又回升到34.7%的水準。

　　另一方面，我國的投資水準也隨著儲蓄率的增加而上升，見表13.7，由民國四〇年代的15%增加到民國七〇年代的30%，然後在七〇年代末期又迅速下降。大致而言，我國的儲蓄與投資水準相當，而且與西方國家相比，我國的儲蓄比例很高。因此，在資本快速累積下，也造就了我國經濟的快速成長。不過在民國70年以

表13.7：我國儲蓄、投資、出口、進口占GNI的比重

單位：%

		儲蓄／GNI（儲蓄率）	投資／GNI（投資率）	出口／GNI	進口／GNI
民國41年	1952	15.5	15.5	8.0	14.1
民國44年	1955	14.8	13.6	8.2	12.5
民國49年	1960	18.3	20.7	11.3	18.8
民國54年	1965	21.5	23.5	19.0	21.9
民國59年	1970	26.5	26.5	29.8	29.8
民國64年	1975	27.6	31.3	39.0	42.3
民國69年	1980	32.7	34.2	51.5	52.7
民國74年	1985	34.5	20.5	52.1	39.4
民國79年	1990	31.3	24.8	43.9	39.9
民國84年	1995	29.6	27.6	45.5	44.1
民國89年	2000	29.6	26.8	51.2	49.3
民國94年	2005	29.6	23.9	59.2	55.1
民國99年	2010	33.1	24.2	68.8	62.0
民國104年	2015	34.7	20.3	62.2	49.8

資料來源：《國民所得摘要》，主計總處。

後，我國的投資占GNI比例明顯的低於儲蓄比例，這對於長期經濟
成長有相當不利的影響。到民國104年，我國投資比例占GDP只剩
下20.3%，無法與民國六〇年代投資量最高時期相比。從此一觀點
來看，我們可以預期未來我國經濟成長會有減緩的趨勢。

另一方面，我國經濟體系屬於一個小型開放的經濟體系，進出
口部門在我國經濟發展過程中，扮演著極為重要的角色。我們會在
本書的第十四、十五兩章仔細說明對外貿易與對我國經濟發展的貢
獻。此處我們先略加說明進出口部門在我國經濟發展中的地位與角
色。

首先在民國四〇年代，台灣地區的出口除了蔗糖、香蕉等農產
品以外，幾乎沒有出口任何工業產品，故出口占GNI的比例很低，
不到10%；相反的，由於原油、大豆、麵粉等民生物資及其他工業
用原物料卻需大量仰賴進口，因此就一直維持相當大的貿易赤字。
為減少貿易赤字，政府於民國四〇年代中期推行所謂的「進口替代
政策」（import-substitute policy），希望以國內生產來取代進口，但
大體上來說，此一政策並不十分成功，因為進口占GNI的比例一直
在上升，見表13.7。

民國五〇年代開始，政府改採出口擴張政策（export-promoting
policy），希望以出口產業來帶動我國的經濟成長。以對外貿易來
帶動經濟發展的理論基礎有二：第一，對外貿易可以擴大國內產
出，以達到規模經濟的生產，從而降低生產成本。第二，由於產品
要銷售到國際市場上去，因此產品本身必須具有競爭性。也就是
說，一方面生產產品的成本要低，一方面品質也必須達到一定水準
以上。與進口替代政策的結果不同，我國採行的出口擴張政策可說
是非常成功。事實上，我國出口比例自民國五〇年代中期開始迅速

增加，到民國59年時，第一次達到貿易收支平衡。其後除了少數幾年有貿易逆差以外，我國幾乎每年都享有巨額的國際貿易順差。以民國74年為例，我國出口占GNI的比例達52.1%，而進口只占39.4%，也就是說當年國際貿易順差占GNI的比例高達12.7%。

　　由於我國本身擁有的自然資源並不充裕，因此當出口增加時，同時也會增加對進口的需求。所以在成功的出口擴張政策下，我們看到我國進出口比例同時大幅成長，因此我國對外貿易依存度也大幅提升。對外貿易依存度係指進出口總額與GNI的比例，此數值愈高表示國際貿易在該國的經濟體系中的重要性愈高。以民國104年為例，我國進出口總額與GNP的比例高達112.0%，這是在世界其他國家中都非常少見的一個現象。無論如何，有人說：「貿易是經濟成長的引擎」，這句話用在我國是再恰當不過。

（四）我國的經濟發展與產業結構

　　在西方國家經濟成長的經驗中，我們看到產業結構都會出現明顯的結構變化。大致而言，在經濟發展過程中，農業部門會先萎縮，工業部門則相對擴大，服務業則維持相當穩定的水準。等到經濟體系成熟以後，服務業部門則開始放大，而工業部門則開始萎縮。大致上來說，工業結構會隨著經濟成長出現一個類似倒U的圖形。

　　我國經濟發展過程中，產業結構的調整與西方國家的經驗也幾乎完全相同。表13.8顯示，民國41年時，我國的農業對GDP的貢獻高達32.2%，工業部門只占19.7%。其後農業部門即逐年減少，到民國104年時，農業部門的比例下降到只剩1.7%。另一方面，工業部門對GDP的貢獻由民國41年的19.7%逐漸上升，到民國65

表13.8：我國三級產業占GDP的比重

單位：%

		農業	工業	製造業	服務業
民國41年	1952	32.2	19.7	12.9	48.1
民國44年	1955	29.1	23.2	15.6	47.7
民國49年	1960	28.5	26.9	19.1	44.6
民國54年	1965	23.6	30.2	22.3	46.2
民國59年	1970	15.5	36.8	29.2	47.7
民國64年	1975	12.7	39.9	30.9	47.4
民國69年	1980	7.7	45.7	36.0	46.6
民國74年	1985	5.7	44.8	35.1	49.5
民國79年	1990	4.0	39.3	31.2	56.7
民國84年	1995	3.3	33.7	25.6	63.0
民國89年	2000	2.0	31.3	25.6	66.7
民國94年	2005	1.6	32.3	27.8	66.1
民國99年	2010	1.6	33.8	29.1	64.6
民國104年	2015	1.7	35.1	30.1	63.2

資料來源：《國民所得摘要》，主計總處。

年時達到高峰，占GNP的45.7%。其後又迅速下降，到民國104年時，減少到35.1%，其中占工業最大部分的製造業變化趨勢與工業可說完全一致，在民國69年時達到最高峰的36.0%，然後又迅速減少。從圖13.7中，我們可看到我國工業調整過程中，的確出現明顯的倒U字型的變化。

　　在傳統的經濟體系中，服務業基本上是為了維持經濟體系中的交易而存在的，因此服務業會隨著經濟發展而同比例增加，所以服務業占GDP的比例會呈現一個相當固定的比例。但是當經濟發展到相當程度時，人們對服務本身的需求會開始增加，例如當所得提

圖13.7：我國產業結構的調整

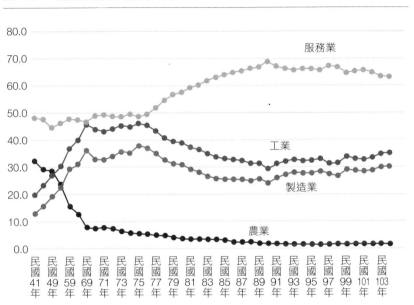

升時，人們對旅遊的需求會增加、對醫療服務的需求會增加。這些因素都會導致經濟體系中對服務業需求的擴大，因此在經濟體系成熟後，服務業占GDP比例才會開始擴大。

　　表13.8顯示，我國服務業對GDP的貢獻自民國41年開始，就一直維持在45%左右。此一比例維持長達約三十年，直到民國七〇年代中期才開始擴大。事實上，自民國五〇年代開始，我國的GDP即開始快速成長，但在經濟成長之初，服務業基本上仍只是做為農業與工業的輔助而已，直到我國經濟發展持續一段很長時期，當經濟體系進入較成熟階段以後，我國服務業占GDP的比例才開始擴大。事實上，自民國七〇年代中期，服務業占GDP比例開始擴大以來，其比例即快速上升。表13.8顯示，服務業占GDP

比例由民國74年的47.7%，迅速上升到民國104年的63.2%。雖然
此一比例已超過60%，但依美、日等先進國家的經驗，服務業占
GDP比例都超過70%，甚至高達80%，所以我們可以預期，我國的
服務業未來仍然有相當大的成長空間。

經濟名詞

經濟成長	哈羅德—道瑪成長模型	第三級產業
經濟發展	新古典成長模型	進口替代政策
工資鐵律	產業結構	出口擴張政策
憂鬱的科學	第一級產業	第二級產業
李昂鐵夫生產函數		

討論問題

1. 什麼是憂鬱的科學？為什麼馬爾薩斯認為人類經濟發展的結果會長期陷於貧窮的地步？你覺得他的論點中有何不對的地方？

2. 請問造成經濟成長的主要來源有哪些？試分別舉例說明之。

3. 請詳述哈羅德—道瑪成長模型，並指出其結論有何問題。

4. 請略述新古典成長模型的內容，並指出其與哈羅德—道瑪成長模型的主要差異。

5. 為什麼在討論經濟成長時，我們要強調均衡成長的重要性？

6. 請說明一個國家由貧窮中開始發展時，人口結構會出現什麼樣的變化？此變化對於其國內人們的平均壽命有何影響？

7. 請說明儲蓄與投資在經濟成長中所扮演的角色為何？

8. 教育是人力資源的一種，有人認為教育成功是台灣經濟發展成功的重要因素之一。你覺得應該是教育帶動經濟發展，或是經濟發展帶動教育，或者兩者互為因果？

9. 請說明技術進步與經濟成長的關係。

10. 請敘述經濟發展與所得分配的關係。你覺得我國所得分配的變化與世界先進國家的經驗是否一致？你可以說明原因何在嗎？

11. 一般的產業結構中可分成哪幾種產業？你可以就每種產業各舉
    一行業為例嗎？

12. 請問在經濟發展過程中，一般經濟體系的產業結構會如何調
    整？在我國的經濟發展過程中，產業結構的調整是否也符合先
    進國家的經驗？

第十四章

國際貿易

一、國際貿易的起源

（一）要素稟賦與分工

　　台灣的天然資源並不豐富，幾乎所有的原油都需仰賴進口；但另一方面，我們也生產很多的個人電腦及其周邊產品出口。美國擁有龐大的石油儲藏量，但仍然是全球最大的原油進口國，為什麼？美國生產電腦的高科技技術屬於世界一流，但美國也從台灣進口很多的個人電腦，為什麼？此外，澳洲擁有廣大的土地，所以它出口許多的農產品；日本有成熟的生產汽車技術，所以它擁有全世界最多的汽車出口量。

　　其實，大多數國家幾乎都有能力生產自己所需的農產品、電腦與汽車等產品，為什麼這些國家不自行生產所需商品，而要向其他國家進口呢？此外，對於某些產品他們又投入心力努力的生產，外銷到其他國家？更簡單的問題是：為什麼國與國之間要進行國際貿易呢？到底國際貿易能帶來什麼利益呢？

　　事實上，一個國家在國際市場上所扮演的角色，就如同一個個人在經濟體系中所扮演的角色一樣。根據亞當・史密斯的分工觀點來看，一個人若能專精於生產某項產品，然後再拿到市場上與人交換，在市場運作下，有可能使每一個人的福利都增加。此一原則同樣適用在一個國家的身上，也就是說，當一個國家專心於生產其最拿手的產品，然後再拿到國際市場上與其他國家交換，則在國際分工的原則下，可以使每一個國家都受益。

　　一個國家所擁有的生產要素，稱為要素稟賦（factor endowment），通常每個國家因為領土大小不同、人口多少不一、

地理位置不一樣、生產技術水準不同，使得每個國家擁有要素稟賦的結構不同。比方說，中東某些產油國家擁有龐大的石油儲藏量，出口原油就是這些國家的利益所在。中國大陸人口眾多，他們就適合生產需要多使用人工的勞力密集型產品（labor-intensive goods）。香港位於珠江三角洲的出口，成為珠江三角洲地區對外聯絡的樞紐，這是很自然的事。美國擁有多項世界最先進的高科技技術，所以他們可以出口飛機與其他高科技產品。

　　要素稟賦不同，使得各國得以利用它們所擁有較豐富的要素稟賦，來生產它們專精的產品。此種專精的生產，就是所謂的分工（division of labor）。分工可以帶來許多好處：第一，專業化生產可以使一國充分發揮其所擁有的豐富生產要素，這是其他國家無法做到的。第二，專業化生產通常可以擴大產量，從而提高生產規模，降低平均生產成本。第三，在專業化生產下，可以提高生產技術，從而更增加資源的使用效率。

（二）絕對利益與比較利益

　　中東產油國擁有大量的石油儲藏量，所以他們生產原油，然後再出口；美國擁有最先進的科技技術，所以它會出口很多高科技的產品。上述的商品與出口都是很直覺的，但是國際之間商品貿易的情形較為複雜，比方說台灣出口電腦到美國，然後又從中國大陸進口一些成衣。雖然美國科技這麼進步，生產電腦的技術也遠在台灣之上，為什麼不自己生產電腦，卻還要跟台灣買呢？同理，台灣在生產成衣方面有很多的經驗，為什麼還要從中國大陸進口成衣呢？

　　亞當・史密斯提出要素稟賦決定貿易方向時，他說的是一國的絕對利益。也就是說，在某種生產要素方面具有絕對利益的國家，

會充分使用該國的生產要素來生產。但這只能說明國際貿易的一部分，因為我們在現實的國際貿易中，看到許多國家並不具有絕對利益，但仍然生產很多的產品，同時又加以出口。在此種觀察下，英國經濟學家李嘉圖（David Ricardo）提出了有名的比較利益原則（principle of comparative advantages）。

比較利益的原則很簡單，李嘉圖認為兩個國家在生產兩種產品時，只要兩國生產產品的要素投入比例不同，或是生產技術不同，或是擁有的要素稟賦不同，兩國在生產不同產品下就會具有比較利益。換句話說，一個國家在生產某一種產品上是否具有絕對利益並不重要，只要兩國在生產兩種產品上的要素投入比例不同，就會有比較利益存在。在比較利益原則下，每個國家應選擇具有比較利益的產品來生產，然後再進行交換，最後會使雙方的利益都增加。

比較利益是一個非常重要的觀念，因為其背後代表的是機會成本。雖然一個國家可能生產每一種產品的能力都比另外一個國家來得高，也就是說前者在生產每一種產品都比後者具有絕對利益，但這並不表示前者就應該生產所有的產品，而後者則應該完全都不生產。因為雖然前者能力很好，但其具有的總生產資源卻是有限的，因此它必須把這些有限的資源用在其相對較具有效率的產品上，也就是具有比較利益的產品。而此時生產這些產品的機會成本，就是那些被放棄而不具比較利益的產品。

相對的，雖然另一個國家在生產每一種產品上的能力都不行，但其仍然具有一些有限的資源，而這些資源也應該做有效率的運用，使用這些資源的最有效率的方式，就是在生產具有比較利益的產品。此時生產這些產品的機會成本，就是那些被放棄且不具比較利益的產品。

　　現在讓我們舉一例來說明比較利益的原則。假設台灣有10位工人，大陸有100位工人。台灣每2位工人可以生產一台電腦，每一位工人可以生產一件成衣；而大陸每6位工人才能生產一台電腦，每2位工人可以生產一件成衣，見表14.1。因此，台灣的工人在生產電腦與成衣兩種產品上都具有絕對利益。在雙方沒有貿易的情況下，假設台灣最適的選擇是生產3台電腦與4件成衣，用去$3 \times 2 + 4 \times 1 = 10$名工人；而大陸則生產10台電腦與20件成衣，共用去$10 \times 6 + 20 \times 2 = 100$名工人，見表14.2。

表14.1：要素投入與生產技術

	台灣	大陸
電腦	2人	6人
成衣	1人	2人

　　在生產兩種產品都具有絕對利益的情況下，台灣是否就不應與大陸進行貿易呢？答案是否定的。因為雖然台灣生產兩種產品都有絕對利益，但生產兩種產品的機會成本也相對較高，因此台灣應該選擇具有比較利益的產品進行專業化生產即可。同樣的，大陸也應該選擇具有比較利益的產品進行生產，然後雙方再進行交易即可。

　　在表14.1中，台灣生產一台電腦與生產一件成衣所需要的工人比例是2:1，而大陸的比例則是3:1。這表示說，雖然台灣在生產兩種產品上都有絕對利益，但相對而言，生產電腦具有比較利益；而大陸則生產成衣具有比較利益。從另外一個角度來看，台灣生產一台電腦，要放棄2件成衣，而生產一件成衣要放棄0.5台電腦；大陸生產一台電腦要放棄3件成衣，而生產一件成衣，則要放棄1/3

表14.2：比較利益與貿易所得

| | | 沒有貿易下的情況與消費 | | 有貿易下的情況 | | | | 貿易利得 | |
| | | | | 生產 | | 消費 | | | |
	總工人數	電腦	成衣	電腦	成衣	電腦	成衣	電腦	成衣
台灣	10	3	4	5	0	3	5	0	+1
大陸	100	10	20	8	26	10	21	0	+1

台的電腦。相較之下，台灣生產電腦的機會成本較低，而大陸生產成衣的機會成本較低，所以台灣應生產電腦，大陸則應生產成衣。

　　現在假設兩岸可以進行貿易，則台灣完全專業化於生產電腦，大陸則增加成衣生產的數量。在表14.2中，假設台灣生產5台電腦，成衣則完全不生產，用掉全部10個工人（5×2＋0×1）。另一方面，大陸則增加成衣產量到26件，電腦產量則減少到8台，此時大陸的勞動使用量仍是100人（即26×2＋8×6）。然後，我們再假設國際上電腦與成衣的交換比率是1:2.5，即1台電腦可以交換2.5件成衣。在此條件下，台灣可拿2台電腦與大陸交換5件成衣。在雙方貿易之後，台灣消費3台電腦與5件成衣，而大陸則消費10台電腦與21件成衣。

　　最後，我們再比較兩岸在貿易開放前後，雙方對兩種財貨的消費數量。我們可看到雙方消費的成衣數量都增加一件。也就是說，在進行貿易之後，雙方的福利都會增加，這就是貿易使比較利益實現的結果。我們要強調的是，雖然在貿易之前，台灣在生產兩種產品都具有比較利益，但在貿易後，比較利益原則仍然可以使雙方都獲益。

（三）國際市場與國際分工

　　國家與國家之間的貿易正如同人與人之間的交易一樣，可以讓
貿易雙方都獲得利益。只要兩國的要素稟賦、生產技術、甚至消費
偏好不同，兩國就有貿易的機會，在比較利益原則下，貿易的結果
可以使雙方都有好處。

　　事實上，國際貿易的好處不只是利用比較利益而已，還有一些
其他好處值得敘述，其中最重要的是國際貿易可以帶來很大的市場
與規模化的量產。其次在國際貿易下，可以使各國進行國際分工，
而得以享用分工所帶來的好處。

1. 國際市場

　　在《經濟學的世界（上）》的生產理論中，我們曾提及廠商在
生產過程中，固定投入是一種很重要的生產因素。一個產業固定投
入的大小，往往會決定它的最適生產規模。有些產業不需要太多的
固定投入，只需利用變動投入就可以從事生產，在這種情形下，產
量的多寡可以自行調整，因此生產規模的大小並不重要。但也有許
多產業，在生產之初往往需要大量的固定投入，比方說需要先建立
一個很大的廠商，或是很大的生產線。在此種情形下，產量一定要
在某一水準以上，才有可能使平均生產成本下降到較低的水準。

　　對一些人口較少的國家而言，雖然它可能有足夠的資金與技術
來建立一個龐大的生產線。但另一方面，由於該國人口較少、市場
較小，無法吸收所生產出來的產品，這時候國際市場就具有很重要
的功能。以一九八〇年代曾經在台灣喧騰一時的興建大汽車廠的案
例來看，據估計建立一個大規模的汽車廠，每年產量估計要在15

萬到20萬輛之間，才足以使生產成本降低到最低的水準。然而，
當時台灣每年在市場上所銷售的汽車不過才7、8萬輛而已，根本
無法吸收一個大汽車廠所生產的數量。因此，是否要興建大汽車廠
的一個重要考量，就是是否能將剩餘產品順利的銷售到國際市場
上。如果無法將汽車銷售到市場上，由於國內能吸收的數量有限，
會使得大汽車廠的生產規模無法充分發揮，從而失去興建大汽車廠
的目的。

利用國際市場以充分發揮生產規模的作法，對於一些小國最為
有效，其中亞洲四小龍的台灣、韓國、新加坡、香港幾乎都是利用
類似的模式。這些國家幾乎都是利用國際市場與貿易，來達到擴大
產出同時降低生產成本的目的。

2. 國際分工

在大規模生產的例子中，汽車製造是一個標準的情況，其實還
有許許多多的產品在利用此種大規模生產的利基。近年來，由於國
際之間的貿易愈趨頻繁，國家與國家之間的交互投資也愈來愈多，
因此國際之間不但是產業間貿易（inter-industry trade）愈來愈大，
且產業內貿易（intra-industry trade）也愈來愈多。所謂產業間貿易
是指不同產業內的產品在國際間進行貿易，比方說，台灣出口電腦
到美國，美國則出口大豆到台灣。而產業內貿易則是指同一種產業
內的商品在國際間進行貿易，比方說台灣賣電腦零組件到大陸，大
陸則出售筆記型電腦給台灣。

不論是產業間貿易或是產業內貿易盛行的結果，都會使國與國
之間進行分工與專業化的生產，其中後者則更容易導致國家之間進
行更細緻的分工。以台灣專精生產的個人電腦為例，我們看到一種

很標準的國際分工。比方說，台灣生產主機板最拿手，新加坡則有專門生產硬碟的大廠，而韓國則生產半導體與晶圓。於是一家位於美國的電腦廠商，便可以向台灣、韓國及新加坡分別選擇上述電腦中的主要零組件，然後再買回到美國進行組裝與生產。

在此種過程中，我們看到非常明顯的國際分工，而在此種分工過程中，台灣可以大規模的進行主機板的生產，韓國可專注於生產半導體，而新加坡則可專門生產硬碟。在每一個國家都進行大規模生產下，大家的生產成本都可以降低，然後在進行交易之後，大家的利益都會增加。

國際分工的結果不但可以使每個生產者都進行大規模的生產，另一方面，在專業化生產下，往往也可以提升生產者的技術。因為一方面生產者在熟能生巧的情況下，增進其生產技術；另一方面，由於大規模生產，也使得生產者有誘因去投入研發，以開發更有效率的生產技術。

二、國際貿易與經濟福利

現在我們就來進一步說明國際貿易是如何發生的。我們要說明在國際貿易下，一個國家應該出口何種產品，進口何種產品，出口多少，進口多少，且這些進、出口量與國際商品價格有何種關係。最後我們再進一步說明國際貿易與經濟福利之間的關係。

假設全世界上只有兩種財貨，即X財與Y財，生產要素也只有兩種，即勞動L與資本K。在短期下，每個國家所擁有的勞動與資本總量都是固定的。就某一國家甲國而言，它可以把全部生產要素都用來生產X財，則全國的最大產量是M；它也可以把全部生產要

素都用來生產Y財，則全國的最大產量是N。當然，它也可以同時
生產兩種財貨。生產可能曲線（production possible curve）表示甲
國把它所擁有的生產要素做最有效率的使用時，所有可能生產的X
財與Y財所形成的組合，見圖14.1。

　　生產可能曲線具有二個特性：第一，生產可能曲線為負斜率，
這表示在全國生產要素有限的情況下，當X財貨產量增加時，Y財
貨的產量必然要減少；反之，亦然。而當X財貨的產出達到最大的
M時，則Y財產量為零；反之，當Y財貨產量達到最大的N時，則
X財的產量為零。第二，生產可能曲線是一條凹向原點的曲線，這
表示說當一個產品的產量增加時，要放棄的另外一種財貨會愈來愈
大。比方說，圖14.1顯示當產出由A點移到B點，再移到C點時，
X財的產量由X_0增加到X_1，再增加到X_2，其增加的產量X_0X_1與
X_1X_2是相同的，但對應下所必須放棄的財貨，則分別減少Y_0Y_1與
Y_1Y_2。我們很清楚的看到，當X財以相同數量增加時，Y財減少的
數量卻明顯遞增，即Y_1Y_2是大於Y_0Y_1的。

圖14.1：生產可能曲線與自給自足

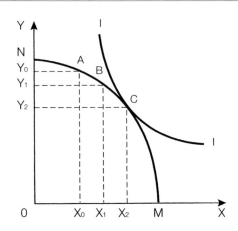

外貿是成長的引擎

不論是超級強國的日本、新興工業化國家的四小龍，或正在掙脫枷鎖中的大陸經濟，「貿易」變成了經濟起飛，或者持續成長的引擎。

在這些地區發展的初期，透過貿易量的增加與貿易地區的擴大，就業機會容易增加，物價容易穩定，先進國家的技術及管理容易模仿，賺取的外匯可用來購買生產或消費財貨，同時促進國內資源的有效利用。

美國仍然是今天世界上國民生產毛額最大、貿易量最大、吸納國際投資金額最多、高科技（軍事與商業）最發達的國家。1975年時，美國還有34億美元商品貿易的順差，此後即從未再有過順差。

以近年的資料計算，與美國貿易量（輸入與輸出）較大的亞洲貿易國包括了中國大陸、日本、台灣、馬來西亞、香港等。美國與亞洲這些國家有極密切的貿易關係，事實上已遠超過美國對歐貿易總額。因此，美國官方認為，美國對於亞洲國家的高度成長有重要貢獻。

上面引述的地方對美國都有龐大的貿易順差。2016年美國對中國大陸、日本與台灣的貿易逆差分別為3,470億、689億與133億美元，合計占美國當年貿易逆差5,023億美元的85%。

國與國之間的貿易額自然不可能、也不需要年年平衡，或者個個平衡。但就任何一國而言，如果貿易逆差像美國一樣已經持續多年，而且沒有明顯改善的跡象時，就不得不採取措施來對付那些持續順差的貿易伙伴。尤其是川普上任以後，中國大陸、日本與四小

龍正面臨來自美國更強大的壓力。

　　在美國，要在總統選舉年贏得某些利益團體支持的動聽口號就是：「美國不能只要『自由貿易』，更需要『公平貿易』。」在公平貿易的旗幟下，日本、中國大陸與台灣就受到更多的壓力。

　　客觀來說，美國的貿易逆差需要雙方協調，否則就會演變成沒有一方得益的保護主義。

　　就美國本身來說，可以採取的對策包括：

——增加美國產品的競爭力（如透過較好的品質、設計與銷售）。

——美元貶值使進口價格上升，出口價格下跌。

——鼓勵國內儲蓄，減少進口。

——鼓勵國內生產，鼓勵出口。

——鼓勵美國廠商開拓國外市場。

——推展「公平」貿易，要求對方降低關稅，減少各種人為障礙。

——以保護主義來抵制進口。

——以經濟衰退來減少輸入。

　　在這些對策中，最後兩個方法當然最差。

　　造成生產可能曲線凹向原點的主因，在於生產X財與Y財都會出現邊際報酬遞減的現象。當一個國家把生產要素逐漸集中在生產某一種產品時（如X財），其生產該財貨的邊際生產量會下降；在集中生產某一產品（X財）的同時，會逐漸減少生產另外一種產品

對美國擁有順差的國家而言，它們可以做下面這幾項：

——本國貨幣的升值。

——國內市場的逐步開放。

——刺激國內的消費。

——關稅的逐漸下降。

——對美國進口的增加。

——對輸出國家的分散。

國際貿易（貨物、勞務、資本與科技超越國界的交流）一直是促進貿易國之間生活水準提高、資源有效利用與文化進步的動力。

中國大陸、日本與四小龍的持續經濟成長的經驗，與對美國的大量貿易順差，正反映出它們在國際市場上的競爭優勢。而這些優勢也正證明東方人的勤勞、機智與正確的策略。中國大陸近年來對國際貿易與吸收外資的重視，顯示它也正試圖走上相同的軌跡。

在今後世界情勢的演變中，國際貿易會變得愈來愈相互依存。在這相互依存的關係中，面對歐洲聯盟的成立，美加自由貿易協定的簽訂，亞洲的日本、四小龍與大陸相互之間應該如何訂定競賽規則，培養東方人共識，以及調適台灣與大陸之間的對峙，將決定二十一世紀是否真會是「亞洲紀元」。

（如Y財），因為此時Y財的邊際生產量是增加的，所以放棄Y財的邊際成本是逐漸增加的，在前者減少而後者增加的情況下，兩者交換的比例就會愈來愈不利，其結果就形成生產可能曲線凹向原點的現象。

接著我們再假設甲國有一條社會的效用函數和無異曲線，在只
有兩種財貨X與Y可供選擇的情況下，甲國的無異曲線會和以前我
們所說明個人的無異曲線相同，即為一條凸向原點的曲線，如圖
14.1中的曲線I。一條標準的無異曲線I一方面具有負斜率，一方面
又凸向原點，前者表示X財與Y財具有代替性，後者則表示兩種財
貨所帶來的邊際效用是遞減的。

如果沒有國際貿易存在，甲國為使全體國人的效用最高，它
就會選擇生產可能曲線MN與無異曲線I的切點，如圖14.1中的C
點。在C點時，甲國對兩種財貨的產量分別是OX_2的X財與OY_2的
Y財，而全國對兩種財貨的消費也分別是OX_2與OY_2。因為沒有對
外貿易，因此甲國生產的財貨則正好全部供自己消費，也就是說，
這是一個自給自足的社會。

我們可以用數學關係再對上述結果略加說明，由於無異曲線
的斜率表示消費兩種財貨所帶來的邊際效用的比例，即$dY/dX = -MU_X/MU_Y$。而生產可能曲線的斜率則等於甲國在生產兩種財貨
時邊際成本的比例，即$dY/dX = -MC_X/MC_Y$。因此，在自給自足
下，甲國達到生產與消費的最適條件是兩條曲線必須相切，即C
點，此時兩條曲線的斜率是相同的，即：

（14.1）
$$\frac{MU_X}{MU_Y} = \frac{MC_X}{MC_Y}$$

1. 貿易條件與貿易方向

現在我們假設甲國開放對外貿易，它可以在國際市場的價格下
出口或進口任何數量產品。我們稱國際市場價格為貿易條件（term
of trade, TOT），貿易條件表示在國際價格下，兩種財貨的交換比

例。在圖14.2中，TOT即代表國際價格，或貿易條件。

在面對國際市場價格線之下，甲國為追求最大利益，其生產必然會選擇TOT與生產可能曲線相切的一點，即B點，因為在此國際貿易條件下，可以讓全國產出的價值最大。另一方面，為使全國效用最高，最適消費則會選擇無異曲線與TOT相切的一點，即C點。

在最適產出B點的抉擇下，X財的產量OX$_0$，而Y財的產量則是OY$_0$。另一方面，在最適消費C點下，X財的消費量為OX$_1$，而Y財的消費量為OY$_1$。由於X財的消費量大於生產量，因此兩者的差額就是甲國對X財的進口量，即X$_0$X$_1$。同時，由於Y財的產量大於消費量，因此甲國出口Y財，其出口量為Y$_0$Y$_1$。而依國際貿易的價格，即貿易條件TOT來看，甲國出口Y財的Y$_0$Y$_1$數量正好可以與進口X財的數量X$_0$X$_1$交換，此時我們稱三角形BEC為貿易三角形（trade triangle）。

圖14.2：貿易條件與貿易方向

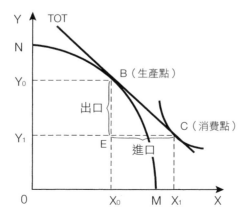

　　由於國際貿易條件（TOT）代表的是在國際貿易下，兩種財貨的交換比例，故其斜率表示為 $dy/dx = -P_Y/P_X$。在圖14.2的B點上，最適的生產水準為生產可能曲線（MN）與貿易條件（TOT）相切，因此兩者的斜率必須相同，即：

（14.2）
$$\frac{MC_X}{MC_Y} = \frac{P_X}{P_Y}$$

　　（14.2）式表示在面對國際貿易條件下，若要使產量達到最適水準，則生產兩種財貨的邊際成本相比必須要等於兩種產品價格的比例。另一種解釋方式是，甲國在生產兩種財貨的交換比例，必須等於兩種財貨在國際市場上的交換比例。

　　另一方面，在追求最適消費時，必須使無異曲線與貿易條件相切，即圖14.2中的C點。由於無異曲線的斜率為 $-MU_X/MU_Y$，而貿易條件的斜率為 $-P_X/P_Y$，故在C點下，下式會成立，即：

（14.3）
$$\frac{MU_X}{MU_Y} = \frac{P_X}{P_Y}$$

　　最後，若要使最適生產與最適消費同時達成，則（14.2）與（14.3）式必須同時成立，即：

（14.4）
$$\frac{MC_X}{MC_Y} = \frac{P_X}{P_Y} = \frac{MU_X}{MU_Y}$$

　　上式表示甲國在選擇生產X, Y的交換比例，與消費X, Y財的交換比例時，都必須與國際貿易條件相等。

　　在圖14.2中，我們可以看到甲國應選擇出口X財或Y財，決定

於國際貿易條件與其國內生產兩種財貨的交換比例大小；同時，要出口多少數量或進口多少數量，也與貿易條件的敘述有關。大致上來說，一個國家選擇進出口財貨，以及決定進出口數量的大小，都決定於國際貿易條件的大小。

（二）國際貿易與經濟福利

　　接著我們要比較自給自足的經濟體系與參與國際貿易下的經濟體系，何者具有較高的福利水準。在圖14.3中，如果沒有國際貿易，甲國在自給自足下的最適生產點為A點，即生產OX_0數量的X財與OY_0數量的Y財，此時能滿足的效用水準為I_0。如果它可以參加國際貿易，且此時國際下的貿易條件為TOT，則此時甲國會選擇在B點下生產，即生產OX_1的X財與OY_1的Y財，那是它的最適生產選擇。然後再依貿易條件進行國際貿易，使其最終消費點落在C

圖14.3：國際貿易與經濟福利

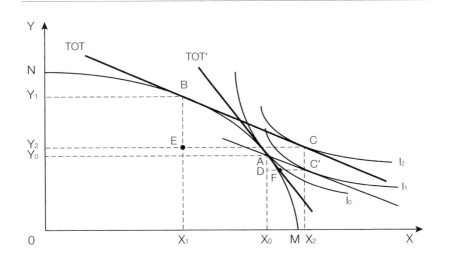

點上，而達到 I_2 的效用水準，此時甲國消費 OX_2 的 X 財與 OY_2 的 Y 財，貿易三角形 BEC。無疑的，甲國在面對國際貿易時所得到的社會福利水準 I_2，要高於自給自足的福利水準 I_0。因此，國際貿易對甲國是有利的。

那麼，這種福利水準的提高是如何得來的呢？此時增加的福利來自兩方面：第一，在自給自足下，甲國選擇 A 點生產及消費，此時兩種財貨的交換比例為 TOT'。若甲國放棄 AD 數量的 Y 財，則可以增加 DF 數量的 X 財。但如果面對國際貿易條件 TOT，即使甲國維持在 A 點生產，則仍然可用出口 AD 去交換 DC' 的進口量，故此時甲國的效用水準可上升到 I_1。這是進行國際貿易可帶來的直接效果，此效果是來自國內價格比例與國際貿易條件不同而產生，稱為「交換利得」。

第二，國際貿易不但可使甲國國際貿易而提高效用，事實上，由於甲國在 A 點生產 X 與 Y 的交換比例與國際貿易條件不同，因此甲國可以改變其生產結構，以使其產出也達到最適。在圖 14.3 中，為達到最適的生產水準，甲國會把生產點由 A 點移到 B 點，使得其生產可能曲線上的斜率等於國際貿易條件。也就是它可以把全國的生產組合由 A 點提升到 B 點，然後再經過國際貿易，就可以使效用水準上升到 I_2，又稱為「專業化利得」。

上述情況顯示國際貿易使經濟福利提高的來源有二，一個是由於國際產品的價格與國內不同，在面對國際價格下，全國的生產結構會重新調整，直到國內的產出交換比例會等於國際價格下的交換比例為止。此種最適生產組合的調整可以使一國的經濟福利提高。另一方面，在決定新的最適產出以後，可以利用國際貿易條件進行對外貿易，使得一國的福利水準更為增加。

（三）國際貿易與所得分配

　　由圖 14.3 中，我們看到開放國際貿易的結果，會使得一個國家的經濟福利增加很多。但是此經濟福利的增加是否是全面性的？是否能使全國的每一個人的福利都增加？或是只使其中某一部分人的福利增加，而可能使其他人的福利不增反減？其實這個問題的答案很清楚。多年前，為了加入 WTO，農委會宣布開放火雞肉進口時，曾引起全國的養雞戶到農委會前面丟雞蛋抗議。開放進口不是對國人有利嗎？為什麼會有人抗議呢？

　　在甲國的例子中，圖 14.3 顯示在沒有國際貿易時（A 點），甲國原先生產 OX_0 的 X 財貨與 OY_0 的 Y 財貨。在開放國際貿易下，X 財貨減產至 OX_1，而 Y 財貨的生產則增加到 OY_1。此時，甲國出口 Y_1Y_2 的 Y 財以交換 X_1X_2 的 X 財。

　　在國際貿易過程中，我們看到出口產業（Y 財）的產量是增加的。在圖 14.3 中，甲國在 A 點下原先生產 OY_0 數量的 Y 財；在國際貿易下，出口 Y 財，且 Y 財的產量增加到 OY_1。因此，國際貿易下，出口產業的利益是增加的。但另一方面，進口產業（X 財）的產出則會減少。在圖 14.3 中，甲國在沒有國際貿易前對 X 財的產量為 OX_0；在出現國際貿易後，X 財是進口財，由於部分 X 財由國外進口，使得國內對 X 財的產量減少到 OX_1。所以在國際貿易下，進口產業的利益會減少。

　　另一方面，由於原先進出口產業所使用的生產要素並不相同，故當出口產業的產量增加時，則出口產業使用較多的生產要素擁有者就會受益；相反的，由於進口產業的產量減少，故進口產業使用較多的生產要素擁有者就會不利。

要素價格均等化原則

在圖14.3中，我們看到甲國在國際貿易下出口Y財，進口X財。在假設Y財是勞力密集型產品，而X財是資本密集型產品下，國際貿易的結果會使甲國的勞動價格上升，資本價格下跌，使勞動者受益，資本擁有者則有損失。根據有名的黑克夏—歐林模型（Heckscher-Ohlin model），甲國會出口勞力密集型的Y財，必然是因為甲國具有較豐富的勞動與較少的資本，所以甲國才會使用較豐富與較廉價的勞動，來增加生產並出口勞力密集型的產品，即Y財。而國際貿易結果會使勞動價格上升。

假設現在有另外一國乙國，其情況正好與甲國相反。乙國具有相對較豐富與較廉價的資本，而勞動較少，工資較高。在此種條件下，乙國會選擇生產資本密集型的產品，即X財，並加以出口。同時會減少Y財的生產，以進口來代替。所以在國際貿易下，會使乙國生產資本密集型的X財數量增加，同時由於甲國對資本的需求會增加，從而導致資本對勞動的相對價格上升。相反的，乙國原本屬於資本較豐富的國家，資本較便宜，勞動較貴。在此條件下，它會選擇出口資本密集型產品，從而增加對資本的需求，最終使得資本相對價格上升。

上述結果顯示，國際貿易結果會使原先勞力價格相對較低國家的工資上升，而使原先資本價格相對較低國家的資本價格上升。因此，國際貿易的結果，會使兩個國家的生產要素相對價格趨於相等。此即黑克夏—歐林模型中最重要的結論之一，即要素價格均等化原則（factor price equalization）。

　　比方說，在圖14.3中，我們假設甲國的X財屬於資本密集型產品，而Y財則屬勞力密集型產業。在進行國際貿易以後，由於Y財產量增加，對勞動的需求會擴大，所以勞動的工資會上升，從而使得勞動擁有者會受益。另一方面，由於X財屬於資本密集型產品，當國際貿易使得甲國生產X財的數量減少時，甲國對資本財的需求也會跟著減少，也使得資本價格下跌，所以資本擁有者就會受到損失。

　　國際貿易的出現固然會使整個國家的經濟福利上升，但並不是使每一個人的福利都增加。事實上，它會使出口部門的產業獲益，而使進口部門的產業受到損失。另一方面，它會使出口部門使用較多的生產因素擁有者受惠，但也使進口部門使用較多的生產因素擁有者蒙受損失。但同時，透過國際貿易，也可以使全國的消費者受到利益。

▌三、貿易政策

　　一般來說，國際貿易可以使整個國家的福利水準增加，但對其國內每一個個人而言卻不一定。依上一節的分析，在國際貿易下，會使出口產業的廠商獲益，使生產進口財的國內廠商蒙受損失。在此種情況下，生產進口財的廠商就會透過各種管道來影響政府，設法使進口財貨受到一些限制。我們最常看到對進口產業的保護包括課徵關稅（tariff），和設定進口限額（quota）。

　　另一方面，由於出口可以帶給一國許多好處，有些國家為鼓勵廠商擴大出口，於是會對出口加以補貼。此種出口補貼（export subsidy）在開發中國家經常看到，因為對開發中國家而言，早先

的生產大都以國內市場為主，在剛要進入國際市場之初，國內廠商對於國際市場並不熟悉，而且可能不容易立即面對國際市場上的競爭。於是政府便對出口商加以補貼，使得出口產業得以有意願進入國際市場。在國內廠商熟悉國際市場以後，這些出口補貼最後就會被取消。

（一）關稅

　　政府在受到國內廠商的壓力下，通常會對進口產品課徵一定金額的關稅。課徵進口關稅的結果，會使出口財與進口財的相對價格產生變化，因此使得國內的生產結構也發生變化。所以課徵關稅的結果，雖然使生產進口財的國內廠商利益受到保護，但也同時會使全國的福利水準受到影響。一般來說，開放國際貿易可以使全國的福利水準增加，而課徵關稅則會減少國際自由貿易下所帶來的利益，所以課徵關稅的結果會使國內的福利降低。

　　我們先分析課徵關稅對進口產業的影響，然後再看對全國福利的影響。假設 X 是進口財，圖 14.4 中的 DD 為國內對進口財的需求曲線，SS 則為供給曲線。在沒有國際貿易下，國內對 X 財的均衡價格為 P_0，國內的均衡產量為 X_0。

　　現在假設有國際貿易存在，X 財的國際價格為 P_w，低於國內價格 P_0，於是我們會進口 X 財。依圖 14.4，在國際價格為 P_w 下，國內產量會減少到 X_1，而消費量則增加到 X_2，其中的差額 X_1X_2 就是進口量。

　　當國內消費量由 X_0 增加到 X_2 時，全國在消費 X 財的消費者剩餘會增加 P_0P_wBE 的面積。但另一方面，由於國內生產 X 財廠商的生產者剩餘也減少。其中因為產量 X 減少到 X_1，生產者剩餘會減

圖14.4：只考慮進口財下的貿易利得

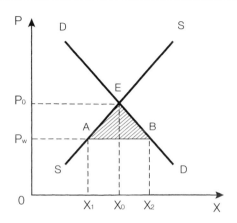

少 P_0P_wAE。把消費者剩餘增加減去生產者剩餘減少的部分，剩下的就是全國淨福利的增加，即斜線部分面積ABE，此即開放國際貿易所帶來的貿易利得。不過我們必須強調的是，此處我們只考慮進口財的變化，而沒有說明出口財的變動。依據上一節的分析，當進口財的產量減少時，另一方面，出口財的產量則是增加的，所以全國的貿易利得會比上述的面積ABE還要來得大。

1. 關稅對進口財的影響

現在如果我們對進口財課徵關稅（t），假設是課徵從價稅，使進口財的價格成為 $P_w(1+t)$。在圖14.5中，課徵進口關稅會使進口財價格上升到 $P_w(1+t)$，使得國內產量由 X_1 增加到 X_3，而全國消費量則由 X_2 減少到 X_4。

首先，由於課徵關稅使得國內對進口品的產量由 X_1 增加到 X_3，因此其生產者剩餘會增加面積 $P_wAGP_w(1+t)$，所以會使生

圖14.5：只考慮進口財下的關稅效果

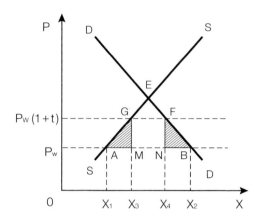

產進口財的廠商利益增加。

　　另一方面，政府可以有關稅收入，其大小等於關稅稅率乘上價格再乘上進口數量。在圖14.5中，在價格為 $P_w(1+t)$ 的情況下，進口數量為 X_3X_4，而每單位的進口稅為 tP_w，故政府的關稅收入為面積GMNF。

　　但從全國的角度來看，由於消費量由 X_2 減少到 X_4，故全國的消費者剩餘減少 $P_wBFP_w(1+t)$ 的面積。在扣除生產者剩餘增加的部分（$P_wAGP_w(1+t)$）與政府稅收的部分（GMNF）之後，所剩下來的部分就是課徵關稅對國內福利所造成的淨損失，即圖14.5中的兩塊斜線面積AMG與NBF。兩塊面積都是因課徵關稅而使社會福利產生的無謂損失（dead-weight loss）。

2. 關稅對進口財與出口財的影響

　　在上面的分析中，我們只考慮關稅對進口財產業的影響，但由

於課徵關稅的結果會使進口財與出口財的相對價格產生變化，所以會同時對兩種產業產生影響。即關稅一方面會使國內生產進口財的數量增加，如圖14.5所示；另一方面也會使出口財的產量減少，因此最終對社會福利的不利影響要大於圖14.5所示。

　　現在我們再以圖14.6來說明關稅對於進口財產業與出口財產業的同時影響效果。在圖14.6中，在國際價格P_X/P_Y下，國內最佳的生產點為A點，而最佳消費點為C點。也就是說，此時國內X財的產量為X_1，Y財的產量為Y_1，而X財的消費量為X_2，Y財的消費量為Y_2。所以，X財為進口財，進口量為X_1X_2，而Y財為出口財，出口量為Y_1Y_2。此時的貿易三角形為AEC。

　　現在假設對進口品X財價格課徵進口關稅t，使得X財與Y財的相對價格變成$P_X(1+t)/P_Y$，由於X財價格相對上升，故價格線變得較陡。在新的價格線下，國內最佳生產點由A移到B，最佳

圖14.6：關稅對國際貿易的影響

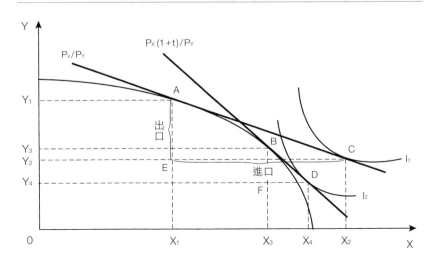

消費點則由C移到D。

首先，國內進口財X的產量由X_1增加到X_3，而出口財Y財的產量則由Y_1減少到Y_3。另一方面，X財的消費量由X_2減少到X_4，而Y財的消費量則由Y_2減少到Y_4。此時，X財的進口量由X_1X_2減少到X_3X_4，而Y財的出口量則由Y_1Y_2減少到Y_3Y_4。整個貿易三角形則由AEC縮小到BFD。

在課徵關稅下，不但X財的消費量會減少，同時也使Y財的消費量減少，因此使得全國的福利水準減少。從效用水準來看，在自由貿易下的最適消費點C所代表的無異曲線為I_1，而在課徵關稅下，最適消費點D所達到的無異曲線為I_2，後者明顯的低於前者，所以課徵關稅對全國的福利水準是不利的。

（二）進口限額

除了關稅以外，保護進口廠商的另外一種方式就是設定進口限額。進口限額是限制進口數量，但不對進口產品課稅。由於設定一定數量的進口商品，因此使得國內生產進口財的廠商得以有較大的生存空間。大致上來說，設定進口限額的結果與課徵進口關稅的效果十分近似，會使進口產業的產量增加，使生產進口財的國內業者受惠，但同時使出口產業的產量減少。另一方面，也使國人消費兩種財貨的數量都減少，最終使全國的福利水準下降。

我們可以利用圖14.7來比較設置進口限額與課徵進口關稅的效果。在圖14.5中，我們說明在課徵進口關稅下的進口量減少到只剩下X_3X_4。現在圖14.7中，我們假設政府規定對進口財X的進口數量限制為X_3X_4，但不對進口財課徵關稅。由於國際價格P_w低於國內原先的均衡價格P_0，所以自然會有進口商競相申請該進口額度

圖14.7：進口設限與進口關稅的效果

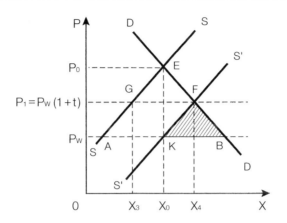

（X_3X_4）。在此情形下，設置進口限額的結果等於使國內供給曲線由 SS 右移至 S'S'，見圖14.7。

　　在新的供給曲線 S'S' 下，新的市場均衡點為 F，此時均衡市場價格 P_1，其與課徵關稅下的價格 P_w（1 + t）是相同的。此時均衡消費量為 OX_4，其與課徵關稅下的消費量是相同的，而其中進口量為 X_3X_4，國內生產量則是 OX_3。

　　由於設定進口限額，與課徵關稅下的最終消費量相同，因此兩者對於全國福利水準的影響也相同。與自由貿易相比，圖14.7顯示，在限制進口數量下，使消費量剩餘減少的部分為 P_1P_wBF。但此時生產者剩餘增加 P_1P_wKF，所以全國的福利淨損失為斜線部分面積 KBF，而此斜線部分面積會等於圖14.5中兩塊斜線部分面積的加總，即 AMG 與 NBF。

　　值得一提的是，課徵關稅與進口設限的唯一不同在於，前者可以有政府關稅稅收，在後者情況下由於沒有關稅收入，故關稅稅收

就成為進口廠商的生產剩餘。事實上，圖14.5中關稅稅收的部分GMNF即圖14.7中的GAKF。

（三）出口補貼與傾銷

在開放國際貿易下，雖然全國的經濟福利提高，但一般而言，國內生產進口品的產業會有損失，而生產出口品的產業則受惠最多。因此，生產進口品的產業就會設法透過政治、選票及其他管道，要求政府對國外進口加以設限，或課徵關稅等等。

另一方面，在國際貿易下，出口業者會有利益，因此他們自然對於開放國際貿易是十分歡迎的。問題是，通常先進國家對於開放自由的國際貿易都不會有任何疑慮，一般來說，考慮是否要開放國際貿易的國家大都是較落後的國家。他們一方面擔心開放國際貿易以後，國內生產進口財的產業會被國外競爭者打敗，一方面又擔心出口財要銷售到國外並不容易。因此，即使他們開放國際貿易，也仍然會有諸多限制，如課徵高關稅，或對某種商品禁止進口等等。

雖然開放國際貿易，增加出口可以使一國的福利增加，但一方面要使國內生產結構往出口財調整並不是一蹴可幾；另一方面，即使出口財生產出來，也可能因為缺乏訊息，或缺乏銷售管道，使得這些出口品不容易銷售到世界市場上去。所以，有些國家為鼓勵國內廠商出口，就採用出口補貼政策，對出口品加以補貼。對出口品補貼，可以使出口財的相對價格提高，鼓勵國內廠商增加出口財的生產。

出口補貼最直接的方法是對每單位出口品支付補貼金額，但此種作法一方面會增加政府財政支出，一般開發中國家可能負擔不起；另一方面，也可能會引起進口國家的抗議。通常開發中國家會

採用較間接的方式，比方說，很多國家規定為生產出口產品而需進口的原料，可以免徵進口關稅，如此可以降低國內生產出口品的成本。在我國十分成功的加工出口區就是一個標準的例子，加工出口區內的產品都是為了出口而生產的，因此其進口的原料都放在保稅倉庫中，這些原料只准用在加工出口區，而不必支付進口關稅。

另外一種間接的出口補貼是對進出口採取不同的外匯匯率，也就是說，為鼓勵廠商出口賺取外匯，政府規定出口商的匯率較高，因此出口商賺取同樣的外匯時，可以換回較多的本國貨幣；而進口商的匯率較低，所以進口商就必須以較多的本國貨幣去購買外匯支付給外國廠商。我國在民國40年到50年之間，為鼓勵出口，減少進口，就曾採用此政策。

當一國對其出口財貨加以補貼時，雖然出口商的收益增加，但他們出售到國外財貨的價格則相對是較低的。在此種情形下，很容易引起進口國的抗議，因為此種行為近似傾銷（dumping），所謂傾銷是一國以低於生產成本的價格把商品外銷到另一國。出口國進行傾銷的主要目的有二：一個是把大量商品銷往另一個國家，以占據其市場；另外一個理由則是利用傾銷達到大量生產的目的。由於進口國國內的進口財產業對國外進口已經十分敏感，若再有傾銷事情，進口產業業者自然會大力反抗，因此國際市場上對傾銷都十分敏感。

出口補貼固然可以鼓勵國內廠商出口，但也容易引起貿易對手國有傾銷的聯想，因此出口補貼大都只有在落後國家或開發中國家才會使用，先進國家為遵守自由貿易，較少採用出口補貼政策。

四、我國的貿易政策與國際經貿組織

（一）我國的貿易政策

台灣地狹人稠，除了豐富的人力資源以外，其他的自然資源幾乎是一無所有。民國38年國民黨政府遷台，戰後的台灣百廢待舉。除了日本殖民時代留下來的部分農業產品可以出口，換取一些外匯以外，其他幾乎沒有出口產業可言。另一方面，石油、大豆、小麥等大宗民生物資卻須完全仰賴進口，當時政府外匯窮困之狀況可以想見。

1. 進口替代政策

民國41年，經建會（現改為行政院國家發展委員會）的前身美援會提出了第一個四年經建計畫，四年後又提出第二個四年經建計畫，直到民國50年中期為止，政府的對外貿易政策基本上都維持在一個所謂發展進口替代產業（import substitute industry）的基礎上。發展進口替代產業一方面在提升國內產業，另一方面也希望因此而減少進口，以節省稀有的外匯。

然而，由於國內進口的產品主要仍以大宗物資為主，如石油與大豆等，這些產品並不容易由國內生產。在發展進口替代產業中，政府又選擇需要大量勞動的紡織業為主要推動發展產業。由於紡織業需要大量勞動，屬於勞力密集型產業，正符合我國的比較利益。

2. 出口擴張政策

經過十幾年的調整，國內經濟情況已漸趨穩定，政府於民國50年中期開始改採出口擴張策略，集中發展出口產業（export

promoting industry），其中仍以勞力密集型產業為主，包括紡織業
與電子業。由於台灣教育普及，人力素質普遍提升，使得勞力密
集型產業得以順利發展。國內生產的產品也逐漸開始出口，其中又
以設立加工出口區的政策最為成功。加工出口區專為出口廠商而設
置，區內除了行政作業快速以外，區內由國外進口的原料一律免關
稅，使得國內外投資人有很大意願到區內設廠生產。

　　由於出口擴張產業的成功發展，使得我國在民國59年第一次
嘗到貿易順差的滋味。其後除了62年與38年兩次石油危機以外，
我國的對外貿易都一直享有順差的地位。

3. 第二次進口替代政策

　　民國六〇年代開始，我國享有貿易順差，但出口品仍以勞力密
集型產品為主，產品的附加價值很低，利潤微薄。另一方面，為生
產紡織、電子與石化產品，卻又必須向美國、日本等國家進口大量
的原料與機械設備，尤其是後者的價格昂貴，使得我們必須花費大
筆的外匯購買。

　　在此種情況下，政府於民國六〇年代末期又推動發展第二次的
進口替代產業，希望廠商能自己生產所需的機械設備等產品。其目
的一方面固然在於節省外匯，另一方面也希望藉此提升國內的產業
水準。

　　然而，國內一直以發展勞力密集型產業為主，結果造成中小企
業數目眾多，大型企業的家數寥寥可數。由於發展機械業等需要大
量的資金投入且風險較大，因此並不容易吸引廠商投入生產，另一
方面，由於紡織、電子、石化等產業的出口一直十分順暢，廠商也
沒有太高的意願改變其生產的產品。

全球金融海嘯的教訓

　　2008年9月，由美國雷曼兄弟企業倒閉開始，引發一連串金融公司的倒閉，再經由連動債和其他衍生性金融商品的擴散，波及到全球許多國家金融公司的倒閉，最終引發全球性的金融海嘯。美國政府為了拯救一些原本體質還不錯的銀行和保險公司，投入了數以千億美元計的資金，供這些金融公司周轉之用，包括花旗銀行（Citi Bank）、美國銀行（BOA），以及美國最大保險公司之一美國產物保險公司（AIG）等等。

　　金融海嘯的原因在於美國聯準會長期的調降利率，導致推升了房價的高漲，進而使得許多金融體系放款給信用較差的貸款人（即所謂的次級貸款），因為放款人和貸款人都認為房價還會持續上升，因此大家都不在意可能因此而產生的風險。2005年，聯準會見到房價持續攀高，通貨膨脹蠢蠢欲動，於是開始調升利率，造成次貸者還款上的壓力，於是紛紛開始拋售房屋，造成房價泡沫般破裂。房價大跌使得次貸者拒絕還款，而形成不良資產，也使得原先對次貸放款較多的金融體系（如雷曼兄弟）出現破產的危機。再加

4. 高科技產業

　　進入民國七〇年代，由於勞力密集型產業的不斷擴大，使得國內相對充沛的勞動已經被使用殆盡，勞動價格開始上升。在面臨產業急需轉型升級之際，政府於民國70年底召開全國經濟會議，選擇資訊、機械、石化等產業為未來經濟發展的重心。

　　由於勞動價格上升，資金價格相對較廉價，於是廠商開始有意在國內進行較大規模的投資。另一方面，新台幣對美元的匯率於

上之前這些金融企業又把次級貸款的資產利用衍生性金融商品的方式（例如連動債），包裝賣給其他金融機構，如美國房地美和房利美公司，及全球的其他銀行和金融公司，引起後者也出現嚴重的虧損，甚至倒閉，結果終於導致一發不可收拾的狀況。

在全球金融體系受到衝擊之下，各國的民間消費開始快速萎縮，導致全球貿易也受到影響，因此原本金融和經濟體質都還不錯的國家也受到牽連，台灣也是其中的受害者之一。我國金融機構原本購買連動債的金額並不多，因此受到金融海嘯的直接影響並不大，而且由於我國政府採取的正確應對措施（例如提高存款保險金額到無上限），因此我國也沒有任何一家銀行倒閉。但是，因為國際貿易的萎縮，使得我國的出口大受影響，從而導致我國的產出驟減。2009年第一季，我國的GDP為－8%（這是我國從來就不曾出現的數據），失業率也因此飆高到6%的歷史紀錄。為了拯救岌岌可危的經濟，政府史無前例的發放每人3,600元新台幣的消費券，總算穩住了全國的經濟，免除了崩盤的危機。

資料來源：本研究整理。

民國76到78年的二年之內，迅速升值30%。新台幣大幅升值的結果，使得國內原先勞力密集的中小企業無法再以出口賺取微薄的利潤。同時，民國76年底政府開放人民赴大陸探親，許多中小企業因此轉而赴大陸投資，企圖尋求勞力密集型產業的第二春。

相反的，留在國內的產業就改以投入大量資金，以資金密集的方式來生產。其中又以電子業發展最為成功，其中一方面由美國加州矽谷回流許多高科技人才的帶動以外，國內長久以來的高等教育

提供了許多一流人才，也是一個重要的因素。

　　時至今日，固然許多以出口為主的勞力密集型產業轉往大陸投資，但國內的資本密集、技術密集型產業則迅速的彌補了此一空隙。雖然出口成長率減緩，但每年仍維持二、三百億美元的貿易順差，重要的是，這些順差所帶來的利潤要遠高於以前，因為我國出口產業已經順利的轉型升級。

（二）國際貿易組織

　　「貿易是成長的引擎」，以國際貿易來帶動經濟成長的成功經驗不只是我國才有，亞洲四小龍中的韓國、香港、新加坡幾乎都是同一模式。其實國際上早已知道國際貿易的重要，很多知名的國際經貿組織也很早就成立，其目的主要也是在於減少國際之間的貿易障礙，增加國際間的自由貿易，以提升各國的福利水準。以下我們就對一些主要的國際經貿組織作簡略的介紹。

1. 世界貿易組織

　　世界貿易組織（World Trade Organization），簡稱WTO，其前身為一般貿易與關稅總協定（General Agreement of Trade and Tariff），簡稱GATT。GATT成立於1947年，直到1995年才改制為WTO。

　　GATT成立的主要目的有二：第一是減少國際之間各種形式的貿易障礙，包括關稅與進口限額等等。第二則是減少對不同國家的歧視，也就是說會員國之間的貿易條件必須相同。

　　在GATT近五十年的歷史中，曾經有過三次大規模的談判，第一次於1967到1972年之間在美國召開，稱為甘迺迪回合（Kennedy Round），其主要目的在降低會員國之間的關稅稅率，會議結果使得

主要會員國家將其平均進口關稅降低50%以上。第二次大規模談判於1973到1979年之間於東京舉行，稱為東京回合（Tokyo Round）。東京回合一方面要求繼續降低關稅以外，也要求會員國之間降低非關稅障礙。第三次的大規模談判於烏拉圭舉行，自1986年開始，直到1994年才結束，稱為烏拉圭回合（Uruguay Round）。烏拉圭回合除了繼續要求會員國去除非關稅障礙以外，並要求會員國之間開放農業及服務業的市場，同時也要求對智慧財產權的保障。

總結來說，GATT對於促進國際之間貿易自由化的貢獻很大，而且也提供會員國之間一個很好的談判場所，進而減低了會員國之間可能出現的貿易戰爭。

2. 歐洲共同體

歐洲共同市場（European Common Market）成立於1957年，當時只有六個國家，包括法國、德國、義大利、荷蘭、比利時與盧森堡。1983年改稱歐洲經濟共同體（European Economic Community），又有英國、愛爾爾、丹麥與希臘等國加入。1993年元月，再度擴大並改稱歐洲聯盟（European Union）。

歐洲聯盟可說是目前國際上較成功的區域經濟結合。早在歐洲共同市場時代，各國之間的貿易可以自由進行，沒有任何關稅與其他貿易的障礙，而且其內部的勞工也可以在不同會員國之間自由移動。1983年成為經濟共同體時，各會員國之間所採取的經濟政策，包括貨幣政策與財政政策，都必須遵守一致的規定。1993年元月改成歐洲聯盟時，各會員國之間的關係又更為密切，不但成員國之間的人員、物品可自由流動，成員國之間的經濟政策步調必須一致，甚至發行歐洲通貨（European Currency Unit, ECU）做為各

國之間的交易媒介，簡稱歐元（Europe dollar）。

　　從長遠的角度來看，當歐洲通貨成為歐洲各國的單一貨幣以後，歐洲聯盟邁向政治統一的步伐又往前邁進一步了。

3. 北美自由貿易區

　　北美自由貿易區（North American Free Trade Area, NAFTA）成立於1994年，北美洲的美國、加拿大與墨西哥三國之間的自由貿易協定。其主要規定在於美、加、墨三國之間的貿易完全自由，且不得有任何形式的貿易障礙。

　　由於美國與墨西哥之間的經濟發展差異甚大，所得水準也明顯不同，每年都有數以萬計的墨西哥人穿越美墨邊界，偷渡到美國尋找較佳的生活條件。在此種情況下，美國並不願意與墨西哥簽訂勞工可以自由移動的協定，以防止大量墨西哥工人移向美國。因此，雖然NAFTA在降低美、加、墨三國之間的貿易障礙有很大助益，但卻無法如同歐洲共同體一般開放會員國之間勞動的自由移動。

4. 亞太經濟合作會議

　　亞太經濟合作會議（Asian Pacific Economic Cooperation, APEC）是由包括我國在內的一些太平洋周邊國家所組織，包含美、日、加、韓、大陸、新加坡、馬來西亞及其他國家。APEC成立於1989年，每年年底都會召開一次由各國總統（領袖）參與的高峰會議，並針對當年的主要經濟問題加以交換意見。

　　然而，由於APEC之間並沒有簽定如同EC或NAFTA之類的貿易協定，因此到目前為止，APEC並沒有發揮任何真正促進其會員國之間貿易的效果。

5. 跨太平洋經濟戰略夥伴協議

　　跨太平洋經濟戰略夥伴協議（Trans-Pacific Partnership, TPP）於2004年由新加坡、智利、汶萊和紐西蘭等四國創立。2009年，美國宣布加入TPP，立即吸引日本、澳洲及其他國家的加入，共12個成員國。TPP是一個開放程度很高的自由貿易協易，除了製造業產品降稅以外，也包括服務業開放、智財權、勞工政策等各方面的規定。

　　TPP文本在2016年2月完成協商與簽署，須於兩年內由各國完成內部批准程序，即可生效。不料2017年1月美國新任總統川普就任後，第二天即簽署行政命令宣布美國正式退出TPP。由於美國GDP總量占TPP一半以上（62%），依TPP規定，美國退出後，TPP即無法生效。現在TPP剩下的11國成員國正在會商，決定TPP未來要如何發展。但是無論如何，由於美國的退出，使得TPP的重要性大不如前。

6. 區域綜合性經濟夥伴協議

　　區域綜合性經濟夥伴協議（Regional Comprehensive Economic Partnership, RCEP）是由東協十國與中國大陸、日本、南韓、印度、澳洲與紐西蘭等16個國家所組成的多邊自由貿易協議。截至2017年6月，已完成18次的協商，預計在2017年底可以完成協商。

　　由於東協十國中有些成員國的經濟發展程度較低，其關稅保護較高，所以RCEP貿易開放的程度比TPP低一些。然而，由於TPP的重要性減弱，現在RCEP的重要性反而提升了，而且受到美國退出TPP的影響，一般人認為RCEP可能會加速完成協商與簽署。

跨太平洋經濟戰略夥伴組織（TPP）

　　自2000年以後，WTO作為全球主要協商降稅平台的功能便大大減弱，因此，各國紛紛成立區域性的經貿組織來達成彼此之間降低關稅的目的。2004年，新加坡、汶萊、紐西蘭與智利成立了「跨太平洋經濟戰略夥伴協議」（Trans-Pacific Economic Strategic Partnership Agreement, TPP），這是一個高度開放的協議，除了包括一般關稅的減讓外，也包括服務業的開放及其他相關的貿易便利措施等。但由於這四個國家的經濟規模很小，因此剛開始並沒有受到太多的注意。

　　2009年，美國國務卿希拉蕊‧柯林頓說：「美國要重返亞洲，而且要帶領亞洲。」其中最重要的一個步驟就是美國宣布要加入TPP。而在美國宣布加入TPP之後，澳洲、馬來西亞、越南與秘魯等國也紛紛表達加入的意願；至2012年，日本、加拿大與墨西哥也宣布加入TPP。

　　至2016年底，共有12個國家加入TPP，由於這裡面包括了全球兩個最主要的經濟體，即美國與日本，因此其重要性自然不在話下。根據2014年的資料顯示，TPP成員國的GDP總額占全球GDP總額的36.2%，也就是如果TPP可以順利完成的話，它將成為全球最大的區域性經貿組織。

　　2016年2月，TPP終於完成12國的最後協商，其章程共有30章，除包括傳統的貨品市場進入、原產地規定及貿易救濟等傳統的規定外，還包括智財權、勞工、環境及政府競爭政策等諸多規定，所以TPP是一個非常高規格的自由貿易協定。在12國完成簽署TPP文本之後，交由各參與國完成內部批准程序，預計在2年之

內完成審議，所以TPP預計正式生效的時間是在2017年年底。

　　2016年11月，由川普贏得美國大選，川普曾多次表示反對目前TPP的內容，因此，其就任以後可能會廢止TPP，或要求重談。無論是哪一個選項，看來TPP短期內要生效的可能性都很低了。最後，川普就任後立即於2017年1月23日簽署行政命令，美國正式退出TPP。

資料來源：方博亮、林祖嘉（2017），《管理經濟學》，第214頁，智勝出版社，台北。

區域性綜合經濟夥伴協議（RCEP）

　　自2000年以來，世界貿易組織（WTO）連續幾次召開全球性的經濟合作會議都不成功，顯見WTO成立主要宗旨的降稅功能幾乎已完全喪失，因此，全球各地就紛紛出現許多國家共同簽署多邊的自由貿易協議（FTA），例如：歐盟（EU）與北美自由貿易區（NAFTA），或是選擇與其他國家洽簽兩兩的雙邊自由貿易協議。依WTO公布的資料顯示，到2013年1月底，全球已簽署的FTA已達546個，其中正式生效的已達248個。

　　同樣的情況也發生在東亞地區，其中以東協十國（ASEAN 10）的動作最大，一方面，這十國之間早就有類似的經貿組織，例如：2002年，東協十國與中國大陸簽署「綜合性經濟合作協議」（Comprehensive Economic Cooperation Agreement, ECEA），稱之為「東協十加一」；其後，2005年，東協與韓國簽署FTA；2008年，東協與日本簽署FTA；2009年，東協與紐澳簽署FTA；

2010年，東協與印度簽署FTA，總稱之為「東協十加六」。

　　以2014年的資料來看，東協十加六的貿易總量占全球的19.4%，GDP總量占全球的29.2%；更可觀的是，其人口占全球人口的46.3%。換句話說，東協十加六是一個非常有潛力的龐大市場。

　　2011年11月，在印尼峇里島東亞高峰會議中，這些主要國家預定在2015年時完成協商，組成「區域性綜合經濟夥伴協議」（Regional Comprehensive Economic Partnership, RCEP）。近年來，由於美國與歐洲國家的經濟疲弱，全球經濟主要的成長力量幾乎都來自東亞地區，因此東協十加六的整合及RCEP的進程更令全球矚目。至2017年6月止，RCEP已經完成18回合的協商，由於美國已確定退出TPP，因此RCEP的重要性會提升，所以我們預期RCEP的進程有可能因此而加速完成。

資料來源：方博亮、林祖嘉（2017），《管理經濟學》，第215頁，智勝出版社，台北。

ECFA與兩岸經貿

　　2008年5月馬英九總統就任後，致力於兩岸關係的正常化，其中改善兩岸經貿關係是最重要的一環，因為長久以來中國大陸早已成為台灣最重要的經貿夥伴。2011年，台灣對大陸出口總額為1,240億美元，占台灣對外出口總額的40.2%；台灣自大陸進口總額為453億美元，占台灣進口總額的16.1%。由兩岸貿易總額占台灣對外貿易總額的28.7%來看，大陸不但是台灣最大的貿易夥伴，也是台灣最大的貿易順差來源。

　　經過多次努力的協商，2010年6月29日，兩岸正式簽署「兩岸經濟合作架構協議」（Economic Cooperation Framework Agreement, ECFA）。ECFA用閩南語發音可能會更為合適，即「ㄟ閣發」，也就是簽了以後會再發的意思。

　　其實ECFA只是一個架構協議，後續還需要有更多的協商，包括貨品貿易協議、服務貿易協議、投資保障協議及爭端解決機制等。因此，在ECFA簽署之後，兩岸持續在進行各種後續協議，包括2012年8月簽署的「投資保障與促進協議」及「貨幣清算協議」等。

　　由於國際貿易中的商品項目眾多，而且降稅的時程各有不同，所需協商談判的時間很長，因此為了讓一些商品能夠先降稅，讓雙方的企業與人民都能夠先享受到降稅的利益，故在簽署架構協議時，雙方通常會選擇開放一些項目先進行降低關稅，一般稱為「早期收穫計畫」（Early Harvest Plan, EHP），而在這些早收計畫中開放的項目，我們稱為「早期收穫清單」，也就是先降稅清單。

　　2010年9月，兩岸在簽署ECFA之後，也各自給對方開放了一些早收清單的項目，其中，大陸給台灣的早收清單中有539項產品，台灣給大陸的早收清單則有267項產品。這些項目從2011年1月1日起，分3年降稅，於2013年1月1日降稅完畢。依據經濟部進出口統計結果顯示，在早收清單中的產品因為降稅，其進出口成長率都明顯高於其他非早收清單中的項目，也就是說，兩岸產品在降低關稅之後，的確收到擴大貿易的效果。

資料來源：方博亮、林祖嘉（2017），《管理經濟學》，第208頁，智勝出版社，台北。

ECFA早收清單的經濟效益

2010年6月兩岸簽署「兩岸經濟合作架構協議」（ECFA），因為這是一個架構協議，未來還須完成「投資保障協議」（2012年簽署，並已生效）、「服貿協議」（2013年簽署，仍待立法院審議）、貨貿協議及爭端解決協議等，整個兩岸貿易協議才算全部完整。

由於ECFA的後續協議還有很多，未來還需要花費時間才能完成，因此為了彰顯ECFA可能帶來的貿易利益，在簽署ECFA之後，雙方就先分別提出一些可以先行降稅的項目，我們稱之為「早期收穫清單」，其中大陸給台灣先降稅進口的項目有539項，台灣給大陸267項。這些項目至2011年1月1日開始分三年降稅，於2013年1月1年降稅完畢。

表14.3列出早收清單對於擴大兩岸貿易的效果，從貿易成長率可以看到，不論是台灣對大陸出口或是進口，在早收清單中項目的進出口成長率都高於對全部台灣對大陸進出口商品的成長率。若以貿易總量的成長率來看，比方說，2011年雙方早收清單項目的成長率為19.5%，但是雙方所有商品貿易成長率只有13.0%。大致而言，2011～2014年，兩岸早收清單項目貿易金額成長率較兩岸所有商品貿易成長率平均每年約高5%。

另外，因為早收清單中的項目免稅，雙方因而得以減少關稅支出，表14.4顯示，從2011年到2015年4月為止，早收清單項目中，台灣因此而減少的關稅支出為24.7億美元，大陸則減少2.5億美元的關稅支出。

資料來源：方博亮、林祖嘉（2017），《管理經濟學》，第209-211頁，智勝出版社，台北。

表14.3：ECFA早收清單成效統計

單位：億美元、%

項目	2010 金額	2011 金額	2011 成長率	2012 金額	2012 成長率	2013 金額	2013 成長率	2014 金額	2014 成長率	2015 金額	2015 成長率
一、進口總值											
全部國家	2,512.4	2,814.4	12.0	2,704.7	−3.9	2,699.0	−0.2	2,742.2	1.6	2,372.2	−15.8
中國大陸（不含香港）	359.5	440.9	21.6	414.3	−6.0	433.5	4.6	492.5	13.6	452.7	−8.1
我方早收清單286項貨品進口值	39.0	50.5	27.9	48.9	−3.2	49.7	1.7	54.5	9.3	52.9	−2.9
二、出口總值											
全部國家	2,746.0	3,082.6	12.3	3,011.8	−2.3	3,054.4	1.4	3,138	2.7	2,853.4	−10.9
中國大陸（不含香港）	769.4	852.4	9.4	826.7	−3.0	841.2	1.8	847.4	0.7	734.1	−13.4
我方早收清單557項貨品進口值	150.1	179.9	18.2	185.8	3.3	205.5	10.6	210.7	1.8	190.1	−9.7
三、貿易總值											
全部國家	5,258.4	5,897.0	12.1	5,716.5	−3.1	5,753.4	0.6	5,880.2	2.2	5,225.6	−13.2
中國大陸（不含香港）	1,128.9	1,275.6	13.0	1,216.2	−4.7	1,243.8	2.3	1,301.8	4.7	1,186.8	−8.8
我方早收清單項目	189.1	226.0	19.5	231.1	2.3	250.6	8.4	260.1	3.3	243.0	−6.6

資料來源：財政部關務署。

表14.4：ECFA早收清單中，關稅減免成效

	我對大陸出口減免關稅金額	我自大陸進口減免關稅金額
2011年	1.34	0.23
2012年	5.70	0.54
2013年	7.18	0.64
2014年	8.08	0.82
2015年 1～4月	2.04	0.27
累計減免關稅金額	24.70	2.50

資料來源：財政部關稅署。

經濟名詞

要素稟賦	黑克夏—歐林模型	一般貿易與關稅總協定
勞力密集型產業	要素價格均等化原則	歐洲共同體
資本密集型產業	關稅	歐元
絕對利益	進口限額	亞太經濟合作會議
比較利益	出口補貼	甘迺迪回合
貿易條件	傾銷	東京回合
貿易方向	烏拉圭回合	產業間貿易
進口替代產業	北美自由貿易區	產業內貿易
出口擴張產業	貿易三角形	世界貿易組織

討論問題

1. 何謂絕對利益？何謂比較利益？試分別舉例說明之。

2. 請以圖形說明何謂貿易利得？在開放自由貿易下，貿易利得如何而來？

3. 何謂要素價格均等化原則？為什麼在開放自由貿易以後，不同國家之間的要素價格比例會趨於一致？

4. 假設政府課徵關稅與設定進口限額使得進口商品的數量相同，請問此時使用何種政策可以帶來較高的福利？你覺得進口產業的廠商會支持哪一種政策？

5. 何謂出口補貼？你可以試舉二例說明嗎？出口補貼與傾銷又有何種關係？

6. 何謂貿易條件？請以圖形說明國際貿易條件如何決定一個國家的貿易方向與貿易三角形的大小。

7. 有人説「國際貿易是經濟成長的引擎」，你可以説明其中的理由嗎？

8. 一般來説，開放國際自由貿易可以提高一個國家的經濟福利。但是當農委會宣布開放火雞肉進口時，卻遭到雞農的嚴重抗議。請問開放自由貿易對國內生產進口財的產業及生產出口財的產業分別造成何種影響？

9. 試比較EU、NAFTA與APEC三個不同國際經貿組織對於會員國之間經貿關係的影響大小。

10. 試述我國過去六十年來的貿易政策方向。

第十五章

外匯與匯率

一、外匯與匯率

二、固定匯率制度

三、浮動匯率制度

一、外匯與匯率

（一）外匯

　　近年來，由於我國經濟發展已趨成熟，國人的所得日益增加，出國旅遊的人口也絡繹不絕。在一般情況下，出國旅行的人都會到銀行去買一些美元，以供出國時使用。有些想到香港去玩的人，則會先去買港幣；想去英國的人，則會買英鎊；想去法國的人，則會買歐元。

　　美元、港幣、英鎊、歐元都是外國貨幣，統稱為外匯（foreign exchange）。在國際交流頻繁的現代世界中，國家與國家之間商品與勞務的交易已經融入人們的日常生活中，當國人在國內進行交易時，使用的是本國貨幣；而本國人與外國人進行交易時，就必須使用外國貨幣。因此，每個國家幾乎都有外匯市場（foreign exchange market），以供人們以本國貨幣來購買外國貨幣。在外匯市場上，商品是外國貨幣，價格則是本國貨幣與外國貨幣的匯率。

　　由於每一個國家的政府為享有獨占的貨幣發行權，都會規定國內的交易一定必須使用本國貨幣，所以國人平常在國內交易只要持有本國貨幣即可。而若哪一天他想要出國旅行，或要與外國人交易時，他就必須先到外匯市場上去購買外匯。同樣的，當一個商人出口商品到國外時，他會賺取一些外匯，但這些外匯並不能直接在國內使用，因此他必須先在外匯市場上把外匯賣掉，換成本國貨幣才能供其在國內使用。

　　一般而言，外匯市場上由外匯的買方與賣方所構成，其中政府也扮演一個重要的角色。比方說，當廠商出口商品賺取外匯後，必

須於外匯市場上出售外匯換取本國貨幣時，政府為維持本國貨幣對外國貨幣的匯率，就必須進場購買外匯，同時釋放出本國貨幣。如果一個國家持續的有大量出超（順差），則很容易使政府每年釋出大量本國貨幣，而同時購入並累積大量外匯，我們稱這些累積起來的外匯為外匯存底（foreign reserve）。以亞洲國家為例，2015年底中國大陸的外匯存底超過3.3兆美元，全球排名第一；日本的外匯存底超過1.2兆美元；我國的外匯存底則在4,000億美元左右，這些外匯存底大都是因為國家多年的對外貿易不斷出超所累積的成果。

（二）匯率

匯率代表的是本國貨幣與外國貨幣的交換比率。由於外國貨幣數目很多，因此本國貨幣相對於每一種外國貨幣的匯率都有所不同。表15.1列出數種主要的外國貨幣，包括美元、英鎊、日幣、歐元、瑞士法郎、加拿大幣與港幣等等，同時我們也列出十五年來新台幣對這些不同貨幣匯率的變化情形。

表15.1：世界主要國家貨幣兌新台幣匯率

	2000	2010	2015
美元	32.99	30.37	33.07
英鎊	49.5	45.4	48.88
日幣	0.2908	0.3602	0.2747
歐元	31.33	39.12	36.08
瑞士法郎	20.59	31.17	33.33
港幣	4.26	3.78	4.26
加拿大幣	22.12	29.26	23.75

資料來源：台灣經濟新報資料庫（TEJ）。

　　由於國際上大部分交易習慣以美元為交易媒介，且我們通常習慣以新台幣對美元的匯率，當成新台幣匯率。比方說，我們經常說新台幣的美元匯率由30:1變成31:1，所以新台幣匯率下跌，故新台幣貶值。但其實這只是一個簡便的說法而已，因為可能其他外國貨幣對美元貶值更多，使得新台幣對其他貨幣的匯率反而是升值的。因此，我們在使用匯率時，必須先清楚的指出我們所謂的匯率指的是哪一國貨幣的匯率。

　　讓我們在這裡對匯率的討論只限於決定貨幣價值的水準。新台幣在國際上的「價值」稱為新台幣的匯價或對外匯價（foreign exchange value）。匯價的表現方式有兩種：第一，應收匯率（receiving quotation）：指本國貨幣一單位折合外國貨幣若干單位而言；例如新台幣（NT$）折合美金（US$）1/30元（約US$0.033），新台幣對美元的收入匯價為1/30（US$/NT$）。第二，應付匯率（giving quotation）：指外國貨幣一單位折合本國貨幣若干單位而言；例如美金1元折合新台幣30元，則新台幣對美元支付匯價為30（NT$/US$）。一般而言，新台幣匯價習慣上採用應付匯率。

　　以上兩種匯價的計算方法，雖然計算基礎不同，但所表示本國貨幣對外匯價的高低意義相同。當一單位本國貨幣折合外國貨幣之單位數增加，或一單位外國貨幣折合本國貨幣之單位數減少，均可視為本國的匯價上升；反之，當一單位本國貨幣折合外國貨幣的單位數減少，或一單位外國貨幣折合本國貨幣的單位數增加，均可視為本國貨幣匯價的下降。上述匯價實為一國貨幣之對外價值以兩國貨幣之交換比率表現；此一交換比率稱為外匯匯率（rate of foreign exchange）或簡稱「匯率」。

下面提出三個有關本國貨幣與外國貨幣的換算公式：

1. 如何將外幣換算為新台幣：

新台幣價格＝外幣價格 × 新台幣支付匯率

比方說，一輛美國轎車價US$12,000，支付匯率為30（NT$/US$），因此該轎車的新台幣價格為NT$360,000（12,000×30）。

2. 如何將新台幣換算為外幣：

外幣價格＝新台幣價格 ÷ 台幣支付匯率

例如，一台國產縫紉機價值新台幣6,000元，匯率為30（NT$/US$），那麼國產縫紉機的外幣價格為US$200（6,000÷30）。

3. 如何將新台幣收入匯率轉換為支付匯率（即外匯匯率）：

外匯匯率＝1／新台幣收入匯率

如果1/30的美元可購買新台幣1元，那麼新台幣30元可購1美元。

1. 匯率的決定

在浮動匯率（flexibl exchange rates）制度之下，一國貨幣的匯率是由自由市場中外匯供給與需要的力量所決定。在圖15.1中，新台幣的供給與需要均為新台幣以美元表示價格的函數。此處先將圖中的曲線逐一說明如下：

首先，需求曲線表示外國人對新台幣的需要。外國人（假定為美國公民）需要新台幣不外三個原因，他們想購買我國的商品與勞務、實體資產（physical assets）（如在我國設廠生產），以及金融

資產（如股票、債券等）。而且需求曲線為負斜率，即當新台幣價格較低時，美國人對新台幣的需要增加。

因為當新台幣的價格下降時（1美元可購買較多的新台幣），就是新台幣貶值。因此我國商品、勞務與資產以美元表示的價格較低。例如，新台幣匯率為1/30（US$/NT$），NT$6,000的國產縫紉機相當於200美元；匯率為1/31（US$/NT$）貶值時，國產縫紉機價格則為193.6美元。所以，新台幣貶值時，我國對美國出口的縫紉機會增加。當新台幣貶值時，對新台幣的需要亦增加。在圖15.1中，當新台幣匯率由1/30貶值為1/31（US$/NT$），美國人對新台幣一年的需要量由600億元增至800億元。

其次，新台幣供給曲線是國人提供新台幣來兌換美元外匯。我國人為什麼要以新台幣換取美元呢？是為了購買美國的商品、勞務與資產。他們必須用美元才能購買到那些東西，所以我國人必須放

圖15.1：浮動匯率制度下新台幣的供給與需要

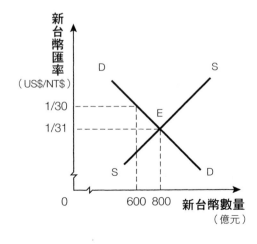

棄（即供給）新台幣以換取美元。

　　同時，供給曲線具有正斜率。當新台幣的價值上升時（如此以每單位新台幣可換較多美元），就是新台幣升值了。供給曲線的正斜率是指當新台幣價值上升時，我國人會想要購買較多美元外匯，所以願意提供較多新台幣來換取美元，這是因為美國商品的新台幣價格降低。例如在匯率為 1/30（US$/NT$）時，美國市場 US$12,000 的轎車的新台幣價格為 NT$360,000，但是當匯率為 1/29（US$/NT$），新台幣升值後，其新台幣價格為 NT$348,000，可以省新台幣 12,000 元。

　　最後，均衡時新台幣的供給（提供台幣換取美金）與需要（外國人對新台幣的需要）相等，如圖 15.1，假設均衡匯率為 1/31。在此匯率下，美國人每年需要 800 億元新台幣，來購買我國的商品、勞務與資產，而我國人每年供給 800 億新台幣來購買價值 800 億元新台幣的美國商品、勞務與資產。如此就達到均衡匯率，如圖 15.1 的 E 點。

　　由於匯率討論的複雜性，讓我們記住：

1. 本國貨幣匯率是本國貨幣以他國貨幣表示的價格；外匯匯率是外國貨幣以本國貨幣表示的價格。

2. 當新台幣升值，則新台幣匯率上升（US$/NT$ 上升，如由 1/31 升到 1/30）；當新台幣貶值時，新台幣匯率下跌（US$/NT$ 下降，如由 1/30 下降到 1/31）。

3. 當新台幣升值時，進口價格下降，我國對其他國家出口價格上升，因此有利於進口，不利於出口。

4. 當新台幣貶值時，進口價格上升，出口價格下降。因此，有
   利於出口，不利於進口。

5. 外國人對新台幣的需要，代表他們對我國商品、勞務與資產
   的需要；我國人供給外國人的新台幣反映本國人對外國商
   品、勞務與資產的需要。

6. 在均衡匯率下，對新台幣的需求量等於其供給量：外國人所
   購買的我國商品、勞務與資產的新台幣價值等於我國人所出
   售的價值。

2. 影響新台幣匯率的因素

影響新台幣匯率的因素如表15.2所示。舉個例子來說，如果國
人突然要購買數量較多的美國汽車，而且赴美國旅遊的人數也增
多，於是圖15.1中的供給曲線將向右移，且新台幣將貶值。

其中綜合的因素有：第一，我國相對物價水準：依據絕對購
買力平價學說（the doctrine of purchasing power parity）的定義，
任二國均衡匯率由這二國同類商品所編組而成的物價水準的相對
比率所決定，例如瑞士法郎（Swiss Franc）以新台幣表示的匯率
（E=NT\$/SwF）等於我國的物價水準（P_T）除以瑞士（P_S）的物價
水準，即 $E = \dfrac{P_T}{P_S}$。

現在舉例說明購買力平價背後的含意。假如唯一的貿易財為鋼
鐵，並假設我國鋼鐵價格為每公噸新台幣3,600元，瑞士鋼鐵的價
格為每公噸200瑞士法郎。而且為了簡單起見，假設貨物運輸成本
為零，那麼新台幣對瑞士法郎的匯率即為18。在匯率為18時，無
論在國內製造或瑞士進口鋼鐵的價格皆相同，故具有競爭性。如果
匯率降低（即新台幣升值，例如匯率為10），那麼瑞士鋼鐵就較便

表15.2：影響新台幣幣值的因素

因素	因素的變動方向	對新台幣匯率的影響效果
單一因素		
影響需要面的因素		
• 外國人對我國的商品與勞務的需要（即對我國出口的需要）	需求增加	升值
	需求減少	貶值
• 外國人對我國境內實體資產（例如在台灣的工廠）及金融資產（例如債券與股票）的需要	需求增加	升值
	需求減少	貶值
影響供給面的因素		
• 我國對外國商品與勞務的需要（即對進口的需要）	供給增加	貶值
	供給減少	升值
• 我國對外國實體資產與金融資產的需要	供給增加	貶值
	供給減少	升值
綜合的因素		
• 我國物價相對於外國物價	增加	貶值
	減少	升值
• 我國利率相對於外國利率水準	增加	升值
	減少	貶值
• 我國經濟成長率相對於外國成長率	增加	貶值
	減少	升值

宜，瑞士鋼鐵僅需新台幣2,000元（10×200），會使我國國民對瑞士鋼鐵的需要增加，直到匯率回到原來的18為止。反之，如果匯率上升（即新台幣貶值，例如匯率為30），則我國的鋼鐵較便宜，我國的鋼鐵價格為120瑞士法郎，瑞士人對我國鋼鐵的需要將增加，直到匯率返回18為止。

　　購買力平價學說主張匯率會隨著兩國物價的相對價格變動而變動，使得各貿易國的所有貿易財的價格都相等（無論進口或國內生產價格皆相等）。因此，購買力平價學說亦稱為單一價格法則（the law of one price）。

　　在長期下，當貿易國家的物價膨脹率有很大差異時，購買力平價說最為有用。購買力平價學說預測：（1）當我國物價膨脹低於外國物價膨脹率時（此時外國物價水準相對於本國物價水準上升），新台幣將升值。（2）當我國物價膨脹率高於外國物價膨脹率，新台幣將貶值。

　　第二，相對利率水準：依據利率平價學說（the doctrine of interest rate parity），資本會流向支付利率較高的國家，直到達成均衡狀態為止，那時各國的利率基本上是以相同的利率，再加上各國信用風險與貨幣貶值風險等調整因素。

　　此學說預測：（1）當我國利率提高（或其他國家利率降低時），國際間資本將流向我國。這樣使得對我國資產的需求增加，造成新台幣升值。（2）當我國利率降低（或其他國家利率上升），我國就發生資本外流，使新台幣供給增加，新台幣就會貶值。

　　第三，相對經濟成長率：如果我國經濟成長較其他國家快速，我國對進口的需要增加率，亦將高於其他國家對進口的需要的增加率（當然就是我國出口的增加率），新台幣就會貶值；反之，當我國經濟成長較緩（或其他國家經濟成長較快速），新台幣就會升值。

　　上面這些推論，都是在「其他條件不變」的情況下所可能產生的。假若一個國家的中央政府透過財政政策，或者透過中央銀行的金融政策來干預外匯操作及國際貿易，那麼上述的推論就難以成立。

　　綜合上面的討論及表15.3的列舉，我們應當知道：

　　1.當外國人對新台幣的需要增加時，將使得新台幣升值。這可

表15.3：影響外匯供需的因素

變動因素	對國內貨幣的需要曲線		對國內貨幣的供給曲線	
	增加（升值） （向右移動）	減少（貶值） （向左移動）	增加（貶值） （向右移動）	減少（升值） （向左移動）
(1)外國價格水準上升	✓			✓
(2)外國所得上升	✓		無影響	無影響
(3)外國利率上升		✓	✓	
(4)本國價格水準上升		✓	✓	
(5)本國所得增加	無影響	無影響	✓	
(6)本國利率上升	✓			✓

　　能包括：對我國商品與資產的需要增加，我國物價膨脹率低
於外國的物價膨脹率，我國利率高於外國利率，以及外國經
濟成長率較高等。

2. 任何使得我國人供給外國人的新台幣數量增加的因素，將使
新台幣貶值。這可能包括我國人對外國商品、勞務及資產的
需要量增加；我國的物價膨脹率較外國為高；我國利率較低
及經濟成長率較外國高。

3. 依據購買力平價學說，外匯匯率由各國相對物價水準所決
定。外匯匯率將一直變動，直到使得每項無論是外國進口或
本國製造的貿易商品，其售價均相同。這項結果稱為「相同
價格定律」。

4. 國際資本流向利率較高的國家。

　　表15.3綜合幾項影響外匯供需的因素，其中包括本國與外國
的物價水準、本國與外國的所得，以及本國與外國利率的高低。
圖15.2（A）與15.2（B）則分別以圖形說明新台幣升值與貶值的

情況。在圖15.2（A）中，在原來外匯市場均衡點E下，均衡匯率為1/31，均衡交易量為Q_0。當國內利率上升時，外國人會有意拿美元來買新台幣，以便以新台幣存款的方式賺取較高的利息收入。因此，外匯市場上對新台幣的需求增加，由D右移到D'。此時由於外國人對新台幣的需求增加，使得新台幣匯率上升到1/30（新台幣升值），交易量則增加到Q_1。

圖15.2（B）則說明新台幣貶值的情況。假設如果國內所得增加，國人出國旅遊人數增加，因此對美元需求增加，而出售新台幣，使新台幣供給曲線由S增加至S'。此時，新台幣的均衡匯率會由1/31下降到1/32（新台幣貶值），而交易量則由Q_0增加到Q_1。

當一個國家將商品與勞動出口時，就會有外匯收入；反之，如果從國外進口商品或勞務，則會有外匯支出，外匯收入減去外匯支出所得到的餘額就稱為國際收支（balance of payment, B. O. P.）。

圖15.2（A）：新台幣升值

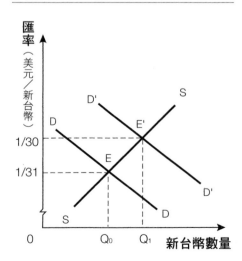

圖15.2（B）：新台幣貶值

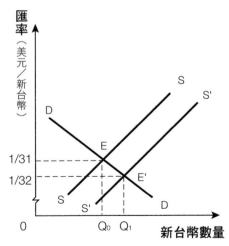

　　一般而言，國際收支帳中包含有三個部分，第一個是經常帳（current account），其中包括商品與勞務的輸出與輸入的淨額、所得（薪資所得、投資所得）及經常移轉。比方說，當一國出口總額大於進口總額，我們稱其具有貿易順差（trade surplus），此時經常帳就有盈餘；反之，當一國的進口大於出口時，該國就有貿易逆差（trade deficit），此時經常帳就有赤字。

　　第二部分為金融帳（financial account），金融帳記錄的是與國際之間資金或是金融性資產的流動情況，包括直接投資及證券投資。比方說，外國人來台灣投資設廠，這屬於直接投資的部分，因此會增加美元流入台灣；再比方說，台灣人去買美國的股票，因此會造成美元流出台灣，這屬於證券投資。這些金融流入減去流出的差額，我們稱為金融帳淨額，當金融帳淨額為正時，我們稱之為金融帳盈餘；反之，當金融帳淨額為負時，稱為有金融帳赤字。

　　另外，還有一小部分是資本帳（capital account），包含資本移轉及非生產性、非金融性資產的取得與處分，例如專利權、商譽等。比方說，台灣支付外國人專利權的權利金。

　　表15.4列出過去十五年來，我國的國際收支變化情形。大致上來說，我國的對外貿易每年都會有順差，因此經常帳都是正的，比方說，2015年，我國經常帳順差達到751億美元。另外，在金融帳方面，我國直接投資的淨額也都是正的，2015年時達到123億美元；另一方面，證券投資金額的變化較大，2001年時淨流入只有2億美元，到2015年時已經達到571億美元。最後，資本帳的金融很小，每年都不到1億美元。

　　我們可將經常帳視為一國家的支票存款帳戶；當我國國民購買（進口）金額超過他們經由出口賺取的收入時，我國的支票存款餘

表15.4：我國的國際收支變化

單位：百萬美元

		2001	2005	2010	2015
經常帳	(A)＝(B)－(C)＋(D)	17,072	14,929	36,833	75,181
商品及服務出口	(B)	145,924	224,516	316,046	378,026
商品及服務進口	(C)	131,768	214,304	290,079	315,322
其他	(D)	2,916	4,737	10,866	12,477
資本帳	(E)＝(F)－(G)	−41	−46	−49	−5
流入	(F)	−	1	5	15
流出	(G)	41	47	54	50
金融帳	(H)＝(I)＋(J)＋(K)＋(L)	355	−2,340	339	66,115
直接投資	(I)	1,371	4,403	9,082	12,296
證券投資	(J)	228	2,857	20,664	57,198
衍生性金融商品	(K)	1,034	965	−577	1,184
其他	(L)	−2,278	−10,565	−28,830	−4,563
國際收支	＝(A)＋(E)＋(H)	17,386	12,563	37,123	141,291

資料來源：中央銀行。

額呈負值，顯示有逆差（赤字）存在。為了支付超額進口，我國就
要向外國人借款，或出售本國資產給外國人。

　　金融帳表示本國對世界各國負債的變動。當本國向外國借款
時，金融帳餘額為正值，並且等於經常帳赤字的絕對值，代表我
國對世界其他國家負債餘額增加。但是當本國的出口收入超過進
口支出時（出口大於進口），本國經常帳餘額為正值，顯示貿易盈
餘（順差）存在。這項貿易盈餘就借貸給外國人或用來購買外國資
產，金融帳餘額將為負值，其絕對值等於本國貿易盈餘。金融帳餘
額的負值代表本國對外國負債額減少。

經常帳餘額＋資本帳餘額＋金融帳餘額＝國際收支帳

　　表15.5為一簡單的國際收支平衡表。此表的貸方（credits）是使外國貨幣流入本國的帳項。貸方科目代表使本國外匯準備增加的科目；借方科目則使本國外匯準備減少。

　　在純粹浮動匯率制度下，政府不應買賣外匯，因此政府資本移動淨額應為零。可是各國政府會干預外匯市場，影響匯率，這就稱為「不乾淨的浮動」（dirty float）或「管理下的浮動」（managed

表15.5：簡化的國際收支平衡表

單位：億美元

帳目	(1)貸方	(2)借方	(3) = (1) + (2)
經常帳			
1. 商品出口	250		
2. 商品進口		200	
1 + 2：商品貿易餘額			50
3. 淨投資收入（及其他勞務）	36		
4. 淨旅遊及運輸收入		3	
1至4項：商品與勞務貿易餘額			83
5. 片面移轉支付		6	
1至5項：經常帳餘額			77
金融帳			
6. 國外資產變動		157	
7. 外人在台資產變動	100		
6 + 7：私人資本移動淨額			− 57
8. 外匯準備資產變動		29	
9. 外國官方在台資產變動	9		
8+9：政府資本移動淨額			− 20
6至9：金融帳餘額			− 77

註：「貸方」記載外國貨幣流入本國的帳項，「借方」記載本國外匯流出的帳項，
　　在彈性匯率下，經常帳與金融帳之和為零。

float）匯率。

　　由以上的討論我們知道：

1. 經常帳的餘額主要反映一國商品與勞務的淨出口。
2. 金融帳的餘額主要反映一國對外國負債總額的變動，等於外國資本淨流入額。
3. 經常帳餘額、資本帳與金融帳餘額的和為零：因為其中一項為負值，另二項即為相同大小的正值。
4. 當我國購買的外國貨品的價值超過我們售予外國的本國貨品的價值時，經常帳的餘額（與淨出口）為負值。為了支付此差額，我國必須增加對外負債，外國資金必須流入我國；我國的金融帳將為正值。
5. 當我國銷售國外的本國貨的價值超過可購買的外國貨價值時，經常帳的餘額（與淨出口）為正值，這正是我國近年來的情形。此時世界其他國家就必須向我國借款來支付此一差額，世界各國對我國的負債增加，且我國的資本外流；我國的金融帳將為負值。

二、固定匯率制度

（一）固定匯率的制度

　　過去很多國家曾實行固定匯率（fixed exchange rates）。在固定匯率下，政府按本國貨幣依各種外國貨幣的固定匯率買賣本國貨幣。為了要達到這個目的，政府必須累積大量的外匯準備，必要時

出售外幣，以維繫本國貨幣的幣值。因此，外匯的供給與需求不必相等，因為政府透過中央銀行，會用它的外匯準備來彌補外匯市場供需的差額。

在圖15.3（A）中，我們試以新台幣與瑞士法郎的例子，來討論貨幣高估（over valued currency）的效果。比方說，政府的官定匯價高於自由市場水準，若我國政府將瑞士法郎對新台幣的外匯匯率定為1/16（SwF/NT$），而自由市場的匯率水準為1/18。當新台幣供給超過需要，外國人需要的新台幣（60億）較我國人民所供給的數額（100億）少40億新台幣，這樣的話，我國會產生國際收支赤字。

我國政府就以瑞士法郎的外匯準備來購買40億的新台幣超額供給。最後，如果國際收支仍有赤字的話，我國政府就必須提高官定匯率使新台幣幣值貶低。政府被迫採突然貶值的措施，以避免貨幣投機者預期貨幣貶值即將發生，而持新台幣向中央銀行擠兌瑞士

圖15.3：固定匯率下幣值高估與低估的效果

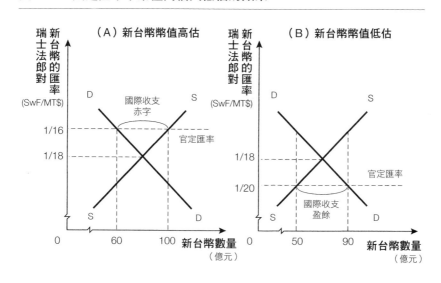

法郎的情況。

在圖15.3（B）中，我國政府將新台幣幣值低估，使官定匯率（1/20）低於自由市場匯率（1/18）。現在，就產生40億新台幣的超額需要，於是我國國際收支呈現盈餘。當新台幣需要超過供給，也就是外國人所需要的新台幣數額超過我國人民的供給量。為了滿足超額需要，我國政府供給新台幣換取瑞士法郎，增加政府的瑞士法郎外匯準備。

過了一段時間，我國政府可能要停止累積瑞士法郎外匯。政府於是提高官定匯率，重估幣值。值得注意的是：當貨幣高估時，外匯準備減少，會迫使政府將貨幣貶值；幣值低估時，政府如果願意，可以大量累積外匯準備。

由於我國長年來對美持續保有貿易順差，美國總統川普就直接指名我國央行操縱新台幣匯率，因此認為新台幣應該升值，以平衡台灣對美國的貿易順差。其實，就擁有持續順差的國家而言，為了要減少因順差而可能產生的物價上升壓力，也應當主動升值。

上面的討論，可綜合如下：

1. 在固定匯率制度下，政府透過中央銀行，按固定的匯率下買賣本國貨幣。

2. 貨幣幣值高估，就是指貨幣的固定匯率超過其自由市場價格。

3. 一國政府高估其貨幣時，會產生國際收支赤字。該國的外匯準備將逐漸耗盡，最後迫使政府降低官定匯率，使其貨幣貶值。

4. 貨幣幣值低估，就是指貨幣的固定匯率低於其自由市場價

我國的外匯存底：一個快樂的問題？

　　政府遷台之初，我國的國際收支年年出現赤字。直到1960年底，我國的貿易才開始出現順差，同時由於很多外資與僑資流入，使我國國際收支開始改善。

　　到一九八〇年代始，我國出口大幅增加，貿易順差年年成長，再加上新台幣匯率並沒有因此而調整（升值），使得我國的國際收支也迅速成長，從而外匯存底也開始快速累積。在表15.6中，我國外匯存底在1985、1986、1987年中，幾乎每年都以超過百億

表15.6：我國的外匯存底

年度	金額（億美元）
1962	0.7
1965	2.5
1970	4.8
1975	10.7
1980	22.1
1985	225.6
1986	463.1
1987	767.5
1988	739.0
1989	732.2
1990	724.4
1995	903.1
2000	1,067.0
2005	3,018.4
2010	4,406.3
2015	5,057.4
2017/4	4,343.0

資料來源：中央銀行。

美元的速度累積。到2017年時，我國的外匯存底已達4,343億美元，僅次於中國大陸、日本與俄羅斯，居全球第四。

　　另一方面，由於外匯迅速累積，央行為維持新台幣對美元的匯率，不得不在外匯市場中不斷買入美元，放出新台幣，使得國內貨幣供給量迅速增加。

　　以1986和1987年為例，這兩年我國M₁B的年成長率分別達到51.4%與37.8%。由於這兩年貨幣供給成長太快，使得國內出現嚴重的金錢遊戲，最終導致股價狂飆到12,000點，且使國內房地產價格也上漲了二、三倍。

　　一九八〇年代中期，經濟學大師魯卡斯教授（Robert Lucas）到台灣來訪問，有位記者就問他台灣外匯累積迅速，可能會產生一些問題，台灣應該如何解決這些問題。魯卡斯說：「我剛來台灣，對台灣的情形還不十分了解。不過，外匯存底過高雖然是一個問題，但應該算是一個快樂的問題。」

　　進入西元2000年以後，我國每年的貿易順差仍持續存在，再加上金融帳的淨流入，使得我國的外匯存底到2017年4月止，累積已高達4,343億美元，在國際上外匯存底的排名可以説是名列前茅。

格。

5. 當一國政府低估其貨幣，會產生國際收支盈餘，該國外匯將繼續累積。為了避免外匯累積過多，而引起國際抗議或國內物價上升的威脅，政府就應該提高其匯率，重估貨幣幣值。

（二）固定匯率制度下的調整

一國發生收支赤字時，外匯準備就會減少；必要時，也可暫時向其他國家借入外匯準備來應急，但這只是拖延問題，日後仍需解決。如果該國不願調整其固定匯率，那麼可以有兩項選擇，該國可以：（1）實行短期外匯管制（exchange control），禁止人民以本國貨幣兌換外國貨幣，以及（2）減少本國貨幣的超額供給。

政府選擇第一種外匯管制時，是希望遏阻本國的外匯準備流出，但是外匯管制會減少該國的國際貿易活動，對一國經濟發展有害。

政府選擇第二種方法，是希望藉減少實質所得（實行緊縮性財政政策）或是降低貨幣供給，來減少本國人對外國人供給的本國貨幣。緊縮性財政政策（如減少政府支出或增稅），可降低國民所得，從而減少對進口品的需要，也可降低國內一般物價水準。緊縮性的財政與貨幣政策（如提高利率）可使自由市場匯率向上移至官定匯率水準，並消除國際收支赤字。惟這些緊縮性措施如在經濟不景氣時實施，將使該國經濟愈趨蕭條。

從上面的敘述中，我們知道：

在固定匯率制度下，要消除國際收支赤字，政府可採行的措施有：

1. 實施外匯管制；
2. 運用緊縮性財政與貨幣政策；
3. 允許外匯匯率變動（浮動匯率）。

　　如果一國拒絕採行1與3的措施，那麼就表示它沒有獨立的貨幣與財政政策，因為貨幣與財政政策會受到是否擁有足夠的外匯準備情形而變動。

三、浮動匯率制度

（一）浮動匯率制度的出現

　　在一九七〇年代以前，世界上大部分的國家都採取固定匯率制度，包含美國與我國在內。其中美國將美元採取與黃金比率固定的方式（1盎司黃金等於34美元），而其他國家的匯率則釘住美元，如新台幣與美元的匯率固定在40:1的水準上，曾維持超過二十年之久。

　　固定匯率制度的好處是使進出口廠商在從事國際貿易時，可以確定知道兩國的匯率高低，因此買賣價格也可以確定。在沒有匯率變化的風險下，對於國際貿易的進行自然有很大的幫助，這可說是固定匯率制度下的最大優點。

　　然而，固定匯率制度在國際貿易與國際外匯市場運作正常的情形下，可以運作的很好；但如果世界上的某一個國家在國際貿易上出現不均衡，例如出現長期貿易赤字，而該國家仍然堅持維持該國的固定匯率，長期下就會出現問題。

　　比方說，若甲國對美元的匯率為10:1，即10元的甲國貨幣可兌換1美元。現在若甲國每年的國際貿易都有逆差，使得其國際收支產生赤字。在固定匯率下，甲國中央銀行為維持固定匯率，因此必須在外匯市場上出售美元，買入甲國貨幣。在短期下，甲國央行可以利用賣出美元的方式，來阻止甲國的匯率下降，即維持固定匯率。

　　但若長期下，甲國的國際貿易持續維持逆差，且國際收支也一直出現赤字，在固定匯率下，為維持甲國貨幣的匯率，央行就必須不斷賣出美元。長期下，該國央行持有的美元數量必然會逐漸減少，直到其持有的美元完全使用完畢為止。此時，在一國的國際貿易長期失衡的情況下，該國的外匯匯率勢必加以調整。若原先堅持維持固定匯率，不肯將匯率加以調整，等到外匯存底快用盡時再對匯率加以調整，則人們對該國貨幣的信用會大為喪失，因此該國匯率往往就會出現很大幅度的貶值，甚至崩潰，從而造成該國的金融危機，甚至會波及到其他國家。

　　一九七〇年代初期以前，美國一直採取美元價格釘住黃金價格的比例，我們稱為金本位制度（gold standard）。這基本上就是一個標準的固定匯率制度，而世界上其他國家匯率則釘住美元。在1970年初之前的很多年之間，美國每年不斷的有國際貿易赤字，使得世人懷疑美元釘住黃金的政策是否仍然能維持。1970年初終於爆發所謂的黃金潮（gold rush），全世界的國家蜂湧搶購黃金，拋售美元。在全世界外匯市場上都拋售美元的情況下，黃金相對於美元價格大漲，使得美國政府不得不放棄釘住黃金價格的策略。

　　更重要的是，一九七〇年代初期的黃金潮，使得經濟學家相信固定匯率制度雖然可以使短期下匯率穩定，但長期下卻可能帶來更大的波動。因此人們開始相信應該在外匯市場上也採取自由開放的政策，即所謂的浮動匯率制度（floating exchange rate system）。

1997年的泰國經驗

　　泰國傳統以來就一直採取釘住美元的固定匯率制度。1997年初，泰國房地產連年大幅成長的泡沫經濟崩盤以後，外資大幅撤出泰國。泰國政府為穩定泰銖對美元的匯率，便於外匯市場上大量拋售美元。然而，在外匯存底終於不夠用之後，7月2日泰國政府宣布泰銖對美元改採浮動比率制度。泰銖對美元的匯率在數日之內就下降50%以上。

　　泰國在過去十年中，每年幾乎都有8%左右的實質經濟成長，但這些成長主要肇因於每年大量流入的外資。另一方面，這些外資主要投資於房地產與服務業，使得房地產價格上漲速度超過正常的經濟成長率，泡沫經濟於是出現。另一方面，由於貸款給房地產業者有厚利可圖，銀行業者便大量超貸給這些房地產業者。

　　雖然泰國經濟快速成長，但成長的部門都屬於房地產與服務業等非貿易財，在進口需求大增而出口卻沒有成長的情況下，貿易赤字則不斷累積。當敏感的外資感覺到泰國外貿赤字不斷累積，且銀

（二）浮動匯率制度的運作

1. 浮動匯率的調整

　　由於固定匯率制度可能導致長期下的國際金融危機，因此經濟學家開始相信外匯市場也應遵守自由市場的機制。也就是說，當一國的國際收支有赤字時，該國貨幣就應貶值；反之，若有盈餘，則應升值。

　　行不斷超貸的情況下，投機的外資便立即抽身而去。

　　當外資在泰國的外匯市場上大買美元要離開泰國時，若泰銖能立即反映市場，做某種程度的貶值，也許有些外資看在美元變貴的情形下，或許不會立即離開。但不幸的是當時泰國採行的是固定匯率，因此當外資大買美元時，泰國中央就同時放出美元以穩定泰銖的比率。然而，此時，會造成更多的外資預期未來泰銖會貶值，同時由於目前美元對泰銖的價格還算便宜，於是鼓勵更多的外資購買美元離開泰國。

　　在外資不斷撤離的情形下，泰國央行的外匯存底終究無法抵擋外資大量購買美元，於是只得放棄泰銖對美元的固定匯率，而任由泰銖貶值，終於導致一發不可收拾的貶值。其後造成亞洲許多國家貨幣的匯率也出現一連串的貶值，終於形成嚴重的亞洲金融風暴。1997 年 7 月 2 日的泰國經驗，是一個固定匯率無法承擔經濟體系出現巨大波動而出現崩盤的典型範例。

資料來源：《遠見雜誌》，1997 年 11 月號。

　　現在我們再以新台幣的美元匯率為例子來說明。在我國的外匯市場中，我們可以把美元當成商品，把新台幣對美元的匯率當成價格。此時，國人對美元的需求曲線是一條具有負斜率的曲線，如圖 15.4（A）中的 D_0，即美元價格下跌（新台幣升值），人們對美元的需求會增加。比方說，新台幣升值會促使更多國人出國旅遊，於是對美元的需求會增加。另一方面，美元的供給曲線則具有正斜率，如圖 15.4（A）中的 S_0S_0 曲線，因為當美元價格上升（新台幣

圖15.4：浮動匯率下的調整

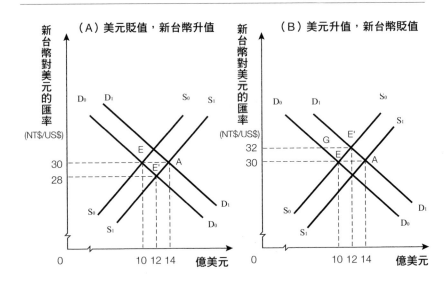

貶值），則對廠商出口有利，所以廠商會增加出口，造成外匯市場
上美元供給的增加。

假設在圖15.4（A）中，原先的市場均衡點為E點，此時新台
幣對美元的匯率為30:1，每日的美元交易量為10億美元。現在假
設我國出口到美國的個人電腦突然增加，使得貿易順差擴大，造
成外匯市場上美元供給增加，供給曲線由S_0S_0右移到S_1S_1。由於美
元供給增加，而需求曲線不變，因此會使美元價格下跌，如圖15.4
（A）中的30:1下跌到28:1，此即表示美元貶值，新台幣升值。在
新的均衡點（E'）下，每日的交易量增加為12億美元。

值得注意的是，不論是在E或E'點上，買賣雙方的供需都是平
衡的，因此整個國家的國際收支也是平衡的，所以央行基本上不必
在外匯市場上做任何買賣或其他干預的動作。因此，央行擁有的外

匯存底不會發生變動。

　　如果央行有意干預外匯市場，希望匯率維持在30:1的水準上，則此時央行就必須買入匯率在30元下的供需差異量EA，即4億美元（14－10），亦即使美元需求曲線右移至D_1D_1。其結果是央行增加4億美元的外匯存底，同時放出$4 \times 30 = 120$億元的新台幣。

　　同樣的，我們在圖15.4（B）中繪出美元升值、新台幣貶值的情況。比方說，如果國人對出國旅遊的需求突然提高，因此會增加美元需求。在美元需求右移下，美元價格會由30元上升到32元，此即美元升值，新台幣貶值。在圖形中，如果央行要干預新台幣匯率，維持在30元的水準，則央行必須釋出EA數量的美元，即4億美元，亦即使美元需求曲線右移至S_1S_1，此舉會使央行的外匯存底減少。

2. 浮動匯率與固定匯率的比較

　　固定匯率的優點是匯率固定，使進出口商不需面對匯率價格波動的風險。浮動匯率的缺點則是匯率會隨時隨著市場供需而變化，因此進出口商除了面對商品價格變化的風險以外，還要面對匯率變化的風險。

　　然而，從整個外匯市場的穩定來看，浮動匯率制度下，匯率可以隨著市場供需調整，而自動達到均衡。因此，藉著短期下的不斷調整，使得市場均衡在長短期下均能一直維持。然而，在固定匯率下，雖然維持長期匯率固定的結果，長期下卻可能出現巨幅的波動，甚至崩盤。此外，在期貨市場（futures market）發達的今天，廠商可以透過期貨的交易來達到規避匯率可能帶來的風險。

　　另一方面，由於浮動匯率制度下的匯率是隨著市場機能自由調整，因此該匯率可正確反映出一國的資源與國際上的資源應該流向

國內或國際市場，使得資源獲得有效率的使用。在固定匯率下，政府干預的結果往往使得匯率無法維持在市場供需均衡的水準上。此時匯率不是高估，就是低估，從而會扭曲國內資源與國際資源的流動方向，其結果自然使得資源的使用被誤置。從資源配置的效率來看，浮動匯率制度應該是較有效率的。

（三）我國的匯率制度

民國38年政府遷台後不久，立即進行貨幣制度的改革，把原有的舊台幣換成新台幣。新台幣剛發行時，對美元的匯率被設定在5:1，即5元新台幣可兌換1美元。但由於當時國內產品出口很少，進口的原料卻很多，使得國際收支年年赤字，雖然當時美國每年提供平均約為1億美元的美援，但仍無法支持我國的國際收支赤字。

由於年年國際收支逆差，導致新台幣對美元匯率不斷下降，直到1960年跌到40:1為止。其後新台幣對美元的匯率就一直維持在40:1美元的水準，直到一九七○年代初期。如表15.7，在這一段期間之內，新台幣可說是完全釘住美元，故可稱為固定匯率制度。

1973年第一次石油危機，我國也放棄完全釘住美元的策略，開始採行所謂的浮動匯率制度。然而，即使基本上由外匯市場供需的運作兼決定新台幣匯率，但央行仍經常有很大幅度的干預。換句話說，央行採行的是一種管理下的浮動匯率制度。

在新台幣對美元匯率的變化中，有兩次較大幅度的變化。第一次是在1973年，由於我國國際收支出現很大的順差，於是在由固定匯率改成浮動匯率時，就立即使新台幣匯率由40:1上升到37.9:1。另外一次則是在1985年到1987年之間，由39.8上升到28.5，兩年之間上升了約28.4%。造成新台幣上升的主要原因是在

表15.7：新台幣對美元匯率

年度	新台幣對美元匯率（NT$/US$）
1950	10.30
1955	15.65
1960	40.00
1965	40.00
1970	40.00
1972	40.00
1973	37.90
1975	37.95
1980	35.96
1985	39.80
1986	35.45
1987	28.50
1990	27.11
1995	27.27
2000	31.23
2005	32.17
2010	31.64
2015	31.90
2017/4/30	30.22

資料來源：中央銀行。

於一九八〇年代初期，我國連年出現貿易順差，在外匯存底大量累積下，央行不得不放鬆對新台幣的干預，使得新台幣大幅升值。

另外一次新台幣的大變動是發生在1997年的下半年。由於東南亞金融風暴，台灣也受到波及，使新台幣在1997年這一年中貶值了18%，新台幣與美元的匯率在1998年1月盤旋在34:1之間。進入2000年以後，新台幣兌美元匯率呈現長期平穩的狀況，2017年4月底，新台幣兌美元匯率為30.22:1。

經濟名詞

貨幣升值	浮動匯率	資本帳
貨幣貶值	外匯市場	國際收支
外匯	經常帳	購買力平價學說
匯率	貿易順差	利率平價學說
固定匯率	貿易逆差	管理下的浮動匯率制度
黃金潮	金本位制度	單一價格法則

討論問題

1. 新台幣升值對進口品的價格有何影響？對台灣出口品的價格有何影響？

2. 一個國家的支出如何能夠超過其生產值？此種情況在經常帳與資本帳上如何反映出來？

3. 一國採固定匯率制度且國際收支呈現逆差，外匯短絀。該國應如何突破此種困境？

   a. 該國貨幣是高估或低估呢？

   b. 如果變動匯率，應貶值或升值呢？

   c. 如果改採貨幣政策來解決國際收支逆差，應增加或降低貨幣供給額呢？

   d. 如果欲藉財政政策達此目的，該國應提高或降低稅率？

4. 新台幣對美元的匯率為NT$30兌1美元；新台幣對日圓匯率為NT$25兌100日圓。

   a. 新台幣1元可買多少美元？多少日圓？

   b. 新台幣12,000元的腳踏車值多少美元？多少日圓？

c. 價值200美元的服飾值多少新台幣？

d. 價值20,000日圓的服飾值多少新台幣？

5. 有些經濟學者認為貿易流量反映資本流量。如果這樣的話，下列事件將如何影響各國的淨出口？

事件A：在加拿大發現新投資機會。

事件B：瑞典對企業課徵較高稅率。

事件C：波蘭因為農產品歉收，對經濟形成暫時性打擊。

6. 何謂購買力平價說？你可以指出一個每人GNP很高，但實質購買力卻相對較低的國家嗎？是否也可以指出一個每人GNP不高，但實質購買力卻較高的國家？

7. 請說明何謂經常帳、資本帳與國際收支帳，並指出它們之間的關係。

8. 何謂固定匯率制度？在固定匯率制度下，當國際收支出現盈餘或赤字時，應如何調整？

9. 何謂浮動匯率制度？在浮動匯率制度下，一個國家的國際收支是否會出現盈餘或赤字？為什麼？

10. 請詳述影響一個國家匯率高低的因素有哪些。

11. 試比較浮動匯率制度與固定匯率制度的優缺點。

12. 試說明我國中央銀行目前採取的匯率制度。

附錄
經濟名詞中英對照及索引
（僅列出第一次出現頁碼）

九劃

十劃

十二劃

十三劃

十九劃

二十一劃

二十二劃

其他

財經企管 BCB624

經濟學的世界（下）
富國安民的總體經濟學

作者 ── 高希均　林祖嘉
總編輯 ── 吳佩穎
責任編輯 ── 許玉意
美術設計 ── 周家瑤

出版者 ── 遠見天下文化出版股份有限公司
創辦人 ── 高希均、王力行
遠見‧天下文化 事業群董事長 ── 高希均
事業群發行人／CEO ── 王力行
天下文化社長 ── 林天來
天下文化總經理 ── 林芳燕
國際事務開發部兼版權中心總監 ── 潘欣
法律顧問 ── 理律法律事務所陳長文律師
著作權顧問 ── 魏啟翔律師
社址 ── 臺北市104松江路93巷1號
讀者服務專線 ── 02-2662-0012
傳真 ── 02-2662-0007；02-2662-0009
電子郵件信箱 ── cwpc@cwgv.com.tw
直接郵撥帳號 ── 1326703-6號　遠見天下文化出版股份有限公司

電腦排版 ── 李秀菊
製版廠 ── 中原造像股份有限公司
印刷廠 ── 中原造像股份有限公司
裝訂廠 ── 中原造像股份有限公司
登記證 ── 局版台業字第2517號
總經銷 ── 大和書報圖書股份有限公司｜電話 ── 02-8990-2588
出版日期 ── 2017年 8 月31日第三版第一次印行
　　　　　　2022年10月13日第三版第八次印行

定價 ── NT700元
ISBN ── 978-986-479-293-1（平裝）
書號 ── BCB624

天下文化官網 ── bookzone.cwgv.com.tw

國家圖書館出版品預行編目（CIP）資料

經濟學的世界（下）：富國安民的總體經濟學／
高希均、林祖嘉著.-- 第三版.-- 臺北市：遠見天
下文化, 2017.08
　　面；　公分.--（財經企管；BCB624）
ISBN 978-986-479-293-1（平裝）

1. 總體經濟學

550　　　　　　　　　　　　　　　106014641